Douze Leçons à la Sorbonne
sur
Madagascar

COURS LIBRE D'ENSEIGNEMENT COLONIAL
ORGANISÉ PAR L'UNION COLONIALE FRANÇAISE

Douze Leçons à la Sorbonne

sur

Madagascar

Son état actuel
Ses ressources, son avenir

PAR

J.-B. PIOLET, S. J.

PARIS

AUGUSTIN CHALLAMEL, ÉDITEUR

RUE JACOB, 17

Librairie Maritime et Coloniale

1898

A Monsieur CHAILLEY-BERT

l'organisateur des cours coloniaux
de la Sorbonne

JE DÉDIE CES LEÇONS

EN TÉMOIGNAGE D'AFFECTION PERSONNELLE

ET DE PROFOND DÉVOUEMENT

A la grande œuvre coloniale

QU'IL A ENTREPRISE

J.-B. PIOLET, S. J.

AVANT-PROPOS

Vers la fin de l'année 1896, l'Union Coloniale française, dont l'éloge en fait d'initiative féconde et de saine propagande pour la mise en œuvre de nos colonies n'est plus à faire, organisait à la Sorbonne, avec l'agrément du Conseil de l'Université de Paris, des « Cours libres d'Enseignement colonial », s'adressant principalement aux Étudiants des Facultés et des grandes Écoles.

Il s'agissait, d'après le programme de ces cours, de « constituer, à côté de l'enseignement officiel et sans faire avec lui double emploi, un enseignement des questions coloniales à la fois plus spécial, plus pratique et plus complet ».

On devait donner aux étudiants « des indications précises et détaillées sur l'état le plus récent de nos colonies, sur les questions soulevées à chaque instant par leur développement politique, agricole, commercial, industriel..... », et également traiter de « questions toutes nouvelles qui ne sont pas encore rentrées dans le domaine de l'enseignement ».

Le succès a dépassé l'attente des organisateurs. Les élèves sont venus très nombreux à ces cours, et un peu de partout. Il y avait parmi eux des étudiants et des professeurs, de futurs administrateurs de nos colonies et des agrégés, des jeunes gens et des hommes plus âgés, très peu de dames et très peu d'amateurs. Surtout on y travaillait et beaucoup, et rien n'était encourageant — au moins pour moi — comme la vue de cet auditoire de cinquante à plus de cent personnes, attentif et sympathique, ne demandant qu'à s'instruire, écoutant avec un profond intérêt et notant presque tout ce qu'on leur enseignait.

Les cours furent confiés la première année à des hommes comme
MM. Charles-Roux, ancien député ;
Marcel Dubois, professeur à la Sorbonne ;
Depincé et Milhe-Poutingon, docteurs en droit, employés de l'Union Coloniale.

Le programme de cette année comprenait :
L'Algérie, sa mise en valeur, par M. Marcel Dubois ;
Madagascar, son état actuel, ses ressources, son avenir, par le R. P. Piolet, S. J. ;
L'Hygiène coloniale, par M. le docteur Georges Treille ;

Les Cultures et Productions coloniales, par M. H. Lecomte, docteur ès-sciences;

Le Laos et le Haut-Laos, par M. Augustin Sandré.

J'ai pensé que mes auditeurs aimeraient peut-être à relire mes cours, pour lesquels j'ai naturellement utilisé mes études et mes publications antérieures, dans lesquels je me suis efforcé de condenser les renseignements les plus récents sur l'état de notre nouvelle colonie. J'ai pensé aussi qu'ils pourraient être utiles à d'autres personnes en leur fournissant un résumé aussi fidèle que possible de ce que l'on sait actuellement sur Madagascar. Voilà pourquoi je les publie, tels que je les ai enseignés, sauf certains que j'ai notablement augmentés afin de traiter plus à fond des sujets que je ne pouvais épuiser en une heure d'enseignement.

SOMMAIRE

Première leçon. — Coup d'œil historique.
Seconde leçon. — Coup d'œil géographique : côtes, orographie, hydrographie.
Troisième leçon. — Climatologie et salubrité.
Quatrième leçon. — Des habitants de Madagascar. — Des Hova.
Cinquième leçon. — Des autres peuplades.
Sixième leçon. — Origine des Malgaches.
Septième leçon. — De la colonisation : voies de pénétration, main-d'œuvre, émigration.
Huitième leçon. — Agriculture. — Du sol de Madagascar.
Neuvième leçon. — Des produits du sol à Madagascar.
Dixième leçon. — Des mines, de l'industrie et du commerce.
Onzième leçon. — De l'Éducation et des Missions.
Douzième leçon. — De l'Administration.

PREMIÈRE LEÇON

COUP D'ŒIL HISTORIQUE

De toutes nos colonies, Messieurs, Madagascar est certainement la plus populaire et celle sur laquelle l'opinion publique compte le plus. Et, détail curieux, pendant que la Tunisie, que le Tonkin surtout, nous étaient acquis par l'intelligente initiative d'un homme d'État agissant énergiquement contre le courant populaire, c'est le sentiment public qui, depuis de longues années, réclamait la conquête définitive de l'île de Madagascar, et le ministère qui l'a entreprise n'eut qu'à se laisser entraîner par ce sentiment.

Voilà pour le passé.

Pour l'avenir, c'est la même chose.

Un moment déconcerté par la révolte qui suivit la conquête et qui faillit en compromettre le résultat, le mouvement vraiment extraordinaire qui dirigeait toutes les préoccupations et précipitait hommes et capitaux vers Madagascar, semble vouloir reprendre. La ferme et vraiment intelligente administration du général Gallieni, succédant à l'impéritie et à l'inconcevable aveuglement de son prédécesseur, a à peine rétabli un peu d'ordre et de sécurité, que de nouveau les pensées se tournent vers Madagascar. Des colons partent, des études se poursuivent, des sociétés s'organisent, des concessions sont demandées et obtenues ; il n'y a pas jusqu'à nos législateurs qui ne se mettent en mouvement — dans une fausse direction, je le crains beaucoup et je le dirai plus tard — pour hâter la mise en valeur de Madagascar. En sorte que vraisemblablement l'année 1898 ne s'achèvera point sans que de grands travaux n'aient été commencés et de grandes entreprises organisées.

Or, d'où vient cette faveur publique, ce fort mouvement d'opinions en faveur de Madagascar ?

Est-ce du souvenir encore vivant de nos premiers essais de colonisation, sous Richelieu et sous Colbert, essais véritablement malheureux et bien peu connus aujourd'hui ?

Est-ce des rapports, assez rares en somme, mais plus ou moins continus depuis le XVIIe siècle, des îles Mascareignes, notre Maurice d'autrefois et notre Bourbon d'aujourd'hui, avec la grande Ile ; ou des tentatives, toujours infructueuses, faites, à diverses époques, pour sauvegarder nos droits que menaçaient et l'agrandissement rapide du peuple hova et les agissements incessants de l'Angleterre ?

Est-ce de l'expédition malheureuse entreprise en 1829 par le commandant Gourbeyre contre Tintingue ; des efforts prodigieux du grand Laborde, de 1831-1878 ; de l'expédition également sans résultats de 1845 contre Tamatave, ou de la guerre, sans but arrêté et sans plan fixé d'avance, de 1883-1885 ?

Ou bien des efforts héroïques de nos missionnaires qui, de 1860 surtout jusqu'à nos jours, ont constamment lutté pour maintenir en Imerina l'influence française?

Peu importe au fond.

Ce courant de sympathie très fort et très visible qui toujours intéressa et intéressera la France aux choses de Madagascar, vient de toutes ces causes, prises ensemble, et probablement de plusieurs autres, qu'il serait trop difficile et trop long d'analyser.

Mais ce qui importe beaucoup plus, ce qu'il est indispensable d'étudier avec le plus grand soin, et avec une indépendance absolue, c'est le problème suivant :

La valeur de Madagascar au point de vue stratégique, agricole, industriel, commercial, justifie-t-elle les espérances conçues, et le sentiment public ne risque-t-il pas de s'égarer en nous y entraînant avec une ardeur peut-être irréfléchie?

La politique, la politique coloniale aussi bien et plus que toute autre, si l'on veut qu'elle dure et donne des résultats, ne doit pas être une affaire de sentiment, un mouvement d'entraînement irréfléchi. Sinon, son histoire ne serait qu'une série de boutades, qu'une succession d'essais enthousiastes et d'insuccès décourageants, un peu ce qu'elle a été jusqu'à ces dernières années.

Il faut au contraire qu'elle soit étudiée et réfléchie, prudente et mesurée, avançant toujours, lentement parfois, mais pour ne jamais reculer. Ce qui ne saurait être obtenu qu'à une condition, de ne point faire de faux pas, de ne point nous égarer dans une fausse direction, et par suite d'éclairer notre route.

Cela est important partout.

Mais plus encore à Madagascar qu'ailleurs et surtout à ce moment décisif dans l'histoire de notre nouvelle possession.

Si en effet les entreprises qui se préparent, de commerce, d'industrie, de colonisation, sont étudiées avec soin et réussissent, l'avenir de Madagascar est assuré. Si au contraire, commencées hâtivement, sans connaissances suffisantes des difficultés à vaincre et sans les ressources nécessaires, elles échouent, ce sera le discrédit succédant à la confiance aveugle, la défaveur publique remplaçant l'engouement, le découragement venant après l'entraînement, et l'avenir de Madagascar pour longtemps compromis.

Or, cela étant, à qui donc appartenait-il plus qu'à l'Union Coloniale de provoquer ces leçons sur Madagascar? A qui donc appartiendrait-il plus qu'à vous, Messieurs, d'étudier et de faire connaître, en toute sincérité et impartialité, ce que nous croyons la vérité?

Quant à moi, dès que M. Chailley-Bert m'a proposé de faire ces leçons, je n'ai pas eu un seul instant d'hésitation à lui répondre affirmativement, parce que la proposition était trop honorable, et comportait, de la part d'un homme aussi autorisé dans les choses coloniales que le très sympathique secrétaire de l'Union Coloniale, une marque trop grande de confiance en moi pour être éludée

Je n'ai pas hésité également, parce que, ayant fait depuis près de six ans, de Madagascar, l'objet presque exclusif de mes études et de mes recherches, j'ai au cœur, très profond, l'amour de ce grand pays et l'ardent désir de le voir se développer, grandir, devenir une florissante Colonie; et que, ayant sur son développement quelques idées que je crois saines et vraies, je suis heureux de l'occasion qui m'est offerte de les faire connaître devant un public comme celui-ci, qui saura les comprendre, les apprécier, les critiquer au besoin, et, s'il les approuve, les propager.

Je n'ai pas hésité enfin — et ce sont là les propres termes de ma réponse à la première ouverture de M. Chailley-Bert — parce que j'ai cru répondre ainsi à un généreux dessein d'apaisement et de concorde en collaborant avec lui, en collaborant avec vous, Messieurs, à une œuvre commune, sur un terrain commun, où sans rien sacrifier de nos opinions et de nos convictions personnelles — nous cesserions de nous estimer en faisant de tels sacrifices — nous pouvons unir dans une collaboration féconde nos efforts, nos études, notre amour pour notre pays, la vieille France tant aimée de la jeune France de là-bas, la « France Orientale de Richelieu et de Colbert ».

Je voudrais faire deux choses au cours de ces leçons :
1) Vous donner une idée exacte,
2) Vous donner une idée complète
de ce qu'est Madagascar, de ses richesses, de ses ressources, de ce que nous pouvons en espérer, de ce que nous pouvons y faire.

Mais le moyen d'être complet quand il s'agit, en l'espace de douze heures, de vous faire la description d'un pays aussi grand que la France, la Belgique et la Hollande réunies, d'un pays d'aspect, de climat, de productions très variés, ne ressemblant en rien aux nôtres, d'un véritable petit continent ?

Le moyen d'être précis également en parlant d'un pays qui nous fut presque complètement fermé jusqu'au moment où nous en avons forcé les portes, vous savez à quel prix, et où par suite tout reste à étudier ; d'un pays qui s'en va constamment se modifiant, se transformant, s'organisant; où ce qui était vrai hier ne l'est plus aujourd'hui, où ce qui est vrai aujourd'hui ne le sera plus demain?

Forcément, je resterai trop souvent dans le vague et dans l'hésitation : mais au moins, n'affirmerai-je rien que je ne crois exact; forcément aussi, je serai incomplet: mais au moins m'efforcerai-je d'effleurer par les sommets toutes les questions intéressantes, de manière à vous donner de la grande île une vue d'ensemble suffisamment exacte, heureux si mes leçons peuvent être utiles à quelques-uns d'entre vous, heureux en particulier si elles peuvent vous décider à étudier quelques-uns de ces points que, forcément, nous laisserons dans l'ombre, et nous faire connaître de plus en plus l'île de Madagascar.

Le programme de ce cours vous est connu. Après un double coup d'œil, nécessairement sommaire, sur l'histoire et l'aspect physique de Madagascar, nous étudierons, dans une troisième leçon, un sujet particulièrement important pour ceux qui songent à aller s'y établir, de la climatologie et de la salubrité de Madagascar.

Il ne suffit pas cependant de connaître l'habitabilité d'un pays : on n'y vit pas seul ; on y sera nécessairement en contact journalier avec les indigènes que certains d'entre vous, Messieurs, sont appelés à gouverner et certains autres à employer. Il est donc important d'étudier les mœurs, le caractère, les qualités, les défauts de ces indigènes. Et comme, à Madagascar, les indigènes se divisent en un grand nombre de tribus, parfois très différentes les unes des autres, une telle étude nous demandera un certain temps.

Nous lui consacrerons trois leçons.

Puis, le terrain ainsi préparé, nous parlerons dans les quatre leçons suivantes de ce que peuvent faire nos émigrants à Madagascar, en traitant :

1° De la colonisation et des questions subsidiaires qui s'y rattachent : de la main-d'œuvre, des voies de pénétration, de l'émigration ;
2° Du sol et de sa fertilité ;
3° De ses diverses productions ;
4° Des mines, du commerce et de l'industrie.

Deux leçons enfin, les deux dernières, seront consacrées à deux sujets plus généraux, plus relevés, et non moins importants : l'éducation et les missions ; l'administration.

J'aborde tout de suite le premier sujet, un coup d'œil historique sur le passé de Madagascar.

I

MADAGASCAR AVANT L'ARRIVÉE DES FRANÇAIS

L'île de Madagascar ne fut que vaguement connue des anciens. Du moins nous n'avons d'eux aucune relation sérieuse à ce sujet. Il semble cependant établi, d'après le témoignage d'Édrisi, que les Chinois qui, bien longtemps avant l'ère chrétienne, entretenaient déjà des relations avec les Singhalais, auraient poussé sur la côte de l'Afrique jusqu'à Sofala, et plus tard jusqu'à Madagascar, et qu'ils auraient établi des comptoirs sur les côtes Sud et Sud-Ouest.

« Chez les Antandroy, en effet, et les Mahafaly, tribus qui occupent la région méridionale de l'île, on retrouve, affirme M. Grandidier, comme chez certaines tribus de l'Afrique Orientale, les traces incontestables des croisements qui ont eu lieu à une époque très reculée entre les autochtones et les membres de la famille sinique. »

Les Arabes reconnurent sûrement Madagascar à une époque reculée, et y fondèrent des établissements qui eurent une grande influence sur les mœurs, les habitudes et même sur les races de l'île. Il paraîtrait aussi, d'après

Flacourt, que des tribus juives, chassées de l'Asie, auraient émigré jusque vers Madagascar.

C'est à peine si le moyen âge connut l'existence de la grande Ile. Nulle part, en effet, elle ne se trouve mentionnée, si ce n'est dans un planisphère informe d'Edrisi, en l'année 1153, sous le nom de *Chesbeza*, à côté d'un groupe d'îles qui doit être celui des Comores, et plus tard sur une mappemonde que R. de Haldingham dessina en 1300 pour la cathédrale d'Hereford, sous le nom de Malichu.

Quant à Marco Polo, qui le premier, en 1298, parla d'une île qu'il nomme Madeigascar, d'après les récits que lui en avaient faits les Chinois au cours de ses voyages dans l'Extrême-Orient, il n'avait sûrement pas en vue la grande île africaine, mais une autre contrée du continent africain, vers la côte des Somalis, celle de Magodocho ou Makidichou, à laquelle sa description convient complètement (1).

Madagascar resta donc à peu près inconnue à l'Europe jusqu'au jour où les Portugais la découvrirent.

Vasco de Gama, après avoir, le premier, doublé le Cap de Bonne-Espérance en 1497, dut nécessairement passer dans le voisinage de Madagascar, mais ne l'aperçut point. Ce ne fut que trois ans plus tard, en l'an 1500, qu'un des capitaines de Pedro Alvarez Cabral, Diego Diaz, la vit pour la première fois. L'année d'après, Fernand Soarez, revenant des Indes, fut jeté par la tempête sur la côte Nord-Est. Enfin les célèbres navigateurs, Ruy Pereira et Tristan d'Acunha, l'abordèrent de

---

(1) Grandidier, *Hist. de la Géographie physique de Madagascar.*

nouveau au cours de leur route pour les Indes. C'était le 10 août 1506, et ces hardis marins, qui étaient aussi de fiers chrétiens, la nommèrent *Saint-Laurent* en souvenir du saint dont on célébrait la fête en ce jour.

C'est sous ce nom qu'elle fut chantée par Camoëns dans ses Luciades.

Cependant l'ancien nom de Madagascar a prévalu, et c'est le seul sous lequel on connaisse aujourd'hui la grande île africaine.

Les Portugais essayèrent d'y fonder quelques établissements en 1509, sous la conduite de Diego Lopez de Siqueyra envoyé par le roi de Portugal pour reconnaître l'exactitude des récits merveilleux qu'on en faisait, et y rechercher les mines d'or et d'argent qu'on croyait devoir y trouver en abondance; et l'année suivante, sous celle de Juan Serrano, qui devait y organiser la traite des esclaves.

Il reste encore des vestiges de ces premiers établissements, en particulier sur la côte Nord-Ouest et dans les plaines du haut Sobirana (1).

Plus tard, ces essais furent renouvelés, en particulier vers 1540, à un point diamétralement opposé, dans un petit îlot, en face de l'endroit où les Français bâtirent ensuite Fort-Dauphin. Cet îlot est appelé encore aujourd'hui *îlot des Portugais* ou *Tang-vate* — trano-vato — maison de pierre. Mais ils rencontrèrent toujours tant d'opposition chez les naturels, et tant de difficultés, que ne trouvant pas à Madagascar ce qu'ils rencontraient ailleurs en si grande abondance, c'est-à-dire des mines d'or et d'argent, et les moyens rapides de s'enrichir, ils se découragèrent et abandonnèrent le pays sans y laisser rien de durable, rien qui pût constituer des droits sérieux.

---

(1) M. Guinard, notes mss.

II

LA FRANCE A MADAGASCAR

Mais voici que le cardinal Richelieu, pressentant l'importance de Madagascar, ou peut-être trompé par les récits qu'on lui en faisait, en ordonna la prise de possession.

Le capitaine Rigault, de Dieppe, fut chargé de donner suite à cette décision et c'est le 24 juin 1642, date capitale pour l'histoire de Madagascar, que fut arrêtée cette mesure par lettres patentes du roi Louis XIII qui instituaient la grande Compagnie ou « *Société de l'Orient* » et lui accordaient « la concession de l'île de Madagascar et des îles adjacentes pour y ériger colonie et commerce et en prendre possession au nom de Sa Majesté très chrétienne ».

Tel est le fondement de nos droits sur l'île de Madagascar, et ces droits n'ont jamais été prescrits, ne sont jamais tombés en désuétude. Car, de cette époque jusqu'à nos jours, nous n'avons pas cessé d'avoir des intérêts engagés et des colons installés à Madagascar ; et, jamais non plus, nos divers gouvernements n'ont discontinué d'affirmer ces droits et de chercher à les faire valoir : Louis XIV, Louis XV, Louis XVI, le gouvernement de la Révolution, Napoléon Ier, la Restauration, Louis-Philippe.

Ce n'est pas ici le lieu de raconter en détail ces essais et ces tentatives diverses de prise de possession, d'établissements, de colonisation, d'abandon, de royaumes éphémères.

Mais les noms des Flacourt et des Benyowski au dix-septième siècle, des Cossigny, des de Maudave, des Mahé de la Bourdonnais au dix-huitième, etc., forment une chaîne ininterrompue, marque certaine de nos droits et de notre volonté de les maintenir.

Ce fut un huguenot, et un huguenot sectaire, qui plus tard fera le prêche dans sa maison de Fort-Dauphin, pendant que le missionnaire Lazariste célébrera la messe, qui fut chargé par la compagnie de l'Orient d'aller prendre possession de Madagascar.

Par ce seul fait, le choix n'était pas heureux. Il ne l'était pas non plus par les qualités personnelles de Pronis qui, violent, emporté, adonné à ses passions, en opposition presque continuelle avec son entourage, fut une première fois gardé en prison pendant plus de six mois, et ensuite, vainqueur à son tour, exila une douzaine de ses hommes à la Grande Mascareigne, tandis que vingt-deux autres, craignant le même sort, se réfugièrent à la baie de Saint-Augustin.

Tout du reste se tourna contre lui.

Il arriva avec trop peu de monde : douze compagnons seulement que rejoignirent peu après soixante-dix autres; et il arriva vers la fin de l'année, c'est-à-dire au commencement de la mauvaise saison, dans les points notablement insalubres d'Antongil, de Sainte-Marie, de Fénérife, de Mahanara et de Sainte-Lucie, qu'il quitta en 1644, après avoir perdu le tiers de son monde, pour s'établir sur une petite presqu'île du S.-O., où il bâtit Fort-Dauphin.

Le 4 décembre 1648, il fut remplacé par un homme

d'une réelle valeur, intelligent, actif, d'une intégrité et d'une honnêteté absolues, plein d'initiative et entreprenant, trop cruel peut-être dans la répression, le sieur de Flacourt, dont la sage et ferme administration parvint cependant en quelques années à réparer les fautes de son prédécesseur. Il rappela les exilés de la Grande-Mascareigne, — à qui il donna le nom de Bourbon, — et les réfugiés de Saint-Augustin, calma les mécontents que les privations aigrissaient et rendaient parfois injustes, fit tête aux attaques des indigènes, et dès 1652, vit à peu près toute la contrée pacifiée par la soumission de plus de trois cents villages qui jurèrent obéissance au roi de France et lui promirent le tribut qu'ils payaient autrefois à leurs chefs.

Mais lui aussi était arrivé pendant la mauvaise saison, et ses compagnons eurent à en souffrir. Mais surtout la France, déchirée alors par ses querelles intestines, parut l'oublier et ne lui envoya aucun des secours qu'on lui avait promis. Tout manquait à Fort-Dauphin, les vivres, les munitions, les armes, et de ces malheureux on aurait pu dire, en 1654, ce que Flacourt lui-même a écrit de Pronis et de ses premiers compagnons : « que les Français étaient le plus souvent, tantôt sans riz et ne mangeaient que de la viande, tantôt sans viande et ne mangeaient que du riz. » Il partit pour aller acheter des vivres aux Portugais de Mozambique ; mais un orage le força de rentrer au port. Quelques mois après arrivaient enfin — les premiers depuis cinq ans — deux vaisseaux de France qu'il avait ordre de charger de marchandises, et sur lesquels il s'embarqua lui-même, le 12 février 1655, pour aller prendre les ordres du duc de la Meilleraye devenu le maître de la *Compagnie de l'Orient*. Il repartit bientôt avec le titre de directeur général de la Société, mais malheureusement il périt noyé pendant la traversée.

Sa mort fut un coup fatal pour la petite colonie qui ne fit dorénavant que péricliter, et finir dans l'abandon, par suite à la fois de l'inertie et de l'inconstance de la mère-patrie.

Puis voilà Colbert qui intervient avec son puissant génie d'organisation.

Au mois d'août 1664 est fondée la *Compagnie Orientale*, que corrobora un nouvel édit du 1er juillet 1665. Son capital ne s'élevait pas à moins de 15.000.000 de francs, ce qui équivaudrait à 75.000.000 ou 100.000.000 d'aujourd'hui. Le roi avait donné l'exemple en souscrivant pour 3.000.000, suivi en cela par sa mère, par son fils, par tous les princes et toutes les cours du royaume. Les pouvoirs de la Compagnie Orientale étaient très étendus : « Nous avons donné, concédé et octroyé, disait le Roi, donnons, concédons et octroyons, à la dite Compagnie, l'île de Madagascar ou Saint-Laurent, avec les îles circonvoisines, forts et habitations qui peuvent y avoir été construits par nos sujets ; et, en tant que besoin est, nous avons subrogé ladite Compagnie à celle ci-devant pour ladite île de Madagascar, pour en jouir par ladite Compagnie à perpétuité, en toute propriété, seigneurie et justice. »

« Le principal établissement de la Compagnie, portait à son tour l'édit de 1665, doit être dans l'île appelée jusqu'à présent île de Madagascar, que nous avons concédé à ladite Compagnie par notre déclaration du mois d'août 1664, aux conditions mentionnées, Nous, étant le seul Souverain qui y ait présentement des forteresses et des habitations. » Et il accordait à la Compagnie le droit de bâtir des châteaux forts avec pont-levis, et le droit de haute, moyenne et basse justice, se réservant seulement le droit de souveraine justice, un des attributs de la suzeraineté royale, sur la nouvelle colonie.

Le nom de *Saint-Laurent* était, en l'honneur du Dauphin, remplacé par celui d'*île Dauphine*, et le grand sceau créé à cette époque à l'usage du grand conseil de la nouvelle colonie, mentionne le beau nom de « *France Orientale* ».

> Ludovici XIV Franciæ et Navarræ regis sigillum
> Ad usum supremi consilii Galliæ Orientalis.

Ces immenses efforts ne devaient hélas! pas encore aboutir, malgré un nouveau secours de 2.000.000 donné par le roi en 1668. Le gaspillage effréné de ces immenses ressources, confiées trop souvent à des aventuriers sans pudeur ou à des gentilshommes ruinés, la mésintelligence et parfois l'incapacité des chefs de la colonie qu'aggravait notablement l'hostilité presque incessante des naturels, la mauvaise administration intérieure et bientôt la discorde qui divisa les directeurs eux-mêmes de la Compagnie, eurent vite fait de la conduire à l'impuissance et de la jeter dans des embarras tels qu'en 1670 elle fut obligée de faire remise de ses droits sur Madagascar entre les mains du Roi.

Louis XIV considéra dès ce moment Madagascar comme partie intégrante de son royaume : « Tout considéré, porte un arrêt du Conseil d'Etat de juin 1686, Sa Majesté étant en son Conseil, vu la renonciation faite par la Compagnie des Indes Orientales à la propriété et seigneurie de l'île de Madagascar, que sa Majesté a approuvée, *a réuni et réunit à son domaine ladite île de Madagascar, forts et habitations en dépendant pour par Sa Majesté en disposer en toute propriété, seigneurie et justice.* »

Hélas ! ce n'étaient plus que des ruines que l'on annexait ainsi à la couronne de France, ou des droits tout théoriques que l'on mettrait deux cents ans à faire valoir. Et depuis longtemps la colonie de Fort-Dauphin était ruinée et abandonnée.

Les successeurs de Flacourt n'avaient ni sa valeur, ni aucune de ses qualités. Du reste ils se succédaient trop rapidement et disposaient de trop peu de ressources pour rien établir de durable. Le meilleur d'entre eux, M. de Champmargou, céda la place, en 1665, à l'un des directeurs de la Nouvelle Compagnie, M. de Beausse, qui fut remplacé en 1669 par M. de Mondevergue, lequel ayant eu, en 1670, à l'époque de la réunion de l'île au domaine de la couronne, le choix de rester gouverneur de cette possession ou de rentrer en France, préféra ce dernier parti et eut pour successeur M. de la Haye. Ce dernier, bientôt pris de découragement, abandonna son poste pour se rendre à Surate, et laissa à sa place M. de la Bretesche qui suivit son exemple la veille de Noël 1672. Mais à peine en mer, il dut renvoyer sa chaloupe en réponse à un signe de détresse fait du rivage, pour recueillir les survivants de la malheureuse colonie, dont les compagnons surpris par un complot habilement ourdi avaient été massacrés par les indigènes pendant qu'ils assistaient à la messe de Noël.

Ainsi finit malheureusement le premier essai d'établissement de la France à Madagascar sans autre résultat que celui de fonder nos droits sur la grande île, d'établir en France un mouvement d'opinion qui ne disparaîtra jamais en faveur de la grande île africaine, et enfin, de donner naissance, grâce aux épaves échappées de Madagascar, à la petite et si intéressante colonie de Bourbon.

On a cherché et mis en avant bien des causes pour

expliquer cet échec. On a même voulu faire remonter la responsabilité de cet événement à l'esprit de prosélytisme de la petite colonie et au zèle intempestif et imprudent des Lazaristes. Attaquer des Missionnaires, c'est une réponse si facile à faire, et qui, il y a quelques années, était si facilement accueillie, que des écrivains sérieux, comme par exemple Descamps, ne craignent pas de s'en faire l'écho.

Mais c'est oublier que le premier agent de la Compagnie, Pronis, était un huguenot sectaire ; c'est oublier que les fils de saint Vincent de Paul, encore sous la direction personnelle du grand saint français, sont au contraire renommés pour leur prudence et leur charité ; c'est oublier surtout qu'ils furent toujours en petit nombre, un, deux, souvent personne, pendant de longues périodes de temps, et que leur premier devoir était de se consacrer au service de la colonie française. J'ajoute enfin que c'est bien peu connaître le caractère malgache que d'attribuer à cette nation la susceptibilité religieuse et les craintes ombrageuses qui conviennent à des Arabes Mahométans.

La vérité est tout autre et il faut savoir la dire très clairement. Elle ressort du reste suffisamment de ce que nous venons de raconter.

Les Français échouèrent à Madagascar malgré l'initiative intelligente d'un Richelieu, malgré les efforts d'un Flacourt ou d'un Colbert, malgré la faveur si puissante d'un Louis XIV, parce que

1° Ils arrivèrent d'ordinaire pendant la mauvaise saison ;

Parce que 2° ils s'établirent sur la côte Est, en des endroits généralement malsains ;

Parce que 3° et surtout, ils furent toujours trop peu nombreux, recevant, à des périodes très irrégulières, des subsides et des recrues de France complètement insuffisants pour réparer les pertes subies et promouvoir l'œuvre entreprise ;

Parce que, enfin, sauf Flacourt, presque tous les Français établis à Fort-Dauphin manquèrent de capacité, de tenue, de respect pour eux-mêmes, de justice pour les autres, et d'entente entre eux. Pronis, en particulier, était violent à l'excès, et rien ne l'arrêtait quand il s'agissait de satisfaire ses appétits les plus brutaux. Beaucoup de ses compagnons, beaucoup de leurs successeurs ne l'imitèrent que trop dans cette voie. Et les faits les plus monstrueux de rapine, de cruauté injustifiée, de brigandage, de vol et de débauche se multiplient, créant autour de la colonie naissante la défiance, la cruauté, la haine, tous sentiments qui s'amoncellent pendant des années, et, éclatant à la première occasion donnée, quelquefois sont réprimés, mais finissent presque toujours par une catastrophe.

C'est ce qui arriva à Fort-Dauphin. La petite colonie mourut d'inanition, étant abandonnée de la mère-patrie, et de ses propres fautes, les éléments qui la composaient étant mal choisis, turbulents, ambitieux, vicieux, injustes et cruels. Que voulez-vous, ce n'est, en matière de colonisation comme dans tout le reste, que par la justice et l'humanité que l'on peut rien fonder de stable et de durable.

La France ne perdit pas cependant de vue Madagascar et ne renonça nullement à ses droits, que des édits successifs, en mai 1719, en juillet 1720, et en juin 1725, rappelèrent au contraire et consacrèrent solennellement, en même temps que des missions d'études empêchaient d'oublier la grande île africaine.

En 1733, l'ingénieur de Cossigny y était envoyé pour

explorer la baie d'Antongil ; en 1746, Mahé de la Bourdonnais, gouverneur de l'île Bourbon, allait également explorer le pays ; en 1750, nous acquérions l'île de Sainte-Marie que nous concédait la reine Béty et que nous garderons malgré le massacre, arrivé en 1754, de la petite garnison que nous y avions établie ; enfin en 1758, un décret du gouverneur de l'île de France, Dumas, réservait pour le compte du roi le privilège du commerce sur toute la côte orientale.

Sur cette même côte des établissements se fondaient, depuis Fort-Dauphin jusqu'à la baie d'Antongil. En 1767 le gouvernement français revendiquait de nouveau ce privilège et faisait de Foulepointe le centre de ses opérations.

L'année suivante on alla plus loin et M. le comte de Maudave, envoyé par le ministre de la Marine, M. le duc de Praslin, pour relever Fort-Dauphin, inaugura un plan de colonisation rationnel, basé sur le commerce et la bonne entente avec les indigènes. Il eût réussi, s'il avait été soutenu en France et avait reçu les premiers subsides pour son établissement. Mais, faute de ressources, il dut abandonner ses projets, et rentra en France en 1769.

De 1773 à 1786, eut lieu l'aventure restée légendaire mais encore insuffisamment connue, du comte hongrois, Maurice Benyowski. Aventurier de grande valeur, traité en rebelle par la maison d'Autriche, partisan de l'indépendance de la Pologne contre les Russes, fait prisonnier au siège de Cracovie, Benyowski fut envoyé dans la forteresse de Casan, sur le Volga. Impliqué dans une conspiration contre Catherine II, il est déporté au Kamtchatka d'où il s'échappe après cinq mois de captivité, en 1771, attaque la garnison à la tête de ses camarades, s'empare d'une corvette, va successivement au Japon, à

Formose, à Makao, d'où il part sur un vaisseau français pour l'Ile-de-France et Fort-Dauphin. Il se rend ensuite en France où ses aventures suscitent un réel enthousiasme, et le duc de Choiseul lui confie la difficile mission d'aller fonder un grand établissement français dans la baie d'Antongil.

Benyowski avait de réelles qualités, une brillante intelligence, une grande énergie de caractère, une puissante force de volonté. Il savait commander, se faire obéir, et, ce qui est plus important, se faire apprécier et se faire aimer. Malheureusement, sa prudence n'égalait pas ses autres qualités, et quel fond pouvait-on faire sur la fidélité d'un homme qui n'était même pas français ?

Il voulut faire grand et vite. Il entreprit de nombreux travaux de fortifications, de routes, de canalisation, qui ruinèrent la santé de ses hommes et absorbèrent rapidement toutes ses ressources.

Il écrivit lettre sur lettre pour demander et redemander des secours en hommes et en argent. Il eut le tort également de se rappeler trop souvent son métier de soldat et de faire trop facilement la guerre, alors que son intérêt et ses instructions lui commandaient de vivre en paix avec tout le monde.

Les plaintes se multiplièrent, graves et pressantes, exagérées souvent, mais sans être fausses, et deux commissaires furent envoyés de France, en 1776, pour étudier sur place l'état de la colonie.

Leur rapport ne pouvait être que défavorable.

Benyowski y répondit en se déclarant indépendant; puis il partit pour la France afin de s'y justifier et d'y conclure un traité de commerce. Ses prétentions étaient inadmissibles, elles furent repoussées. Il alla les renouveler en Autriche, en Angleterre, puis en Amérique. Rentré à Madagascar en 1785, avec quelques subsides dérisoires recueillis dans le nouveau monde, il débarqua à Nosy-Be, gagna la grande île, et se rendit par terre à la baie d'Antongil, où il fut tué par une balle française, en se défendant contre une expédition envoyée, pour le combattre, de l'Ile-de-France.

Evidemment pendant les guerres de la Révolution et de l'Empire, la France n'avait pas le loisir de s'occuper de Madagascar. Elle ne l'oublia cependant pas complètement. Daniel Lescalier, envoyé par la Convention, y resta depuis 1792 jusqu'en 1796, et en rapporta un Mémoire très remarqué. Napoléon Ier y envoya en 1801 M. Bony de Saint-Vincent, qui reçut de l'administration de l'Ile-de-France la mission d'explorer la grande île; puis, en 1804, sous les ordres du général de Caen, gouverneur de l'Ile-de-France, et capitaine général de nos possessions de l'Inde, Silvain Roux, qui prit le titre d'agent général et se fixa à Tamatave. Roux était actif, intelligent, entreprenant, et peut-être eût-il réussi à faire de Tamatave un centre important, lorsqu'il fut contraint de capituler devant les Anglais qui nous chassèrent de tous nos comptoirs.

En attendant une révolution se passait dans le centre même de l'île qui devait avoir les plus grandes conséquences sur ses destinées.

Une tribu particulière, la dernière venue à Madagascar, honnie d'abord, pourchassée de toute part, et contrainte de se réfugier sur les hauts plateaux, la tribu des Hova, commençait à s'étendre et à s'imposer à ses voisins.

Pendant près de trois siècles, elle lutta pour se constituer elle-même, pour établir et conserver dans son sein l'unité de pouvoir et de gouvernement, et, en même temps, développer ses qualités natives : l'esprit de soumission et de discipline, la ténacité dans les entreprises, la persévérance dans les desseins, la patience et l'habileté, et, de temps en temps, le courage pour les accomplir.

Puis, à point nommé, vers la fin du siècle dernier, un homme se rencontra qui sut non seulement réunir toute l'Imerina sous son sceptre, mais soumettre encore les tribus voisines et fut le vrai fondateur de l'hégémonie Hova. Quand Andrianampoinimerina (Andriana fo ny Imerina, le Seigneur au cœur de l'Imerina) mourut, l'élan était donné, la puissance hova était fondée, et Radama I, son fils et digne successeur, réalisa le dernier vœu de son père en étendant son empire jusqu'à l'une et l'autre mer, à l'Orient et à l'Occident. Les Hova étaient désormais maîtres effectifs de la plus grande partie de Madagascar et désiraient le devenir entièrement.

III

LA FRANCE ET L'ANGLETERRE A MADAGASCAR

Mais à ce moment, voici qu'une autre puissance intervient qui, pendant tout un siècle, sera en opposition directe avec nous à Madagascar, et, par ses agents officiels, par ses marchands et ses marins, par ses missionnaires surtout, n'épargnera rien pour nous y combattre, pour y détruire notre influence, et y établir la sienne : j'ai nommé l'Angleterre.

Cette lutte séculaire de l'Angleterre et de la France à Madagascar n'est évidemment qu'un épisode de la rivalité presque continuelle, et, parfois, de l'hostilité déclarée qui ont si souvent divisé les deux nations, à peu près sur tous les points de la terre. Mais deux choses cependant rendent cette lutte spécialement intéressante, et nous recommandent d'y arrêter un instant notre attention : l'issue aujourd'hui définitive de ces compétitions, c'est-à-dire le triomphe de l'influence française, et la diversité très tranchée de conduite de l'une et de l'autre partie, pendant cette longue période de temps.

Des droits incontestables et basés sur des titres séculaires, et, en même temps, une faiblesse, une indécision, une négligence, qu'interrompaient seulement, par moments, des demi-mesures pires que l'inaction, une série de fautes enfin, telles que nous aurions dû cent fois perdre cette magnifique possession : voilà pour la France.

L'Angleterre, elle, n'avait point de droits.
Sir Robert Farquhar, le célèbre gouverneur de Maurice, s'inspirant d'une expression du traité de Paris, par lequel nous abandonnions à l'Angleterre l'île de France, désormais Maurice, « *avec ses dépendances* », prétendit bien, il est vrai, « *qu'il avait reçu l'ordre du gouvernement de Sa Majesté britannique de considérer l'île de Madagascar comme ayant été cédée à la Grande Bretagne* », et par conséquent « de lui maintenir et de lui réserver l'exercice exclusif de tous les droits dont la France usait anciennement »; mais il dut bien vite renoncer à cette prétention devant l'évidence des faits, et surtout devant la dépêche du 18 octobre 1816, par laquelle le Prince régent d'Angleterre lui mandait « qu'il avait bien voulu admettre l'explication donnée par le Gouvernement français à l'article 8 du traité de paix du 30 mai 1814, stipulant la restitution de certaines colonies et possessions que la France possédait au 1er jan-

vier 1792 dans les mers et sur le continent d'Afrique. »

Dès lors, le gouverneur de Maurice changea complètement de ligne de conduite, et inaugura une politique très habile, peu honnête souvent, mais constamment suivie, et qui aurait dû, à la longue, donner à son pays ce que l'on n'avait pu obtenir par une interprétation abusive des traités, si des événements imprévus n'étaient venus plus tard contrarier toutes les prévisions humaines.

Puisque l'on ne pouvait nous enlever la possession juridique de Madagascar, il fallait donc, par tous les moyens possibles, d'abord nous empêcher de nous y établir; et puis, sous le couvert de civilisation, de commerce, d'éducation, d'évangélisation, d'humanité, — peu importerait le drapeau — y pénétrer, y prendre pied, s'y fixer, s'y étendre, y acquérir à la longue une situation telle que nous eussions dû à un moment donné, en face du fait accompli, des positions acquises et des intérêts engagés, renoncer à des droits tout platoniques et accepter une compensation quelconque, quelques arpents de sable peut-être dans les déserts du Sahara.

Cette politique était sûrement adroite, et ce qui la rendit doublement dangereuse pour nous, c'est qu'aucun des successeurs de Farquhar à Maurice, aucun de leurs chargés de pouvoirs ou de leurs auxiliaires à Tananarive, Hastie, Ellis, Packenham, etc., ne s'en écartèrent un instant. Tantôt ouvertement soutenus par l'Angleterre et agissant en son nom, tantôt laissés davantage à leur propre initiative, blâmés même parfois extérieurement, mais toujours sûrs d'être approuvés en fin de compte, et toujours secrètement soutenus, ils allèrent constamment de l'avant.

Ils surent en particulier se servir très à propos de tous les secours que leur offrait le caractère hova.

Le Hova apporte toujours trois dispositions bien définies dans ses rapports avec les étrangers. Il est premièrement d'une méfiance extrême qui lui fait prendre ombrage de tout et l'empêche de se livrer jamais. Mais, pour corriger l'effet de cette méfiance, il a secondement un grand amour de l'argent qui le rend accessible à tous les marchés. Troisièmement, enfin, il est doué, pour tout ce qui lui paraît puissant, d'une crainte et d'un respect innés qui le rendent toujours prêt à baisser la tête et à se soumettre à plus fort que lui.

Les Anglais eurent vite fait de démêler cette triple tendance et d'en tirer tout le parti possible.

Et tout d'abord, ils se hâtèrent d'accepter, sinon de faire naître, la prétention affichée par les Hova, encore à cette époque confinés dans leurs montagnes, de devenir les maîtres de l'île entière. Ils les reconnurent officiellement comme tels, sans tenir aucun compte des droits de la France, et, par des envois d'armes, par des avances d'argent, par leurs conseils, ils les aidèrent dans la réalisation de ce rêve. Bien plus, ils s'acharnèrent à leur montrer, dans les prétentions de la France, le grand danger qui les menaçait, et ne cessèrent un instant de nous représenter comme les ennemis-nés et les naturels adversaires de leur autonomie et de leur puissance. Ils allèrent plus loin. C'est à leur instigation en effet et par leurs avis, que Radama Ier, en 1817, s'empara de Tamatave, autrefois une possession française, et, en ce moment, la propriété de notre allié, le roi René ; par leurs avis également, que ce roitelet sauvage osa nous braver en face, en nous sommant « *d'avoir à nous retirer au plus tôt de Sainte-Marie, cette terre malgache* », que nous venions d'occuper en 1821, et en chassant de Fort-Dauphin l'officier et les cinq soldats français à qui nous en avions confié la garde.

Quant à nos rivaux, ils n'affichaient vis-à-vis des Hova aucune prétention et se gardaient bien de laisser voir jamais aucune arrière-pensée. Ils ne voulaient être que leurs amis et leurs alliés désintéresssés, ils voulaient les aider dans leurs progrès rapides vers la civilisation, leur enseigner les lettres, les sciences, les arts européens ; les aider à se défendre contre leurs ennemis et à achever la conquête de l'île ; enfin lier avec eux quelques relations de commerce.

On ne saurait être plus réservé, et qui donc aurait pu prendre ombrage d'intentions si modestes et si amicales ?

Mais, en attendant, ils prenaient pied officiellement dans le pays par les deux traités de commerce du 23 octobre 1817 et du 11 octobre 1820 ; ils fondaient, au cœur même de la contrée, des maisons de commerce ; et surtout, sous le prétexte de science et d'éducation, — car Radama n'aurait accepté d'autre religion que celle de ses ancêtres — ils y introduisaient leurs missionnaires, qui, rapidement, s'emparaient de toute la jeunesse — en 1828 ils avaient déjà trente-trois écoles et quatre mille élèves — et s'entouraient d'une foule d'adeptes plus ou moins sincères, mais toujours dévoués, car on les payait très bien, et on se les enchaînait fort habilement, par des promesses plus généreuses encore, ou des pensions toujours révocables, suivant leur zèle plus ou moins grand et leurs services plus ou moins considérables.

Un moment arrêtés dans leur marche en avant par les édits de proscription de Ranavalona Ier (1835 et 1845), unis même un instant à la France en 1845 pour bombarder Tamatave, les Anglais se reprirent rapidement et ils réussirent enfin en 1855 à se faire entr'ouvrir de nouveau les ports de Madagascar.

C'est par leur second moyen d'action, par l'argent, qu'ils y arrivèrent : 15.000 piastres (75.000 francs) donnés à propos par le commerce mauritien à Rainijoary, le favori d'alors de Ranavalona, triomphèrent de toutes les hésitations.

Ce n'est pas du reste la première fois que l'Angleterre recourait à ce moyen toujours si efficace de la corruption.

Déjà, en 1816, Lesage, le premier envoyé de Sir Robert Farquhar, n'obtenait accès auprès de Radama qu'à force de présents, et il le quittait, quelques mois plus tard, emportant la promesse d'un traité, mais lui garantissant, en retour, un secours annuel de 1.000 piastres en or, et de 1.000 piastres en argent, avec des armes, de la poudre, des habits, etc.

Et ces générosités continuèrent sans interruption.

Ainsi, de 1813 à 1825, le gouvernement de Londres fit parvenir 1.449.099 fr. 80 à Sir Robert, afin « d'assurer le triomphe de sa politique ».

Ce qui a été dépensé depuis, personne ne le sait. Mais quand Radama Ier eut rouvert les portes de son empire, en 1861, les Anglais firent si bien que, deux ans après, le malheureux roi était étranglé, sa femme Rasoherina mise à sa place et toutes les influences de la cour tellement passées en leurs mains que les deux ministres qui, successivement, dirigèrent dès lors le gouvernement malgache, durent accepter, volontairement ou non, toutes leurs exigences.

Bientôt ils ne se cachèrent plus pour attaquer et déprécier la France. Sachant bien que le Hova se mettra toujours du côté du plus fort, ils ne cessèrent un instant d'exalter la puissance et la grandeur de l'Angleterre, et d'abaisser celle de la France. A les entendre, la France ne pourrait plus jamais rien faire, les guerres de l'empire ayant anéanti sa puissance : elle n'avait plus d'armes, plus de vaisseaux, plus de canons. Elle n'était plus qu'un tout petit pays qui n'oserait jamais agir sans l'assentiment de l'Angleterre, ou, pour employer les termes même d'Ellis parlant au prince Rakoto : « Les Français ne sont rien, ils ne peuvent faire un pas, remuer le petit doigt sans la permission de l'Angleterre. »

Les Hova n'avaient donc rien à craindre d'eux ; et les manifestations navales, et les démonstrations de toutes sortes se multipliaient pour bien imprimer cette vérité dans l'esprit de la cour d'Imerina.

Nous, de notre côté, nous n'avions rien négligé pour convaincre les Hova de notre faiblesse et de notre impuissance. Dès lors que nous avions des droits sur Madagascar et ne voulions pas y renoncer ; et que, d'un autre côté, les Hova, aidés en cela par les Anglais, prétendaient bien ne pas en tenir compte, et devenaient ainsi nos adversaires décidés, nous ne pouvions plus recourir aux mêmes moyens pacifiques que l'Angleterre. Nous étions suspects et nous n'aurions pas réussi. De plus, on aurait naturellement interprété une telle conduite comme une renonciation à nos justes revendications. Il ne nous restait plus par conséquent qu'à agir énergiquement et qu'à imposer par la force ce que l'on refusait de nous accorder pacifiquement.

Mais cela, pendant vingt-quatre ans, les divers gouvernements qui se succédèrent en France n'eurent jamais le courage de le vouloir.

Epuisée par les guerres de la République et de l'Empire, paralysée par l'attitude toujours hésitante et toujours soupçonneuse des puissances, et plus encore par ses divisions intérieures, la France de la Restauration le pouvait difficilement, dès les premières années du règne de Louis XVIII. Plus tard, lorsqu'elle y était résolue, et que, selon toute apparence, elle l'eût accompli grandement et rapidement, la révolution de 1830 vint tout arrêter et tout compromettre.

Tout ce que l'on fit, ce fut de protester énergiquement, par une lettre très nette de MM. Desbassyns de Richemont et Lafitte de Courteil, le Gouverneur et l'Ordonnateur de Bourbon (7 novembre 1817) contre les agissements de Sir Robert Farquhar, et de réserver ainsi formellement l'avenir. Puis, le 1er août 1819, de faire réoccuper Fort-Dauphin par quelques soldats ; et enfin, en octobre 1821, de reprendre possession de l'île Sainte-Marie. Ce fut tout, sauf qu'en 1829, le capitaine Gourbeyre bombarda Tamatave, détruisit le fort de la Pointe à Larrée, et s'établit à Tintingue, en face de Sainte-Marie. Mais il avait échoué devant Foulpointe et la campagne ne fut pas continuée.

Elle l'eût été sans la révolution de Juillet.

Mais le successeur de Charles X était trop occupé à faire rendre à la France, dans le concert européen, la place qu'elle venait d'y perdre, et il avait trop besoin à cette fin de l'Angleterre, pour rien tenter à Madagascar. C'est pour cela qu'il accepta l'avis du conseil d'amirauté « que le parti le plus sage à prendre vis-à-vis de Madagascar était de renoncer, au moins quant à présent, à tout projet d'établissement dans cette île, en prenant toutes les précautions nécessaires pour sauver l'honneur de nos armes. » En conséquence, on évacua Tintingue et tout le littoral de la côte Est, et nos alliés, les Betsimisaraka, furent abandonnés aux féroces représailles des Hova.

Cependant, il fut impossible de s'en tenir à cette inaction absolue. Deux ou trois ans après cette déclaration, la *Nièvre* faisait des sondages dans la baie de Diego Suarez, en vue d'établissements ultérieurs. En 1840 et 1841 l'amiral de Hell, gouverneur de Bourbon, obtenait pour la France, de divers chefs indigènes, Nosy-Be et les îles environnantes ; puis Mayotte et toute la côte Nord-Ouest, depuis la baie Passandava jusqu'au cap Saint-Vincent. Ces acquisitions étaient complétées en 1846 par celle de Vohemar ; et, en 1859 et en 1869, grâce à l'habileté de l'amiral Fleuriot de Langle, par celle de toute la côte ouest, depuis la baie de Baly jusqu'à celle de Saint-Augustin.

Ce n'étaient là que des acquisitions nominales, sauf Nosy-Be et Mayotte, puisque nous ne fondions aucun établissement dans les endroits précités ; qu'un espèce de protectorat très vague et indéterminé, puisqu'il ne concédait guère que la liberté de commercer, contre une redevance ou une pension en argent que nous paierions aux chefs de ces parages ; ces traités pouvaient même avoir leur inconvénient, car en nous liant avec les tribus sakalaves sur lesquelles nous ne pourrions jamais compter, ils nous brouillaient de plus en plus avec les Hova que nous risquions ainsi de jeter encore plus complètement dans les bras de l'Angleterre. Mais, d'autre part, et c'est le seul bon côté de ces traités, nous acquerrions ainsi, vis-à-vis des puissances européennes, des droits nouveaux sur les pays avec lesquels nous les avions conclus.

Mais voilà qu'en 1845, par un édit d'une barbarie inouïe, Ranavalona Ier ordonne le pillage de leurs biens et l'exil de tous les étrangers qui ne voudraient pas accepter toutes les corvées et toutes les sujétions des citoyens malgaches. Le Commandant français du Berceau, M. Romain Desfossés et le Commandant anglais du Conway, M. Kelly, furent forcés d'intervenir. Le 15 juin, ils bombardèrent la batterie de Tamatave et osèrent en tenter l'escalade avec trois cents hommes de débarquement. C'était une imprudence. Ils emportèrent bien les postes avancés, mais ne purent forcer le mur d'enceinte, « faute de munitions, » et ils durent se retirer, laissant leurs morts au pouvoir de l'ennemi. A peine avaient-ils levé l'ancre, que dix-huit têtes d'Européens étaient hissées sur le rivage, au sommet de pieux aigus.

Elles y restèrent dix ans.

Le gouvernement de Juillet aurait vraisemblablement vengé cette injure et réparé cet échec. Malheureusement, une coalition parlementaire vint d'abord retarder, puis la révolution de 1848 empêcher une expédition de plus en plus nécessaire.

IV

NAPOLÉON III ET MADAGASCAR

Mais, de tous les gouvernements, celui qui a compromis davantage nos droits et nos intérêts à Madagascar, celui qui, sans raison aucune, a tout fait pour perdre cette splendide colonie et la sacrifier à « l'entente cordiale » avec l'Angleterre, c'est le second empire.

Napoléon III était tout puissant à l'intérieur et à l'extérieur ; il pouvait choisir ses alliés comme il le voulait ; un moment même, il fut l'arbitre des destinées européennes. Mais, par une aberration inconcevable dans tout autre que dans cet utopiste dépourvu de sens politique, il ne voulut voir que l'Angleterre, toujours prêt à se mettre à sa suite, à favoriser ses intérêts, et bien décidé, pour sa propre ruine et celle de la France, à ne jamais lui déplaire. Aussi est-ce merveille que, sous son règne, l'Angleterre ne se soit pas emparée de Madagascar.

Seuls, les efforts d'un homme de génie lui barrèrent la route.

En 1831, un jeune aventurier de vingt-cinq ans, qui avait déjà accompli des choses extraordinaires aux Indes, et était parti à la recherche d'un trésor perdu vers les îles, Juan de Nova, fut jeté par un ouragan sur les côtes de la grande Ile. Recueilli et recommandé par M. Delastelle, ce jeune homme, M. Laborde, ou, comme tout le monde l'appelle là-bas, le *grand Laborde*, devenait l'ingénieur de la Reine Ranavalona, et acquérait à Tananarive, par son mérite personnel, par ses grandes qualités de cœur, par son esprit toujours inventif et jamais à bout de ressources, une position exceptionnelle. Sans ouvriers et presque sans instruments, il fondait des canons, faisait des fusils, inventait une fusée, fabriquait de la poudre ; et, en même temps, introduisait sur cette terre barbare une foule d'industries inconnues avant lui : la chaux, le savon, la poterie, le verre, les bougies, etc., etc. Quand tous les autres Européens étaient chassés, il restait seul, toujours aussi puissant, et cela, sans trahir jamais sa patrie, sans abandonner sa foi, ne cessant au contraire de rendre à l'une et à l'autre les plus signalés services, toujours prêt à sauver des victimes et à atténuer, autant qu'il dépendait de lui, les ordres sanguinaires de Ranavalona.

Il avait surtout acquis une influence illimitée sur le prince héritier, le jeune Rakoto, plus tard Radama II, à qui il sut inspirer des sentiments de grandeur et de générosité vraiment extraordinaires chez un Hova.

C'était le temps où la cruauté de Ranavalona faisait rage. Il ne se passait presque point de jours où les rues de la capitale ne fussent ensanglantées par les exécutions les plus révoltantes. « Des centaines, ou même des milliers de personnes, je n'exagère pas, raconte dans son journal le père Finaz, qui avait pu, grâce à un déguisement, pénétrer et séjourner auprès de M. Laborde, avaient leurs biens confisqués et se voyaient vendues comme esclaves, ou condamnées à périr par le *tanghen*, pour des rapports vagues et indécis faits sur leur compte.

Tel village était détruit et presque tous ses habitants mis à mort parce que la reine ne les aimait pas ; telle personne exécutée, parce que Ranavalona l'avait vue en songe ; tout *Priant* — ancien disciple des Anglais — était précipité de la roche d'Ampamarinana, à l'ouest du Palais, et, au besoin, achevé à coups de lance. »

Rakoto gémissait des cruautés de sa mère et se multipliait pour atténuer le mal. Mais on comprend que les efforts de son dévouement fussent nécessairement restreints.

C'est alors que M. Laborde lui persuada de recourir à Napoléon III. Il ne s'agissait pas de détrôner Ranavalona, ni à plus forte raison de la faire mourir, comme les Anglais l'ont faussement reproché à Rakoto, mais simplement « de sauver le peuple malgache si malheureux, » comme l'écrira plus tard Rakoto lui-même à lord

Clarendon, en arrachant la Reine aux funestes influences qui la perdaient, et en la mettant dans l'impossibilité de continuer ses cruautés. Pour cela, le Prince offrit deux fois à l'empereur, d'abord par une première lettre datée du 14 juillet 1854, afin de demander aide et secours contre les ministres et conseillers de la Reine sa mère, « et oppresseurs du peuple malgache; » et ensuite par l'intermédiaire de M. Lambert en juillet 1855, le protectorat de l'île entière de Madagascar. En même temps, M. Lambert, l'auxiliaire et l'agent en toute cette affaire de M. Laborde, obtenait une charte qui lui concédait, moyennant un dixième du revenu, à lui et à la compagnie qu'il devait former, toutes les mines et toutes les richesses naturelles de l'île, comme aussi « les terrains vagues à son choix pour cultures et établissements, et deux ports en toute propriété et juridiction. »

C'était la possession effective de Madagascar, presque sans dépenses. Evidemment, il eût fallu une expédition pour mettre à profit l'occasion qui s'offrait ainsi d'elle-même. Mais nous avions pour nous le Prince héritier avec la partie la plus saine et la plus influente de la population ; et contre nous, seulement une Reine accablée de vieillesse et un parti détesté de tous. « Que Votre Majesté, s'écriait le Prince, en terminant son second message, ne repousse pas la prière que je lui ai faite dans ma précédente lettre, et que je renouvelle par l'organe de M. Lambert, car le malheur de mon peuple est vraiment à son comble. »

Et les chefs malgaches ajoutaient à leur tour, après une description touchante de l'épouvantable tyrannie qui les écrasait :

« Sire, si nous mettons tant d'instance à vous prier de ne pas retarder les secours qui seuls peuvent nous sauver, ce n'est pas seulement à cause des malheurs présents, c'est aussi par crainte d'un malheur irréparable... Nous craignons qu'on ne l'assassine (le fils de la reine) comme le seul moyen de l'empêcher de régner par la suite. Secourez-nous donc, Sire. »

Or, à des offres si avantageuses et à des avances aussi touchantes, que répondit Napoléon III? Le fait est à peine croyable et M. de Freycinet avait un précédent à invoquer quand il abandonna l'Egypte aux Anglais.

En 1855, alors que l'Angleterre nous avait tant d'obligations pour l'expédition de Crimée, et que l'empereur lui-même était à l'apogée de sa puissance, au lieu de prendre un parti et d'agir au mieux des intérêts et de l'honneur français, il envoya M. Lambert à lord Clarendon, pour demander l'avis du gouvernement anglais, et au besoin, proposer un protectorat à demi entre la France et l'Angleterre.

Heureusement que lord Clarendon refusa. Ce fut une faute de sa part, car le condominium franco-anglais à Madagascar se fût infailliblement terminé comme le condominium égyptien. Mais il se servit de cette communication, de sa nature toute confidentielle, pour avertir Ellis, alors à Londres.

L'agent de la London-Society repart aussitôt pour Madagascar, obtient à force d'instances de remonter à Tananarive, révèle tout à la reine et ne se donne de repos qu'après avoir fait chasser M. Laborde et tous les blancs.

Que les Anglais, en dépit de nos droits, nous aient combattus à Madagascar ; qu'ils aient semé dans ce but l'or à pleines mains — Ellis apportait 250.000 francs avec lesquels il se faisait fort de tout bouleverser — qu'ils aient mis en œuvre toute leur puissance et toutes les ressources de leur diplomatie ; qu'ils aient entravé et retardé la fondation de la mission catholique ; qu'ils aient lutté d'influence contre Laborde et Lambert, on peut le comprendre sinon l'excuser complètement. Mais ce que l'on ne comprendra jamais, ce que l'on ne saurait assez flétrir, c'est que des hommes qui ont toujours sur les lèvres les mots d'humanité et de civilisation, des hommes qui se sont fait une spécialité de vouloir abolir l'esclavage et de répandre partout la liberté politique et le progrès, se soient mis du côté d'un tyran comme Ranavalona contre des hommes comme Rakoto, Laborde et Lambert, et qu'ils aient, par leur intervention, par leurs calomnies et par leurs mensonges, provoqué la mort, l'exil, la perte de la liberté pour des milliers d'innocents, un mot vous monte aux lèvres, à la vue de cette contradiction entre les paroles et les actes, c'est celui d'*hypocrisie* et jamais il ne fut mieux mérité.

En tout cas, si Ranavalona hésita d'abord à sévir contre Laborde et Lambert, elle se vengea cruellement sur ses pauvres sujets, et, de toutes les années de son règne, l'année 1857 fut la plus féconde en massacres odieux.

« Je ne saurais mieux, dit dans son journal privé le Père Finaz, témoin oculaire de toutes ces atrocités, comparer l'état du royaume de Ranavalona, en mai 1857, qu'à notre règne de la Terreur, mais de cette Terreur de 1793, qui ôtait jusqu'au courage du désespoir, jusqu'à l'idée de se soustraire à cette horrible situation. On n'osait sortir de crainte de ne plus rentrer chez soi... Chaque jour, il y avait deux, quatre, six individus condamnés à mort. Le 12 mars, la reine, véritablement folle de cruauté, assemble le peuple, lui reproche de ne pas se dénoncer assez, et enjoint à tous ceux qui se sentiraient coupables de se dénoncer eux-mêmes, leur promettant la vie sauve. Pendant six semaines, près de deux mille malheureux s'accusèrent de divers crimes, que souvent ils n'avaient pas commis, espérant par là échapper à des dénonciations qui toujours entraînaient la mort, quelquefois par l'eau bouillante, et en un seul jour, douze cent trente-sept furent condamnés aux fers à perpétuité, leurs biens confisqués, leurs femmes et leurs enfants réduits en servitude. »

Cela alla si loin que les « Priants » ou gens de la prière, les convertis du temps de Radama Ier, véritable parti politico-religieux, avec ses chefs et ses réunions secrètes, se décidèrent à ourdir un complot pour délivrer le pays de l'infâme Rainijoary, le favori de la Reine et l'instigateur de tous ces crimes. Ils agissaient pour le compte de Rakoto, et avec l'assentiment de MM. Laborde et Lambert. Or, le Révérend Lebrun, alors à Tamatave, digne émule d'Ellis, fit tout pour les arrêter, parce que, en faisant cela, ils servaient la France : « Vous êtes protestants, leur écrivait-il, prenez garde à ce que vous faites, votre travail n'aboutira qu'à établir le catholicisme. »

Il ne put cependant les faire changer d'avis ; mais il leur fit perdre du temps, jeta le trouble parmi eux, et, finalement, peut-être à son instigation, ils furent vendus à Rainijoary par le seul Hova créé jusque-là ministre de la religion réformée, et le chef des écoles protestantes de l'Imerina. Tous ceux qui ne purent s'enfuir ou se cacher furent exécutés.

Puis ce fut le tour des Européens. On donna le tanghen à des poules représentant chacun d'entre eux, et comme toutes ces poules moururent, sauf celle du Père Weber, ou M. Joseph, qui avait autrefois soigné le frère de Rainijoary, tous furent exilés (15 juillet 1857).

Ainsi Ellis avait atteint son but.

MM. Laborde et Lambert avaient complètement échoué; la France ne s'établirait pas à Madagascar; Rakoto, livré pendant quatre ans aux plus perfides influences, n'y résistera pas et deviendra un prince débauché et corrompu, sans principes et sans forces. C'était tout ce qu'il désirait. Par sa faute, le sang avait coulé à flots, le peuple malgache râlait dans les tortures, tous les résultats obtenus primitivement, même par les Anglais, étaient détruits. Qu'importe? la France était vaincue et il était content.

Au reste, il ne s'en tiendra pas là.

Le 16 août 1861, mourait la vieille reine Ranavalona, et, malgré toutes les intrigues de palais, elle était remplacée par son fils Rakoto, qui prenait le nom de Radama II.

Aussitôt Madagascar est ouvert à tous les étrangers, commerçants, ingénieurs, missionnaires, savants. Liberté complète est accordée à tous, d'enseigner, de prêcher, de se faire baptiser. Le nouveau roi écrit au souverain Pontife qui lui répond la lettre la plus paternelle qu'on puisse imaginer; puis à l'Empereur qui lui envoie une ambassade pour le féliciter et rehausser l'éclat de son couronnement. Un traité est signé avec la France (12 septembre 1861), qui reconnaissait Radama II roi de Madagascar « *sous la réserve des droits de la France* » et nous accordait les avantages les plus considérables. La charte Lambert est confirmée; et l'Angleterre, qui avait aussi envoyé une ambassade, n'obtient son traité que trois mois plus tard.

Seulement, pour être valides, l'un et l'autre traités devaient être ratifiés en Europe. Cela donna à Ellis le temps d'agir, de comploter, de semer l'or, de compromettre le roi. Le vieux parti malgache releva la tête, et le 12 mai 1863, Radama était assassiné. Par qui? par Rainivoninahitrinony, chef de l'armée et premier ministre, qui était furieux de ne pas se sentir maître absolu et qui était jaloux de la faveur accordée aux Européens? Matériellement, oui. En fait, Ellis a toujours été soupçonné d'avoir occasionné, peut-être d'avoir préparé ce crime, et il semble bien difficile de le laver complètement de cette infamante accusation. Ses antécédents, son caractère, sa conduite, la somme énorme — 1.300.000 francs — qu'il dépensa pendant l'année 1862, enfin le parti très avantageux qu'il tira de ce régicide en faveur de l'influence anglaise, tout concourt à l'accuser. « Tout en ayant l'air d'être dévoué à Radama, écrit à ce propos un voyageur anglais qui se trouvait alors à Tananarive, ne voulait-il donc que le détrôner, par haine de M. Lambert et pour renverser tous les plans de ce dernier? Il y a des personnes, même des Anglais, qui le croient et qui le disent. » Et un autre Anglais, de Tamatave celui-là, était encore plus explicite : « Les Français et les Anglais de Tamatave, écrivait-il, s'accordent pour accuser Ellis d'être l'auteur de tout le mal, bien qu'involontairement peut-être. »

Il paraîtrait que tel était du reste l'avis de Packenham.

Quoi qu'il en soit, c'était maintenant à la France à parler. Le traité était revenu de Paris, ratifié et signé, et M. Lambert venait d'arriver à Tamatave, avec une armée d'ingénieurs, d'ouvriers et de mineurs, pour commencer les travaux d'exploration et prendre possession des terrains et des ports à lui concédés par sa charte.

De Tananarive, on fit dire qu'on désirait entrer en négociations pour un nouveau traité. Le commandant Dupré, celui-là même qui avait représenté l'empereur au couronnement de Radama, signifia aussitôt sa décision : ou le traité tel qu'il avait été conclu et signé, ou les conséquences du refus. C'était un ultimatum, et, en cas de refus, M. Laborde, notre consul, avait ordre d'amener son pavillon et de descendre à Tamatave avec tous nos nationaux. Au fond, le commandant Dupré n'avait pas d'instruction ; puis, il n'était pas sûr d'être soutenu à Paris, s'il brusquait les événements ; dans une telle situation que pouvait-il faire ? Aussi, lorsque, après deux mois d'hésitation, Rasoherina rejeta l'ultimatum et envoya une ambassade en Europe, pour gagner du temps, il laissa partir les ambassadeurs.

Quant à l'Empereur, il se contenta de montrer de la mauvaise humeur et de réclamer pour le baron Lambert une indemnité de un million, qui ne fut obtenue que longtemps après, et payée à Tamatave, contre la remise du texte officiel de la charte que les officiers hova brûlèrent publiquement.

Un léger nuage de fumée, voilà donc tout ce qui restait des efforts si intelligents et si patriotiques de Laborde et de Lambert.

Mais un fait s'était passé dans l'intervalle, qu'il faut faire connaître publiquement, à l'honneur de ces deux grands Français, Laborde et Lambert, qui après avoir travaillé toute leur vie pour donner Madagascar à la France, et n'avoir échoué que par suite de la pusillanimité de leur gouvernement, voulurent du moins sauver l'avenir et conserver à leurs pays tous ses droits.

Pendant les longues négociations de l'indemnité, le consul anglais, Packenham, proposa à M. Lambert de lui acheter sa charte, et il lui en offrit un million de livres sterling, c'est-à-dire 25 millions de francs, 24 millions de plus que l'indemnité réclamée par Napoléon. C'était une fortune princière pour ces deux hommes, Laborde et Lambert — car il ne faut pas oublier que c'est M. Laborde qui avait conduit toute cette affaire et qu'il était l'associé de M. Lambert, — et quand on songe que Laborde mourut presque pauvre, que ses héritiers n'ont recueilli que quelques épaves de sa fortune, que ses petits neveux ont à peine de quoi suffire à leur éducation, on ne peut s'empêcher de penser que la France ne lui a pas payé toute la dette qu'elle avait contractée vis-à-vis de lui.

Or, voici l'aveu que Packenham, mourant à Tamatave en 1883, faisait à un jésuite missionnaire, de qui je le tiens : « Mon Père, en faisant cette offre, je n'avais aucune instruction ; mais je ne doute pas que, six mois après, j'aurais eu vingt-cinq vaisseaux de guerre sur les côtes. »

Cela se passe de tout commentaire.

A ce moment tout paraissait perdu pour la France à Madagascar. Brisé et découragé, M. Laborde donnait sa démission de consul. L'Angleterre obtenait en 1865 un traité de commerce qui lui livrait toute l'influence, et nous rendait particulièrement difficile la conclusion d'un pareil traité. Et, de fait, ce n'est que trois ans après que M. Garnier parvenait à le conclure. Le premier ministre, Roinivoninahitriniony, puis son frère Rainilaiarivony qui le supplanta en 1864, étaient vendus aux missionnaires anglais, ou du moins contraints d'accéder à toutes leurs volontés ; la reine et son premier ministre recevaient le baptême, en 1869, des mains de ces missionnaires, dont la religion devenait ainsi la religion d'état de Madagascar ; les lois étaient refondues par eux, l'instruction donnée par leurs disciples, l'armée réorganisée sous leur contrôle, la politique enfin du palais soumise à leur inspiration, sinon entièrement dirigée par eux.

Une seule force leur résista, et sauva là-bas les épaves de notre influence, empêcha notre nom d'être à jamais oublié et continua à faire aimer la France, la Mission catholique. Oui, c'est là un fait que l'on ne doit pas oublier, et je suis particulièrement heureux de pouvoir le proclamer devant des jeunes gens d'élite appelés vraisemblablement à avoir une influence effective à Madagascar, avec et après M. Laborde, c'est à la Mission catholique que nous devons de n'avoir pas perdu Madagascar.

Fondée sous Radama II, après plusieurs essais héroïques tentés au milieu de circonstances extraordinaires sous Ranavalona Ier, la Mission se développa d'abord rapidement. Persécutée ensuite, tracassée, entravée de toutes les manières par le gouvernement hova qui, au fond, ne voulait cependant pas la détruire complètement, prévoyant en elle un point d'appui contre l'ambition anglaise, elle continua néanmoins, à sa manière, l'œuvre de M. Laborde, en luttant, en se dévouant, en souffrant, en gagnant peu à peu du terrain.

La France ne songea guère à elle, et ne lui prodigua ni ses secours ni ses encouragements. Si elle inséra une clause en sa faveur, dans le traité de 1868, elle n'en surveilla jamais l'observation. Si M. Laborde, qui avait repris les soins du consulat après le départ de M. Garnier, lui fut toujours généreusement dévoué, sa voix ne trouvait aucun écho aux Tuileries. Si enfin Napoléon III lui accorda, sur sa cassette privée, en faveur de ses écoles, un faible secours de 20.000 francs, cette allocation fut diminuée de moitié en 1871, puis totalement supprimée en 1872, en des termes qui ressemblent à une abdication :
« Cette subvention, écrivait à ce propos l'amiral Pothuau,

était justifiée par l'action prépondérante que le gouvernement prétendait exercer à Madagascar. Aujourd'hui *qu'on a complètement renoncé à cette politique*, la subvention n'a plus de raison d'être et l'allocation totale disparaîtra en 1872. »

IV

LA GUERRE

Nous sommes à ce moment à l'époque la plus triste pour notre influence à Madagascar.

Si le commandant Lagougine, parlant haut et ferme, rappelle les Hova à l'observation du traité de 1868, et les oblige à lui offrir une indemnité de 20.000 francs, il est blâmé à Paris. Nous n'avons plus ni influence, ni action. Les Anglais seuls restent les maîtres et dirigent tout. En fait, ce sont eux qui gouvernent Madagascar. Et par leur arrogance, par leurs injustices, par leur haine du nom français, ils rendent inévitable la guerre de 1883-1885.

Ce fut une faute de leur part, et c'est ce que ne cessait de redire leur consul, Packenham, mourant épuisé à Tamatave : « C'est une folie, s'écriait-il ; par leur impatience, ils détruisent mon œuvre de vingt ans. »

Le temps me manque ici pour raconter cette guerre où trois de nos officiers de marine, l'amiral Pierre, l'amiral Galiber et l'amiral Miot, s'épuisèrent en de vains efforts, parce que jamais on ne voulut leur donner le moyen d'agir ; où tel et tel de nos officiers, comme par exemple Pennequin, s'illustrèrent par des actions d'éclat d'un autre âge, et montrèrent ce que l'on pouvait tirer d'auxiliaires malgaches bien encadrés et bien conduits ; où notre parlement fit preuve à la fois d'incohérence, d'ignorance et de faiblesse, voulant garder Madagascar sans en prendre les moyens ; voulant, de Paris, imposer un plan de campagne que les officiers de là-bas étaient unanimes à déclarer impraticable, et, en fin de compte, acculant le gouvernement à conclure le traité du 5 décembre 1885 qui n'avait que deux avantages :

1° En reconnaissant la Reine des Hova souveraine de l'île entière de Madagascar, et en nous faisant les intermédiaires officiels entre elle et les puissances étrangères, il empêchait celles-ci de rien tenter à Madagascar.

2° Il n'était pas né viable, et ne résolvant pas les difficultés pendantes, les renvoyait à une époque ultérieure, où, on pouvait l'espérer, nous serions plus libres pour faire valoir nos droits et défendre nos intérêts.

Je ne raconterai pas non plus les dix ans d'administration des trois Résidents qui représentèrent la France à Madagascar, de 1886 à 1894, MM. Le Myre de Vilers, Bompard et Larrouy.

Hommes d'élite tous les trois, différents de caractère, de tempérament, de manière de faire, ils furent toujours à la hauteur de la situation délicate qu'on leur avait confiée. Et, s'ils ne purent empêcher une expédition que depuis longtemps tous prévoyaient comme inévitable, ils surent du moins la reculer jusqu'au moment opportun et la préparer, autant du moins que cela dépendait d'eux.

Et cette expédition à jamais mémorable de 1895, cette route à jamais maudite, ces fatigues surhumaines endurées par nos soldats, cette mortalité effroyable nous donnant 5991 morts sur un effectif total de plus de

28.000 hommes, plus de 21 0/0, cette marche en avant dont la hardiesse de conception ne fut dépassée que par l'énergie indomptable, par la *maestria* avec laquelle elle fut conduite, cette poignée de 2.000 hommes usés, épuisés, mourant de fatigues et de privations, chassant devant eux 10.000, 15.000, 20.000 Hova, sur un parcours de 200 kilomètres, et s'emparant d'une ville de 50.000 habitants, défendue par tout un peuple ; cette patience, cette résignation héroïque, cette discipline toujours intacte, cette énergie et cette constance indomptable du commandement, ce dévouement surhumain de tous, soldats, officiers, marins, infirmiers, médecins, aumôniers, tout cela est présent à la mémoire de tous, et il est inutile de nous y arrêter.

Mais n'oublions pas au moins, Messieurs, que c'est à ces braves soldats, à ces infatigables travailleurs, à ces hommes d'élite que nous devons Madagascar ; n'oublions pas qu'une belle page de plus a été ajoutée aux annales déjà si riches de notre histoire nationale, page que l'on pourrait résumer en ces trois mots : *énergie, constance, dévouement*, et que, pour ne pas sortir de l'histoire de Madagascar, aux noms des Richelieu et des Colbert, des Flacourt et des Benyowski, des Laborde et des Lambert, d'autres se sont joints que l'histoire n'en séparera plus, ceux de Le Myre de Vilers, Bompard, Larrouy, Ranchot, Duchesne, Gallieni, sans compter les héros inconnus qui dorment leur dernier sommeil sur la route de Mojanga à Tananarive.

A tous ces braves à tous ces hommes d'élite un dernier salut et un dernier adieu. Car c'est à eux que nous devons la possession, enfin définitive, de l'île de Madagascar.

DEUXIÈME LEÇON

APERÇU GÉOGRAPHIQUE — CÔTES — OROGRAPHIE HYDROGRAPHIE

I

APERÇU GÉOGRAPHIQUE

Situation. — L'île de Madagascar est située au Sud-Est de l'Afrique, en face de Mozambique, dont elle est séparée seulement par le canal de ce nom, canal dont la largeur maxima est de 1,100 kilomètres et la largeur la plus petite de 470 kilomètres. Elle est à proximité par conséquent des établissements portugais de Mozambique et de Sofala, à proximité également de Delagoa Bay et des deux ports de Beïra et de Lourenço Marques, les débouchés naturels de Natal, d'Orange, du Transvaal, et des territoires portugais; non loin également de la colonie du Cap, avec laquelle elle est appelée inévitablement à entretenir d'actives relations commerciales, de Zanzibar au Nord, de Bourbon et de Maurice à l'Est; à portée enfin de la route d'Aden vers l'Hindoustan, l'Indo-Chine, Mahé et l'Australie. On ne pourrait rêver plus belle situation au double point de vue commercial et politique. Enfin elle est placée sur l'ancienne route des Indes par le cap de Bonne-Espérance, et le fait que cette route deviendrait la seule libre en cas de guerre entre la France et l'Angleterre, lui donne une importance stratégique de premier ordre.

Iles. — Nombre de petites îles semblent lui faire cortège comme des dames d'honneur autour de leur Souveraine : Sainte-Marie à l'Est en face de Tintingue ; Sainte-Lucie et Nosy-Ve au Sud-Est et au Sud-Ouest ; Nosy-Be, Nosy-Faly, Nosy-Mitsio, et plus loin, le groupe des Comores, au Nord-Ouest ; et, de tous les côtés, surtout vers le Nord-Est, le Nord et le Nord-Ouest, une foule d'autres moins importantes.

A ces îles, situées à proximité de la grande terre, on pourrait ajouter, outre les îles déjà nommées de Maurice et de Bourbon, les îlots de Diego Rodrigue (Ang.) et de Corda dos Garajaos, à l'Est ; les îles Glorieuse (Fr.), Farquhar, Providence, Cosmoledo, Assomption, Aldabra, et plus loin le groupe des Seychelles (Ang.), au Nord ; et également des terres aujourd'hui disparues de la surface de l'Océan, mais formant comme une chaîne encore visible de bancs sous-marins, se dirigeant vers l'Afrique d'un côté et, de l'autre, vers les rivages asiatiques de l'Inde, probablement les témoins et les restes d'un ancien continent aujourd'hui disparu, et dont nous aurons à reparler.

Coordonnées géographiques. — *Dimensions*. — Madagascar est située à peu près complètement dans la zone torride, s'étendant dans la direction N.-N.-E., S.-S.-O., depuis le cap d'Ambre, son extrémité septentrionale, par

12° (exactement 11° 57′ 30″) latitude Sud, jusqu'à son extrémité méridionale, qui est le cap Sainte-Marie, situé par 25° 38′ 55″. Elle a donc 1515 kilomètres, dans sa plus grande longueur. Ses points extrêmes, en longitude, sont le cap *Saint-Vincent*, en malgache cap *Tsingilify*, par 41° (exactement 40° 59′ 30″) à l'Ouest, et, à l'Est, la pointe d'*Antsirakosy* ou *Angotsy*, par 40° 7′ 20″ longitude orientale, ce qui lui donne environ 600 kilom. dans sa plus grande largeur et 500 en largeur moyenne. Sa superficie est évaluée approximativement à 590.000 kq., celle de la France étant de 528.000. C'est, en étendue, la troisième île du Globe, ne le cédant sous ce rapport qu'à la Nouvelle-Guinée et à Bornéo, car personne aujourd'hui ne considère l'Australie comme une île.

Sa forme est un ovale très irrégulier, dont le grand axe commencerait au cap d'Ambre pour se terminer au cap Sainte-Marie, et le petit axe au sud du cap Saint-André pour aboutir vers Andevoranto.

Idée d'ensemble. — S'il fallait donner une idée sommaire d'ensemble de Madagascar, peut-être pourrait-on la résumer ainsi :

Elle présente, surtout dans la partie septentrionale, à l'Est et à l'Ouest, de nombreuses découpures, tandis que les rivages du Sud, et particulièrement du S.-O., sont presque en ligne droite. Vue du large, à l'Est, quand on la longe en paquebot, depuis Diego-Suarez jusque vers Fort-Dauphin, l'île se présente comme un vaste amphithéâtre recouvert de verdure et dont les derniers gradins, qui sont gigantesques, se perdent et se fondent dans l'horizon. Elle paraît ainsi très accidentée, très montagneuse, ce qui est vrai, et très riche, ce qui n'est pas tout à fait aussi exact.

Du côté de l'Ouest, au contraire, elle présente de vastes

plaines qui montent par des pentes plus douces, quoique très abruptes également par instants, vers la chaîne faîtière. Le Sud enfin, surtout le Sud-Ouest, sont composés de vastes plateaux de sable presque plats, de 300 à 400 mètres d'altitude, souvent dépourvus d'eau et stériles, tandis que le Centre, qui n'est qu'un amas de montagnes, est formé d'un sol argileux rouge, très compact pendant la saison sèche et presque entièrement dépouillé d'arbres.

Cette première impression est sensiblement exacte. Mais évidemment, elle ne saurait nous suffire. Examinons donc, Messieurs, plus en détail, quoique nécessairement d'une façon sommaire :

1° Les côtes et les mouillages ;
2° L'orographie ;
3° L'hydrographie de Madagascar.

II

DES CÔTES

Les côtes. — Les côtes de Madagascar offrent un développement de 4.000 kilomètres, un peu plus que celles si renommées de la Grande-Bretagne qui en ont 3.900. Elles sont très différentes à l'Est et à l'Ouest, au Nord et au Sud, et présentent les aspects les plus divers.

Le grand courant de l'Océan Indien vient battre droit contre Madagascar à peu près en son milieu, et se sépare en deux branches longeant et érodant le rivage, vers le Sud et vers le Nord. En particulier il repousse la chasse des rivières qui viennent chargées de sable se jeter perpendiculairement dans la mer. De là, les bancs de sable, qui courent le long de la côte et en particulier les « *barres* » qui coupent l'embouchure de presque tous les fleuves.

En outre la côte Est est, plus encore que la côte Ouest, et, avec les côtes Sud et Sud-Ouest, elle est beaucoup plus exposée aux grosses mers que le Nord-Ouest et l'Ouest; de là une étendue bien moins considérable de bancs de coraux à l'Est où il y en a cependant un certain nombre, vers Tamatave et les environs, et au Sud, où il n'y en a pour ainsi dire pas, qu'à l'Ouest, où ils sont au contraire très nombreux et forment une ligne presque continue, depuis le 24° jusqu'au 17°, ou même jusqu'au 16° parallèle Sud.

A la côte Ouest, le rivage semble s'augmenter insensiblement, sous la double action des dépôts apportés par les rivières et des amas de sable amenés du large par les contre-courants du canal de Mozambique. Les premiers peu à peu encombrent les estuaires et forment d'immenses deltas, malgré la chasse puissante de ces rivières pendant une grande partie de l'année, et, en même temps, pendant que les seconds recouvrent rapidement les larges bancs de corail accumulés le long du rivage.

Les deux rivages, de l'Est et de l'Ouest, depuis surtout la baie d'Antongil jusqu'au nord de Fort-Dauphin à l'Est, et à l'Ouest depuis la rivière de Saint-Augustin, en remontant au Nord, sont ordinairement plats, très bas et marécageux. Mais tandis qu'à l'Est, la zone basse peut varier de quelques mètres à certains endroits, mais ordinairement de 10 à 20 kilomètres, à l'Ouest elle atteint facilement 80, 100, 150 kilomètres, ou même davantage. Au N.-E. dans les environs de la baie d'Antongil, et au S.-E. vers Fort-Dauphin, cette zone basse disparaît complètement, et les montagnes couvertes de forêts viennent affleurer jusqu'au bord de l'Océan. C'est du reste plus ou moins l'aspect général de toute la côte Nord.

La côte Sud est aussi très différente des autres. Elle se compose de hautes dunes ou falaises, dont « le caractère le plus saillant est leur sommet rectiligne, qui ferait croire à des fortifications construites de main d'homme, quand il n'est que l'œuvre des vents » (1).

Plus loin, en remontant au S.-O., depuis la pointe Barrow, entre le 23° 1/2, jusqu'au 25° 15' latitude Sud, le littoral est également stérile, et la côte s'étend presque en ligne droite, sur une longueur de plus de 200 kilom., sans une seule échancrure, et sans qu'aucune rivière y débouche.

Les côtes de Madagascar diffèrent également entre elles sous un autre aspect, plus important que le premier, c'est-à-dire par leurs saillies et leurs échancrures qui forment une multitude de caps, de presqu'îles, de golfes, de baies, de rades et d'abris plus ou moins sûrs, au nord d'une ligne tirée du cap Saint-André au cap Mosoala (16°), tandis qu'au sud de cette ligne, aussi bien à l'Est qu'à l'Ouest, elles sont souvent presque rectilignes et offrent peu de bons mouillages, ordinairement de simples rades foraines, intenables d'habitude par les mers orageuses et très agitées de ces parages.

C'est à ce point de vue des ports naturels et des accidents de terrain qu'elles présentent, que nous allons maintenant les parcourir.

Mouillages, rades et ports. — On a beaucoup parlé des

(1) Grandidier, *Une excursion chez les Antandroy*, p. 7, 8.

ports naturels de Madagascar et fait un grand éloge de ses mouillages qui seraient splendides, et dont l'accès très facile aux vaisseaux du plus fort tonnage, en même temps que leur tenue, serait de toute sûreté.

Ce sont là des exagérations qu'il importe de détruire par des constatations moins optimistes, mais plus certaines.

Les principaux ports de relâche, fréquentés jusqu'à ce jour par nos paquebots, sont, en partant de Mojanga vers le Nord pour faire ensuite le tour de l'île, par l'Est et le Sud :

Mojanga, Nosy-Be, Diego-Suarez, Vohemar, Sainte-Marie, Tamatave, Andevoranto, Mahanoro, Mananjary, Fort-Dauphin et Nosy-Ve.

Passons-les rapidement en revue, nous réservant de noter à l'occasion tel ou tel autre mouillage.

1° *Mojanga*. — La rade de Bombetoka, dans laquelle se trouve la petite ville de Mojanga, est formée par l'estuaire du Betsiboka qui, après s'être frayé un passage au milieu des bancs de sable, entre Marovoay et Ankaboka, débouche dans un vaste estuaire de 80 kil. de long, d'une largeur proportionnelle, d'une profondeur moyenne de 14 à 30 m., qui formerait ainsi un excellent refuge s'il n'était exposé à tous les vents, surtout aux vents violents de l'Est, et bouleversé par un clapotis très fort.

Malgré tout, le port de Mojanga, qui se trouve derrière la ville du même nom, à l'abri de la pointe de sable fermant la baie à l'Ouest, est un des bons mouillages de Madagascar, et, je reste convaincu que, par sa situation en face de l'Afrique, et comme tête de ligne de la route de Tananarive, il gardera une grande importance.

Mojanga est situé par 15° 43'.

Entre Mojanga et Nosy-Be se trouvent les deux rades de Mahajamba et de Narendry, qui sont les estuaires d'un ou de plusieurs fleuves et qui offriraient peut-être de bons mouillages. Mais elles sont encore insuffisamment connues et aucun intérêt particulier n'amène les paquebots à y relâcher.

Le *Mpanjaka* des Messageries Maritimes s'arrêtait un peu plus au Nord, au sud de la pointe Antangany, à Anorotsanga, mais il devait mouiller très au large à 2 ou 3 km. de distance. Seuls donc quelques boutres relâchent en ces endroits et en plusieurs autres, faisant le cabotage entre les divers points de la côte et allant même jusqu'en Afrique.

2° *Pasandava et Hellville*. — La baie de Pasandava est célèbre dans l'histoire de nos rapports avec les Malgaches. Le 14 juillet 1840, en effet, Tsiomeka, la reine du Boina, abandonna à la France Nosy-Be, Nosy-Komba, et tous ses droits de souveraineté sur la côte de Madagascar, depuis la baie de Pasandava jusqu'au cap Saint-Vincent.

En réalité, nous n'avions aucune autorité sur les bandes de pillards ou de nomades qui habitent ces régions, mais nominalement elles étaient sous notre protectorat, et le drapeau français flottait sur la côte.

Or, les Hova osèrent un jour enlever ce drapeau et le remplacer par leurs propres couleurs. Ce fut l'origine de la guerre de 1883-1885. Le 16 juin 1882, le capitaine Le Timbre mouilla dans la baie de Pasandava, et le lendemain, au point du jour, abattit les couleurs hova qu'il remplaça par le drapeau français.

Cette baie immense, qui s'étend depuis 13° 31' jusqu'à 13° 48' lat. S., et depuis 45° 45' jusqu'à 46° long. E., s'enfonce environ de 30 kilomètres au Sud, sur une largeur de 12 à 16 kilomètres, abritée à l'Ouest par une presqu'île élevée dont le point culminant s'appelle les Deux-Sœurs, et à l'Est par les montagnes de Sambirano.

La vue de la baie de Pasandava est ravissante. Les montagnes étagées qui la bordent de toutes parts, irrégulières et accidentées, les nombreuses rivières qui l'alimentent et dont quelques-unes peuvent être remontées plusieurs heures par des boutres de 30 à 40 tonneaux, les nombreuses sources et les cascades multipliées qui émaillent le flanc des montagnes et derrière soi, au Nord, la riante île de Nosy-Be, tout concourt à embellir ce magnifique paysage.

La baie de Pasandava présente plusieurs bons mouillages.

Le plus fréquenté est sur la côte méridionale de l'île de Nosy-Be, par 13° 23′ 16″ lat. Sud et 45° 59′ 44″ long. orientale, la rade d'Hellville où font escale les paquebots français.

Mais le meilleur est sans contredit celui d'Ambavatobe, à l'ouest de la baie, à l'abri de tous les vents, même des plus mauvais. C'est probablement le meilleur de tout Madagascar ; malheureusement, il ne s'y fait pas de commerce et l'eau douce y manque.

3° *Diego-Suarez.* — Après avoir franchi péniblement le cap d'Ambre (11° 57′), et redescendu de quelques kilomètres la côte Est, nous voici enfin en face de la plus belle, sinon de la meilleure rade de Madagascar, celle de Diego-Suarez. La vue en est simplement magnifique.

Nous avions à bord, quand j'y entrai, des personnes qui avaient vu Brest et Rio-de-Janeiro : or, elles ne trouvaient pas Diego inférieur à ces deux splendides rades, les plus célèbres du monde : 15 kilomètres de profondeur, droit en face de la passe ; de 18 à 20 jusqu'aux fonds de droite et de gauche ; de 14 à 15 de large, avec quatre baies secondaires qui peuvent former autant d'excellents ports : la baie des *Français* au Sud, entre la presqu'île d'Orangia et celle de Diego-Suarez, avec le rocher ou îlot appelé Pain de Sucre à son extrémité méridionale ; le *Cul de Sac Gallois* au S.-O. qui est relié aux autres baies par le port de la *Nièvre*, le plus fréquenté de tous entre Antsirana et Diego ; la baie des *Cailloux Blancs* au Nord-Ouest, avec les trois îlots du Sépulcre, de la Coquille et de la Tortue ; la baie du *Tonnère* enfin, délimitée par les Pierres-Noires à l'ouest, et la langue Nord de la passe à l'Est ; donnant partout à la sonde un fond suffisant pour les plus gros navires, elle pourrait contenir toutes les flottes du monde, qui y seraient parfaitement en sûreté, au moins en temps ordinaire.

Le Goulet en est très étroit. L'île de la Lune le divise en deux passes : celle du Nord, qui n'a pas de profondeur, est par suite inaccessible et se défend toute seule ; et celle du Sud, avec un chenal de 900 mètres de large, que défendront un fort déjà construit sur la presqu'île d'Orangia et un autre projeté sur Nosi-Volana.

Enfin, il n'y a pas de récifs, et le fond, généralement de vase, est bon. Pendant le cyclone du 5 février 1894, l'*Eure* fut, il est vrai, jetée à la côte ; mais, outre qu'on ne peut rien conclure d'un cyclone, tellement la violence du vent est alors exceptionnelle, le *Hugon* et le paquebot des Messageries Maritimes résistèrent très bien.

Entre Diego-Suarez et Vohemar la côte est très découpée, offrant plusieurs baies, plusieurs caps, plusieurs îles et un certain nombre de mouillages, peu fréquentés, la baie de *Rigny* par exemple, *Port Louquez* et surtout la baie d'*Andravina*.

4° *Vohemar*. — La baie de Vohemar (Vohimarina)

au nord de la ville du même nom (13° 21' lat. S. et 47° 40' long. E.) fut occupée par les Français pendant la guerre de 1883-1885, et le gouvernement de la République voulait d'abord en faire la limite de nos possessions du nord de Madagascar. C'était en effet, depuis 1841, la limite de notre protectorat nominal.

Un vaste banc de corail, sur lequel s'élèvent les *Chats Noirs* et l'*Ile Verte*, laisse au Sud, entre la terre et lui, un passage qui conduit, devant la ville, à un mouillage forain assez bon pour de petits navires.

Vohemar faisait autrefois un commerce considérable avec Bourbon et Maurice.

C'était le port principal d'exportation pour les bœufs et les cuirs du pays des Antankara. Mais depuis l'établissement des Hova dans le pays, ce mouvement s'est considérablement ralenti.

En descendant la côte, depuis Vohemar, pendant plus de 250 kilomètres, on double le cap Est ou Angontsy, par 15° 15' lat. S., puis le cap Masoala (15° 58'), et on entre par une très large ouverture dans la baie d'Antongil, orientée complètement du Sud au Nord, et profonde de près d'un 1/2 degré, un peu plus de 50 kilomètres; elle est suffisamment à l'abri des vents du Nord-Est ou de l'Est, mais ouverte aux plus terribles de tous, ceux du Sud-Est.

Elle est entourée de tous côtés de montagnes boisées, et c'est peut-être la contrée de Madagascar la plus riche en forêts. Cependant, surtout à cause des difficultés de transport, l'exploitation de ces forêts, souvent essayée, n'a pas encore donné de bons résultats.

La baie d'Antongil a longtemps appartenu à la France.

5° *Sainte-Marie.* — A 90 kilomètres au sud de la baie d'Antongil, s'étend parallèlement à la côte, en face de la

Pointe à Larrée et de Tintingue, depuis 16° 41' jusqu'à 17° 5' de latitude Sud, sur une longueur de 44 kilom. 500, l'île de Sainte-Marie, qui nous fut cédée en 1750, et fut réoccupée par la Restauration en 1821.

Elle est orientée de la même manière, et présente la même forme allongée, que la Grande Terre.

Le canal qui sépare Sainte-Marie de la Grande Ile est une rade continue, vaste, sûre et de bonne tenue. Il y a plusieurs mouillages, par exemple la baie de *Lokensy* qui peut recevoir les navires du plus fort tonnage et renferme de l'eau douce en abondance, mais qui est trop ouverte aux vents du N. et du N.-E. ; la rade d'*Ambodifolotsa*, où relâchent les paquebots des Messageries Maritimes ; et enfin *Port-Louis*, au Sud de la Pointe à Larrée sous le 17° de lat. Sud.

Entre Sainte-Marie et Tamatave se trouvent Fenoarivo ou Fénérife (17° 23') et Foulepointe (17° 40') qui reviennent souvent dans le récit de nos difficultés avec Madagascar. Ce sont des pays assez malsains, mais riches. Fénérife était autrefois un centre de production et d'exportation de riz. Sa rade est peu sûre. Le port de Foulepointe est meilleur, quoique de fond médiocre.

6° *Tamatave*. — Nous voici maintenant arrivés au port le plus fréquenté, et le meilleur de toute la côte Est, celui de Tamatave.

Tamatave est en importance la seconde ville de Madagascar, quoiqu'elle soit moins peuplée que Fianarantsoa. C'est en grande partie une ville européenne, et la population malgache se trouve refoulée lentement loin de la mer, au delà de la ville des « Vazaha ». Mais ses rues, non pavées et formées de sable fin et mouvant, sont très pénibles, étroites et insuffisantes.

Tamatave est surtout un grand entrepôt de commerce,

sans comparaison le plus grand de tout Madagascar. Peut-être même sa rade a-t-elle un transit plus considérable que tous les autres ports réunis de l'île, Nosy-Be non compris.

Elle est située, en prenant comme point de repaire le débarcadère, par 18° 9′ 34″ de lat. Sud, et par 47° 5′ 30″ de long. Est. Ce sont là les résultats obtenus par le Père Colin en 1892, et communiqués à l'Académie des Sciences en 1893. La latitude diffère de 6″ de celle que publiait la *Connaissance des temps* en 1892, et qui était de 18° 9′ 40″.

La distance de Tamatave à Tananarive est, à vol d'oiseau, de 226 kilom. et, par le chemin ordinaire, de près de 350.

La rade est formée par une bande de sable s'avançant vers l'Est et terminée par des récifs de coraux ; puis, plus au Nord, en face de la pointe *Tanio*, par le grand récif qui se rattache à l'île aux Prunes. Il y a deux mouillages, l'un, près de la ville, très médiocre et à quitter à la moindre menace de mauvais temps ; l'autre plus dans le Nord, entre la pointe Tanio et le grand récif. Le fond en est bon et le mouillage assez sûr. La passe est assez dangereuse, et il n'est pas rare de voir des navires jetés sur les récifs où, plus d'une fois, ils périssent complètement. Ainsi, en 1891, quand nous y entrions, voyions-nous échoué sur le sable et tout démantelé un navire allemand dont on vendait la cargaison et les débris à l'encan. Quelques mois après, un quatre-mâts anglais s'échouait de la même manière et était renfloué à grand peine par les efforts réunis du stationnaire français le *La Bourdonnais*, et du paquebot des Messageries Maritimes.

Aussi, pour peu que la mer soit mauvaise, les navires doivent-ils mouiller au large ; et alors l'embarquement comme le débarquement, qui se font par des chalands, deviennent très difficiles. Car il n'y a ni quai, ni appontement d'aucune sorte ; et les marchandises sont chargées dans des barques ou sur le dos des porteurs.

Evidemment si Tamatave doit rester le grand port de commerce de Madagascar — et cela paraît probable au moins pour quelque temps — des travaux s'imposeront pour améliorer sa rade. Mais il ne faut pas se dissimuler qu'ils seront longs, coûteux et difficiles. Cependant la construction d'un wharf vient d'être concédée à un Français, M. Delacre.

7° A partir de Tamatave jusqu'à la baie de Sainte-Lucie, à 800 kilomètres de là, il n'existe aucun abri pour les navires, et ceux, encore assez nombreux, qui visitent cette côte, doivent mouiller au large ou dans de simples rades foraines.

Malgré cela, quelques points sont assez fréquentés, comme :

Andevoranto (18°56′ 48″ et 3 h. 7 m. 2s. 3) (1).

Vatomandry (19° 16′ 45″),

Mahanaro (19° 54′ 40″) et surtout

Mananjary, à l'embouchure du fleuve de même nom et à l'extrémité du chemin de Fianarantsoa (21° 14′ lat. S.), et enfin

Matitanina, sur la rivière du même nom (22° 24′ 45″).

On parle d'un port récemment découvert par la Compagnie qui a demandé la construction de la route de Fianarantsoa à la mer. Il serait situé à l'embouchure du Faraony et quelques travaux faciles et peu coûteux suffiraient pour en faire un bon refuge.

8° *Sainte-Lucie*. — La baie de Sainte-Lucie (24° 46′)

---

(1) Observations du Père Colin.

est surtout célèbre parce que c'est sur son rivage que Pronis, agent de la société de l'Orient, fonda le premier établissement français, en 1644, pour s'établir bientôt après à 40 kilom. plus au Sud, sur une petite presqu'île où il bâtit un fort qui devint *Fort-Dauphin*.

Cette baie est formée par une ligne de récifs qui s'étendent du Nord au Sud, sur une longueur de 2 kilom., à environ 1 kilom. de la côte. C'est un mauvais mouillage, mais d'accès facile.

9° *Fort-Dauphin.* — La côte méridionale de l'île ne présente guère d'autre mouillage que la célèbre ville de Fort-Dauphin (25° 1′ 35″ lat. Sud et 44° 39′ 15″ long. Est).

« Le 10 juin (1886), écrit M. Grandidier en racontant son premier voyage à Madagascar, nous étions devant la jolie baie de Fort-Dauphin, à une assez faible distance de la terre pour voir les maisons du village et le palais du gouverneur hova qui, élevé de deux étages, se fait remarquer par ses galeries de bois circulaires et son toit pyramidal. »

Le port de Fort-Dauphin n'est en somme pas mauvais et il semble être appelé, par sa situation au S.-S.-E. de l'île, dans une contrée relativement saine et fertile, à un grand avenir. Malheureusement la contrée est encore profondément troublée.

De Fort-Dauphin à la baie de Saint-Augustin, il n'y a que quelques rares échancrures, comme *Masikoro* (25° 03′ lat. S.) et *Langorano* ou *Lanirano* (25° 1′ 30″), où les goëlettes peuvent aborder pendant la belle saison.

10° *Saint-Augustin.* — La baie de Saint-Augustin (23° 34′ lat. S., 41° 24′ long. E.) n'est à proprement parler que l'embouchure de l'Onilahy, autrefois rivière de Saint-

Augustin, et elle ne comprend alors que le mouillage de *Salara* ou *Saolary* (23° 35' 43" lat. S., 41° 22' long. E.) situé dans la partie méridionale et peu à recommander d'octobre en avril.

Mais, dans un sens plus large, on comprend également sous ce nom la baie de Tuléar « que protége contre les vagues de la mer un mur de corail (1) ».

Ce mur de corail s'étend parallèlement à la côte sur une longueur d'à peu près 22 kilom., laissant un chenal d'environ 7 à 9 kilom. de largeur, avec un fond de 13 à 16 mètres dans la passe Nord, qui est excellente. La passe du Sud commence à la baie de Saint-Augustin, mais elle est difficile ; les points de direction manquent, les eaux ne sont pas claires et elle présente assez peu de fond.

Le port de Tuléar est certainement le meilleur et le plus fréquenté de la côte Sud-Ouest. C'est un grand marché de bœufs que les Bara viennent y vendre, souvent après les avoir volés aux Betsileo, et si les projets, caressés par beaucoup, d'un grand commerce de bétail avec l'Afrique du Sud se réalisaient, c'est vraisemblablement le port de Tuléar qui en serait le principal entrepôt.

A 5 kilom. O. de la baie de Salara se trouve l'île de Nosi-Ve (23° 38' 58" lat. S. et 41° 15' 50" long. E., à la pointe S.-E.), environnée de récifs de tous les côtés, sauf à l'Est où il y a un mouillage assez ordinaire, praticable cependant, ouvert du N.-O. au N.-E., mais assez bien défendu contre les autres vents ou plutôt contre la mer des autres directions, et de fond médiocre. Il n'y a pas une goutte d'eau potable dans l'île et il faut la faire venir par chaloupe de la grande terre.

---

(1) Grandidier, *Voyage chez les Antanosy émigrés*, p. 7.

C'est là cependant que le vice-résident de France et les négociants européens avaient dû s'établir, jusqu'à la visite du général Gallieni, en 1897.

Depuis Tuléar jusqu'au nord du cap Saint-André, vers la baie de Baly, la côte occidentale est dépourvue de rades et de bons mouillages aussi bien que la côte orientale, au sud de Tamatave, en sorte que, sur un espace de côtes long de 800 à 900 kilomètres, depuis le cap Saint-Vincent jusqu'à Nosy-Vao (lat. 17° 29'), une série d'îlots ou de bancs de corail plus ou moins recouverts de sable, offrent des abris momentanés, non des mouillages à citer et surtout à recommander. Au delà il n'y a rien jusqu'à Baly.

11° « *Baly* (par 16° lat. S. et 42° 56' long. E.) est une belle baie, écrivait en 1853 un des traitants de la ville du même nom au Père Jouen, pouvant contenir un grand nombre de navires, et les mettre à l'abri du mauvais temps. »

L'éloge est excessif ; en réalité, depuis la pointe Ambararata jusqu'au fond de la baie, à l'embouchure de la rivière Baly, il doit y avoir de 12 à 20 kilomètres, et une presqu'île très découpée ferme l'entrée de la rade au Nord. Mais le mouillage y est restreint à la partie septentrionale, et il est impossible de s'enfoncer même jusqu'à la pointe Samat. Cela diminue beaucoup l'abri contre les vents, force à se tenir loin de la terre, et rend les communications difficiles. Il faut quitter par les vents frais du Nord.

« La population de la baie de Baly, poursuit le même commerçant, compte de 20.000 à 25.000 habitants. »

En 1846, le commandant du navire français *le Zélé* fit un traité de commerce avec le vieux roi de ces parages, Rakoty, « le seul ami des blancs », et lui promit que des navires français viendraient le visiter de temps en temps s'il traitait les blancs convenablement. »

Il s'y faisait, depuis, un assez grand commerce de bœufs, d'esclaves, de fusils et de poudre.

III

OROGRAPHIE

Avant M. Grandidier, le système orographique de Madagascar, encore aujourd'hui imparfaitement connu, était très faussement décrit. Flacourt lui-même ne parlait pas des monts du centre au XVIIe siècle, et la carte du colonel Lloyd marquait une arête entre 100 et 140 kil. de la côte.

Plus tard, on imagina un plateau Hova au Nord, et un plateau Betsileo au Sud. Souvent on parla d'une chaîne centrale, divisant l'île en deux parties égales, du Nord au Sud, avec des ramifications à l'Est et à l'Ouest, et on comparait Madagascar à un énorme cétacé, dont l'épine dorsale serait représentée par cette montagne centrale, et les côtes immenses, par des ramifications plus ou moins perpendiculaires à ce massif.

L'idée est simple, imagée, avec une apparence de vérité à première vue; mais elle ne résiste pas à un premier examen et les études, les descriptions plus récentes et les cartes de M. Grandidier, du Père Roblet, du Père Colin, de Sibree, etc., en ont démontré la fausseté, en même temps qu'elles nous ont fait entrevoir un système orographique autrement complexe.

M. Grandidier divise l'île en deux triangles, par une ligne imaginaire allant du N.-O. au S.-E., du cap Saint-Vincent vers Fort-Dauphin : un triangle oriental et un triangle occidental.

Le triangle occidental ou, si l'on préfère, le Sud-Ouest et le Sud, ont échappé aux bouleversements qui ont tourmenté d'une manière si extraordinaire le triangle oriental, c'est-à-dire le Nord et l'Est. La masse de montagnes qui couvre le centre de l'île ne s'étend guère au delà du 22°; plus au Sud, jusqu'à la mer, ce sont « de vastes plateaux secondaires légèrement ondulés et coupés de ravins creusés par les eaux avec quelques arbres rabougris, sablonneux, sans eau, arides et presque inhabités (1) ».

Au nord de la baie de Saint-Augustin, ces plateaux se transforment en d'immenses plaines, qui, loin de diminuer, tendent au contraire à augmenter journellement sous la double action des contre-courants ne cessant d'apporter des sables sur le rivage, et des rivières charriant, surtout pendant la saison des pluies, les terres arrachées aux montagnes de l'intérieur et comblant peu à peu les estuaires et les diverses baies de la côte.

Le triangle oriental au contraire est couvert de montagnes qui se pressent les unes contre les autres, sans ordre apparent, pêle-mêle, et, suivant la comparaison souvent reprise, comme une mer en fureur dont les lames immenses se seraient soudainement solidifiées. « Il y a bien çà et là quelques vallées très larges, telles que celles d'Isandra, de Betafo, de Tananarive, de Moramanga ou de l'Ankay, d'Autsihanaka, etc., et l'extrême

---

(1) Grandidier, *Revue scientifique*, 11 mai 1872.

pointe Nord de l'île n'a pas subi l'action de la grande éruption granitique. Mais partout ailleurs on marche des journées et des semaines sans trouver le moindre plateau, même d'un mille carré (1). »

Je ne sais pas s'il y a au monde une autre contrée couverte d'une pareille masse de montagnes, car « plus de 90.000 milles carrés ont été bouleversés par les deux éruptions granitiques qui semblent s'être succédées à Madagascar » (2).

Or comment mettre un peu d'ordre dans un chaos de montagnes tel qu'il n'en existe peut-être pas de semblable en aucun pays du monde ?

On peut distinguer à première vue deux arêtes faîtières, partant toutes les deux du cap Leven, se séparant vers le 13° de latitude Sud, un peu plus bas que la montagne d'Ambre, pour se rejoindre au sud du 22° et venir expirer dans l'Océan au nord de Fort-Dauphin.

Trois soulèvements basaltiques se rattachent à cette double arête centrale : celui de la montagne d'*Ambre*, au Sud de Diego-Suarez, celui de l'*Ankaratra* qui est comme l'épanouissement de la seconde arête, entre l'Imerina et le Betsileo ; enfin un troisième vers le plateau de l'*Horombe* au N.-O. de Fort-Dauphin.

Il y en a d'autres assez nombreux, et plus ou moins importants sur les contreforts soit du N.-O. soit du S.-O., par exemple au sud de la baie de Pasandava ; au sud de la rade de Bombetoka, entre Mojanga et Maevatanana, et au N.-E. de la baie de Saint-Augustin, sur le versant occidental ; de l'un et l'autre côté de l'embouchure du Mangoro, à l'ouest de Mahanoro, sur le versant oriental.

(1-2) M. Grandidier, op. cit.

Mais ce qui domine le système orographique de Madagascar et lui donne sa physionomie propre, c'est bien l'existence de la double arête faîtière, arête très marquée et dont on se rend parfaitement compte quand on va d'Andevoranto à Tananarive.

Dans ce voyage en effet, après avoir franchi la première bande de terrain sablonneux qui longe le rivage, et avoir traversé quelques premiers mamelons relativement peu élevés, on arrive enfin, tantôt montant, tantôt descendant, mais sans jamais rencontrer de plaines, aux contreforts très abrupts de la première de ces chaînes, haute de plus de 1000 mètres et couverte d'épaisses forêts. Cette chaîne se continue plus ou moins régulière, depuis Port-Leven au Nord, jusqu'à Fort-Dauphin, l'espace de près de 1200 kilomètres, « tantôt baignant son pied dans la mer, tantôt s'en écartant de quelques milles, mais lui restant toujours parallèle ».

Puis, parvenu à l'arête supérieure, on descend environ une centaine de mètres dans une zone de forêts ; puis plus tard, dans un large plateau, celui du *Mangoro*, que l'on met plusieurs heures à franchir, et l'on s'élève de nouveau de 300 à 400 mètres, par des pentes excessivement raides, allant parfois dans le sentier jusqu'à 40° et 45° d'inclinaison, vers la seconde chaîne granitique qui est la ligne de séparation des eaux de Madagascar. Les torrents relativement courts de la partie orientale se jettent dans l'Océan Indien ; les rivières au contraire, qui naissent sur le versant ouest, ont un parcours trois ou quatre fois plus long, et forment de véritables fleuves, qui sont tributaires du canal de Mozambique.

Cette seconde chaîne, qui se sépare de la première au sud du massif de la montagne d'Ambre, près de Diego-Suarez, ne s'en écarte jamais beaucoup et suit une direction parallèle, qui est celle de l'axe de l'île. Elle s'épanouit en son centre dans l'immense massif de l'Ankaratra, et les deux chaînes se rejoignent dans la partie méridionale du pays des Betsileo vers le 22° 1/2 de latitude Sud.

Le massif de l'Ankaratra, que l'on peut considérer comme le point central de l'orographie de Madagascar, est surtout très remarquable, très accidenté, riche en mines et en eaux minérales, et particulièrement sain. Il est dû, comme beaucoup d'autres chaînons transversaux, à des soulèvements basaltiques où l'on pourrait rencontrer des traces d'anciens lacs et de cratères éteints.

C'est là que se trouvent les sommets les plus élevés de l'île, tout particulièrement le *Tsiafajavona* qui atteint 2650 ou 2680 mètres de hauteur et l'*Ankavitra* qui en a 2645 ; puis, en allant du Nord au Sud, une infinité d'autres se succédant parfois à quelques kilomètres de distance et formant une longue ligne pendant des centaines de lieues.

Après avoir franchi cette immense chaîne, on commence à redescendre vers l'Ouest, mais d'abord insensiblement.

On doit en effet, pendant près de 120 à 150 kilomètres, parcourir une région montagneuse et encore très tourmentée. On est encore à une altitude variant de 800 à 1000 mètres. On arrive ensuite assez rapidement, comme par des échelons successifs, dans une plaine qui a moins de 200 mètres d'élévation au-dessus du niveau de la mer.

Ces échelons constituent une chaîne secondaire, parallèle en direction à la double arête faîtière, peu élevée du côté de l'Est, très escarpée au contraire et haute de 700 à 800 mètres du côté de l'Ouest, que l'on appelle la chaîne du *Bongolava*. Cette chaîne, de formation calcaire, sépare les massifs montagneux et déserts qui s'étendent à l'Ouest de l'Imerina et du Betsileo, de la plaine Sakalave.

Cette plaine, large de 140 à 180 kilomètres, est sablonneuse, peu accidentée et sillonnée en tous sens de petits ravins creusés par les eaux. Elle est coupée du Nord au Sud par une étroite chaîne de montagnes large de 5 à 6 milles, le *Bemarana*, qui s'étend du 16° au 25° parallèle et parcourt la plus grande partie du pays des Bara.

Enfin, M. Grandidier nomme deux autres petites chaînes de montagnes, une première qui commence vers le 21° parallèle et, à partir du 22°, forme un vaste plateau avec le Bemarana ; puis une seconde, commençant aussi au 21° parallèle et suivant le 43° de longitude, pour mourir au 23° 30′ de latitude.

IV

HYDROGRAPHIE

Un pays aussi montagneux que Madagascar doit être très arrosé. Il l'est en effet, et il n'y a peut-être pas de contrée au monde qui soit traversée par tant de cours d'eau. Chaque vallon a son ruisseau, chaque plaine sa rivière ou son fleuve, sans compter les lagunes de la côte Est et les nombreux petits lacs que l'on rencontre un peu partout.

La grande chaîne faîtière, qui forme la ligne de partage des eaux, divise Madagascar en deux versants naturels: Celui de l'Est qui se déverse dans l'Océan Indien, et auquel on peut joindre le bassin, très peu important du reste, du Sud; et celui de l'Ouest qui alimente le canal de Mozambique. Mais cette chaîne, étant beaucoup plus rapprochée de l'Est que de l'Ouest, — à une distance approximative de 70 kilom. de l'Océan Indien, tandis qu'elle est à plus de 300 kilom. du canal de Mozambique, — le versant oriental ne renferme probablement pas en étendue le quart de Madagascar.

Ce versant est sillonné par une foule de cours d'eau très sinueux, de petits torrents qui descendent des montagnes, se heurtant contre les rochers qui hérissent leurs lits, formant des chutes ou de riantes cascades, mais d'un faible parcours. Pendant la saison sèche, les eaux de ces cours d'eau, n'ayant pas la force de se frayer un chemin à travers le sable apporté par le ressac de l'océan, se répandent dans les lagunes qui bordent le rivage, et parfois empruntent l'estuaire d'une autre rivière pour se rendre à la mer.

Rivières de l'Est. — Les principales rivières du versant oriental sont, en allant du Nord au Sud :

1° L'*Antanambalana*, le Tyngbale des anciens auteurs, qui court auprès du rivage et se jette dans le port Louquez, après s'être grossi d'un certain nombre de tributaires ;

2° Le *Mananara du Nord*, au sud du précédent, qui se déverse dans la baie Andravina ;

3° L'*Antanambolana*, à l'entrée de l'immense baie d'Antongil, et

4° Plus bas, dans la baie qui porte son nom, le *Mananara* ;

5° Sortant du lac Aloatro, au pays des Antsihanaka, le *Manangoro* ;

6° L'*Ivoloina* et l'*Ivondrona*, de peu d'importance en elles-mêmes, mais qui enserrent Tamatave au Nord et au Sud ;

7° L'*Iaroka*, la rivière d'Andevoranto que l'on remonte en pirogue ou en canonnière, pendant cinq ou six heures, en allant à Maromby ou à Mahatsara, et son tributaire le *Ranolahy*;

8° Le *Mangoro*, le plus grand cours d'eau de tout le versant oriental, qui parcourt d'abord du Nord au Sud le long plateau du même nom, tourne brusquement à l'Est au nord du 20° parallèle, traverse au milieu de gorges abruptes la première arête faîtière, après avoir reçu son grand affluent l'Onive, par lequel il se trouve en relation avec les hauts plateaux, et se jette dans la mer au sud de Mahonoro.

Un instant, on avait espéré pouvoir s'en servir comme d'une voie de pénétration militaire dans l'Imerina. Si par lui, en effet, on avait pu arriver jusqu'à Moramanga, au delà de la forêt, le plus difficile eût été fait. Une ou deux marches suffisaient pour franchir les monts de l'Ankay, et l'Imerina était conquise. Mais ce chemin fut reconnu impraticable, pire encore que celui d'Andevoranto, par les explorateurs Roland, Foucard et Iribe, et par M. Ranchot.

Un ingénieur d'une certaine valeur, M. Guinard, quelque temps au service du gouvernement hova et ensuite de M. Suberbie, avait songé à en faire une voie d'accès pour un chemin de fer qui, partant de Mahanoro, eût longé le Mangoro, puis l'Onive, pour se diriger ensuite, d'un côté vers Fianarantsoa et le Betsileo, de l'autre vers l'Imerina, Tananarive et Mojanga. Ce tracé semble abandonné aujourd'hui, en faveur de Tamatave.

9° Viennent ensuite le *Mananjary* qui se jette à la mer au-dessous du 21°, près de Masindrano. C'est là qu'aboutissent deux chemins se dirigeant, l'un vers Tananarive et l'autre vers Fianarantsoa.

10° Le *Mamorona*, le *Faraony* et le *Matitanana*, qui

traversent de riches vallées, très peuplées et remplies de nombreux villages.

Le Faraony aurait un estuaire que l'on pourrait facilement transformer en port, et c'est là que doit aboutir le chemin de fer projeté vers Fianarantsoa.

Le Matitanana a une très belle et très remarquable cascade. Il se jette à la mer, tout près de Mangatsiaotra, d'où part un chemin vers Fianarantsoa et le canal de Mozambique.

11° Le *Mananara* du Sud, le second fleuve, après le Mangoro, de la côte orientale, dont l'embouchure se trouve non loin du fort et de la ville de Vangaindrano.

12° Le *Mananjara* qui arrose la célèbre vallée de l'Ambalo.

Tels sont les principaux torrents ou rivières du versant oriental. Deux seulement méritent le nom de fleuves : le Mangoro et le Mananara du Sud. Quelques-uns peuvent être remontés en pirogue pendant plusieurs heures ; puis leur cours est interrompu par des rapides et des cascades absolument impraticables ; il semble même probable qu'on ne pourra jamais les utiliser, si ce n'est comme chutes d'eau et force motrice.

Mais ils sont vraiment beaux, frais, limpides, clairs comme du cristal, sur leur lit de granit, au milieu de leurs méandres sans fin, dans les mille dédales de la forêt. Ils reçoivent tous une multitude de petits tributaires qu'il est impossible de passer en revue, tellement ils sont nombreux et insignifiants.

Rivières du Sud. — Il n'y a rien à dire des rivières de la côte Sud et Sud-Ouest, depuis Fort-Dauphin jusqu'à Saint-Augustin, sinon que la plupart d'entre celles qui sont marquées sur les cartes, en caractères très visibles, ne sont que des torrents complètement à sec pendant une grande partie de l'année. Toute cette région est très aride et souvent privée d'eau. Les habitants en sont réduits à s'en passer complètement pendant des mois, et celle qu'ils obtiennent n'est guère qu'une boue épaisse recueillie en creusant des trous dans le sable pour y ramasser les suintements du sol environnant.

Citons cependant :

1° La rivière de Fort-Dauphin, le *Fanjahira*, la célèbre Fanshère des récits de Flacourt, qui peut être remontée en pirogue jusqu'à Manambara. C'est avant son embouchure que se trouve l'îlot déjà cité de Trano-vato.

2° Le *Mandrare* et, un peu plus loin, le *Manambovo*.

Fleuves de l'Ouest. — La côte occidentale au contraire est arrosée par plusieurs cours d'eau dont un certain nombre méritent réellement le nom de fleuves. Nous signalerons, parmi les principaux, l'Onilahy, la Fierenana, le Mangoky, la Maitampaky et le Mondava, le Tsiribihina, le Manambolo, le Maranjaray, le Betsiboka, le Mahajamba et le Sofia, le Manangarivo, le Sambirano et une infinité d'autres moins importants, surtout vers la côte Nord-Ouest, dans cet amoncellement de baies et de promontoires montueux qui la composent.

1° L'*Onilahy*, ou rivière de Saint-Augustin, coule d'abord du Nord au Sud, puis fait presque un angle droit de l'Est à l'Ouest, à peu près à égale distance entre le 22° et le 23° parallèle. Sa partie supérieure n'est pas connue. Elle parcourt alors le pays des Bara, tandis que dans son cours inférieur, elle arrose la contrée habitée par les Antanosy émigrés.

Elle n'est pas navigable.

2° La *Fierenana* est ainsi nommée du royaume Sakalave de ce nom, qu'elle traverse.

3° Le *Mangoky*, appelé aussi autrefois rivière Saint-Vincent, est un des plus grands fleuves de Madagascar. Un certain nombre de ses tributaires, dont le *Matsiatra* et la *Manantanana* sont les principaux, drainent et arrosent tout le pays des Betsileo ; les autres, le *Tsimandao*, l'*Ihosy*, etc., traversent les régions Ouest et Nord du pays des Bara, et se rapprochent ainsi des sources de l'Onilahy. Le Mangoky n'est pas navigable. Il se dirige, une fois grossi de ses affluents, vers l'Ouest, et se jette dans le canal de Mozambique, entre 21°20 et 21°30 latitude Sud, par un vaste delta dont la pointe extrême porte le nom de Cap Saint-Vincent.

4° La *Maitampaky* et le *Mondava*. C'est de leur embouchure que partent les deux itinéraires suivis en 1869 par M. Grandidier.

5° Le *Tsiribihina* est considérable et très important, et probablement appelé à un rôle considérable dans l'exploitation du pays.

Il se jette dans le canal de Mozambique par cinq branches formant delta, vers 19° 47' lat. Sud, et atteint près d'un kilomètre de largeur (900^m) vers son embouchure. Ses rives, plus ou moins boisées, sont très fertiles et assez habitées.

Il est formé, à peu près à 80 kilomètres de l'Océan, par la réunion du *Mahajilo* et du *Betsiriry*, qui plus haut s'appelle la *Mania*. Le premier reçoit une masse d'eau considérable par d'innombrables ruisseaux ou rivières qui descendent des plateaux de l'Ankaratra. Le plus important, le *Kitsamby*, vient du cœur même du massif, et par son tributaire, le *Sakay*, communique avec le lac Itasy, se rapprochant ainsi du bassin de l'Ikopa. Le Betsiriry, par la Mania, recueille les eaux de la partie méridionale de l'Ankaratra et du nord du pays des Betsileo. Il est navigable pour les canots, ainsi que le Mahajilo que l'on peut remonter jusqu'à 43° 40'. On aurait donc pu avoir, pour une expédition, si on les avait mieux connus, dans le Tsiribihina et son affluent le Mahajilo, une très bonne route de pénétration au centre même de l'île, c'est-à-dire au sud de l'Imerina. Et cela, d'autant mieux que, si l'on s'en rapporte à une étude publiée par un voyageur dans les Annales de géographie, ce fleuve présente une particularité remarquable et n'existant nulle part ailleurs à Madagascar. La dernière chaîne de montagnes qu'il doit traverser formerait un barrage naturel, et ses eaux, dans la saison des pluies, se répandraient dans les plaines supérieures, de telle manière que son débit resterait à peu près constant pendant l'année.

6° Le *Manambolo* est moins important que le Tsiribihina, et beaucoup moins considérable. Il prend sa source vers la limite occidentale de l'Imerina par le 19° lat. Sud, coule d'abord au Nord, puis à l'Ouest jusqu'à Ankavandra, et ensuite au S.-S.-O., formant ainsi un arc très ouvert ; enfin, tournant brusquement à l'Ouest et traversant le Nord du Menabe, il se jette dans l'Océan près de Mafaidrano par 19° 1' 45". Jusqu'ici on avait cru que des rapides existaient à Ankavandra, qui interdisaient, même aux pirogues, de remonter plus haut. De récents voyageurs ont reconnu la non existence de ces rapides et, par suite, la possibilité pour des embarcations légères de pénétrer plus avant. Seulement les eaux sont assez basses pendant la saison sèche.

7° Le *Betsiboka* est sans contredit, sinon le plus considérable, certainement le plus important des cours d'eau de Madagascar. C'est le fleuve de Mojanga, dont il a été tant parlé, pendant la dernière expédition et dont le régime, jusque-là trop peu connu, a donné tant de mécomptes.

Il n'y a rien à dire de son immense rade jusqu'à Ankaboka, sinon qu'il y a de nombreux courants, que la brise s'y fait vivement sentir, surtout dans l'après-midi, vers trois ou quatre heures, de plus en plus à mesure qu'on avance dans la saison sèche, et qu'il y existe un clapotis violent qui en rend la navigation impossible aux chalands ouverts et aux petites embarcations. On mettait six heures pour aller de Mojanga à Ankaboka.

D'Ankaboka à Ambato, il faut d'abord chercher un chenal au milieu des nombreux îlots qui encombrent l'estuaire et le divisent en cinq branches très irrégulières. Jusqu'en 1895 on avait suivi la passe de droite et passé par Marovoay. Le commandant Simon explora, sur la gauche, une autre passe plus profonde et meilleure, que les canonnières et les chalands de l'expédition remontèrent constamment.

Puis, les bancs franchis, les rives se resserrent et s'élèvent parfois de 1 à 6 mètres, le lit du fleuve se rétrécit et son cours devient parfois très rapide, de 4 à 5 nœuds, en même temps qu'il charrie des troncs d'arbres et toutes sortes de débris qui en rendent la navigation dangereuse surtout vers Madirovola, à 135 kil. de Mojanga, point extrême où se fait sentir la marée et que l'on ne peut guère franchir qu'à marée haute.

Il fallait en moyenne dix heures pour ce trajet.

Entre Ambato, au confluent du Kamoro, et Marololo, le lit du fleuve s'élargit, mais la profondeur des eaux diminue tellement pendant la saison sèche qu'on peut le franchir à gué ; de plus, les bancs de sable y sont tellement multipliés, le chenal si inconstant, les troncs d'arbres si fréquents, que toutes les canonnières furent crevées sur ce parcours.

En particulier à Bepaka, à 11 kil. en deçà de Marololo, il fallut encore sectionner le parcours, deux canonnières faisant le service entre ces deux points, et les chalands étant tirés sur le sable, pendant 100 ou 150 mètres, par les matelots de Sainte-Marie.

On mit parfois deux jours pour ce trajet de 55 kilomètres.

Au delà de Marololo, il n'y eut guère que des pirogues indigènes et deux petits bateaux en aluminium capables d'atteindre Suberbieville.

Le Betsiboka et son affluent l'Ikopa prennent tous les deux naissance, le premier dans la partie septentrionale, le second à peu près vers le centre de l'Imerina, tout près l'un de l'autre, et dans les mêmes montagnes. Ils s'éloignent ensuite coulant à peu près parallèlement dans la même direction N.-O. et enserrant entre leurs lits une vaste ellipse pour se joindre au-dessous de Maevatanana. Ils ont l'un et l'autre près de 600 kilomètres, et l'Ikopa forme à la descente du plateau de l'Imerina les chutes réellement remarquables de Farahantsana. Une double piste longeait leur cours de Tananarive vers Mojanga.

8° Le *Mahajamba* et le *Sofia* se jettent tous les deux, par une embouchure presque commune, dans la partie orientale de la grande baie de Mahajamba. Leur volume d'eau est considérable, et ils viennent tous les deux de la grande chaîne faîtière, le premier du pays des Antsihanaka, et le second d'un peu plus au Nord. Ils courent, le Mahajamba dans la direction N.-O. à peu près comme le Betsiboka, et le Sofia sensiblement de l'Est à l'Ouest.

V

LACS ET LAGUNES

Il existe un assez grand nombre de lacs à Madagascar ; mais ils sont pour la plupart de peu d'importance. Il y en eut sûrement davantage autrefois. Ainsi, la vallée du Mangoro, qui a des centaines de kilomètres de long sur 20 à 30 de large, était autrefois un immense lac. De même, au jugement de plusieurs, toute la plaine aux environs de Tananarive jusqu'aux chutes de l'Ikopa.

Parmi les lacs qui existent aujourd'hui, il faut nommer en première ligne :

Le lac *Alaotra*, à l'ouest de Fenérife, au pays des Antsihanaka. Il mesure 20 kilomètres de long sur 3 de large, et occupe la partie N.-E. d'une vaste plaine marécageuse de 60 kilomètres sur 30.

Puis le très beau et très célèbre lac *Itasy*, à deux journées de marche à l'ouest de Tananarive, au sud du 19° parallèle et à une altitude de 1,177 mètres. Il a une longueur de 13 kilomètres. C'est vraisemblablement le cratère d'un ancien volcan. Ses rives sont recouvertes de joncs qui, de loin, lui donnent l'aspect d'une immense prairie. On y retrouve de nombreux et très curieux caïmans.

Citons aussi le lac *Kinkony* au sud de Mojanga, et le lac *Andranomena* (Any rano mena, là l'eau rouge).

Puis sur la côte Sud-Ouest, deux lacs salés qui sont évidemment d'anciens estuaires, de petits golfes, fermés par des bancs de coraux sur lesquels les vents violents du S.-O. ont accumulé des masses de sable. Ce sont le lac *Heotry* au N.-E. du cap Saint-Vincent, très considérable, et un autre plus étroit, mais beaucoup plus long, le lac *Tsimanampesotra*, au sud de Saint-Augustin, le long de cette côte désolée du S.-O.

On peut encore ranger parmi les lacs de Madagascar les lagunes de la côte orientale qui s'étendent sur une longueur de près de 600 kilomètres, depuis le 16°52′ parallèle jusqu'au 22°25′, c'est-à-dire depuis un peu au sud de la Pointe à Larrée, en face de l'île Sainte-Marie, jusqu'à l'embouchure du Matitanana sur toute la côte qui reçoit le choc du grand courant de l'Océan Indien.

C'est, en effet, à l'action de ce courant que ces lagunes doivent leur formation.

Les rivières de la partie orientale de Madagascar sont, nous l'avons vu, assez courtes, et descendant des pentes très rapides de la première arête faîtière, n'ont qu'un petit nombre d'affluents peu considérables ; elles ne présentent donc qu'un faible débit pendant une grande partie de l'année. A la sortie des montagnes, elles arrivent, au bout d'un certain temps, à une plage étroite contre laquelle butte violemment le courant de l'Océan Indien qui tend ainsi à ensabler leurs embouchures.

Quand la masse d'eau est considérable, par exemple pendant les crues, ces rivières s'ouvrent un chenal à travers les sables. Mais en dehors de là, cette passe momentanée se refermant très vite ou changeant de place, elles n'ont pas de débouché fixe et permanent, et prennent sur la plage une largeur et un développement qui trompent sur leur importance. De plus, elles envoient parallèlement au rivage, vers le Nord et vers le Sud, des bras qui se réunissent parfois entre eux, se déversent par la même issue et forment les lagunes de la côte orientale.

Ces lagunes sont distantes les unes des autres et ne communiquent pas entre elles depuis le 16°52′ jusqu'au 18°15′, c'est-à-dire jusqu'à la rivière Ivondrona. Mais entre l'embouchure de l'Ivondrona (18°15′50″) et celle du Matitanana (22°24′45″), sur une longueur totale de 485 kilomètres, elles deviennent nombreuses, très rapprochées, et pourraient, par quelques chenaux faciles à creuser, fournir, pour le cabotage côtier, un chemin d'autant plus précieux qu'il serait complètement à l'abri et des vents et des terribles orages de l'Océan Indien.

Un Français M. Gueugnier vient d'obtenir la concession d'un canal, le canal des *Pangalana* qui s'étendra depuis l'Ivondrono jusqu'à Mahatsara d'abord, et puis un peu plus loin jusqu'au point terminus du chemin de fer de Tananarive. Vers Tamatave une ligne ferrée de 15 kil. le reliera au wharf. Ce travail doit être fini en 1900. Le canal aura 1 m. de profondeur et 15 m. de large.

Ces lagunes ont des dimensions très variables ; assez étroites en certaines parties pour qu'une pirogue ait de la difficulté à y passer, elles ont ailleurs de 200 à 300 mètres et forment, de distance en distance, des lacs qui ont parfois plusieurs milles de large. Elles sont séparées de la mer, tantôt par une bande de sable de quelques mètres de largeur, d'autres fois par une plaine qui mesure plusieurs centaines de mètres et même plusieurs kilomètres.

Elles ne sont cependant pas toutes navigables en tout temps. Quelques-uns, pendant la saison sèche, contiennent surtout de la vase et deviennent alors un foyer de fièvre encore plus actif que d'habitude. Les 21 isthmes qui séparent ces chenaux — les *Ampanalana* (que l'on enlève), comme les appellent les Malgaches qui les franchissent en traînant leurs pirogues, retirées préalablement de l'eau, — forment ensemble une longueur de 46 kilomètres, c'est-à-dire la onzième partie de la longueur totale ; les uns n'ont que quelques centaines de mètres, les autres deux ou trois kilomètres ; celui de Vorogontsy, au sud de Vatomandry, en a huit.

On a beaucoup parlé des marais de Madagascar ; il y en a en effet, et parfois de très étendus, aux environs des lacs dont les bords pendant la saison sèche deviennent très marécageux ; aux alentours également des lagunes de l'Est ; aux sources de plusieurs fleuves, par exemple les marais de *Didy* où commence l'Ivondro, ceux d'*Ankezotoloma* à la naissance du Mananara, et bien d'autres. Il s'en faut cependant que l'île prise dans son ensemble soit marécageuse : elle est trop montueuse pour cela.

TROISIÈME LEÇON

CLIMATOLOGIE ET SALUBRITÉ

Le climat d'un pays aussi vaste, aussi accidenté, aussi différent d'altitude que l'est l'île de Madagascar, doit présenter bien des variétés ; et rien ne ressemble moins, à ce point de vue, que les rivages de l'une et l'autre mer aux hauts plateaux du centre. Bien plus, le climat des bords de l'Océan Indien diffère sensiblement de celui des rivages du canal de Mozambique ; celui du Nord de celui du Sud ; celui de la forêt du pays dénudé des Betsileo, de l'Imerina ou de l'Ankaratra.

D'un autre côté, il n'y a guère d'idée plus complexe que celle de climat ; et tant d'éléments entrent dans sa composition que, pour être complet et pour ne pas nous en tenir à une de ces classifications reçues qui ne disent rien à force d'être générales, ou plutôt qui ne donnent que des idées fausses et des notions erronées par leurs catégories *a priori*, je devrai nécessairement entrer dans quelques détails. On me les pardonnera, si j'arrive ainsi à donner une idée exacte des conditions climatériques, courants marins, vents, pluie, température, etc., et de la salubrité de la grande île africaine.

I

DES COURANTS MARINS

Il y en a deux, bien tranchés : celui de l'Est et celui du canal de Mozambique. J'ai déjà mentionné le premier en traitant de la côte orientale. On voudra bien se rappeler son influence sur la formation des rivages, des barres qui marquent l'embouchure des divers cours d'eau, et des lagunes qui s'étendent sur un si long espace de cette côte. Comme direction générale, il vient battre à peu près perpendiculairement contre le centre de l'île, vers Tamatave et les environs, pour se partager en deux branches se dirigeant l'une vers le Nord et le cap d'Ambre, l'autre vers le Sud et Fort-Dauphin ; cette dernière se continue le long de la côte Sud dans la direction du cap Sainte-Marie. Le contre-courant de l'Ouest, c'est-à-dire le courant tiède de la côte orientale d'Afrique, se dirige au Sud-Ouest, sous le nom de *courant de Mozambique*, entre Madagascar et le continent africain, rase le bord sous-marin du grand banc des Aiguilles, et s'épanche dans l'Océan Antarctique, après avoir mêlé une partie de ses lames au remous de l'Atlantique méridional.

A l'endroit où il est le plus rétréci, c'est-à-dire vers le cap Saint-André, le courant de Mozambique est presque aussi rapide que le Gulf-Stream et se déplace avec une vitesse de 7 kilomètres à l'heure.

Ces deux courants se rencontrent donc aux extrémités mêmes du grand axe de l'île, au cap d'Ambre et au delà du cap Sainte-Marie, et c'est là, évidemment, la cause du mouvement continuel de l'Océan dans ces deux parages.

Mais leur présence se fait sentir dans l'intérieur même de l'île, où elle a une grande influence et sur la direction des vents et sur l'élévation plus ou moins grande de la température.

II

DES VENTS

On dit ordinairement que les vents soufflant d'une manière très régulière à Madagascar se partagent périodiquement en deux : la mousson du N.-E., de novembre en avril, pendant six mois de l'année, et la mousson du S.-E., pendant les six autres mois.

Cette régularité théorique n'est pas absolue, et la direction des vents obéissant également à la configuration des côtes, à celle du pays, à l'influence des courants marins, varie avec les divers points observés, surtout entre l'est et l'ouest de l'île.

A l'Est, « le grand courant aérien qui souffle toujours du S.-E. au N.-O., remarque M. Grandidier, dans son mémoire du 30 avril 1894 sur « *le sol et le climat de l'île de Madagascar* », se divise en trois branches : l'une longe la côte Nord-Est, l'autre suit la côte Sud-Est, toutes deux ayant la même direction que les deux branches formées par le courant marin équatorial, et la troisième gravit la chaîne côtière », se dirigeant par suite de l'Est à l'Ouest.

Cette thèse a beaucoup de vrai; mais elle serait trop absolue, et elle cesserait d'être exacte si, — ce que du reste n'a jamais prétendu l'éminent auteur du mémoire — on la prenait à la lettre. D'après les tables météorologiques, publiées par le Directeur de l'observatoire de Tananarive, pour quelques-unes des villes de la côte, on pourrait peut-être, après une observation attentive de ces résultats, arriver aux conclusions suivantes, que je crois très près de la vérité :

1° Les directions ordinaires des vents, à Tamatave, et également dans les endroits environnants, sont de l'Est et du Sud.

2° A mesure qu'on s'éloigne de ce point central, vers Fort-Dauphin, dans la direction du Sud, les vents soufflent davantage de l'Est et du Nord-Est.

3° A mesure, au contraire, qu'on remonte vers le Nord, du côté de Vohémar et de Diego-Suarez, ils viennent de l'Est et du Sud-Est. On pourrait donc dire, en règle générale, que la direction des vents se rapproche de celle du grand courant équatorial.

Le même fait se reproduira à l'Ouest, quoique d'une manière moins marquée. Comme le courant marin y a une direction contraire à celle du courant de l'Océan Indien, les vents y auront aussi une direction généralement opposée à celle des vents de la côte orientale. C'est ainsi que, pour nous en tenir à ces deux points, les seuls sur lesquels nous ayons quelques observations, du reste incomplètes, à Nosy-Ve, quand ils soufflent de la mer, les vents viennent plutôt du Sud et du S.-O. et à Mojanga, ils viennent plutôt du Nord.

Sur la côte occidentale, les vents présentent également une autre différence avec ceux de la côte orientale : ils soufflent bien plus souvent de la terre, et moins uniformément de l'Océan. Ainsi, par exemple, tandis que, à Diego-Suarez par exemple, sur environ 700 observations, près de 600 marquent la direction de la mer, et 100 à peine celle de la terre, à Mojanga aussi bien qu'à Nosy-Ve, le vent souffle à peu près également de la terre et de la mer.

A l'intérieur enfin, si nous nous en tenons aux trois postes de Fianarantsoa, d'Arivonimamo et de Tananarive, où les observations ont été plus régulièrement suivies, et qui du reste nous donnent par leur situation respective une idée suffisante du régime des vents pour les parties les plus importantes des hauts plateaux, ce sont surtout les vents des diverses directions Est qui dominent : Est et parfois Nord-Est à Fianarantsoa ; Est et surtout Sud-Est à Arivonimamo ; à peu près également Est et Est-Sud-Est à Tananarive.

Et voilà pourquoi, pour le dire en passant, et indépendamment de toute tradition superstitieuse — qui existe, mais qui n'a fait que sanctionner une vérité d'expérience — les maisons du centre de Madagascar ont uniformément toutes leurs ouvertures tournées vers l'Ouest, afin d'éviter précisément les vents incomparablement plus fréquents, et aussi plus froids, qui soufflent de la direction opposée.

A l'étude de la *direction* des vents se rapporte tout naturellement celle de leur *vitesse*. Sans vouloir entrer ici dans des détails qui seraient facilement fastidieux, on peut dire en général que les temps de calme, beaucoup plus nombreux vers le Sud, vont en diminuant à mesure qu'on se rapproche de la partie Nord, et qu'ils cessent même complètement à Mojanga et à Diego-Suarez.

Au contraire et par une conséquence toute naturelle,

c'est à Mojanga et à Diego-Suarez que les vents soufflent d'ordinaire avec le plus de force. Les moyennes les plus élevées à Diego ont été de 3.3 et de 3.4 en juin, en juillet et en septembre, la force moyenne étant comptée de 0 calme, à 6 tempête. On peut facilement imaginer quelles tempêtes longues et fréquentes de telles moyennes laissent supposer.

A Tananarive, où les observations sont à la fois plus fréquentes et plus rigoureuses, la force moyenne annuelle des vents se maintient au-dessus de 1, entre 1.1 et 1.3; leur force maxima ayant été de 3, ou 46 kilomètres à l'heure, en 1891, et de 4.2, ou 63 kilomètres, le 1er mars 1892.

A Tamatave, contrairement à ce que l'on pourrait penser à priori, la force moyenne des vents est plutôt faible, oscillant aux environs de 1 ou de 1.1; et les calmes y sont relativement nombreux, plus nombreux qu'en aucun des huit autres endroits observés, Fort-Dauphin, Voheman, Diego-Suarez, Mojanga, Nosy-Ve, Tananarive, Fianarantsoa, Arivonimamo.

Nosy-Be ressemble beaucoup à Mojanga et à Diego-Suarez pour l'absence presque totale de calmes; mais la vitesse des vents y est notablement plus faible.

III

RÉGIME DES PLUIES

A l'étude des vents se rattache celle des perturbations atmosphériques qu'ils entraînent, de la pluie et des tempêtes, des raz de marée et des cyclones.

Madagascar étant située dans la zone intertropicale, il semble qu'il devrait y avoir uniformément partout, et très tranchées, les deux saisons classiques de la pluie, de novembre à avril, et de la sécheresse, d'avril à novembre, suivant que la mousson souffle du N.-E. ou du S.-O. Car lorsque la mousson souffle du S.-E., venant d'une région plus froide, elle ne peut avoir de trop-plein de vapeur d'eau à déposer, et par suite n'amène pas de pluie. Elle en apporte au contraire beaucoup, par la raison contraire, quand elle souffle des régions plus rapprochées de l'équateur et par suite plus chaudes du N.-E.

Il en est généralement ainsi.

Cependant ce que nous avons dit de l'irrégularité relative des vents doit faire supposer de notables exceptions à cette règle générale, exceptions qui tiennent précisément et à la nature des vents et à la conformation du terrain.

On peut, sous le rapport de la distribution des pluies, partager Madagascar en trois zones, d'étendue tout à fait inégale :

1° Le Sud-Ouest, entre Fort-Dauphin et le Mangoky, où il pleut rarement ;

2° Le versant oriental de la chaîne côtière, où il pleut au contraire beaucoup, pendant à peu près toute l'année ;

3° Le reste de l'île où les deux saisons tropicales sont bien tranchées.

1° Au Sud-Ouest, la quantité de pluie recueillie pendant l'année est très faible : 418 mm. 5 en 1891, et 277 mm. 7 en 1892 à Nosy-Ve, avec 30 jours de pluie seulement pour cette dernière année.

Suivant M. Grandidier, il pleut encore beaucoup moins chez les Antandroy et chez les Mahafaly, quelquefois pas du tout pendant une année entière, en sorte que ces pauvres gens peuvent passer des années, raconte l'illustre voyageur, « sans récolter même du maïs ou du sorgho, qui forment la base de leur nourriture, et qu'ils plantent régulièrement chaque année à l'époque à laquelle ils ont l'espoir trop souvent déçu de voir tomber de l'eau. »

La raison de cette sécheresse est facile à comprendre.

A Nosy-Ve par exemple les vents soufflent à peu près constamment ou des régions plus froides du Sud-Ouest, quand ils viennent de l'Océan, ou du Nord-Est, c'est-à-dire de la terre où ils ont été desséchés.

Il ne faudrait pas cependant se faire un épouvantail de ces périodes de sécheresse, qui, d'après le témoignage d'un Mauritien, habitant le Sud de la grande île africaine depuis plus de 20 ans, M. Marchal, existent également dans les autres îles de l'Océan Indien, par exemple à Maurice, et ne sont pas aussi fréquentes à Madagascar qu'on pourrait le supposer. C'est ainsi que dans l'Androy on n'en a vu aucune pendant ces dix dernières années.

2° Sur le versant oriental au contraire, il pleut à peu près toute l'année. Et il ne saurait en être autrement. Les vents, en effet, y soufflent presque constamment de l'Est ou du Sud-Est à mesure qu'on s'avance vers le Nord; de l'Est et du Nord-Est à mesure qu'on se dirige vers le Sud, mais toujours, à cause de la latitude, arrivent de régions relativement chaudes et par suite se trouvent chargés de vapeurs d'eau, qu'ils déposent en se brisant et en se refroidissant contre les gradins successifs de la première chaîne côtière : d'où une quantité énorme de pluie sur les divers points de la côte.

Ainsi la quantité de pluie a été :

A Fort-Dauphin, de 1 m. 631 en 1891 et de 1 m. 920 en 1892 ;

A Tamatave, de 3 m. 274 en 1891 et de 3 m. 583 en 1892 ;

A Vohemar, de 1 m. 589 en 1891 et de 1 m. 760 en 1892 ;

A Diego-Suarez, de 952 mm. en 1891 et de 693 en 1892.

De plus, à Vohemar, il y a eu, en 1892, 164 jours de pluie, presque la moitié de l'année ; 164 également à Tamatave ; 92 seulement à Fort-Dauphin et 60 à Diego-Suarez.

C'est donc vers le centre de la côte orientale qu'il pleut le plus. Mais je ne sais vraiment pas s'il existe beaucoup de pays au monde où il tombe autant d'eau qu'à Tamatave et dans les environs.

3° Partout ailleurs, dans l'île, au Nord, à l'Ouest, et sur les hauts plateaux de l'intérieur, on a les deux saisons bien tranchées, des pluies et de la sécheresse. Fort-Dauphin et Diego-Suarez rentrent également dans cette catégorie.

La saison des pluies ou saison chaude dure de novembre à mars ou avril, plus ou moins suivant les endroits, et aussi suivant les années. Ainsi, il n'est pas rare, surtout vers Mojanga, qu'il ne pleuve guère avant décembre. Mais une fois la saison des pluies bien commencée, ce sont de véritables trombes, sous forme d'orages, qui se dissipent rapidement pour se reformer quelques heures après. Le plus souvent ces orages ont lieu l'après-midi, dans l'intérieur de l'île ; le tonnerre retentit alors épouvantable, répercuté par les échos des montagnes, la foudre éclate en maints endroits, et l'eau, au commencement et vers la fin de la saison, tombe par torrents, surtout en février, où elle peut durer plusieurs jours sans discontinuer.

Alors toutes les rivières débordent et se répandent dans les campagnes environnantes qui deviennent d'immenses lacs temporaires.

A Tananarive, la quantité d'eau tombée varie entre 1 m. et 1 m. 20, et le nombre des jours de pluie est à peu près de de 90, équivalant à la durée de trois mois.

A Fianarantsoa et à Arivonimamo, la quantité d'eau tombée est sensiblement la même, peut-être un peu plus faible à Fianarantsoa et un peu plus élevée à Arivonimamo; mais le nombre des jours pluvieux y est notablement inférieur, ne dépassant guère 60 dans les deux endroits.

A Mojanga, on a recueilli 2 m. 063 d'eau pendant une seule année, et, pendant le mois de février 1892, la quantité vraiment énorme de 946 mm. 9, supérieure de deux tiers à n'importe quelle moyenne mensuelle de Tamatave. Seulement il n'y est pas tombé une goutte d'eau pendant les cinq mois de mai, juin, juillet, août et septembre. Il en est du reste à peu près de même à Tananarive, et sur tous les plateaux de l'intérieur, où heureusement une rosée abondante vient rafraîchir le sol à peu près une centaine de jours pendant la saison sèche.

Il y a parfois un peu de grêle à l'intérieur, en Imerina et ailleurs, peut-être tous les quatre ans. Sur les côtes, il n'y en a pour ainsi dire pas. Au moins sur la côte Est, n'y en a-t-il pas eu depuis trente ans, pas plus qu'à Bourbon.

Par contre les raz de marée y sont assez fréquents et y produisent des pertes considérables, particulièrement aux environs de Tamatave, où ils ravagent les plantations du rivage, endommagent les habitations et provoquent des sinistres en mer.

Mais ce sont surtout les cyclones qui sont terribles. Sans parler des ruines qu'ils accumulent dans les villes et les forêts, et pour nous en tenir aux seules moissons, un cyclone arrivé en décembre, janvier ou commencement de février, provoque une perte de 20 0/0 ; vers fin février, ou courant mars, alors que la végétation est plus avancée, 35 à 40 0/0 de la récolte.

Heureusement qu'ils ne sont pas aussi fréquents qu'on pourrait le croire, beaucoup moins fréquents en tout cas à Madagascar qu'aux îles Mascareignes, Maurice et Bourbon. Cependant la légende n'est pas vraie qui plaçait l'île de Madagascar en dehors de la zone où se meuvent ces terribles perturbations atmosphériques. On ne l'a que trop vu en janvier 1893, où un terrible cyclone ravagea tout le centre de l'île, détruisant des villages entiers jusqu'en pleine Imerina, et le 6 février 1894 où l'*Eure* fut jetée à la côte dans la rade de Diego-Suarez, la ville d'Antsirane presque complètement détruite, et toute la petite colonie bouleversée.

Depuis il n'y a rien eu en fait de cyclone. Seulement on a signalé vers l'automne de 1897 un autre phénomène, non moins terrible, quoique cette fois il ne semble pas avoir produit de grands désastres, les secousses très nettes et réitérées d'un véritable tremblement de terre.

Que voulez-vous ? tout cela existe un peu partout, et n'avons-nous pas vu de véritables tornados en plein Paris ? Après tout, Madagascar est sensiblement moins exposée à ces terribles accidents que la plupart des autres contrées intertropicales.

Il y a même un fait intéressant à noter pour les cyclones, c'est qu'ils ne dépassent jamais le 23°, non pas parce que ce point est garanti par le massif montagneux de Bourbon, suivant une explication au moins puérile, mais simplement parce que leur zone de développement ne s'étend point jusque-là.

IV

BEAUTÉ DU CIEL

Comme nous l'avons remarqué, c'est surtout sous forme d'orages très violents, mais relativement courts, que l'eau tombe à Madagascar. Le reste du temps, même pendant la saison des pluies, le ciel de ce pays est magnifique, laissant bien loin derrière lui « le ciel bleu de la Provence », et l'horizon s'étend à perte de vue, azuré et splendidement éclairé par un soleil qui dore et embellit toutes choses, même des landes nues ou désolées ou des ruines abandonnées.

Rien n'est beau, rien n'est grand comme cette lumière abondante, comme ces horizons sans limite, et volontiers l'on resterait ainsi des heures à regarder devant soi, dans une contemplation muette, ces espaces immenses qui naturellement vous rappellent l'infini.

Les nuits sont encore peut-être plus belles que les jours. Pures et limpides, elles laissent voir un ciel parsemé d'étoiles, brillantes comme des flambeaux, et au milieu desquelles se promène une lune radieuse, qui répand elle aussi les flots de sa lumière tranquille.

Pendant la saison sèche, il y a bien parfois quelques nuages, mais combien rares et combien peu durables !

Ainsi la nébulosité étant comptée de 0 à 10, la moyenne annuelle a été de 1.4 à Nosy-Ve; de 3.4 et 3.9 à Tamatave; de 3.3 et de 4 à Diego-Suarez; de 1.9 à Fianarantsoa.

V

HYGROMÉTRIE

Une autre particularité contribue beaucoup à rendre plus ou moins sain et agréable le séjour d'un pays, c'est la plus ou moins grande quantité d'humidité, ou, pour employer le terme propre, *l'état hygrométrique* de l'air.

On a souvent sous ce rapport divisé le climat de Madagascar :

1° En climat très chaud et sec : ce serait celui du Sud-Ouest et de l'Ouest;

2° En climat chaud et humide : ce serait celui de la côte orientale;

3° En climat tempéré, tour à tour sec et humide : ce serait celui des hauts plateaux.

Il en est de cette classification comme de toutes les autres : elle a du vrai, à condition de ne point en exagérer la signification.

Sur la côte orientale à partir de Tamatave, ou même de la baie d'Antongil, en allant vers le Sud, le climat est réellement très humide et les données hygrométriques, qui se calculent, comme on sait, de 0, absence totale de vapeur d'eau, à 100, saturation complète, sont très élevées. C'est probablement Tamatave qui a les moyennes les plus hautes :

83.8 en 1891 avec 97 comme maximum, en février;

84 en 1892 avec 99 comme maximum, également en février.

Les chiffres de Fort-Dauphin sont à peine inférieurs.

En se dirigeant vers le Nord au contraire, à Vohemar et Diego-Suarez, l'air devient relativement plus sec. A Diego-Suarez par exemple on n'a plus que 67.5 en 1891 et 70.5 en 1892.

Il va sans dire que les maxima hygrométriques correspondent aux grandes pluies de la saison d'hivernage, mais avec des irrégularités plus ou moins grandes, surtout vers le Sud, à Tamatave et à Fort-Dauphin.

A Mojanga et à Nosy-Ve l'air est encore plus sec qu'à Diego-Suarez.

Sur les hauts plateaux enfin, tandis que la moyenne hygrométrique de Fianarantsoa est très élevée :

79.8 en 1891,

celle d'Arivonimamo est la plus faible de tout Madagascar :

66.3 en 1891, 69.7 en 1892.

Enfin celle de Tamatave a été de

72.0 en 1891 et de 70.4 en 1892.

Ce sont là sûrement des chiffres élevés, mais il ne faut pas oublier qu'il s'agit d'un pays relativement chaud et où par suite l'humidité latente de l'atmosphère se fait beaucoup moins sentir. En fait, elle n'est jamais gênante, sauf peut-être dans quelques endroits particuliers, où cette humidité est plus considérable, ou bien pendant l'époque des grandes pluies.

VI

TEMPÉRATURE

Car ne l'oublions pas, nous sommes dans un pays intertropical, où la température est nécessairement plus élevée que dans nos climats tempérés d'Europe, sans cependant, au moins dans l'ensemble de l'île, y être excessive, comme elle l'est à Obock par exemple, à Djibouti ou à Aden.

Trois causes générales influent surtout sur la température à Madagascar : la latitude, l'altitude et la présence des courants marins.

1° *La latitude.* — De ces trois causes, la plus faible est, quoi qu'on puisse en penser à priori, la latitude. Elle n'est cependant point à négliger. Toutes choses égales d'ailleurs, il fera en effet moins chaud à Fort-Dauphin qu'à Diego-Suarez, uniquement à cause de la latitude, Fort-Dauphin étant en dehors de la zone torride, par 25°1'36", et Diego étant en plein dans cette zone, par 12°13'35"; il en sera de même, plus ou moins, suivant leur situation respective, pour les divers endroits de la côte échelonnés entre ces deux points extrêmes.

C'est ce que vérifient les observations thermométriques. Ainsi nous avons :

1° *A Fort-Dauphin, moyenne annuelle :*

23°7 en 1891 ; 23°66 en 1892.

Moyenne des maxima :

27°1 en 1891 ; 28°86 en 1892.

Moyenne des minima :

18°2 en 1891 ; 18°82 en 1892.

2° A *Tamatave, moyenne annuelle :*

24° en 1891 et en 1892.

Moyenne des maxima :

28°6 en 1891 ; 28°1 en 1892.

Moyenne des minima :

19°6 en 1891, 20°2 en 1892, avec le minimum absolu de 15° le 27 juillet.

3° A *Vohemar, moyenne annuelle :*

26°.

Moyenne des maxima :

28°6 en 1871, avec 31°6 pour février ; 29°21 en 1892, avec 31°30 pour février.

Moyenne des minima :

21°1 en 1891, avec 18°8 en août ; 23°1 en 1892, avec 20°6 en septembre.

4° A *Diego-Suarez enfin, moyenne annuelle :*

27°4.

Moyenne des maxima :

30°9, avec 33°6 pour février, en 1891 ; 30°5 en 1892, avec 34° pour décembre.

On le voit, par ces chiffres, la progression est bien marquée, et la loi, par suite, exactement vérifiée.

2° La côte occidentale, nous avons déjà eu occasion de le dire, par suite de la présence du contre-courant du canal de Mozambique, qui vient des régions chaudes de l'équateur, et des vents qui soufflent de l'Océan après s'être réchauffés en passant sur ce courant, est naturellement d'une température plus élevée que la côte orientale.

Cela doit être à priori, et cela se trouve du reste vérifié par les observations, malheureusement encore incomplètes, recueillies à Nosy-Ve, à Mojanga et à Suberbieville.

Ainsi à Nosy-Ve, on a pour *moyenne annuelle* :
26°3 en 1891, 26°96 en 1892,
tandis qu'à Fort-Dauphin l'on n'atteignait pas, et qu'à Tamatave on ne dépassait pas ce chiffre ; et pour

Moyenne des maxima :
30°4 en 1891, avec 32°6 en janvier, 32°8 en février et mars ; 30°75 en 1892, avec 33°5 en janvier et 33°7 en février.

Les moyennes de Mojanga à cause de la latitude sont encore plus élevées ; elles seraient en effet :

Moyenne annuelle :
29°07, de 1°67 supérieure à celle de Diego-Suarez.

Moyenne des maxima :
31°36, avec 33°1 en novembre.

Moyenne des minima :
23°9 avec 21°8 en août.

A Maevatanana enfin, à défaut des données de l'Observatoire qui n'existent pas pour cette place, le docteur Lacaze donne les chiffres suivants :

Saison des pluies.

Maximum (moyenne), 38°.
Moyenne à 13 heures (1), 34°.
Moyenne à 3 heures (2), 24°.
Minimum (moyenne), 22°.

---

(1) C'est-à-dire à une heure de l'après-midi.
(2) C'est-à-dire à trois heures du matin.

Saison sèche :

Maximum (moyenne), 34°.
Moyenne à 13 heures, 30°.
Moyenne à 3 heures, 18° à 20°.
Minimum (moyenne), 16°.

On comprendra aisément, à la lecture de ces chiffres, que l'Européen ne puisse supporter le travail au soleil par de telles températures. En fait, cela lui est impossible sur toute la région côtière, aussi bien à l'Est qu'à l'Ouest, au Nord ou au Sud, jusqu'à une altitude d'environ 500 mètres. Au-dessus de cette altitude, il le pourrait, et cela d'autant plus qu'on s'élèverait davantage, car la chaleur devient beaucoup plus faible et facilement supportable sur les hauts plateaux.

Ainsi, à Fianarantsoa, nous avons pour 1892 :

Moyenne annuelle :
19°.

Moyenne des maxima :
22°32, avec 27°2 pour le mois de janvier.

Moyenne des minima :
15°98, avec 12°3 pour le mois de juin.

A Arivonimamo, les chiffres sont sensiblement les mêmes, avec de plus grands écarts entre les maxima et les minima.

Enfin à Tananarive, à l'Observatoire, à une altitude de 1402 m., la moyenne générale, sensiblement constante pour 17 années, a été de 18° ;
La moyenne des maxima de

23°5 en 1892, avec le maximum absolu de 28°2, le 30 novembre.

La moyenne des minima :

De 12°7 avec 6°5, le 7 septembre 1892.

Ambositra, village important, d'une altitude encore plus élevée, à peu près à moitié chemin entre Tananarive et Fianarantsoa, est encore moins chaud et réputé le meilleur climat de Madagascar. Il serait bon d'avoir sur ce lieu des données exactes, car ce sera vraisemblablement un des futurs centres de mines et de colonisation. Malheureusement les observations suivies nous font défaut. D'après M. Guinard, qui avait habité assez longtemps ces régions, les limites extrêmes des variations de températures seraient,

De $+4°$ à $+20°$ en hiver et de $+10$ à $+28°$ en été.

A Ambatofanghana, par plein Ouest, à 60 km. d'Ambositra, à une altitude de 1700 mètres, au milieu de riches minerais de cuivre dont il avait commencé l'exploitation, le même ingénieur donne, pour toute l'année, les limites extrêmes de $+2°$ et $+26°$.

« Le climat y est relativement très froid, ajoute-t-il... On y a fréquemment de la gelée blanche, et les petites flaques d'eau sont constamment prises par une légère couche de glace sur leurs bords pendant les mois frais de mai à septembre. »

Il est évident par conséquent que l'Européen peut facilement se livrer au travail extérieur sur ces hauts plateaux, avec plus ou moins de précautions suivant l'altitude, l'heure du jour et les saisons.

Car il ne faut pas l'oublier, même sur les hauts plateaux, pendant la saison des pluies en particulier, le soleil est très chaud, ses rayons tombant, pendant deux ou trois mois, perpendiculairement sur la tête.

On en jugera par les chiffres suivants : l'actinomètre à boule blanche de l'Observatoire a donné en 1891 le chiffre maximum de 42°2, et l'actinomètre à boule noire, celui de 63°2.

Malheur donc à l'Européen qui s'exposerait à de telles températures sans être suffisamment protégé ! Il pourrait facilement lui en coûter la vie, tellement les congestions solaires deviennent alors faciles. Et l'on comprend qu'il soit, dans ces conditions, presque impossible de travailler, même de marcher dehors, depuis 10 h. du matin jusqu'à 3 h. du soir, par ce soleil dont les rayons ardents, réfléchis par un sol brûlé, vous épuisent rapidement. On comprend aussi, par cette énorme différence de 21° de température entre les deux actinomètres à boule blanche et à boule noire, l'importance souveraine qu'il y a à porter des vêtements de couleur claire, de préférence aux habits de couleur sombre.

VII

PRESSIONS BAROMÉTRIQUES

Je ne m'étendrai pas sur l'étude des pressions barométriques. Il n'y a du reste rien à en dire, si ce n'est qu'en dehors de certaines dépressions extraordinaires qui, par leur nature, échappent à toute règle, les oscillations du baromètre ne varient ordinairement que de quelques millimètres, aussi bien sur les côtes qu'à l'intérieur. Cela est si vrai que les appareils enregistreurs de l'Observatoire décrivent, parfois pendant de longues semaines, une véritable ligne droite et que les colonnes de chiffres, dans les observations des appareils à lecture, ne sont que la répétition des mêmes nombres.

Je n'ai pas besoin non plus de faire remarquer longuement que le baromètre suit assez régulièrement la distribution des saisons, plus élevé pendant la saison sèche, plus bas pendant la saison des pluies ; enfin que se tenant aux environs de 76 centimètres sur les points de la côte, il n'est guère que de 66, 65 et 64 à Fianarantsoa, à Tananarive et à Arivonimamo.

Aussi bien ai-je hâte d'arriver à un autre sujet plus immédiatement pratique et provoquant davantage l'attention et l'inquiétude de tous ceux qui songent à aller s'établir à Madagascar, je veux dire la salubrité.

VIII

SALUBRITÉ

Madagascar avait, depuis longtemps, mauvaise réputation sous le rapport de la salubrité, et cette triste réputation a été encore singulièrement accrue par l'excessive morbidité et la non moins excessive mortalité de la dernière campagne.

Un pays qui, en quelques mois, a tué 6.000 malheureux sur un effectif d'environ 28.000 hommes ; un pays dans lequel, pendant cette campagne de huit mois, à peu près tout le monde a été atteint, et où le plus grand nombre ont dû être rapatriés avant la fin, beaucoup pour venir mourir en France, ne peut être qu'un pays au climat essentiellement meurtrier. Ses côtes en particulier doivent être un foyer pestilentiel. De cela tout le monde est convaincu; et tout le monde croirait également volontiers, par une de ces oppositions si fréquentes dans les choses que nous ne connaissons qu'à moitié, que les hauts plateaux sont à peu près indemnes de toute affection morbide.

Ce sont là des exagérations qu'il importe de détruire, et la vérité se trouve, ici comme presque partout, dans un juste milieu, relativement facile à établir, après l'étude si longue, que nous venons de faire, des conditions climatériques et surtout après les observations des divers docteurs, de la guerre, de la marine ou autres, qui ont fait la campagne ou qui, ayant habité Madagascar, en ont étudié avec soin la salubrité.

Et d'abord Madagascar vaut mieux que sa réputation, et le colon doit spécialement se tenir en garde contre la mauvaise impression produite par les désastres de la dernière campagne.

Ici, en effet, on se trouvait dans les conditions les plus défavorables. Des enfants de 20 à 22 ans, retenus des mois dans une des parties les plus malsaines de l'île, appliqués à des travaux meurtriers pour des blancs, avec une nourriture et surtout des soins médicaux insuffisants, cela suffit et au delà, à expliquer la morbidité et la mortalité excessives, que tout le monde se rappelle; mais cela ne se reproduira pas pour un colon.

Un colon, en effet, aura de quoi manger et pourra par suite maintenir ses forces et lutter contre la maladie, si elle vient. Un colon sera ordinairement plus âgé, et par suite plus résistant que « ces pauvres gamins », comme les appelait un de leurs officiers, de 21 à 22 ans. Un colon aura une moustiquaire et sera suffisamment logé, et ainsi pourra refaire ses forces par un sommeil réparateur, tandis que nos pauvres soldats ne pouvaient dormir pendant des semaines entières. Un colon saura généralement prendre les précautions ordinaires d'hygiène que réclament ces pays et prévenir de cette sorte bien des accès de fièvre, tandis que ces grands enfants ne faisaient attention à rien, buvant à leur soif n'importe de quelle eau, et faisant des provisions des cachets de quinine qu'on leur distribuait et dont l'usage les eût peut-être sauvés. Un colon enfin ne travaillera pas, ou au moins travaillera très peu ; en tout cas, ne creusera pas la terre, au risque « de creuser sa fosse », suivant l'énergique expression en cours dans le Boina, tandis que nos pauvres enfants devaient non seulement creuser la terre pour la fameuse route carrossable, mais encore débarquer les chalands, parfois en pleine chaleur, de midi à deux heures et conduire les voitures Lefebvre.

Les conditions ne seront plus les mêmes, et, partant, les résultats seront tout différents.

Deux maladies surtout sont à craindre à Madagascar : la *fièvre* et l'*anémie* qui en est la conséquence.

Les autres sont, en effet, ou peu fréquentes et peu graves, ou faciles à éviter.

La *splénite* ou *hypertrophie de la rate* ou *l'œuf de la fièvre*, comme l'appellent les malgaches qui y sont sujets aussi bien que nous, n'existe que sur la côte. Elle exige, aussitôt qu'elle est constatée, une médicamentation rapide et suivie avec une grande fidélité. La *dyssenterie*, même dans les régions plus chaudes du Boina, est assez rare et bénigne. Les maladies des voies respiratoires sont moins fréquentes qu'en France. La *tuberculose* existe, surtout sous forme de tuberculose pulmonaire, dans le Boina et même dans l'Imerina. Pour l'immigrant déjà atteint à son arrivée, l'évolution se précipite et la mort arrive très rapidement.

La *variole*, la *syphilis*, la *lèpre*, la *gale* et les autres maladies de la peau sont assez fréquentes parmi les indigènes, résultant généralement de leur inconduite et de leur manque de soins; mais elles sont facilement évitées par le colon sage et soigneux.

Il faut dire la même chose des *rhumatismes simples* et des *rhumatismes goutteux* de la côte Est, qui sont le résultat de la négligence, encore plus que de l'humidité du climat.

Le colon sage, soigneux, et sachant s'astreindre aux précautions recommandées de propreté et de prophylaxie, n'a donc pas à s'inquiéter de ces affections.

Il n'en est malheureusement pas de même de la fièvre.

IX

FIÈVRE

De toutes les maladies de Madagascar, la plus universellement répandue, sans contredit, est la *fièvre paludéenne*. Elle règne partout, plus ou moins persistante, plus ou moins pénible, davantage cependant sur les côtes que dans l'intérieur, le long des fleuves ou dans le voisinage des rivières, que sur les sommets élevés.

Elle s'est étendue, depuis ces vingt dernières années, même à Maurice et à Bourbon. Or, comme à Bourbon il n'y a pas de marais, mais uniquement un massif montagneux, il faut en finir du coup avec cette légende qui prétend que la fièvre ne règne que sur les lagunes de l'Océan et dans les endroits marécageux.

« Il est certain, en effet, dit le Dr Jaillet, que les effluves paludiques se jouent des situations topographiques, et exercent leurs ravages aussi bien dans les plaines que dans les montagnes et les forêts, dans les endroits secs que dans les lieux humides. »

La fièvre existe donc, sur les plateaux de l'intérieur aussi bien, quoique à un degré moindre, que sur les côtes ; à Tananarive, à Fianarantsoa, à Ambositra, comme à Tamatave ou à Mojanga.

Il n'en est pas moins vrai qu'il y a de grandes différences entre ces divers endroits, et pour la fréquence, et pour la gravité des accès.

C'est surtout pendant la saison des pluies que la fièvre sévit le plus généralement, à savoir de décembre à mai, ou, pour parler exactement, au commencement et à la fin de la saison des pluies ; au commencement, à raison des alternatives de dessèchement ou d'arrosement du sol, qui permettent aux miasmes délétères de s'élever et de se répandre ; à la fin, alors que les fleuves et les lacs débordés rentrent dans leur lit et que les rizières moissonnées se dessèchent, mettant à nu de vastes espaces où les rayons ardents du soleil précipitent la décomposition d'innombrables matières organiques, créant autant de foyers pestilentiels.

Ces accès de fièvre frappent les Hova aussi bien que les blancs, mais très peu les tribus de l'Est, les Betsimisaraka, par exemple.

Bien plus, ils atteignent généralement les nouveaux arrivés, soit qu'ils viennent du dehors, ou simplement de la côte vers l'intérieur, ou réciproquement de l'intérieur vers la côte.

La fièvre se présente sous deux formes : celle *d'accès franc* et celle de *fièvre larvée*. La première, bien moins fréquente que la seconde, est quotidienne ou tierce. Elle présente, chez les nouveaux arrivés, trois stades bien marqués, de frisson initial plus ou moins long avec claquement des dents et crampes des jambes, de chaleur excessive et de transpiration profuse ; chez les acclimatés, elle n'offre que ces deux derniers symptômes, au moins en règle générale, et alors elle s'annonce par un accablement général, par des douleurs vagues dans les articulations, bientôt suivies de douleurs de reins exaspérantes, surtout chez les habitants des côtes ; l'intermittence n'existe plus : et tel individu est atteint d'un accès qui ne revient que plusieurs mois après.

La fièvre larvée offre tous les aspects imaginables, mais n'atteint que très rarement et, d'ordinaire par suite d'imprudence, la gravité des accès pernicieux ou autres. Elle est plus fréquente à l'Ouest, dans le Boina, que sur les rivages de l'Océan Indien.

« Un travail forcé au soleil, dit le docteur Lacaze, une veille prolongée au bureau, une griserie, une nuit de débauche, se paient invariablement et immédiatement d'un accès de fièvre. » Mais d'après le docteur Villette, ces accès sont relativement rares sur les hauts plateaux, tout au moins chez les personnes qui ont une bonne hygiène, et ne se produisent en général que *chez ceux qui s'exposent au soleil* ou qui ont de fortes fatigues à supporter.

Pendant l'expédition, et cette remarque expliquera bien des choses, la fièvre revêtit souvent la forme de *typho-*

malaria, devenant ainsi une véritable fièvre typhoïde s'attaquant à des santés déjà usées et délabrées par les fatigues et l'anémie. Une telle transformation n'est pas à craindre en temps ordinaire.

Le traitement de la fièvre est facile et à peu près partout le même : un vomitif suivi d'une purgation saline suffisent pour la prévenir aussitôt qu'on en ressent les premiers prodromes : troubles gastro-intestinaux, inappétence, sensibilité du creux épigastrique, parfois vomissements ou diarrhées bilieuses. Ce remède réussit presque infailliblement si on y joint, pendant quelques jours, de faibles doses de quinine, et l'usage d'un peu de vin de quinquina arsénical.

Si un premier accès s'est déclaré ou si la fièvre larvée est bien prononcée, on la traitera de façon analogue : vomitif, quinine, purgatif. Mais alors les doses de quinine iront de 0 gr. 75 à 1 gramme, pendant 3 ou 4 jours, environ 3 heures avant les accès. L'usage du vin de quinquina arsénical, ou tout simplement 2 grammes de sulfate de quinine dans un litre de vin blanc de bonne qualité, dont on prendra un verre à madère avant chaque repas, seront très utiles. On pourra, avec avantage, faire précéder la quinine d'une potion d'antipyrine, de teinture de racine d'aconit et de sirop de morphine.

Il est encore plus important cependant de *prévenir* la fièvre que d'avoir à s'en débarrasser. On y arrive assez facilement, surtout avant d'être débilité, par des soins hygiéniques d'abord, puis par l'usage de la quinine préventive. Les principaux soins à recommander sont : une nourriture saine et bien réglée, avec un peu de vin pris modérément et coupé d'eau, des légumes autant que possible, de l'eau bouillie partout où l'eau paraîtrait moins pure comme boisson ordinaire, du café ou mieux du thé très étendu ; une grande hygiène du corps et une bonne ablution d'eau froide le matin ; un peu de travail ou d'exercice une heure ou deux matin et soir ; pour se maintenir en appétit une purgation saline légère de temps en temps, etc. ; une habitation spacieuse, aérée, sans humidité, élevée le plus possible au-dessus du sol et non couverte de tôle, exposée enfin de façon à éviter les vents du Nord-Est sur la côte orientale, ceux au contraire du Sud-Ouest et du Nord-Ouest sur la côte occidentale, et environnée de quelques arbres, d'eucalyptus surtout ; des habits bien choisis, les vêtements blancs et le casque, la ceinture et même le gilet de flanelle contre les différences de température, voilà les premières précautions à prendre. Au contraire, *toute marche au soleil, particulièrement après une ondée ;* toute chasse au marais ou excursion sous forêt ; tout voyage entrepris à jeun ; toute sortie pendant la nuit ; le froid, l'humidité, surtout la boisson et l'inconduite, devront être constamment évités, car ils se paieraient inévitablement par un accès de fièvre.

L'usage de la quinine préventive est à adopter, sans hésitation, sur les côtes et même dans l'intérieur : sur les côtes 0 gr. 20 à 0 gr. 25 presque toute l'année, au moins trois à quatre jours par semaine ; aux mauvaises époques dans l'intérieur.

Avec ces précautions, les accès de fièvre sont très rares, deux ou trois par an à peine sur les plateaux, bénins et relativement peu gênants.

X

ANÉMIE ET INSOLATION

Le résultat le plus grave de la fièvre est l'*anémie*, presque inévitable après quelques années de séjour sur les côtes, moins grave et moins rapide à l'intérieur. Le meilleur moyen de la retarder, sinon de la prévenir, c'est avec la fuite de tout excès, une nourriture substantielle et suffisante : viande, riz, autant que possible pain et légumes, fruits, tout ce qui peut conserver l'appétit, et, en fait de boisson, du thé léger, de l'eau toujours bouillie sur les côtes, un peu d'excellent vin, au besoin quelques toniques, peu et mieux point de liqueurs, peu et mieux point d'apéritifs, que l'on remplacera par un travail modéré ou de l'exercice, et surtout *en ne s'abandonnant jamais*. Au besoin, une station sur les hauts plateaux, une saison à Salazie (Réunion), un congé en France, seront utiles, parfois indispensables.

Indiquons en terminant les cas *d'insolation* qui seraient facilement mortels ; ces cas ne sont pas nombreux toutefois, même sur les côtes, mais ils se présentent jusque dans le plateau central ; c'est pourquoi le casque colonial, sur les côtes, et au moins un chapeau à larges bords, à l'intérieur, sont de rigueur, et, par le grand soleil, des lunettes noires sont au moins utiles.

De tout cela que faut-il conclure ?
Ceci, si je ne me trompe :

1° A part la fièvre et l'anémie, les autres maladies qui existent à Madagascar ne sont ni très nombreuses, ni très dangereuses, bien moins nombreuses et bien moins dangereuses, en tout cas, que les diverses affections qui, à tout instant, menacent ou empoisonnent notre vie en Europe.

En outre, de ces maladies, beaucoup ne sont qu'une exception et ne sont pas très à redouter ; beaucoup ne frappent qu'une catégorie de gens dans des situations déterminées, comme la syphilis, la lèpre, et les diverses maladies de la peau ; quelques-unes peuvent sûrement être prévenues, comme la variole.

2° Restent en définitive la fièvre et l'anémie qui en est la suite. On peut éviter la première, ou s'en débarrasser rapidement. La seconde est peut-être plus difficile à combattre.

Mais, somme toute, le climat de Madagascar est relativement sain. Et avec quelques précautions, l'usage de la quinine préventive, une nourriture saine, une bonne hygiène et surtout la garde contre tout excès et une vie très réglée, on peut vivre de longues années presque sans fièvre.

Madagascar est donc très habitable, et son climat est meilleur que celui de la plupart de nos autres colonies, l'Indo-Chine, le Tonkin, la Côte d'Afrique, meilleur que celui de l'Algérie ou de la campagne romaine, à peine plus fiévreux que certains cantons de la Basse-Bretagne ou du centre de la France. Cela est vrai surtout des hauts plateaux, un peu moins de l'Est, moins encore du Boina.

3° En tous cas, même la considération de la fièvre ne doit sérieusement arrêter aucun immigrant. J'oserai seulement leur conseiller, après le Dʳ Jaillet, surtout à ceux qui veulent s'établir sur les côtes, de ne pas y aller au commencement de la saison des pluies, mais d'attendre de préférence la saison sèche, c'est-à-dire mai ou juin, afin qu'ils puissent plus facilement s'acclimater.

4º Je conseillerais aussi volontiers une sélection rigoureuse, car tous les tempéraments ne sont pas faits pour les pays tropicaux.

Qu'une personne déjà anémiée, ou dont le système nerveux est débilité, ou qui a une maladie de foie, etc. n'aille pas à Madagascar.

Qu'on n'y aille pas non plus après un certain âge, 45 ou 50 ans par exemple, alors que les forces commencent à baisser et que nous sommes moins propres à nous faire à une nouvelle vie et à un nouveau climat.

Enfin, je désirerais que le plus grand nombre des colons, je dirais volontiers tous, fussent mariés et emmenassent leur famille, et cela pour de multiples raisons :

De dignité et de moralité que tout le monde comprendra ;

De soins, de bien-être et de précautions, qu'un homme seul néglige trop souvent et que sa femme prévoira pour lui ;

De tranquillité, de repos moral, de soutien et d'affection mutuelles, de fortes et saines joies que procure la vie de famille et qui ont tant d'influence même sur la santé.

QUATRIÈME LEÇON

DES HABITANTS DE MADAGASCAR — LES HOVA

Après avoir, dans les précédentes leçons, essayé de résumer l'histoire de Madagascar, et de vous donner un aperçu géographique de ses côtes, de sa configuration intérieure et de son système hydrographique, le temps est venu, Messieurs, de vous parler de ses habitants. Le sujet ne sera pas, je l'espère, sans quelque intérêt. Mais il est très long ; et, comme je dois le traiter en deux leçons, je vous demande la permission de l'aborder immédiatement et sans autre préambule.

Je ne vous dirai pas le nombre des habitants de la grande île africaine, parce que ni moi, ni personne, ne le connaissons.

Aucune statistique n'existe, en effet, qui nous permette une évaluation, même approximative. Aucune n'avait été faite avant notre établissement, et celle qui fut commencée, au lendemain de la conquête, par les soins de

M. Ranchot, est loin d'être terminée. Le premier résultat obtenu semblerait cependant indiquer une population bien inférieure aux chiffres ordinairement donnés, si au moins, d'un fait particulier, nous pouvons conclure pour l'ensemble.

Couramment, en effet, on disait, on écrivait, que Tananarive était une ville de 100.000 habitants, sinon de 150.000. Or, d'après le dénombrement effectué vers la fin de l'année 1895, elle ne comptait alors que 47.000 personnes.

Mettons qu'un certain nombre, chassés par la guerre, ne fussent pas encore rentrés, c'est tout au plus si Tananarive possédait 60.000 au lieu de 100.000 habitants.

Cet écart ne surprendra personne. Car c'est le propre de ceux qui ne comptent pas d'exagérer toujours beaucoup, et les Malgaches ne comptent jamais, même le nombre des habitants d'un seul village.

Mais s'il existait pour le reste de l'île, au lieu de sept ou huit, ou même de six millions d'habitants, c'est peut-être quatre, ou tout au plus cinq millions d'âmes qu'il faudrait attribuer à toute l'île de Madagascar.

On peut diviser, à première vue, l'ensemble de cette population en quatre groupes différents par leur situation géographique, et aussi par leurs mœurs et leurs habitudes, même par leur origine.

1° Les habitants du Centre qui comprennent :
 a) Les Hova, au Nord du Plateau Central ;
 b) Les Betsileo, au Sud de ce plateau ;
 c) Les Antsihanaka, au Nord de la vallée comprise entre les deux arêtes faîtières vers le lac Alaotra ;
 d) Les Bezanozano, au milieu de la même vallée ;
 e) Les Antanala au Sud ;
 f) Enfin les Bara, au Sud-Ouest du Betsileo.

2° Les Sakalaves, assemblage informe de tribus très diverses et très éparpillées, présentant cependant entre elles des liens de parenté très visibles, s'étendent depuis le Nord de la baie d'Antongil jusque vers la rivière de Mandrere, à l'Ouest de Fort-Dauphin, en longeant du Nord au Sud toute la côte occidentale de l'île.

3° Les Betsimisaraka qui habitent la côte orientale, depuis la baie d'Antongil jusqu'à Mahanoro, par le 20° degré de latitude Sud.

4° Enfin, les tribus du Sud-Est, Antabohaka, Antaimoro, Antaisaka, Antaifasy et Antanosy, qui présentent certaines particularités les séparant assez sensiblement des autres habitants de Madagascar.

Nous parlerons aujourd'hui exclusivement des Hova, de ces Hova qui ont été nos adversaires très habiles et longtemps heureux depuis le commencement de ce siècle, de ces Hova qui, avant la dernière guerre, dominaient à peu près sur les 2/3 du territoire et sur les 7/8 de la population de Madagascar et qui, ramenés aujourd'hui dans les anciennes limites de leur pays d'origine, la province d'Imerina, ne tarderont pas à en sortir pour de nouveau, sinon par le pouvoir qu'ils ont perdu, au moins par leur habileté, par leur intelligence, par leur supériorité incontestable dans le commerce et les diverses entreprises, reprendre la suprématie sur les autres peuplades de l'île.

I

LEUR HISTOIRE

Avant la guerre, on trouvait un grand nombre de Hova sur tous les points importants de Madagascar :

d'abord dans une foule de postes militaires, au Nord, à l'Ouest, au Sud, à l'Est, dans le Centre, partout, de là, terrorisant et tenant complètement la campagne environnante ; et puis sur les principales routes reliant Tananarive à la côte, particulièrement vers les contrées plus turbulentes de l'Ouest, le long du Betsiboka et de l'Ikopa, vers Mojanga et, par le Betsileo, vers le Menabe.

Ces postes étaient peu nombreux : un gouverneur avec deux, trois ou quatre auxiliaires, une dizaine ou une vingtaine de soldats, cinquante au plus, qui faisaient tout autre chose que le métier des armes. Mais ils suffisaient pour occuper le pays et s'y implanter de plus en plus solidement, par leur habileté à profiter de toutes les occasions favorables, à semer et à entretenir la division, à punir sévèrement ceux qui auraient eu la velléité de leur résister, à prévenir toute révolte par la crainte d'épouvantables représailles.

En même temps que ces postes militaires, par les soldats qui les composaient ou par d'autres personnes venues avec eux, se fondaient dans les contrées les meilleures, surtout chez les Antsihanaka, les Betsimisaraka et les Betsileo, des entreprises de commerce, d'usure, d'élevage et autres qui, peu à peu, finissaient par faire passer dans les mains des Hova tout ce qui constitue la force et la richesse du pays, dont bientôt ils devenaient les maîtres incontestés.

La domination et l'occupation hova faisaient tache d'huile depuis près d'un siècle, des taches répandues ici et là, sur à peu près toute l'étendue du territoire et qui allaient chaque jour s'agrandissant, se rapprochant, se rejoignant en beaucoup d'endroits, avec l'espoir certain d'envahir bientôt l'île tout entière.

Depuis la dernière guerre, depuis surtout les mouvements de révolte qui la suivirent dans le courant de l'année 1896, et la proclamation par l'administration française de l'indépendance des autres tribus vis-à-vis des Hova, ceux-ci, en tant qu'administrateurs, se sont retirés de partout, et, en tant que particuliers, propriétaires ou marchands, de la plupart des territoires envahis, pour retourner dans l'Imerina.

L'Imerina, suivant ses anciennes limites, s'étend depuis les monts Ankay, à l'Est, c'est-à-dire depuis le 45°35' de longitude orientale, jusqu'au delà du lac Itasy, vers le 44°20'; et en latitude, depuis le pays des Antsianaka (Ambaravarambato), un peu au sud du 18ᵉ degré, jusqu'au delà de Betafo et d'Antsirabe, au nord du 20ᵉ degré de latitude Sud. Ces limites ne sont ni bien déterminées, ni bien certaines, mais elles ne doivent pas s'éloigner beaucoup de la vérité, et l'Imerina aurait alors un peu moins de 200 kilomètres de long sur 150 kilomètres de large, c'est-à-dire environ 30.000 kilomètres carrés, à peu près l'étendue de six départements français.

Aujourd'hui on lui a adjoint administrativement, vers le Nord et vers l'Est, les provinces environnantes du côté du Boina, le pays des Antsihanaka et celui des Bezanozano.

C'est une région montagneuse, comme tout le centre de la grande île, composée en grande partie de plateaux dénudés et de vallées parfois étroites et profondes, d'autres fois s'élargissant, surtout le long des fleuves, en plaines marécageuses.

Son altitude dépasse généralement 1.200 mètres. Elle s'appuie à l'Est sur la seconde arête faîtière, la chaîne de l'Ankay, et s'épanouit au Sud en un immense massif basaltique très élevé, très accidenté, très riche en mines, celui de l'Ankaratra.

Comme tout le reste de l'île, elle est admirablement arrosée, traversée qu'elle est par une multitude de cours d'eau et parsemée d'un très grand nombre de lacs, dont quelques-uns sont fort remarquables, par exemple le lac *Itasy*.

De ses fleuves, je n'en citerai que trois : le *Betsiboka*, et son affluent l'*Ikopa*, qui baignent toute la partie septentrionale de l'Imerina et vont ensuite, après s'être réunis en dehors de ses limites, se jeter ensemble dans le canal de Mozambique, à Mojanga ; puis, vers le sud, un tributaire du Tsiribihina, le *Kitsamby*, à qui se joignent une multitude de cours d'eau secondaires.

Le climat de l'Imerina est meilleur et plus agréable que celui du reste de l'île, le Betsileo excepté. Il y fait moins chaud que sur les côtes et il y pleut moins souvent que sur le versant oriental. La fièvre y sévit comme dans le reste de l'île, mais d'une manière moins dangereuse qu'en beaucoup d'autres endroits.

C'est donc en somme une contrée agréable à habiter, une des plus agréables de toute l'île ; mais la vérité m'oblige à ajouter que c'est une des plus pauvres au point de vue de la richesse du sol, quoique ce soit de beaucoup la plus peuplée et la mieux cultivée.

Les productions sont à peu près celles du reste de l'île, et nous aurons à en parler dans la suite, ainsi que des mines de fer, de cuivre et d'or, et des sources thermales, que l'on rencontre surtout dans l'Anraratra.

Avant notre établissement, il n'y avait aucune route qui, à aucun titre, méritât ce nom, dans l'Imerina, mais seulement quelques pistes reliant les villages les uns aux autres ou se dirigeant vers la côte. Depuis, nous aurons occasion de le dire plus tard en détail, les grandes voies de communication vers la côte et vers Fianarantsoa ont été étudiées, et leur exécution poussée activement, ainsi que celle des chemins qu'on pourrait appeler d'intérêt local, c'est-à-dire qui relient entre eux les divers cercles et les principales localités de ces cercles. En particulier, Tananarive a été complètement transformée et est devenue presque une jolie ville.

L'Imerina est, nous l'avons dit, beaucoup plus peuplé que le reste de l'île, et l'on y trouve, aux environs de la capitale, plusieurs villages ou petites villes de deux, trois, cinq, huit, dix, quinze mille habitants ; par exemple, Ambohimanga, l'ancienne ville sainte des Hova ; Ambohimalaza, la ville des marchands de toile ; Ambohidatrimo, Ambohibeloma, Betafo, et surtout le gros bourg d'Ambohitramanjaka. Mais il ne faut pas aller bien loin non plus pour rencontrer des landes incultes et de nombreux plateaux déserts.

Il doit y avoir à peu près, d'après le recensement dernièrement fait, 2.000.000 d'habitants en l'Imerina.

Or, ces habitants, à quelle race appartiennent-ils et à quel type faut-il les rattacher ?

Evidemment, dans leur ensemble, à la race malaise dont on retrouve nettement tous les traits caractéristiques dans les familles de la noblesse, moins mélangées et mieux conservées que les autres.

Voici quel portrait fait de ces familles le Père Abinal :

« Cheveux plats ou légèrement bouclés, barbe peu fournie, teint olivâtre, bouche grande, lèvres un peu fortes, nez droit et court, yeux bridés, pommettes saillantes, corpulence médiocre, taille avantageuse, formes plutôt élégantes qu'athlétiques. »

Ce portrait est soigneusement tracé. Si cependant

j'avais à le refaire d'après mes propres observations, je le modifierais légèrement en deux ou trois points. Les cheveux ne sont bouclés que parmi le peuple. Le teint est olivâtre, oui, mais avec une infinité de nuances plus ou moins rapprochées de la couleur primitive. Le nez est généralement écrasé, au moins très large, et je ne crois pas en avoir vu que l'on puisse simplement dire droit. Enfin, si les yeux sont bridés, ils le sont légèrement, comme ceux des Juifs chez nous, et non comme ceux des Chinois. Tous les autres traits sont exacts. Peut-être même, et c'est là la remarque d'un homme qui connaît admirablement le pays, sont-ils trop spécifiés.

Mais ce serait une erreur de croire que ce type soit uniformément répandu dans toute l'Imerina, dont la population, considérée dans son ensemble, est au contraire très mélangée, appartenant un peu à toutes les races et offrant toutes les couleurs : noir, blanc, olivâtre, cuivré avec toutes les nuances intermédiaires.

C'est qu'en effet l'*Antimerina* — habitant de l'Imerina — s'allie et se mélange avec une facilité extraordinaire, prenant et gardant quelque chose de tous les peuples avec qui il s'est trouvé en contact : Français ou Anglais, Arabes ou esclaves nègres importés de Mozambique, Antsihanaka, et surtout Betsileo, réduits en servitude.

On pourrait encore aller plus loin et retrouver avec M. Grandidier, dans quelques-unes des tribus plébéiennes des Antimerina, les descendants, plus ou moins mélangés, des premiers habitants de l'Imerina, de la race autochtone du pays, de ceux que l'on a pris l'habitude d'appeler les *Vazimba*.

Car, cela est certain, les Hova ne sont pas les habitants primitifs de l'Imerina, où ils pénétrèrent à une époque relativement peu éloignée de nous.

Les derniers venus dans la grande île, il y a peut-être une dizaine de siècles, ils abordèrent sur la côte orientale, si du moins l'on s'en rapporte à certaines traditions locales, mais suffisamment concordantes.

D'abord mal reçus des premiers habitants, ou tout au moins devenus rapidement odieux, ils eurent de rudes combats à soutenir, furent vaincus, massacrés et poussés vers l'intérieur du pays. Réfugiés sur les hauts plateaux, en nombre très restreint — ils n'étaient pas alors cent hommes en état de porter les armes, suivant la tradition sakalave, — ils ne songèrent qu'à passer inaperçus, qu'à se fortifier et à se multiplier.

On n'en entend absolument plus parler jusque vers le milieu du seizième siècle. Ils constituaient alors un tout petit royaume, composé de leur capitale Merimanjaka (Merina-Pmanjaka; Merina, roi, royaume d'Imerina) et de quelques petits hameaux environnants. Mais à partir de ce moment, ils vont se développant, s'agrandissant, s'emparant des villes voisines : Alasora, Ambohitrabiby, Ambohidratrimo, Ambohimanga, Tananarive, et peu à peu ils arrivent à faire de l'Imerina un seul royaume.

Un de leurs premiers rois, Andriamanelo, emprunte à ses voisins de l'Est, et peut-être par leur intermédiaire, aux Arabes, alors très puissants sur les côtes de Madagascar, l'usage du fer, de la hache, des sagaies, des pirogues. Son fils Ralambo (le Sanglier) en reçoit les superstitions, le culte des idoles, et la polygamie, contribuant ainsi puissamment à la démoralisation de son peuple, mais en même temps contribuant, plus qu'aucun de ses prédécesseurs, à étendre les états paternels.

L'œuvre si bien commencée, si constamment poursuivie, et menée à si bonne fin sous Andriamasinavalona (le Saint Roi), qui s'établit définitivement à Tananarive vers le milieu du dix-septième siècle, fut compromise pour de longues années par sa faiblesse et son imprudence. Il eut le tort de diviser son royaume entre quatre de ses enfants, et ce fut là la source de divisions, de querelles, de guerres intestines, de brigandages et de misères qui mirent en péril pendant plus de cent ans l'existence même de l'empire hova. Et, fait remarquable, les Sakalaves, alors unis sous un seul chef, vinrent plus d'une fois en Imerina, appelés par quelqu'un de ses petits souverains, attaquer, piller et essayer de conquérir ces mêmes Hova, qui, il y a quelques années, devenus les plus forts, grâce à leur union, subjuguèrent en partie ces mêmes Sakalaves affaiblis par leurs divisions et leur manque d'organisation.

Mais voici le grand Andrianampoinimerina (1787-1810) qui, de nouveau, par une suite de combats heureux que favorisait singulièrement une adroite politique, réunit toute l'Imerina sous son sceptre, et aussitôt se met à conquérir et à soumettre les peuplades voisines. « Il faut que cette terre m'appartienne, avait-il dit le jour de son couronnement ; la mer doit être la limite de mon royaume. » Parole étrange et d'une ambition enfantine, en apparence, dans la bouche d'un roitelet d'Ambohimanga, qui n'occupait pas encore le tiers de l'Imerina, et n'avait pas peut-être 300.000 sujets ! Parole prophétique cependant, qu'il devait réaliser en grande partie, laissant à son fils Radama I la tâche, devenue désormais facile, de l'accomplir complètement.

Il y travailla avec un rare bonheur et une vigoureuse énergie.

A sa mort, son empire avait plus de 100 lieues de long sur 40 de large, et était quatre fois plus grand que celui d'Andriamasinavalona, dix fois plus étendu que celui de Ralambo.

Mais surtout, il l'organisa admirablement et donna des lois très sages et une administration remarquable, tendant toujours à en faire un tout durable. Il encouragea vivement le commerce, l'industrie, et surtout la culture de la terre. Il accomplit enfin de grands travaux d'utilité publique, en particulier les grandes digues de l'Ikopa, travail extraordinaire pour l'époque, et qui donna à l'Imerina ses plus riches rizières. Et il mourut laissant à son fils les instructions les plus sages et les conseils les plus propres à l'aider à bien gouverner.

Ce fils, Radama Ier (1810-1828), puis sa femme, la sanglante Ranavalona Ier (1828-1861), n'eurent qu'à continuer et à développer sa double entreprise de conquêtes à l'extérieur, et d'organisation à l'intérieur.

Avec les souverains qui suivent : Radama II, Rasoherina, Ranavalona II et Ranavalona III ; surtout avec le tout-puissant premier ministre Rainilaiarivony, qui fut le maître absolu de Madagascar de 1866 à 1895, l'âge d'or de la puissance Hova est passé et nous sommes dans la période de déclin.

Soit manque de largeur dans les idées et de hauteur de vues, soit préoccupation exclusive de se défendre contre les envahissements de la France ou de l'Angleterre, Rainilaiarivony ne poursuivit aucune des grandes initiatives et n'acheva aucun des travaux d'Andrianampoinimerina, ne songeant qu'à fermer de plus en plus son pays à l'étranger au risque de le ramener en arrière vers la corruption, la vénalité, le manque de justice, l'esprit de servilité et l'absence de toute initiative privée.

Après la conquête, et sous notre domination, que deviendront les Hova et quel parti saurons-nous en tirer ?

Quelques remarques rapides sur leurs qualités et leurs défauts, sur leurs croyances et leurs superstitions, sur leur organisation sociale, leurs lois et leurs coutumes nous permettront peut-être de l'entrevoir.

II

QUALITÉS DES HOVA

Et d'abord, parlons de leurs qualités.

D'une manière générale, le Hova a beaucoup d'aptitudes physiques, et fort peu de qualités morales.

Sociable cependant, il aime à causer et à rire ; il fait volontiers des visites et les prolonge pendant longtemps ; il est heureux d'envoyer des présents et surtout d'en recevoir. En un mot, il est d'un commerce facile et agréable.

Il est aussi hospitalier à sa manière... En voyage, vous avez le droit d'entrer dans n'importe quelle case à moins qu'il n'y en ait une de désignée pour les étrangers. Le maître vous l'abandonnera aussitôt, et vous pourrez y préparer votre repas, y dresser votre lit, y faire tout ce qu'il vous plaira. Vous êtes chez vous. En la quittant vous donnerez *un bout d'argent* et l'on sera content.

D'un caractère doux et pacifique, le Hova évite ordinairement les querelles, ne s'emporte point et ne frappe pas d'habitude, même les animaux.

Il est des occasions néanmoins où le barbare se réveille en lui. Et tout le monde a présentes à la mémoire les atrocités et mutilations que l'on fit subir, avant la prise de Tananarive, à quelques-uns de nos soldats surpris et faits prisonniers dans les combats livrés au Nord de la capitale.

Le Hova a soin de ses enfants. Il s'occupe d'eux et de ses parents et pourvoit à leurs besoins ; il soigne ses malades avec tendresse et dévouement, à moins qu'ils ne soient atteints de la lèpre ou de la petite vérole, car alors ces malheureux sont impitoyablement rejetés de la société, suivant la loi et la coutume des ancêtres, et relégués au sommet des montagnes. Il a de bons rapports avec ses voisins et ses amis, auxquels il est heureux de rendre service, surtout s'ils appartiennent à la même caste ou à la même tribu.

Une autre qualité du Hova c'est sa naturelle éloquence. Il aime à faire de longs discours, et il ne les fait pas mal. Il n'est ni précis, ni concis et ne va jamais droit au but. Mais il ne le perd pas de vue non plus, à travers des digressions qu'il affectionne et des développements qui semblent des hors-d'œuvre, et il y arrivera toujours. Sa parole est vive, imagée, poétique, pleine de couleur locale, de chaleur, de conviction, alors même qu'il ment impudemment, et certainement ses « Kabary » publics — il y en a partout et à propos de tout — sont plus ordonnés et plus calmes que les séances de nos Chambres. L'orateur est toujours écouté en silence. A-t-il fini de parler, son adversaire commence par le complimenter, par entrer dans ses vues et paraître lui donner raison, pour le combattre ensuite et conclure contre lui. L'auditoire donne toujours la même attention et garde le même silence. Ces discussions seraient un moyen sûr d'arriver à la vérité si on la cherchait. Mais tout cela n'est que pour la forme, *pour l'amour de l'art*, dirait-on chez nous ; en fait, le parti des auditeurs est pris d'avance et c'est toujours celui du plus fort qui l'emporte, et auquel tout le monde finit par souscrire.

Le Hova aime la musique, avec autant de passion

que la parole. Il chante souvent, improvisant au moment même les paroles qu'il chante et leur adaptant une mélodie fort curieuse, simple, sauvage, mais très douce et jamais heurtée. D'ordinaire, après chaque couplet la foule reprend une sorte de refrain.

Il n'y a cependant pas d'originalité dans cette musique, et leurs airs ne sont guère que des réminiscences d'hymnes, de psaumes ou de cantiques religieux. Il n'y a pas non plus parmi eux de belles voix ; sans souplesse et sans expression, elles sont criardes et facilement nasillardes. Ils ne peuvent donc que produire des effets d'ensemble ; mais cela, ils le font très bien. Par exemple, sans connaître un mot de musique, uniquement guidés par leur sens de l'harmonie, ils exécuteront après une préparation de quelques jours, des messes difficiles à deux ou trois voix, qu'ils accompagneront aux sons d'un orchestre assez complet. Toutefois, il est nécessaire de les guider et de les soutenir, sinon ils retomberont vite dans le bruit et dans les accords sauvages, chacun jouant un peu de son côté.

En fait d'instruments indigènes, il n'y en a guère que deux : un violon très primitif, c'est-à-dire deux cordes en rafia, tendues sur une courge vide, et puis le *valia*, sorte de harpe formée d'un bambou de 1 mètre ou 1^m 50 de long dont on a habilement soulevé entre les nœuds dix ou quinze fibres longitudinales, que tendent des chevalets d'écorce de courge et que l'on pince avec les doigts. Cet instrument, qui nous paraît étrange, produit, quand il est manié par une main habile, un effet assez agréable.

Mais avant d'être artiste, le Hova est essentiellement marchand, autant que le Juif, et plus que le Chinois. En 1892, deux Chinois montèrent à Tananarive espérant y faire fortune comme ils le font partout ailleurs, comme ils commençaient alors à le faire sur la côte. Hélas! ils échouèrent complètement et furent obligés de repartir. Je rencontrai le dernier quand je redescendais vers Tamatave.

De cette aptitude spéciale du Hova nous reparlerons plus tard quand nous traiterons du commerce, car des conclusions sont à en tirer très importantes pour nos négociants et qu'il faudra mettre en pleine lumière.

Nous reparlerons également alors de leur remarquable aptitude pour tous les travaux manuels, de leur facilité vraiment prodigieuse à imiter tout ce qu'ils voient faire, de leur sûreté de main dans l'exécution et de leur vue très développée, à la fois très étendue et très distincte, ces deux qualités maîtresses de l'ouvrier habile.

Les Hova sont également sobres et résistants. Et d'abord ls vivent de peu : une poignée de riz, un morceau de manioc, une patate avec quelques herbes bouillies, rarement de la viande de bœuf, et comme boisson, l'eau limpide des fontaines, voilà leur régime habituel. Ils mangent, quand ils peuvent, énormément, jusqu'à se gaver comme des brutes, si l'occasion s'en présente, et c'est alors le bonheur; mais d'ordinaire leur nourriture est peu abondante et très irrégulière; s'il le faut, ils attendront pour leur premier repas jusqu'à la tombée de la nuit sans en paraître nullement incommodés. Bien des catholiques, par exemple, feront 4 ou 6 kilomètres pour aller à la messe, y communier vers 8 ou 9 heures du matin, assisteront à une seconde réunion vers 11 heures, puis à une troisième vers 3 ou 4 heures et alors seulement s'en retourneront déjeuner. Ce jeûne ne les empêche nullement de supporter n'importe quel travail, n'importe quel effort. Les porteurs sont capables de faire d'une allure très rapide et suffisamment chargés, 40 kilomètres par jour pendant une semaine et plus, et seront prêts à recommencer après un court repos de quelques jours. Cependant, je dois le dire, on a déjà remarqué que cette endurance à la fatigue va diminuant rapidement, nouveau symptôme ajouté à plusieurs autres que la race perd de ses qualités natives.

A cette endurance s'ajoutent une adresse et une agilité admirables dans tous les exercices du corps, une grande intelligence pratique qui leur permet de se tirer facilement d'affaire, de se diriger, de réussir dans toutes les difficultés ou toutes les entreprises; en un mot, et en terme d'argot, ils sont *débrouillards*.

Ils sont fort peu sensibles à la douleur, supportent sans paraître les ressentir les souffrances les plus vives. Leur constitution est robuste et leur tempérament relativement fort.

Rien de ce qui peut leur arriver ne les étonne, ils sont d'avance prêts à tout; sans en avoir le fatalisme, ils ont toute l'apathie et toute la résignation des peuples orientaux. Ils ne se révoltent pas; ils ne blasphèment pas; toujours prêts à courber la tête et à tout accepter de la part de toute puissance invisible, quelle qu'elle soit : Dieu, démon, ancêtre ou sorcier.

Ils ont le respect inné de l'autorité et sont naturellement soumis à tout ce qui leur est ordonné d'en haut. Cette soumission, qui est absolue, va jusqu'à la servilité. Mais elle n'en est pas moins une grande qualité, car elle permet à un gouvernement d'être fort et favorise singulièrement la discipline.

De plus, ils aiment leur pays. Sans doute à cause de leur tempérament facilement nomade, ils le quittent souvent; ils entreprennent sans hésiter les plus grands voyages, ils s'absentent de gaîté de cœur pour des années. Mais ils conservent toujours l'espoir et la volonté bien arrêtée de revenir. Parfois même ils emportent avec eux, comme le paysan irlandais allant en Amérique, une poignée de la terre natale.

Enfin, car il faut finir, ils ont un grand respect du passé et un grand amour pour les traditions de leurs ancêtres, qu'ils gardent avec la plus scrupuleuse fidélité.

Mais surtout ils ont le talent inné de l'administration et du gouvernement, et l'habileté avec laquelle ils ont su conquérir et garder, avec des forces dérisoires, la plus grande partie de Madagascar, est prodigieuse. Un gouverneur et quelques hommes, qui n'avaient du soldat que le nom, suffisaient pour se faire obéir de milliers d'individus et leur imposer les plus dures corvées. Nulle part on ne songeait à leur résister ; nulle part on ne s'unissait pour secouer le joug de l'envahisseur, tellement celui-ci savait se faire craindre, tellement surtout il savait diviser ses adversaires, les opposer les uns aux autres et les tenir les uns par les autres.

Ce n'était pas non plus un gouvernement primitif que le gouvernement hova, maître incontesté de l'île, obéi partout, connaissant tout, inspirant à tous ses subordonnés la soumission la plus complète. Ses lois, ses habitudes, ses coutumes, ses procédés de gouvernement, tout cela révèle des qualités administratives de premier ordre.

III

DÉFAUTS DES HOVA

Telles sont les principales qualités des Hova. Je ne les ai ni dissimulées, ni diminuées, plutôt le contraire. Mais cela me met à l'aise pour parler des défauts et des vices qui, chez eux, gâtent et corrompent tant de dispositions natives.

Le premier défaut des Hova c'est la paresse. Ce n'est pas qu'ils ne puissent travailler. Ils le font au contraire avec une remarquable énergie et une grande persévérance quand c'est nécessaire. Il y a même en ville des artisans qui travaillent presque chaque jour, et la vie des porteurs est une vie très dure. Mais à prendre la nation dans son ensemble, le Hova — et je ne parle pas des riches qui ne font rien, mais des cultivateurs ordinaires et des habitants des campagnes — ne travaille pas la moitié du temps.

Le reste de leur vie se passe à flâner, accroupis devant leurs cases, se chauffant au soleil et se livrant à d'interminables causeries. Ou bien ils jouent pendant des heures au « *fanorono* », sorte d'amusement ressemblant un peu à notre jeu de dames ou au jeu de « marelle », mais plus compliqué et plus passionnant. Il leur suffit d'ailleurs de n'importe quoi, car un rien les amuse comme de grands enfants qu'ils sont.

Il y a bien des causes à cette indolence. Et d'abord, leurs besoins sont si limités et la nature s'est montrée si prodigue à leur égard, qu'ils n'ont pas besoin de travailler beaucoup. De plus leur climat est énervant et amollissant, au point que les Européens eux-mêmes en ressentent vite les effets.

Mais quelque explicable et excusable qu'elle soit, cette paresse est évidemment une grande cause de démoralisation.

Un Anglais très cultivé, qui visitait Madagascar, me disait un jour à ce propos : « Tant que les Hova ne travailleront pas, tout ce que l'on fera pour les moraliser sera peine perdue. »

C'est très vrai, mais comment les amener à travailler ? Le meilleur moyen d'y arriver, c'est de leur offrir l'occasion de gagner de l'argent.

Car ils aiment l'argent par-dessus tout. Ce n'est pas qu'ils en aient beaucoup, au contraire, l'argent est encore rare dans l'Imerina, mais cette rareté même lui donne un plus grand prix. Avant la guerre, sa valeur était peut-être dix fois supérieure à celle qu'il possède en France. Depuis elle a baissé et elle baissera encore à mesure que le numéraire sera plus abondant, mais elle est encore élevée.

Avant la guerre, la seule monnaie courante partout, sauf à Diego-Suarez et à Tamatave, où notre monnaie divisionnaire d'argent avait cours, était la piastre — *ariary* — ou pièce de 5 fr. dite de Marie-Thérèse ou de l'Union latine, qu'ils coupaient au ciseau à froid en morceaux de plus en plus petits jusqu'au « Varidimiventy » d'une valeur de 0 fr. 036. Aussi l'argent ne se comptait-il pas, mais se pesait, et chaque marchand avait de petites balances portatives et des séries de poids pour évaluer, depuis 27 grammes, le poids légal de la *piastre coupée*, jusqu'à la plus petite fraction.

Mais cette piastre était le véritable dieu des Hova, le dieu auquel ils sacrifiaient tout : leur famille, leurs enfants — jadis ils les vendaient en réalité — leur patrie !

Car posséder de l'argent, surtout une piastre non coupée, était un besoin inné. Ainsi ils préféraient une piastre entière qui pèse 25 grammes à 27 grammes d'argent coupé, et ils étaient toujours prêts à vous changer les 27 grammes d'argent coupé contre une piastre, surtout si cette piastre était neuve, malgré les 2 grammes d'argent qu'ils perdaient au change. Que voulez-vous ? Une piastre d'argent de plus, c'était une parcelle de bonheur de plus pour le Hova. De même il ferait tout pour recouvrer une créance, sacrifiant souvent pour cela plus qu'il ne lui est dû. Je suppose un ouvrier hova, par exemple un menuisier, qui gagne 1 fr. 25 par jour. Il n'hésitera pas, pour recouvrer une dette de 1 franc, à aller à plus d'une journée de marche. Il perdra ainsi trois jours pour aller se faire payer et rentrer chez lui, et par suite 3 fr. 75 de gages. — N'importe, il ira recouvrer sa créance. C'est sot, mais c'est caractéristique.

Aujourd'hui notre monnaie divisionnaire d'argent a cours en Imerina. Mais l'amour de l'indigène pour le précieux métal n'en est nullement diminué pour cela et il ne le sera pas de longtemps.

Cet amour effréné de l'argent entraîne l'usure la plus inouïe. On prêtait naguère habituellement à la semaine, et le taux de l'intérêt, qui légalement était de 24 0/0, pouvait s'élever pratiquement à un « voamena », un peu plus de 0 fr. 20 pour une piastre et une semaine, c'est-à-dire plus de 200 0/0 pour une année. C'était le maximum. Mais le taux ordinaire était de 100, 150 0/0. Evidemment emprunter dans ces conditions, c'était la ruine inévitable pour le malheureux emprunteur absolument incapable de racheter sa créance.

L'amour de l'argent a tout naturellement développé un autre amour, universellement répandu à Madagascar : l'amour du bien d'autrui. Le Hova naît voleur. Il l'est du haut en bas de l'échelle sociale, à peu près sans exception, le noble, le riche, le pauvre, l'artisan, le marchand. Mais que doivent être en particulier les domestiques des blancs !

Quand Mme Bompard, la femme du Résident français, alla rejoindre son mari, elle constata vite que tout chez elle disparaissait avec une extrême rapidité. Elle annonça à son personnel qu'elle ferait chaque mois un inventaire de son mobilier. Mais comme c'était à jour fixe, si on ne la vola plus, on lui « *emprunta* pour un mois », suivant sa pittoresque expression.

Cette passion du vol expliquait, non l'existence des *Fahavalo*, ou mieux des révoltés qui sous la légendaire administration de M. Laroche ont failli compromettre notre récente conquête, car, à ceux-là il faut attribuer d'autres causes, plus profondes et plus générales, mais bien l'existence des bandes de pillards qui de temps immémorial ont ravagé les confins occidentaux de l'Imerina et du pays des Betsileo, et qui, soyons-en convaincus, demanderont pour les faire disparaître complètement de longs et patients efforts.

Il va sans dire que le commerçant ne connaît ni loyauté ni bonne foi ; j'achetais un jour une broche d'argent très bien travaillée, et j'étais fier de mon acquisition ; hélas ! au bout de quelques jours, cet argent n'était plus que du cuivre.

Avare et voleur, le Hova est également fourbe, en dessous, d'une grande « duplicité native, d'un esprit cauteleux et méfiant », comme dit M. Grandidier. L'étranger n'est pour lui qu'un homme bon à exploiter, comme chez d'autres peuplades un être à massacrer, et c'est de bon cœur qu'on se raconte les tours qu'on lui a joués. D'ailleurs s'il n'a pas un étranger sous la main, il trompera tout aussi volontiers un compatriote.

La fourberie s'allie au mensonge. Le Hova est menteur à la perfection ; il ment avec une bonhomie et une candeur capables de tromper le plus habile des hommes. « Si vous voulez apprendre quelque chose d'un Hova, me disait un jour quelqu'un qui les connaissait très bien, prenez toujours le contre-pied de ce qu'il vous dira. »

Ce n'est pas toujours ce qu'il faudrait, car il lui arrive parfois de dire la vérité !

Menteur, il est orgueilleux à l'excès, surtout s'il appartient aux premières castes. Malgré lui, il s'incline devant les blancs qu'il sent lui être supérieurs, mais il écrasait de son mépris les autres tribus de l'île, surtout celles qui lui étaient soumises, et leur faisait durement sentir sa domination. Ses rapports avec ses inférieurs sont d'ordinaire faciles et empreints d'un certain abandon, même d'une certaine familiarité ; mais il faut toujours qu'il reste le maître incontesté, et en public, avec quelle fierté il se drape dans son lamba et passe devant vous, se redressant dans son « filanjana » au galop de ses porteurs !

Menteur et orgueilleux, il est encore inconstant, léger, infidèle, ne se croyant lié par aucune promesse, ne tenant aucun compte de la parole donnée, sans dignité morale, sans grandeur de caractère, sans générosité, peu capable de dévouement, d'amour, de haine et, pour conclure, je dirai des Hova ce que Flacourt disait des Malgaches du Sud : « S'il y a nation au monde adonnée à la flatterie, cruauté, mensonge et tromperie, c'est bien celle-ci. »

Il est également lâche.

Je ne veux rien exagérer, et j'admets que le soldat Hova peut être entraîné parfois à un acte de courage et d'audace, s'il espère une facile victoire. Il n'a pas pu en somme conquérir l'île de Madagascar sans s'être montré quelquefois courageux, quoiqu'il ait généralement dû ses succès à sa duplicité et à son habileté plutôt qu'à sa bravoure. Mais il est le plus lâche de tous les peuples de l'île, plus lâche en particulier que le Sakalave, le Bara, ou le Betsileo.

On l'a bien vu pendant la dernière guerre, où, sauf au

commencement près de Marovoay, alors qu'ils ne nous connaissaient pas encore, sauf vers la fin, alors que se livrait la lutte suprême pour leur indépendance, aux portes de leur capitale, nos soldats ne parvinrent jamais à les joindre.

Le correspondant anglais du « Times », Knight, donne de leur courage dans ces derniers combats une autre explication : « Si les Hova, dit-il, résistèrent un peu mieux pendant cette dernière journée, c'est qu'ils n'avaient plus leurs chefs pour leur donner l'exemple de la fuite. »

Il n'y a pas à se le dissimuler, en effet, ce sont surtout les classes élevées, les princes, les nobles, les hauts gradés, les 14e, 15e, et 16e « honneur », qui sont les moins courageux. Le peuple, lui, aurait de la ressource, et il ne paraît pas douteux que sous la conduite de nos officiers et bien encadré, il ne nous fournisse de convenables miliciens. Seulement, par lui-même et sous la conduite de ses chefs naturels, c'était un très pauvre soldat.

Cependant les deux grands vices des Hova, ce sont l'ivrognerie et l'immoralité.

Le vin ne se récolte pas dans l'île. Il est expédié d'Europe et monte, par suite, à un prix très élevé. Il n'y a donc que les très riches qui peuvent s'en procurer. Mais ceux-là, quand ils en ont, surtout si c'est du champagne, ne savent plus s'arrêter.

Le premier Ministre avait, il y a une dizaine d'années, un fils qu'il aimait entre tous et dont il voulait faire son successeur, Rainiharovony, brave garçon au demeurant, intelligent, cultivé, aux idées plus larges et plus élevées que la plupart de ses compatriotes. Mais « il ne désaoûlait pas », suivant la pittoresque expression de Sarcey. Il passait jusqu'à deux ou trois jours de suite dans la cave d'un marchand mauritien, ivre-mort et cependant buvant toujours. Sur la demande de son père, qu'une telle conduite désolait, M. le Myre de Vilers fit signifier au débitant de ne plus le recevoir sous peine de voir interdire sa maison. Le Mauricien voulut obéir et ferma sa porte, en voyant venir Rainiharovony. Il avait compté sans son hôte. Le Malgache retourne sur la place, prend des soldats et leur fait briser la porte à coups de crosse...

Mais le commun des mortels n'a que du rhum, soit du rhum vazaha que l'on importe de Maurice et de Bourbon ou que des blancs fabriquent sur la côte ; soit du rhum malgache que l'on distille sur place et que l'on aromatise de manière à en faire quelque chose de véritablement infect. La loi malgache l'interdisait dans l'Imerina, mais elle était complètement impuissante, et nulle part peut-être on ne boit davantage, excepté chez les Betsimisaraka. Il n'est pas rare de voir un homme vendre tout ce qu'il possède, jusqu'à la dernière chemise de ses enfants, pour une bouteille de rhum qu'il avale presque d'un trait.

Mais c'est surtout la grande fête annuelle du *fandroana*, les noces, le transfert des morts et les enterrements qui sont l'occasion de saturnales ignobles. Une grande jatte de rhum est placée au milieu de la case pour la « veillée des morts » et tout le monde y puise à même, au milieu des cris et des chants les plus étranges et des excès les plus révoltants.

Tout cela ne peut se faire impunément, et un peuple qui se livre à de tels excès doit naturellement baisser et dépérir, surtout si à l'ivrognerie il joint un autre vice encore plus fréquent, l'immoralité.

Évidemment l'immoralité n'est pas l'apanage des Hova, et notre vieil historien Flacourt fait une description épouvantable et navrante des mœurs de son temps chez les peuplades du Sud. Sans la répéter ici, j'affirme bien haut que tout, absolument tout, s'applique aux Hova.

On croirait cette page sinistre écrite spécialement pour eux.

La femme n'est pourtant pas chez eux l'esclave, ni cette créature inférieure que l'on voit chez les Arabes. Au contraire, traitée généralement avec douceur, elle se considère l'égale de l'homme et occupe une situation tout à fait indépendante.

Le célibat est inconnu chez les Hova et l'on se marie très jeune: les femmes à 12, 13 ou 14 ans et les hommes à 15 ou 16 ans : 12 ans étant l'âge requis pour les premières, et 15 celui exigé pour les seconds. Car c'est l'ambition de tout Malgache de fonder au plus tôt une famille, et son désir le plus ardent est d'avoir un grand nombre d'enfants. De plus, ces mariages exigent, jusqu'à un certain point, le consentement des deux parties, et toute mésalliance est considérée comme criminelle et prohibée.

Ce seraient là des garanties de moralité si elles n'étaient à peu près annihilées par de tristes habitudes. La plupart du temps les parents décident, sans les consulter, les mariages de leurs enfants ; il les fiancent très jeunes, parfois même avant leur naissance, pour des motifs de convenance, d'intérêt ou de parenté ; par exemple, pour fonder, dès le moment des fiançailles, une famille fictive qui, dès lors, pourra acquérir et hériter.

Les fiançailles précèdent donc de beaucoup le mariage. Mais ce n'est pas tout. Les fiancés cohabitent deux ou trois ans ensemble avant de s'unir par un mariage en forme. Cet essai fini, ils pourront se séparer sans formalité aucune, s'ils ne se conviennent pas. S'ils se conviennent, au contraire, la jeune fille retourne dans sa famille, on fait la demande officielle, on règle les conditions, qui d'ordinaire se réduisent aux deux suivantes : 1° la femme apportera le tiers de la dot commune, et le mari les deux autres tiers ; 2° le mari pourra renvoyer sa femme, et celle-ci pourra le quitter, s'ils cessent de se convenir. — Enfin le mariage est conclu et se célèbre au milieu des discours, des souhaits et des réjouissances de toute sorte.

Le divorce existe donc, et sur une forte échelle, de même la polygamie.

Autrefois, un homme prenait autant de femmes qu'il pouvait en nourrir, et en changeait librement quand il le désirait.

Les nouvelles lois ont interdit d'avoir plus d'une femme et règlent les cas de divorce ; mais il y a tant de moyens de les éluder ! et le Malgache, toujours si respectueux des lois et des coutumes des ancêtres, ne tient presque aucun compte de ces nouvelles ordonnances introduites par des étrangers. Une seule femme, par exemple, aura le titre d'épouse ; les autres seront des esclaves ou des amies de la femme légitime.

Quant au divorce, il est d'une telle facilité, surtout chez les grands, qu'il n'y a aucune stabilité dans le mariage.

Le mari peut renvoyer sa femme quand cela lui plaît ; la femme aussi peut quitter son mari, qui dans l'un et l'autre cas lui rend sa dot et lui abandonne le tiers des acquêts. Quant aux enfants, ils restent au père ou à la mère, sans que rien soit fixé à cet égard, mais ils ne sont jamais abandonnés, tant la vie matérielle est à bon marché.

D'habitude, cependant, c'est le père qui les garde, et ils ne sont pas rares ceux qui prennent une femme pour un an ou deux, uniquement dans le but d'en avoir un enfant e de la renvoyer ensuite.

Ainsi donc, en résumé, extrême facilité de divorce et

souvent polygamie de fait, telle est la physionomie du mariage en Imerina. Mais ce qu'il y a de plus triste, c'est que cela n'empêche nullement et ne diminue en rien l'inconduite et la corruption privée.

Je ne puis entrer ici dans de grands détails ; mais je serais trop incomplet si je passais entièrement un tel sujet sous silence.

Et, d'abord, il n'y a pas de fidélité dans le mariage, ni du côté du mari, ni du côté de la femme. Bien plus, ce sentiment humain de la jalousie que l'on trouve presque partout dans le cœur des barbares comme dans celui des hommes les plus civilisés, existe très faible à Madagascar et la loi qui punit le concubinage avec une femme mariée de 500 francs d'amende (art. 58 de la loi de 1881) n'est même pas observée. Non seulement, il est reçu qu'on vive ensemble avant de se marier, mais c'est un usage absolument universel. Ainsi, en 1892, le chef de la « Réunion catholique » de l'église cathédrale de Tananarive, ayant mis comme condition au mariage de sa fille avec le fils d'un des ministres, que les enfants seraient élevés dans la religion de leur mère, et surtout que celle-ci serait respectée jusqu'après le mariage, les pourparlers furent rompus.

« Les filles non mariées ont toute liberté », dit M. Grandidier, et elles en profitent au delà de toute expression. Elles peuvent avoir trois ou quatre enfants et plus, que cela ne les empêchera nullement de trouver un mari, au contraire, car on est certain alors de leur fécondité. Ainsi toute pudeur, tout sentiment d'honnêteté a disparu chez la femme, absolument comme chez l'homme, et le mot par lequel M. Le Myre de Villers commence sa note sur la législation du mariage malgache est littéralement vrai : « Le Malgache n'a pas de mœurs... On peut dire qu'à

Madagascar la vierge n'existe pas et la chasteté y est chose inconnue... »

Le Rév. Sibree, en termes voilés, avait déjà dit à peu près la même chose : « Nous ne pouvons douter, écrit-il, que l'immoralité ne domine en secret dans une grande étendue. Sauf quelques exceptions, il y a, même parmi les chrétiens (protestants) une idée très imparfaite du désordre du péché et de la beauté morale de la pureté. Une femme peut s'égarer et même mener une vie immorale qui devrait l'éloigner de toute société honorable d'après nos idées anglaises, et cependant elle sera reçue par les plus grandes familles à Madagascar. Les parents sont souvent très négligents dans la surveillance de leurs enfants, et beaucoup d'entre eux sont peu troublés, lorsque ces enfants mènent une vie qui ferait mourir de chagrin des parents chrétiens d'Angleterre. »

Ce n'est pas assez dire : ces pauvres malheureux, encore tout jeunes, commettent le mal sous les yeux de leurs propres parents qui, au lieu de les en empêcher, ne font qu'en rire, ou même les y encouragent ou le leur apprennent.

Un tel dévergondage a naturellement porté ses fruits. Il a d'abord vicié le sang. La syphilis ne laisse intact presque personne. Elle atteint, m'a-t-on assuré, 80 0/0 de la population, et il est navrant de voir de pauvres petits êtres qui en naissent littéralement couverts. Sans doute, elle est moins grave que chez nous, et on en est plus facilement soulagé. Mais parfois on en meurt, ou bien l'on est atteint de la lèpre, et cette hideuse lèpre trouve dans l'inconduite sinon son unique, certainement sa principale cause.

Les Hova restent encore robustes, mais le tempérament d'un peuple s'use aussi bien que celui des individus, en sorte que cette race — et je me rencontre ici avec un observateur de grand mérite — à moins que ses mœurs ne se relèvent, et qu'elle ne cesse de s'adonner ainsi sans mesure à l'immoralité et à l'ivrognerie, est fatalement condamnée à s'affaisser et à disparaître.

Le peuple est un peu mieux conservé, et ce qui pourrait nous donner un sérieux espoir pour l'avenir, les mœurs se relèvent naturellement, et les sentiments se modifient à mesure que pénètre la religion, surtout la religion catholique. La fidélité dans le mariage devient une réalité, que l'on connaît et que l'on apprécie si on ne l'observe pas toujours ; la famille se fonde respectable et respectée ; les enfants, les jeunes filles sont mieux élevées, mieux gardées, mieux conservées. Une amélioration sensible se remarque, surtout chez les familles chrétiennes de naissance, surtout dans les campagnes et parmi les classes laborieuses. Mais la noblesse est déjà bien atteinte, et l'on pourrait noter des signes effrayants de caducité et de décrépitude, spécialement parmi les membres de la famille royale.

IV

DE LA FAMILLE

La conclusion toute naturelle de ce que nous venons de dire, de la dépravation des mœurs, de l'instabilité du mariage et des désordres qui le déshonorent, semblerait être qu'il n'y a pas de famille chez les Hova. Et cependant elle existe, forte, puissante, profondément enracinée dans les mœurs et les souvenirs de la nation.

D'abord, elle est en grand honneur, et c'est la famille qui était la véritable unité sociale et le réel fondement de l'Etat Malgache.

Aussi, tout le monde désire-t-il en fonder une au plus tôt. Voilà pourquoi tous se marient très jeunes. Tout le monde aussi aime à avoir beaucoup d'enfants, et c'est là, parmi tous les autres, le souhait le plus fréquent et le mieux accueilli. Et plus les enfants sont nombreux, plus le bonheur est grand et parfait, car leur éducation ne coûte à peu près rien et la famille en est grandie d'autant.

Ce désir poussera même à l'inconduite si cela devient nécessaire, et les enfants nés de l'adultère seront, non seulement reçus et traités comme les enfants légitimes, mais privilégiés par l'usage qui les élève au rang de « frères de la mère » et leur assure une part égale à son héritage.

Enfin si, malgré tout, on ne peut avoir d'enfants, on en adopte (1); car, avant tout, il faut éviter la honte qui s'attache aux familles sans héritier, il faut empêcher la sienne de s'éteindre, et ses biens de passer à des étrangers; il faut conserver sa race, la multiplier et l'accroître, et ainsi continuer à vivre dans ses descendants.

Mais outre cette estime universelle de la famille, quatre choses ont puissamment contribué à la maintenir chez les Hova, en dépit de tout ce qui aurait dû l'affaiblir et la détruire; ce sont :

1° La vie en commun;
2° Les lois particulières de chaque famille;
3° La place au tombeau de famille;
4° La crainte de la malédiction paternelle.

1° La vie en commun.

Ordinairement les enfants commencent à posséder

---

(1) On en adopte aussi quand on en a beaucoup, car cette coutume de l'adoption s'est singulièrement modifiée et élargie. Aujourd'hui elle n'a plus de limites d'âge ni de conditions. Un enfant adopte un vieillard, adopte son père, son oncle, son aïeul; un esclave adopte son maître, un sujet son seigneur : car l'enfant adopté devient héritier de son père adoptif, aura par suite tout intérêt à l'aider à s'enrichir.

quelque chose dès leur naissance, parfois même avant que de naître. Mais tous, jusqu'au jour de leur mariage, frères, sœurs, cousins, enfants adoptés, enfants nés avant le mariage d'un autre père ou d'une autre mère, vivent ensemble, jouissent en commun des biens de la famille et concourent, chacun pour leur part, à les faire prospérer. C'est une coutume universelle, et personne ne songerait à s'y soustraire.

2° Lois particulières de la famille.

Chaque famille forme comme un petit État, avec ses lois et ses coutumes propres, transmises oralement. Le père, ou à défaut du père, son fils aîné ou tout autre choisi par lui ou désigné par l'usage, y est tout-puissant. C'est lui qui régit tout pendant sa vie, et il a pleine liberté à sa mort de laisser ses biens à qui il veut et comme il veut. Il peut rejeter ses enfants, ou en adopter d'autres. Avant 1861, il pouvait même les vendre ; il peut, encore aujourd'hui, les châtier et les punir corporellement. Cependant les affaires importantes, mariages, vente des biens patrimoniaux, procès, peine des fers ou autres semblables, se discutent en commun et relèvent de la famille réunie en conseil.

3° Le tombeau de famille.

Mais les deux grands châtiments, devant lesquels aucun coupable ne reste insensible, et qui, presque toujours, suffisent à ramener les plus endurcis, c'est la perte de leur place au tombeau des ancêtres, et la malédiction paternelle qui entraîne avec elle le rejet du sein de la famille.

Le Hova, tout comme le Chinois, estime sa place au tombeau de famille plus que sa propre vie. Ce sera donc un malheur irréparable s'il succombe au loin et qu'on ne puisse rapporter son corps. On fera tout pour l'éviter. Mais quel malheur autrement grand s'il en est exclu à cause de son indignité! Aussi cette seule pensée suffit-elle d'ordinaire pour l'arrêter au milieu des plus grands désordres.

4° La malédiction paternelle.

De même la crainte de la malédiction paternelle, qui le marquerait au front, lui et toute sa postérité, d'un ineffaçable stigmate, absolument comme dans la Bible, du temps des Patriarches.

En voici un exemple frappant :

Un homme, du nom de Ramazavo, avait deux fils. L'un se fit mendiant et l'autre voleur. Le premier resta pauvre et le second devint riche. Mais à la fin le voleur fut pris et condamné à mort.

Or, avant l'exécution, son père, en présence de toute la famille, demande la parole et maudit tous ceux de sa descendance qui ne se conformeraient pas à la loi qu'il va leur imposer : « Fils et petit-fils de cet enfant voleur, s'écrie-t-il, et vous tous qui naîtrez d'eux, vous mendierez de porte en porte jusqu'aux dernières générations. »

Aujourd'hui, ses descendants sont nombreux et riches et forment une caste puissante. Et cependant, par crainte de cette malédiction, ils sortent deux fois par an de leur pays et s'en vont de porte en porte, jusque dans la capitale, demander l'aumône, sur un air et avec des paroles à eux réservés. Je les ai vus et entendus moi-même et leur ai donné un bout d'argent. C'est alors qu'on me raconta leur histoire que j'ai retrouvée ensuite dans le Père Abinal.

V

DES CASTES

La caste n'est que le naturel développement de la famille. C'est l'ensemble des familles issues d'un père commun mort depuis de longues années. Autrefois elle formait les diverses unités dont la réunion composait l'Etat, et jusqu'à Radama Ier, au commencement de ce siècle, c'est aux castes que l'on réclamait les impôts et les diverses corvées.

La caste, réunie en conseil, est évidemment supérieure à chacune des familles qui la composent, et certaines affaires plus importantes lui sont exclusivement réservées. Elle aussi a ses usages, ses lois, ses coutumes, fidèlement conservés par la tradition et inviolablement observés. Elle a également ses chefs supérieurs et subalternes.

Chaque caste a en jouissance — non en *propriété*, car il n'y avait que la reine qui possédât à Madagascar — une part de territoire qui ne saurait être aliénée ni vendue aux membres d'une autre caste. Il n'y a d'exception que pour Tananarive, où chaque caste habite bien un quartier déterminé, mais où le terrain peut être vendu ou acheté indistinctement par tout Malgache.

Parmi ces castes, les unes sont nobles ou Andriana ; les autres sont roturières ou Hova.

Au premier rang et au-dessus de tous, il y avait la reine ou Andriana par excellence — c'était même là son nom ordinaire, *ny Andriana*, — puis les Zanak'Andriana, enfants, c'est-à-dire proches parents de la reine, ou princes du sang ; enfin, les six castes de la noblesse, descendant toutes des anciens rois de l'Imerina, et ayant chacune leurs chefs propres et leurs privilèges et usages particuliers.

Les trois dernières castes ne sont guère que des artisans, et l'une d'elle est renommée pour son adresse dans les travaux de ferblanterie. Tous ses membres étaient « ouvriers » dans l'armée, et c'était là un de ses privilèges. Elle habite le village de Soamanandrarina, près de la route de Tamatave, au nord-est de l'Observatoire.

Aucun homme de ces trois castes ne peut épouser une femme de l'une des castes supérieures ; sinon ses enfants perdront le rang de leur mère, contrairement à la règle qui veut qu'un enfant, dont les parents sont de caste différente, appartienne à la caste la plus élevée ; mais une femme peut être épousée par un membre même de la première caste, et ses enfants appartiendront à la caste de leur père.

La troisième caste, les Zanatompo, ou plus ordinairement les Ambohimalaza, du nom de l'endroit où ils résident, s'adonne au commerce. Vous les trouverez partout dans les centres importants. Ils sont très riches et très puissants ; mais aussi étaient-ils très pressurés par le premier ministre qui les accablait d'impôts.

Les deux castes supérieures, comme celle des princes, vivaient de leur fortune privée, ou plus ordinairement de l'Etat, c'est-à-dire du public, et se trouvaient ainsi dépendre entièrement du premier Ministre. Beaucoup avaient des fiefs territoriaux appelés Menakely, et s'appelaient alors *Tampomenakely*, tandis que les terres qui relevaient directement de la Reine formaient le *Menabe*, et la Reine était le *Tombomenabe*. Ces Tompomenakely percevaient une part des moissons, recevaient des présents dans les grandes circonstances, jouissaient d'une haute considération, et quelquefois encore d'une certaine influence.

Mais la plus grande partie de leur autorité avait passé aux mains des gouverneurs, établis précisément contre eux par le premier Ministre. Et s'il est permis de se servir d'une comparaison historique bien prétentieuse, mais à peu près exacte, ces nobles des deux premières castes et ces princes ou Zanak'Andriana, étaient en raccourci, à Madagascar, vis-à-vis de la Reine et de son Ministre, ce qu'était la noblesse en France sous Louis XIII vis-à-vis du Roi et de Richelieu. Même orgueil, même impatience du joug, même soif de révolte, d'un côté; et de l'autre, même Ministre autoritaire, implacable et tout puissant, même abaissement des pouvoirs locaux et même concentration excessive.

Les six castes nobles réunies forment approximativement le sixième de la population libre hova.

Parmi les castes hova, il n'y a guère à signaler que celles d'où sont sortis les divers premiers Ministres au pouvoir sous les dernières reines, caste très ancienne et omnipotente; puis celle des *Zofimbahaza*, ou petits-fils de blancs, dont l'origine remonterait à un célèbre naufrage sur la côte Est. Leur type plus relevé et leur couleur plus franchement bronzée sembleraient donner fond à cette tradition.

Les castes hova n'ont généralement aucun privilège. Il y a cependant quelques exceptions. Ainsi on ne doit faire couler le sang d'aucun membre de celle des Trimofoloalina, absolument comme s'ils faisaient partie de la famille royale, en souvenir et en récompense du dévouement héroïque dont fit preuve leur premier ancêtre, sous le roi Andriamasinavalona. Ce prince, en effet, à peine délivré d'une longue et dure captivité, que lui avait fait subir son fils, et afin de prévenir à jamais le retour d'un pareil malheur, voulut, sur le conseil de ses devins, offrir un sacrifice humain aux idoles. Mais personne ne désirait être la victime et tous tremblaient d'être désignés par le sort. Trimofoloalina alors s'offrit de lui-même. Il ne fut pas immolé et on lui substitua un coq, dont on lui répandit le sang sur le cou et sur le visage. Mais il n'en avait pas moins fait preuve d'un dévouement sans borne, et c'est pour en perpétuer le souvenir que le Roi lui fit octroyer ce privilège, soigneusement gardé par ses enfants.

D'autres castes, au contraire, étaient vouées à des corvées humiliantes, comme par exemple le balayage des rues. Les Antsihanaka étaient exempts du service militaire, mais, en retour, ils devaient porter les munitions et les caisses de la Reine. C'est aux femmes sans mari que revenait l'obligation de recueillir et d'apporter, aux endroits désignés, l'urine des vaches, qui produirait le salpêtre nécessaire à la fabrication de la poudre.

Avant la suppression de l'esclavage par le décret du 26 septembre 1896, à ces deux classes de citoyens hova, les Andriana ou nobles, et les hova, il eût fallu en ajouter une troisième, peut-être aussi nombreuse que les deux autres réunies, celle des *esclaves*.

Les esclaves se divisaient eux-mêmes en plusieurs classes.

Il y avait d'abord les esclaves de la Couronne, qui en réalité n'étaient pas des esclaves, puisqu'ils avaient été affranchis il y a une vingtaine d'années, mais qui en gardaient le nom, tout en ne dépendant que du souverain. Descendants d'anciens esclaves venus à la suite des conquérants, ou de prisonniers de guerre, ou de naufragés réduits en servitude, ou de Mozambiques, noirs, souples, forts, ambitieux, ils fournissaient les *tsimandoa* ou coureurs de la reine, chargés de transmettre ses ordres et de surveiller ses gouverneurs dans toutes les provinces du royaume. Les esclaves de la couronne pouvaient prétendre à toutes les charges. Ainsi l'un d'eux, Rainingony, commanda en sous-ordre toutes les troupes hova et fut le second personnage du royaume de 1854 à 1876. Ils arrivaient naturellement à cause de leur influence à une belle situation de fortune, possédaient de grands biens et beaucoup d'esclaves.

Au-dessous d'eux étaient les esclaves des particuliers, étrangers, surtout Betsileo, réduits en servitude à la suite de guerres, ou bien hova asservis pour dettes, pour crimes, ou par suite de l'épreuve du *tanghen*.

On les divisait en deux : les esclaves domestiques et les esclaves cultivateurs.

Les premiers étaient plus ou moins considérés comme membres de la famille et traités comme tels. Quelques-uns parmi eux, d'ordinaire des enfants, et surtout des petites filles non encore mariées, ou bien un homme de confiance faisant l'office d'intendant, ou une femme âgée pour élever les enfants, habitaient la maison du maître ; et alors ils étaient nourris, logés, soignés comme des membres de la famille.

Tous les autres vivaient à part dans leur propre case. Ils possédaient quelques biens, parfois d'autres esclaves, et tout leur service envers leurs maîtres se réduisait à quelques corvées temporaires qui pouvaient leur prendre le douzième de leur temps, leur permettant ainsi de travailler pour eux-mêmes et de mener une vie parfois très indépendante.

D'ordinaire on ne les brutalisait pas, on ne les frappait pas, et leur sort eût été incomparablement plus doux que celui de nos ouvriers si 1° les enfants n'étaient pas nés esclaves; si 2° on ne les avait point vendus comme du bétail, au risque de séparer les enfants de leurs parents, la femme de son mari.

VI

CROYANCES

Les Hova, comme les autres Malgaches, n'ont ni temples, ni autels, ni même, à proprement parler, de prêtres. C'est probablement ce qui a fait dire à plusieurs auteurs qu'ils n'avaient point de religion. Mais rien n'est plus faux.

Ils sont au contraire clairement monothéistes.

Ils ont en effet la notion du vrai Dieu, qu'ils appellent *Andriamanitra*, le Dieu qui a bonne odeur — peut-être en souvenir de l'encens qu'en d'autres pays, par exemple chez les Juifs, on brûlait constamment sur son autel — ou bien et plus ordinairement *Zanahary*, le Dieu créateur. Cette notion est même chez eux plus claire que chez les autres Malgaches. Toutes leurs formules de prières en font foi. Dans toutes, en effet, ils s'adressent invariablement au Dieu créateur, principe de tout bien et ennemi de tout mal. Les autres invocations aux ancêtres, aux vertus des douze montagnes, aux dieux inférieurs bons ou mauvais, ne viennent qu'en second lieu suivant le proverbe :

« Demandez par les ancêtres le bien que Dieu seul fera. »

Peut-être même serait-il possible de voir dans ces pratiques une simple corruption de la tradition sémitique des anges bons et mauvais et des invocations juives au Dieu d'Abraham, d'Isaac et de Jacob, au Dieu de nos pères, au Dieu des douze Patriarches.

Quoi qu'il en soit, cette croyance monothéiste est bien la croyance propre des Hova, la croyance primitive de leurs ancêtres.

Le fétichisme grossier et toutes les pratiques superstitieuses dans lesquels ils ont enveloppé plus tard et comme noyé leur croyance au vrai Dieu, ne vinrent que longtemps après. Ils les empruntèrent à leurs voisins et ne les acceptèrent qu'après de longues et vives résistances. Le Père Abinal parle même de vénérables vieillards qui, jusque vers le milieu de ce siècle, luttaient contre l'introduction de l'idolâtrie et refusaient leur culte à tout ce qui n'était pas le Dieu créateur, *Zanahary*, adoré par leurs pères. Lui-même avait connu de ces ennemis de l'idolâtrie, morts seulement vers 1868 ou 1870.

Une autre croyance plus vague, mais que l'on peut encore démêler au milieu du fétichisme qui a envahi les Hova, c'est leur croyance à un Rédempteur, le Fils de Dieu qui se serait fait homme et serait descendu sur la montagne d'Ankaratra, au Sud-Ouest de Tananarive, pour converser avec les hommes, les instruire, faire le bien et enfin mourir ou disparaître dans une région inconnue.

Je ne ferai cependant pas trop fond sur cette croyance à un Rédempteur; car, peut-être, pourrait-on y voir un simple souvenir des Missionnaires ou des divers Européens, matelots, traitants ou autres qui, à diverses reprises, se sont établis dans les régions occidentales de l'île.

Enfin les Hova admettent une âme, mais, comme les autres Malgaches, dans un sens qui est tout différent du nôtre. C'est pour eux une sorte d'ombre, de fantôme, de corps aérien. Elle n'est pas le principe vital de l'homme, mais, ordinairement unie à lui, elle peut en être séparée, et pratiquement s'en sépare, onze mois ou un an avant la mort. Toutefois elle ne quitte jamais le corps de sa propre volonté et, par suite, aucun Malgache ne meurt d'une mort naturelle. C'est le sorcier qui l'en chasse. Quand il a choisi sa victime il passe près d'elle inconnu et inoffensif en apparence, il met le pied sur son ombre ; l'âme est saisie et il l'emporte captive, sans que le malheureux condamné à mort s'en aperçoive. Bientôt ce dernier maigrit et perd ses forces : il va mourir s'il ne peut recouvrer son âme. De là des rites tout particuliers et fort étranges, soit pour trouver où l'âme volée reste cachée, pour lui livrer la chasse, la prendre et la rapporter à sa demeure, soit au contraire pour l'attirer par des présents, du miel, du riz, etc., la prendre comme au piège et l'obliger à rentrer dans le corps qu'elle a quitté. Si l'on réussit, c'est la guérison ; sinon, ce sera la mort.

Cette âme n'est pas immortelle. Jusqu'au commencement de ce siècle, les Hova la faisaient mourir après qu'elle avait passé un an à aller de sa case à son tombeau et réciproquement... Aujourd'hui, d'après une tradition empruntée aux Betsileo, ils la font se rendre au pays des Tanala, à la triste et sombre montagne d'Ambondrombe, où elle périt après trois ans passés à parcourir les trois cercles concentriques qui composent ces Champs-Elysées d'un nouveau genre. Toutefois, cette dernière croyance n'est pas universellement admise et nous verrons bien des exemples et bien des pratiques qui supposent une vie plus longue, sinon l'immortalité proprement dite, aux âmes, en particulier aux âmes des ancêtres. Je croirais même volontiers, et tout semble l'indiquer, que le dogme de l'immortalité de l'âme existait au commencement chez les Hova, en même temps que la croyance à l'existence de Dieu, et qu'il ne s'est obscurci et n'a disparu que plus tard.

Enfin, il n'y a pas que l'homme à avoir une âme : les animaux, les plantes, les objets inanimés eux-mêmes en ont une. Et, pour vivre, l'âme de l'homme a besoin de se nourrir tout comme le corps ; seulement elle se nourrit de l'âme même du riz, du manioc, des fruits, de la viande, de l'eau, etc.

Telles sont, semble-t-il, les croyances primitives des Hova. Elles sont fort rudimentaires et défigurées par les plus grossières superstitions. Cependant elles supposent à l'origine l'existence certaine d'un monothéisme assez épuré, dans lequel on retrouve ces deux grandes vérités primordiales, base de toute religion et que l'on rencontre au berceau de tous les peuples :

1° L'existence d'un Dieu unique ;
2° L'existence d'une âme qui dans le principe devait être immortelle et peut-être aussi l'existence d'un Rédempteur.

VIII

DU CULTE

Le culte que les Hova rendent à la divinité est encore plus incertain, moins fixe et plus rudimentaire que leurs croyances. Il existe cependant.

Croyant à Dieu et à sa Providence, ils l'invoquent souvent et son nom est sans cesse sur leurs lèvres, dans les petites comme dans les grandes circonstances de leur vie. Ils le prient, mais uniquement pour demander des biens temporels, la santé, la richesse, des enfants, des honneurs. Ils lui offrent aussi les prémices de toute chose : le premier morceau de viande à un festin, un habit neuf que l'on met pour la première fois, la première eau du bain du *fandroana*. Tous ces objets lui sont, non pas sacrifiés, mais seulement dédiés par cette parole de consécration : « A Dieu les prémices, à vous les prémices, Andriamanitra », qui est bien un véritable hommage. Quelquefois même ils lui font des vœux, par exemple de se priver de tel aliment pendant un certain temps, d'immoler un coq, etc., s'il leur accorde une grâce déterminée, un enfant, un heureux voyage ou tout autre faveur. Enfin on lui offre des sacrifices, des coqs, des moutons, des bœufs. Mais ici encore il faut dire des Hova ce que Flacourt disait des Malgaches du Sud : 1° Ils n'offrent de sacrifices qu'afin de pouvoir en manger la viande et 2°, détail curieux et cependant bien fondé sur la nature humaine, de ces offrandes ils donnent la première part au démon et la seconde seulement à Dieu, par cette raison de prudence que le démon étant plus méchant, et partant plus à craindre, il faut tout d'abord songer à l'apaiser.

Tout leur culte est là, à l'exception toutefois d'une pratique religieuse dans le principe, et encore aujourd'hui accompagnée de pratiques superstitieuses, la circoncision. On est tout surpris de la trouver à Madagascar, mais elle y est universellement admise parmi toutes les peuplades qui l'habitent, une seule exceptée, celle des Mahafaly au Sud-Ouest. Chez les unes elle se pratique tous les ans; chez les tribus du Sud, comme le raconte Flacourt, tous les sept ans ; tous les sept ans également chez les Hova.

Après Dieu viennent les ancêtres dans les croyances des Hova, nous l'avons dit plus haut ; mais quand il s'agit de culte, d'hommages et de prières, les ancêtres disparus passent bien avant la divinité.

On connaît la vénération extraordinaire des peuples de l'Orient, par exemple des Chinois, pour leurs morts, les honneurs exceptionnels et le culte idolâtrique qu'ils leur rendent. Or le même respect se retrouve chez les

Hova, plus encore que chez les autres peuples de l'île, et ils le montrent dans leurs tombeaux, dans leurs funérailles, dans les prières et les offrandes qu'ils font à leurs défunts.

Il y a à peine une trentaine d'années qu'ils commencent à se bâtir des maisons convenables. Auparavant ils se contentaient de la plus misérable case, de la plus chétive hutte ; mais ils ne négligeaient rien pour avoir un tombeau et ils y consacraient une grande partie de leur fortune.

Ce qui frappe d'abord dans l'étude de ces tombeaux, c'est leur situation tout à côté des maisons, parfois dans la cour même, ou, tout au moins, à proximité du village. Ainsi les sept souverains prédécesseurs d'Andrianampoinimerina étaient enterrés dans le Rova de Tananarive, tout près du palais. C'est que les Hova n'ont pas du tout la même frayeur des tombeaux que les autres habitants de l'île et ne les relèguent pas, par suite, au fond des forêts, loin de leur vue et de leur souvenir.

De plus, ces tombeaux s'élèvent toujours à l'angle Nord-Est de leur habitation ou du village. C'est là une règle invariable qui ne souffre pas d'exception et dont le souvenir pourra permettre plus tard d'établir l'existence et l'assiette d'anciens villages aujourd'hui disparus.

Enfin leur orientation est toujours la même, leur grand axe étant légèrement tourné dans la direction Nord-Ouest Sud-Est et l'entrée se trouvant toujours à l'Ouest.

Anciennement, avant que les Hova n'eussent appris des Arabes à extraire les dalles de pierre, leurs tombeaux étaient faits de murs de maçonnnerie en blocage et d'une voûte en bois imputrescible, appelé *Ambora*. Depuis, le blocage et le bois ont été remplacés par de grandes dalles de granit au nombre de quatre : trois formant les côtés et une, plus grande que les autres, le plafond. La porte, limitée par deux dalles plus petites, est faite elle-même d'une feuille de granit présentant, en haut et en bas, deux gonds évidés dans l'épaisseur de la pierre et destinés à en faciliter le maniement.

En face de la porte est la place d'honneur, où il n'y a ordinairement qu'un seul lit, réservé au chef de la famille, aux grands ancêtres. Les autres membres sont rangés au Nord et au Sud, sur deux ou trois rangs de gradins ou lits superposés, formés de fortes dalles de granit, laissant entre elles un espace de 0,80 centimètres.

L'extraction de ces dalles et de celles, plus grandes encore, qui forment les côtés et la couverture du tombeau, est très simple et très curieuse. On étend une couche de bouse de vache sèche, en ligne, à l'endroit même où l'on veut couper la dalle, on la brûle lentement, on y verse de l'eau froide, et l'on y met le feu. Il se produit une fissure et il suffit alors de soulever la dalle au moyen de leviers et de la conduire. Pour cela, si elle est très grande, on s'y met à 100, 200, parfois 1000 personnes : les femmes tirant sur des cordes en avant, les hommes de côté, et le propriétaire, debout sur la pierre, excitant tout le monde par des chants, des cris ou des lazzis. C'est une fête ; on tue des bœufs, on boit du rhum et cela coûte fort cher.

Aussi les Hova se bâtissent-ils leurs tombeaux de leur vivant, et ils y mettent parfois de longues années. Certains tombeaux restent même inachevés, leur propriétaire ne trouvant pas moyen de faire placer la dernière dalle, la plus grande de toutes, celle qui doit recouvrir le monument.

Peu à peu, sous l'influence des blancs, les tombeaux se modifièrent, devinrent de véritables monuments, et l'on plaça tout autour une colonie d'esclaves pour les garder. Tel par exemple celui que M. Laborde construisit pour la famille de l'ancien premier Ministre, à Isotry, à l'Ouest de Tananarive.

Jusqu'à ces derniers temps ces tombeaux étaient considérés comme inviolables, et c'était là le véritable trésor de la famille où l'on déposait son argent et tout ce qu'on avait de plus précieux. Certains renfermaient de très grandes richesses. Mais hélas ! toute crainte disparaît devant la soif de l'or, et maintes fois des voleurs ont forcé ces asiles des morts qu'ils ont audacieusement dépouillés. Encore aujourd'hui c'est un effroyable sacrilège qui mérite un épouvantable châtiment, mais ce n'est plus un fait inouï comme autrefois.

Le temps me manque pour décrire les funérailles Hova. Réunions de toute la famille, visites des amis et des voisins, exposition prolongée et veille du cadavre, offrandes de toutes sortes faites aux parents afin de les aider à supporter les charges des funérailles, festin prolongé et général, où l'on se gorge de viande de bœuf et de rhum, compliments de condoléance alternant avec les pleurs et les gémissements, avec les éloges du défunt, et, quelquefois, les bruits d'une fanfare, puis un défilé général pour porter le cadavre au sommet d'une montagne voisine et le déposer revêtu de riches lamba sur un des lits du tombeau de famille, encore au milieu des cris et de toutes les marques de la vénération, voilà le résumé d'à peu près toutes les funérailles Hova, sauf les différences inévitables qu'entraîne la diversité des fortunes et des situations. Il est rare que le prêtre catholique, à plus forte raison le ministre protestant, soit invité à ces cérémonies. C'est difficile en pratique, et puis les Malgaches n'y tiennent pas beaucoup. Ce à quoi ils tiennent, c'est d'avoir beaucoup de monde, beaucoup de bruit, beaucoup de viande et de rhum. On met de côté, pendant sa vie, l'argent de ses funérailles, et cet argent sera religieusement dépensé. Si même le défunt n'a rien laissé, on fera des dettes pour lui rendre les derniers devoirs. Car celui-là serait à jamais déshonoré qui économiserait dans une telle circonstance.

Cette solennité des funérailles est tellement indispensable que si des causes impérieuses — par exemple, le temps du Fandraona où il est interdit d'enterrer personne, ou l'inachèvement du tombeau, ou le manque de temps pour recevoir le corps du défunt mort en pays lointain — la font différer, elle ne sera jamais omise ; elle n'en sera même célébrée qu'avec plus de solennité et de grandeur, sous le nom de *Mamadika* ou transport des morts, le jour où l'on pourra enfin conduire le mort à sa dernière demeure.

Les morts ne disparaissent pas totalement après leurs funérailles. Ils n'oublient pas plus leurs familles que leurs familles ne les oublient. Ils continuent à s'intéresser à leurs enfants, à leurs parents, à leurs amis, à veiller sur eux, à les avertir, à les redresser au besoin et à les punir, surtout à les combler de toutes sortes de biens. Aussi les âmes des morts reviennent souvent. Tantôt, c'est pour consoler, encourager, diriger ceux qu'ils ont laissés sur la terre. Chacun désire de telles apparitions, et, dans ce but, on met un bout d'argent dans la bouche des morts, afin de leur ouvrir les lèvres et délier la langue, et, à côté d'eux, une tabatière pleine de tabac, afin de se les rendre favorables. Pour la même raison, on met un plat de riz ou de miel dans l'angle Nord-Est de la case, et une mère, par exemple, se lèvera et restera accroupie des nuits entières pour voir son enfant mort revenir manger le festin qu'elle lui a préparé. Cette croyance est si générale qu'il y en a une trace remarquable dans la législation hova. Un mari défunt peut revenir cohabiter avec la femme qui lui reste fidèle, et un enfant né dix ou douze ans après sa mort sera reconnu pour son enfant, aura droit à son héritage et pourra même être proclamé le chef de la famille !

Quelquefois au contraire les morts reviennent pour tourmenter et persécuter. On les reconnaît à leur air morne, à leur silence obstiné, au désordre qu'ils répandent sur leur passage, à leur persistante obsession, et l'on ne parvient à s'en délivrer que par le sacrifice d'un coq, quelquefois d'un bœuf, ou d'autres pratiques que détermine le devin.

IX

LES IDOLES OU SAMPY

Le culte des ancêtres, quoique le principal, n'est pas l'unique culte des Hova. S'il n'y en avait pas d'autre, on pourrait peut-être l'expliquer dans un sens raisonnable qui en exclurait l'idolâtrie. Les ancêtres seraient les agents et les serviteurs de la Divinité. Ils « demanderaient et obtiendraient pour les vivants ce que Dieu seul peut accorder », suivant le proverbe populaire. Ce serait comme une contrefaçon des honneurs rendus à nos saints ou, si l'on veut, comme une corruption des hommages rendus par les Juifs aux Patriarches, leurs ancêtres.

Au moins ce culte serait-il facile à purifier, de manière à en exclure tout ce qu'il a d'idolâtrique et à n'en garder que ce qu'il a de bon et de raisonnable.

Mais il est impossible de dire la même chose des idoles ou *Sampy*.

Ces idoles ou Sampy, qui existent partout à Madagascar, existent spécialement chez les Hova ; tout au moins leur sont-elles connues davantage, quoiqu'ils ne les aient point inventées, mais les aient reçues du dehors, à une date relativement peu éloignée.

C'est, en effet, vers la fin du XVI° siècle et surtout au commencement du XVII°, que leurs traditions font remonter l'introduction de leurs premières idoles, *Kelimalaza* ou le petit fameux, *Rafantaka* qui préserve des blessures, et *Manjaka tsy roa*, le roi sans rival, qui leur vinrent du pays des Betsileo ou des Anaimoro.

Mais bientôt le peuple se fabriqua lui-même des Sampy de toutes sortes et de toutes formes. On en vendit au marché. Chaque caste, chaque famille, chaque individu eut le sien, pour tous les usages possibles. On pouvait donc les remplacer ou les changer très facilement, et on ne s'en privait pas.

Le Sampy hova est un objet quelconque enveloppé de linges, avec deux bandelettes ou deux rubans pendant de chaque côté, et juché au bout d'un bâton, sur lequel il semble ainsi se tenir à califourchon, d'où son nom de *Sampy*, c'est-à-dire qui est à califourchon.

Son vrai nom serait plutôt *Ody*, remède, préservatif, talisman. Il est doué, croit-on, d'une vertu surnaturelle, intimement unie à lui ; au-dessous de Dieu, mais son intermédiaire, ou son auxiliaire, auprès des hommes ; un être supérieur, divin même, qui a la faculté de faire le bien, et celle, beaucoup plus grande, de faire le mal.

On l'honorait comme un Dieu ; on lui offrait des perles, de l'encens, même des sacrifices ; on le consultait et il était censé répondre — parfois il le faisait réellement — comme les oracles d'autrefois, et son avis était fidèlement suivi.

X

LES PIERRES SACRÉES

Les Hova adorent aussi les pierres sacrées, à peu près de la même manière et dans le même sens que les Sampy, non comme des dieux, mais comme possédant une vertu spéciale que Dieu leur a communiquée et dont elles peuvent librement disposer.

On trouve partout de ces énormes blocs non taillés — on ne doit jamais les tailler, sous peine de diminuer leur vertu — couchés ou debout, sur le bord des chemins, sur les places publiques, au sommet des montagnes, facilement reconnaissables à la graisse qui les enduit et aux nombreux ex-voto, ou chiffons de toile, de drap, de rabane, de feutre, etc., etc. qui les recouvrent.

On fait des vœux à la pierre sacrée, et on les accomplit fidèlement : car elle est encore plus puissante à se venger qu'à faire le bien ; on lui immole un coq ; on la salue en passant, et on la marque d'une onction ; on la consulte, par exemple en lançant sur son sommet un nombre impair de cailloux : si tous retombent, la réponse est négative, s'il en reste plusieurs ou beaucoup, la réponse est favorable ou très favorable.

Je ne vous dirai pas toutes les pratiques extravagantes qu'entraîne le culte des pierres sacrées, toutes les vertus qu'on leur attribue.

Mais au moins ne sont-elles pas, comme les Sampy, d'importation étrangère : ce sont plutôt des produits spontanés du sol et une curieuse corruption de pratiques populaires.

Ne sachant pas écrire, les Malgaches, comme les Juifs de la Genèse, conservaient le souvenir des événements nationaux, ou même des événements intéressant une famille, en érigeant « une pierre témoin ». Puis, chaque année au jour anniversaire de l'événement, devant le peuple ou la famille réunie, le roi, ou le chef de la famille refaisait le récit de l'événement qu'il terminait en s'écriant :

« Ai-je dit vrai ? »

Et tous de répondre : « très vrai, en effet. »

« Vous êtes témoins, » reprenait-il.

Puis il faisait une onction à la pierre, et on couronnait le tout par un festin.

De là au culte de la pierre il n'y avait qu'un pas.

Une autre chose. Le premier roi Hova fut, dit-on, acclamé sur une pierre, à peu près comme nos premiers rois mérovingiens étaient élevés sur le pavois; il fut imité par ses successeurs, par les rois ses voisins, et par tout chef qui voulait se déclarer indépendant. Telle fut l'origine de « la pierre à intronisation » ou « pierre de la Reine », que l'on voit au milieu de la grande place de Mahamasina à Tananarive, et aussi de celles que l'on rencontre en beaucoup d'autres villes, par exemple à Beforona, au milieu de la route de Tamatave à Tananarive, et sur lesquelles la Reine se plaçait, pendant ses voyages, pour recevoir les hommages de ses sujets.

Il est aisé de comprendre avec quelle facilité, chez un peuple qui honorait son Souverain à l'égal d'une divinité, ces « pierres à intronisation », ces pierres de la Reine devinrent des pierres sacrées.

De plus, au temps des guerres civiles, les villages

étaient entourés de fossés profonds coupés par une seule chaussée étroite que barrait une énorme pierre ronde, en guise de porte. C'était une *pierre protectrice*, et, en souvenir des services qu'elle rendait, n'avait-elle pas droit à des hommages particuliers ?

Ajoutez à cela les « *pierres bornes* », plantées par les ancêtres, pour marquer la limite du champ de famille, et devenues ainsi deux fois respectables, et par le souvenir qui s'y rattachait, et par leur utilité ; les « *pierres de bonne ou de mauvaise chance* », qui furent témoins d'un événement heureux ou malheureux, d'une défaite ou d'une victoire ; les pierres à apparences fantastiques, en qui l'imagination populaire vit facilement une foule de significations étranges, et aussi certains faits extraordinaires que le vulgaire conserve soigneusement et grandit à plaisir et, pour peu que l'on connaisse l'amour du merveilleux qui est au fond de toute nature humaine, on aura peu de peine à comprendre comment ces pauvres ignorants en vinrent à adorer la pierre.

XI

DES SUPERSTITIONS.

« Bref, il n'y a point de nation plus superstitieuse que celle-ci, » disait Flacourt des Malgaches de son temps. Or, cela est également vrai des Hova d'aujourd'hui.

Et d'abord, toute leur religion n'est guère qu'un ensemble de pratiques superstitieuses. Le culte des pierres sacrées, les onctions dont on les marque, les ex-voto dont on les couvre, les consultations qu'on leur demande en leur lançant des cailloux ou en les frappant d'un bâton, le culte des Sampy, tout cela n'est qu'un ensemble de superstitions par le moyen desquelles on espère obtenir la possession de tous les biens et l'éloignement de tous les maux. Parmi les Sampy en particulier, les uns rendent invulnérable, les autres vous donnent l'éloquence, vous font réussir dans une affaire, vous rendent la santé, vous procurent beaucoup d'enfants, guérissent vos troupeaux. Flacourt a une liste fort curieuse de ces pratiques et qui remplit deux pages de son livre.

La superstition s'est glissée jusque dans le culte des morts. Ainsi la prescription de n'enterrer les Andriana qu'après le coucher du soleil, le morceau d'argent qu'on leur met dans la bouche, cette tabatière placée à côté d'eux, ces plats de riz, ces gâteaux de miel qu'on leur offre, leur tête invariablement tournée vers l'Orient, mille autres pratiques rigoureusement imposées et qui n'ont aucune signification raisonnable, ne sont que des superstitions.

Mais il y en a bien d'autres, au point que la vie des Malgaches en est littéralement remplie.

Il y a des aliments impurs et prohibés, « *fady* », comme ils disent, ou pour toujours, ou seulement pour un temps ; et, dans certaines circonstances, on s'impose les privations les plus dures pour rester fidèles à ces prescriptions.

Il y a les souillures contractées par des actes déterminés, non pas moralement mauvais, mais réputés impurs, comme par exemple de fouler un sol sacré, de violer le sommet interdit d'une montagne où se trouve le tombeau d'anciens rois, et mille autres choses semblables.

Il y a encore les bêtes et les oiseaux de mauvais augure. Vous devez aussitôt vous arrêter si l'un d'eux vient à traverser votre chemin. Ainsi un jour la reine Rasoherina, rentrant avec toute sa cour d'Ambohimanga à Tananarive, un takatra — sorte de petit héron — coupa sa route en avant de son cortège. Tous s'arrêtèrent et ne continuèrent leur chemin qu'après avoir conjuré le sort par des sacrifices.

Mais surtout il y a le sort ou destin qui est attaché, pour chaque homme, au mois, au jour, à l'heure à laquelle il vient au monde, ou pendant laquelle il entreprend une affaire. Car le soleil a une grande influence sur la fortune d'un chacun, et aussi la lune, les planètes qui sont plus près de nous. De là toute une science fort curieuse et très compliquée qui consiste à déterminer les mois, les jours, les heures fortunés, pendant lesquels on peut bâtir, partir en voyage, conclure un marché, se marier, enterrer ses morts; et les mois, jours et heures néfastes, pendant lesquels il ne faut rien entreprendre, parce que rien ne réussirait.

Ainsi l'enfant qui naîtra au mois de mai, surtout vers minuit, sera inévitablement un sorcier; en septembre, détruira sa famille : il faut donc ne pas les laisser vivre et on les étouffe en leur plongeant la tête dans l'eau. Celui qui viendra au monde en novembre sera malheureux et pleurera toute sa vie; en juillet, deviendra riche; en août, jouira de toutes sortes de biens. Ce fut le sort de la reine Ranavalona Ire.

Le dimanche est un jour violent, où l'on peut tout oser, jusque vers deux heures. Le mardi est très propre pour lancer une armée ou commencer une campagne. Le jeudi est de tous points parfait, le mercredi et le vendredi sont des jours noirs.

Les heures sont de plus en plus heureuses à mesure qu'on s'approche davantage du plein midi ; et c'est alors que l'enfant fera bien de venir au monde, ou bien le soir quand la famille se réunit, que les bœufs reviennent de la campagne, que l'on pile le riz.

C'est pour marquer tout cela, pour écrire cette science sur un livre à la portée de tout le monde, que les cases malgaches sont invariablement un carré long orienté aux quatre points cardinaux et que la porte est toujours tournée vers l'Ouest, afin que le soleil puisse y entrer. Chaque angle de la maison répond à un mois et chaque paroi à deux, suivant la marche du soleil sur l'écliptique. Enfin, tout naturellement, la lumière de ce même soleil sur la paroi opposée à la porte marque les diverses heures de la journée, heureuses ou malheureuses.

« Plus de la moitié de l'année est composée de mauvais jours », dit Flacourt (1).

Heureusement chacun peut corriger son sort, ou mieux le détourner sur un autre objet.

Si vous terminez une maison en février, elle est condamnée au feu. Pour éviter ce malheur, prenez une torche allumée, faites le tour de la maison, en feignant de l'incendier et criant au feu, et jetez votre torche : le sort est conjuré ou satisfait. L'enfant qui naît en ce mois devrait être un incendiaire ; on le prend donc et on l'enferme avec sa mère dans une petite hutte de terre et de paille, construite dans ce but, et on y met le feu : l'enfant est enlevé, la mère se sauve, la hutte brûle et le destin est corrigé.

Nous l'avons vu, on étouffe les enfants qui naissent en septembre ; mais si l'heure est moins fatale, on les ex-

---

(1) Chap. XXIX, page 92.

pose seulement aux pieds d'un troupeau de bœufs, et, s'ils ne sont pas écrasés, on les mutile pour livrer passage au destin. C'est ce qui arriva à l'ancien premier Ministre; on lui coupa le bout de l'extrême phalange du doigt du milieu et de l'index de la main gauche, ce qui ne l'empêcha pas de supplanter plus tard son frère aîné.

Au reste rien n'est comparable à la résignation du Malgache pour son sort. Tout destin est acceptable et accepté, sauf un seul, celui de sorcier.

Le sorcier, *mpamosavy*, celui qui jette les sorts, naît pour le mal : il se complaît dans le mal et il ne fait que le mal ; de lui viennent les maladies, les accidents, la mort, en un mot toutes les infortunes et tous les malheurs. Aussi comme on le redoute! Dans Madagascar, après onze heures du soir, vous ne trouveriez pas une seule personne dehors, sauf le seul sorcier, à qui cette heure sinistre appartient. Comme on le hait aussi et comme on le méprise! Autrefois, et il n'y a pas longtemps de cela, sitôt que quelqu'un était soupçonné de sorcellerie, on le livrait impitoyablement à l'épreuve du tanghen ; s'il succombait, il n'y avait pas de sépulture pour lui, ou, au moins, pas de funérailles solennelles. On le rejetait du tombeau de famille et il était enseveli, quand on ne le jetait pas à la voirie, la tête tournée vers le Sud, afin qu'on le reconnût toujours et qu'on ne lui rendît jamais aucun honneur. Personne ne le pleurait, ses biens étaient confisqués et sa femme et ses enfants parfois réduits en esclavage.

Ce qu'il y a de plus triste c'est que souvent, sous l'effet de cette réprobation universelle, le sorcier se persuadait que tel était son sort, et, en conséquence, il commettait toutes sortes de crimes.

Il faut se garder de confondre le *sorcier* avec le *devin*. Autant le premier est méchant, méprisé, craint, haï, autant le second est bienfaisant, estimé, recherché et surtout payé. Le devin c'est l'adversaire du sorcier, celui qui vous indique les pratiques à accomplir pour conjurer le mauvais sort que l'autre vous a jeté. Le devin vous apprend à corriger votre destin, à ramener l'âme d'un parent, à vous guérir d'une maladie, à sortir d'une difficulté et surtout à connaître l'avenir

Car le devin sait lire dans l'avenir, il le fait à l'aide d'un jeu bizarre, le jeu du *sikidy* — d'où son nom de *mpsikidy* — qui consiste essentiellement à jeter et à faire mouvoir avec une baguette un nombre déterminé de petites graines, qui prendront ainsi diverses situations et formeront des figures déterminées, dont la vue et l'étude lui révéleront ce que vous avez à espérer ou à craindre. Supercherie bien rétribuée pour l'ordinaire, quelquefois diablerie? C'est son secret. Quoi qu'il en soit, il est très puissant et c'est lui qui, autrefois, tenait la place des féticheurs ou prêtres des idoles des peuplades africaines.

Telles sont les principales superstitions des Hova. Il y en a beaucoup d'autres, mais l'énumération et la description en serait fastidieuse et ne présenterait nul intérêt. Remarquons seulement, en finissant, qu'elles leur sont venues du dehors des tribus de l'Est, aussi bien que leurs Sampy; et c'est également à Ralambo ou à son père, que les vieux récits en attribuent l'introduction en même temps que celle du fer, des lances et des pirogues. Cela tient sans doute à ce qu'il y eut alors, entre les Hova et ces autres tribus, un grand mouvement d'échanges et de relations qui amena ces emprunts, ou, plus probablement, à ce que la tradition populaire a attribué à un seul prince ce qui fut l'œuvre de plusieurs, pendant une assez longue période de temps.

CINQUIÈME LEÇON

DES AUTRES PEUPLADES

I

BETSILEO

Les Betsileo sont, après les Hova, la tribu la plus importante, la plus nombreuse, la plus intelligente, et avec les Antaimoro, la plus intéressante de l'île.

Depuis la guerre, ils nous sont toujours restés fidèles ; et, alors que l'Imerina tout entière était en pleine révolte et que les soulèvements se multipliaient, en 1896, à peu près dans toutes les autres contrées, les Betsileo, au contraire, résistant à toutes les sollicitations venues de Tananarive ou d'ailleurs, restaient paisibles. Ce fait est frappant et n'a peut-être pas assez été mis en relief. Surtout on n'a pas assez dégagé les deux causes qui l'ont produit.

La première est l'autorité incontestable et l'influence

extraordinaire dont jouit parmi eux leur administrateur, le docteur Besson.

Installé depuis plus de dix ans dans le pays, qu'il a visité dans toutes les directions et qu'il connaît parfaitement ; très adroit dans tous les exercices du corps, hardi, intelligent, entreprenant ; d'une conduite privée inattaquable ; d'une honnêteté absolue ; très droit, très bon, et aimant réellement ce peuple, naguère encore opprimé à l'excès et spolié par ses vainqueurs, les Hova, M. Besson a su se faire aimer d'eux et leur inspirer une confiance sans borne. Il leur a dit de rester tranquilles et ils lui ont obéi.

Comme devraient faire tous nos administrateurs, par bonne politique, sinon par sympathie personnelle, M. Besson n'a jamais pris ombrage des missionnaires français. Partout, il leur assure la liberté et la justice.

En retour les missionnaires ont activement travaillé, dans leur sphère d'action, à la même œuvre de pacification et d'extension de l'influence française. Sa fidélité constante doit donc nous rendre ce petit pays spécialement intéressant.

Il doit l'être aussi à cause de sa richesse en mines, de sa fertilité et de son climat qui est peut-être le meilleur de Madagascar. Aussi le commerce et la colonisation française s'y dirigent-ils déjà de préférence. « Fianarantsoa, qui ne possédait que cinq colons au début de l'année 1896, en compte aujourd'hui, d'après un rapport récent du général Gallieni, plus de trente à poste fixe, parmi lesquels se trouvent des personnes en voie de créer des entreprises importantes. » On ne peut qu'être heureux en constatant de tels chiffres, car il y a beaucoup à faire dans ces régions.

Le pays des Betsileo est contigu à l'Imerina, dont il est comme la continuation au Sud. Il est borné à l'Ouest par le Menabe, au Sud et au Sud-Ouest par le pays des Bara, et à l'Est par le district et la forêt des Tanala qui le séparent de la côte orientale. Il occupe entre le 20° et environ le 22°, 20' parallèle une grande partie du massif central de l'île. Il a 250 kilomètres de long, 150 dans sa plus grande largeur sous le 20° parallèle, et seulement 50 sous le 22°, à peu de distance de son extrémité méridionale. Il s'appuie sur le versant occidental de la grande arête faîtière, et s'étend au Sud du grand massif de l'Ankaratra. De grandes collines parallèles, orientées du N.-N.-O. au S.-S.-E., alternent avec des montagnes isolées et de riches vallées.

Mouvementé, accidenté, admirablement arrosé, comme l'Imerina, il pourrait communiquer avec le canal de Mozambique par le Betsiriry au Nord, et encore mieux, au centre et au Sud, par le Mangoky, dont les divers affluents s'épanouissent à travers ses vallées.

Fianarantsoa la capitale, une ville d'environ 10,000 habitants, est reliée par deux chemins de porteurs à l'Est avec Mangatsiaotra sur l'océan Indien ; à l'Ouest, avec Ambakabe et Ambondro ; enfin, au Nord, par une route muletière qui bientôt deviendra une route carrossable avec l'Imerina et Tananarive.

Le nombre des Betsileo est d'environ 500.000.

Je ne saurais mieux faire, pour vous en donner une idée juste, que de vous transcrire les deux portraits qu'en ont tracé avec une grande sûreté de main et le Dr Besson et le Père Abinal :

« Le Betsileo, écrit le Père Abinal, a généralement le visage plus noir que le Hova, ses lèvres sont plus épaisses, son nez plus aplati, son front plus bas ; tout l'ensemble de ses traits accuse, en un mot, plus de grossièreté que chez son vainqueur de l'Imerina. Mais il a en revanche une stature plus haute et des membres plus forts, mieux proportionnés. Hommes et femmes portaient autrefois la chevelure artistement tressée. Cet usage tend à disparaître aujourd'hui chez les hommes. Les femmes cependant l'ont encore retenu, et possèdent, jusqu'à la perfection, le talent de donner à leurs cheveux toute espèce de formes.

« Le caractère du Betsileo se ressent de son tempérament peu nerveux et souvent lymphatique. Quoique grand et robuste, il est moins énergique au travail que le Hova, moins capable d'efforts vigoureux. Mais aussi il est plus doux, plus calme, et n'est point porté aux mêmes spéculations véreuses. Le vrai bonheur pour lui consiste à vivre au milieu de ses propriétés, entouré d'une nombreuse famille qui le vénère, occupé à planter ses rizières, ses champs de maïs ou de manioc, et à se livrer tout entier au soin de ses nombreux troupeaux de bœufs. Bien que, sous le rapport de la moralité, les Betsileo ne soient pas de beaucoup supérieurs aux Malgaches des autres tribus, ils sont un peu moins voleurs et paraissent, en général, plus probes que le Hova. Aussi ne tolèrent-ils pas une injustice, et se montrent-ils d'un entêtement incroyable dans leurs procès.

« Comme intelligence, le Betsilo semble suivre de fort près le Hova. On le remarque facilement dans les écoles où ses enfants arrivent souvent à l'emporter sur leurs émules de l'Imerina, ce qui ne les empêchera pas plus tard, en raison de leur simplicité, de devenir les victimes de la rouerie des commerçants de l'Imerina. »

M. Besson entre dans plus de détails sur le portrait, les qualités physiques et les habitudes du Betsileo.

« Les cheveux des Betsileo, dit-il, sont drus, plantés droit et généralement frisés, sans être laineux. Ils sont noirs ou châtain foncé ; la barbe, peu fournie, est également frisée et noire.

« Le front est arrondi, modérément découvert, mais assez étroit. Les sourcils sont droits, assez bien fournis et de même teinte que la barbe et les cheveux.

« Les yeux brun foncé sont généralement grands, bien fendus, avec présence de la caroncule lacrymale, qui parfois est à demi bridée par l'implantation de la paupière supérieure, comme chez les Hova.

« Les cils sont longs et retroussés. Le nez est droit, large sans être épaté, les narines sont largement ouvertes.

« Les extrémités sont fortes. La face externe des mains et des pieds est d'une couleur claire. Les mains sont plutôt larges que longues et effilées. Les pieds, très forts, sont rarement cambrés et s'étalent largement au niveau de l'articulation des orteils qui sont souvent courts. Ils semblent réaliser toutes les qualités requises pour la marche en chemin difficile et glissant.

« Les muscles sont généralement proéminents, surtout les muscles du cou, des reins, de la cuisse et de la jambe. Les muscles des bras sont moins développés.

« L'endurance de la race à la fatigue, à la faim surtout et à la soif, paraît assez grande. Toutefois, les Betsileo résistent peu aux maladies et succombent assez rapidement aux affections graves, telles que fièvres pernicieuses, typhoïde, dyssenterie ou pneumonie. Par suite de son manque d'hygiène et de ses vices, le Betsileo ne devient pas très vieux. Les vieillards, hommes ou femmes, de quatre-vingts ans sont rares ; ceux de soixante à quatre-vingts ans sont peu nombreux.

« Les cas de stérilité sont très fréquents ; ils paraissent dus à la précocité des mœurs, qui fait que dès l'âge de onze à douze ans, la plupart des filles se livrent à la débauche.

« Par suite de la facilité des mœurs, il y a un fort mélange de sang hova parmi les Betsileo, dans l'ensemble de la province, surtout au Nord d'Ambositra sur les confins du Vakinankaratra. Les habitants de l'Est sont également métissés de Tanala, et ceux de l'Ouest et du Sud, de Bara, leurs voisins.

« Parmi les maladies locales, citons en premier lieu les maladies vénériennes auxquelles la grande majorité betsileo des deux sexes paie un cruel tribut. Viennent ensuite les affections malariennes malignes ou légères, l'influenza, qui a fait deux apparitions dans le pays ; la variole qui fait parfois de terribles ravages ; les affections abdominales et thoraciques assez fréquentes ; enfin la lèpre, qui continue à faire de nombreuses victimes.

« Parmi les affections nerveuses, l'épilepsie n'est pas rare. Les cas de démence, la chorée, les paralysies sont au contraire très peu fréquents.

« Le chiffre des naissances ne paraît pas dépasser bien sensiblement celui des décès, de sorte que le chiffre de la population reste à peu près stationnaire.

« *Alimentation*. — Le riz, le manioc et la patate sont les bases de l'alimentation indigène. Les Betsileo des campagnes, en dehors de leurs fêtes, mangent rarement de la viande, réservant pour le marché leurs bœufs, leurs moutons, leurs porcs et leurs volailles. Ils font du rhum un abus excessif ; l'eau est leur boisson en temps ordinaire.

« Le vin, la bière, le thé et le café ne leur sont guère connus que de nom. Ils apprécient cependant beaucoup ces boissons, et il n'est pas douteux qu'ils en fassent usage lorsque notre occupation prolongée leur aura créé des besoins et l'amour du bien-être.

« *Les arts divers.* — Les Betsileo sont peu artistes. Ils n'ont guère d'aptitudes que pour l'agriculture ou l'élevage. Toute leur industrie se borne à la confection de vases d'argile, d'écuelles, de marmites, de cruches, de cuillers en bois ; à des ouvrages de sparterie, nattes, bonnets, etc. ; au tissage des lambas de soie, de chanvre, de coton, ou d'*afotra* (sorte de fibre tirée de l'écorce de l'arbre du même nom) : ces derniers lambas portent le nom de « *sarimbo* » et sont essentiellement betsileo.

« Par suite des tendances exclusivement pastorales ou agricoles des Betsileo, on trouve peu d'ouvriers d'art parmi eux. Les forgerons, les charpentiers et les tailleurs de pierres sont même assez rares. Ces professions, dans toute la province, sont généralement l'apanage des Hova qui les exercent avec beaucoup de talent. »

« *Chants et danses.* — Les Betsileo n'ont pour ainsi dire pas de chants vraiment dignes de ce nom. Les plus musiciens d'entre eux ont adopté les chants de l'Imerina, si variés et si harmonieux. La plupart des Betsileo des campagnes psalmodient sur un rythme monotone un petit nombre de chants nationaux. C'est tantôt « *Dombita* », l'épouse abandonnée, qui supplie son mari de la reprendre et meurt de chagrin en rentrant chez son père ; tantôt « *kilonga mendrika famongo* », l'enfant au beau visage mais aux cheveux laineux; tantôt « *kilonga mangaika* », le jeune enfant éloigné de ses père et mère et qui ne cesse de les appeler. Le rythme de tous ces chants est lent, traînard et larmoyant.

« Les Betsileo pratiquent enfin une sorte de danse mystique accompagnée de chants. Les femmes, parées de leurs plus beaux atours, sont seules admises à danser le « *salamanga* » qui se pratique pour obtenir la guérison des maux et les faveurs des esprits. Cette danse était sévèrement prohibée par les autorités hova, à l'instigation des Missionnaires, qui y voient comme une sorte d'idolâtrie. Le chant en usage dans le salamanga est intitulé « *vala Velo* » (maudissons Vélo!). Cette danse se pratique surtout à l'arrière-saison, époque des fièvres, époque aussi des moissons et des réjouissances qu'entraîne la coupe des riz. »

Il y a, dans ces constatations d'un homme aussi compétent et aussi sûr que le Dr Besson, bien des traits sombres et qui peuvent nous inspirer pour l'avenir de la race de sérieuses inquiétudes, surtout les suivants :

Ivrognerie, précocité et corruption des mœurs ; diminution de la natalité et accroissement des cas de stérilité, à ce point que le nombre de la population reste à peu près stationnaire.

Tout cela attaque la vie jusque dans sa source, et un peuple qui s'y abandonne à ce point est sûrement, à moins que sa moralité ne se relève, un peuple condamné.

La moralité Betsileo se relèvera-t-elle ?

Messieurs, je pose le problème sans prétendre le résoudre.

La religion y fait de rapides progrès, et peut-être, ferait-elle sentir bientôt son heureuse influence, si surtout de sages ordonnances de police et les bons exemples partis de haut venaient seconder son action.

De plus les Betsileo sont presque uniquement agriculteurs, et personne n'ignore que de tous les métiers aucun n'est moralisateur comme la vie au grand air de l'agriculteur, surtout si elle se joint à la vie de famille, loin des grands centres et des grandes agglomérations. Avant la conquête des Hova, les Betsileo habitaient exclusivement dans des villes construites au sommet des montagnes et d'un très difficile accès. On n'y arrivait d'ordinaire que d'un seul côté, tous les autres étant à pic, et une triple enceinte de fossés profonds entourant la ville et la montagne ; précautions bien nécessaires, à raison des guerres continuelles qu'ils se faisaient entre eux, ou qu'ils soutenaient de la part des Bara, leurs voisins. Ces villes sont aujourd'hui presque toutes abandonnées par les habitants du pays, qui préfèrent se loger dans des fermes, généralement éparses au milieu des plaines, et entourées d'épais massifs de *cactus* épineux, vraiment impénétrables.

Il y a quelques années, ils étaient pressurés outre mesure et exploités par les Hova qui les accablaient de corvées, qui les ruinaient par le commerce et par l'usure. Depuis la guerre ils sont délivrés partiellement de ce fléau et l'on peut espérer que, quoique n'étant pas des modèles de toutes les vertus, nos colons, surtout s'ils sont mariés et s'ils sont maintenus dans les limites de la justice par une forte et vigilante administration, se conduiront un peu mieux que le Hova, et donneront aux Betsileo de bons exemples que ceux-ci apprendront peu à peu à imiter.

« Ce pays est sûrement d'un grand avenir, écrivais-je en 1894, parce qu'il est le centre de mines importantes, que son climat est sain et très agréable, son sol riche, que ses habitants enfin offrent beaucoup de ressources, qu'ils sont naturellement soumis, dociles, assez travailleurs et relativement honnêtes. »

Puisse ce pronostic se réaliser !

Tels sont, Messieurs, les deux peuples de beaucoup les plus intéressants de Madagascar, les Hova et les Betsileo. Et voilà pourquoi je m'y suis arrêté longuement.

Un mot maintenant sur les autres tribus du Centre, les Antsihanaka, les Bezanozano, les Antanala et les Bara, et sur celles des côtes soit orientale, soit occidentale.

II

LES ANTSIHANAKA

A une distance de 40 à 50 kilomètres en face de l'île Sainte-Marie, dont il est séparé par une épaisse forêt, se trouve le plus considérable des lacs de Madagascar, le lac *Aloatra*. Autour de ce lac, en en exceptant toutefois la rive orientale qui appartient aux Betsimisaraka, sur les montagnes et les vallées marécageuses, formées par les derniers contreforts de la seconde arête faîtière, dans un pays très mouvementé et très accidenté, se trouve une peuplade assez semblable aux Betsimisaraka dont elle est sûrement parente, ce sont les *Antsihanaka* ou « peuples du lac. »

Ils s'étendent en latitude depuis le pays des Antankara au Nord, jusqu'à l'Imerina au Sud, approximativement du 16° au 18° parallèle, et, en longitude, entre la région des Sakalava à l'Ouest et celle des Betsimisaraka à l'Est, plus ou moins du 45°30′ au 46°50′.

Leur pays est couvert d'immenses pâturages et de rizières très faciles à cultiver. Il y a beaucoup de poissons dans le lac et les rivières qui le remplissent.

Il y aurait aussi, assure-t-on, de riches minerais.

Le climat est assez malsain, à cause des marais nombreux que l'on rencontre dans le pays; il est cependant agréable, plus chaud que le plateau central et plus tolérable que la côte.

Les Antsihanaka ont le teint moins foncé que les Betsimisaraka, les traits assez réguliers, les membres bien faits et toute leur conformation bien prise. Ils ont aussi les qualités et les défauts de leurs voisins. Comme eux ils sont insouciants, turbulents, mous et paresseux. Leurs mœurs et coutumes sont sensiblement celles des autres Malgaches.

Leur nombre ne doit guère dépasser 200.000.

Indépendants jusqu'au commencement de ce siècle, ils obéissaient à des chefs particuliers qui, comme partout ailleurs dans l'île, avaient une autorité illimitée et se faisaient continuellement la guerre.

Ils furent le premier peuple vaincu et conquis par Andrianampoinimerina, et les Hova s'implantèrent chez eux plus que chez aucune autre peuplade de l'île, les Betsileo exceptés. Après la guerre, comme les Français y étaient inconnus et que nous n'avions dans le pays aucun agent ni aucun Missionnaire qui pût y exercer la moindre influence, ils furent des premiers à se révolter et ce n'est qu'au prix de grands efforts qu'on est parvenu à les soumettre.

Non pas qu'ils soient plus guerriers que les autres Malgaches. Ce sont plutôt des éleveurs et des gardiens de nombreux bestiaux, qui jadis appartenaient aux riches Hova, par troupeaux parfois de plusieurs milliers. Ils avaient aussi des champs de cannes à sucre. Enfin ils se livrent à la culture facile de quelques rizières, et à la pêche des anguilles et des crevettes.

Dans un village appelé *Ankoroko*, au Sud du lac, habite une petite tribu qui ne fusionne guère avec les Antsihanaka. Ils vivent dans des cases en jonc, disposées de telle sorte qu'elles peuvent surnager quand le lac déborde, et s'élever avec le niveau de l'eau.

On a ainsi l'aspect fort curieux d'un vrai village flottant pendant plusieurs mois. Ils sont du reste perdus au milieu des zozoro ; il n'y a point de chemin pour arriver chez eux, et les personnes qui vous conduisent ont beaucoup de peine à y parvenir. Ces pauvres gens sont à demi sauvages, hospitaliers et superstitieux à l'excès. Leur unique occupation semble être la pêche.

III

LES BEZANOZANO

De chez les Antsihanaka, en descendant vers le Sud, entre les deux arêtes faîtières de l'île, sur les rives du Mangoro, nous arrivons chez les *Bezanozano* (nombreux rejetons) ou *Tankay* (pays brûlé), parce que probablement ils occupent la place de forêts incendiées.

Leur pays est un vaste plateau d'une altitude moyenne de 850 à 900 mètres, s'étendant entre l'Imerina à l'Ouest et le pays des Betsimisaraka à l'Est, sur une trentaine de kilomètres de large, depuis la région des Antsihanaka vers le 18°, jusqu'au pays des Tanala, au sud du 20° parallèle, sur une longueur de plus de 200 kilomètres.

Située en grande partie sur l'emplacement d'un ancien lac aujourd'hui desséché, cette contrée ne manque pas d'une certaine fertilité. La chaîne littorale, qui la borne à l'Est, s'élève seulement d'une centaine de mètres, mais le grand massif central la domine à l'Ouest comme une immense montagne de granit de 400 à 500 mètres.

Le Mangoro la parcourt du Nord au Sud et reçoit de nombreux tributaires de droite et de gauche, de telle sorte que la vallée principale se ramifie en une foule de petites vallées.

Le sol, quoique semblable au sol argileux du reste de

l'île, est cependant recouvert en mains endroits d'une légère couche d'humus noir qui ferait croire à une très grande richesse végétale. Cela est surtout visible autour de Moramanga leur capitale, que l'on rencontre en allant de Tamatave à Tananarive. Aussi est-ce là que l'anglais Bonnard, l'ancien secrétaire de l'évêque anglican Kestell-Kornich, avait placé sa plantation de caféiers.

Plus forts et plus noirs que les Hova et les Betsimisaraka, les Bezanozano semblent tenir, par leurs mœurs et leurs usages, des Antsihanaka et des Tanala, quoiqu'ils dérivent plus vraisemblablement d'une branche de Betsimisaraka émigrés vers l'Ouest. Il n'y a guère que le Sud de leur pays d'habité, tandis que le Nord est presque désert. Ils n'ont d'autre industrie que le tissage des nattes ou *rabana*, qu'ils font avec les fibres de la feuille du rofia, mais ils fournissent de nombreux porteurs pour le transport des marchandises de la côte dans l'intérieur de l'île. Et leur vigueur et leur solidité sont vraiment admirables, surtout par les chemins escarpés et glissants qui marquent la traversée de la première forêt et de la première arête faîtière. Ils sont cependant peu travailleurs.

Ils furent soumis par Andrianampoinimerina, après les Antsihanaka; ils n'opposèrent aucune résistance et ils ont perdu depuis longtemps tout souvenir et toute velléité d'indépendance. S'ils ont pris part à la révolte de 1896, c'est par entraînement et par habitude de soumission à leurs anciens maîtres, et également parce que nous n'avions aucun représentant dans leur pays, aucun Missionnaire, pour y contrebalancer l'autorité et les excitations de nos adversaires. L'on peut espérer aujourd'hui qu'ils nous seront aussi complètement soumis qu'ils le furent jadis aux Hova, qu'ils nous rendront les mêmes services, et que de nombreux colons s'établissant enfin dans leur pays, ils apprendront à nous mieux connaître et à subir notre influence.

IV

LES TANALA

Les Tanala habitent au sud des Bezanozano jusqu'à la rivière Ma·anara, entre les deux arêtes faîtières, entre les Anaimoro et les Betsimisaraka à l'Est, et les Betsileo à l'Ouest. Leur pays est une longue bande de terrain mesurant approximativement 200 à 300 kilom. de long sur une largeur de 30 à 50.

Ils se divisaient jadis en deux : les Tanala soumis, au Nord, depuis les Bezanozano jusqu'à la rivière Faraony, et les Tanala indépendants au sud de cette rivière. Les premiers sont de beaucoup les plus nombreux et leur pays est remarquablement beau.

« Toute la région, du Nord au Sud, écrit le Révérend Deans Cowan qui les visita en 1882, est remarquable par la beauté de ses paysages. Elle est bien arrosée et fertile. A mon avis, le Tanala est le district le plus riche de Madagascar, et offre un vaste champ pour les entreprises agricoles de l'Européen qui pourra y planter le café, la canne à sucre, la vanille et le thé. Je suis certain que les rivières des Tanala charrient beaucoup d'or. »

Et au point de vue du caractère et des mœurs des Tanala, il ajoute : « C'est un peuple tranquille, hospitalier, plein de douceur à l'égard de l'étranger. Les crimes y sont rares, et la peine capitale n'y a jamais été appliquée depuis vingt à trente ans. »

Les Tanala indépendants ou Tanala d'Ikongo, très peu nombreux, — de 12.000 à 15.000 au plus — sont surtout intéressants à cause de leur indomptable énergie à défendre leur indépendance contre les Hova. Admirablement unis entre eux, sous une espèce d'oligarchie à la tête de laquelle se trouvait un roi, vénéré de tous, ils résistèrent jusqu'au bout aux efforts acharnés de Ranavalona Ier et de Radama qui ne purent arriver à les vaincre. Réfugiés sur le plateau abrupt et inaccessible d'Ikongo, ils soutinrent quatre sièges acharnés sans jamais se rendre et nous-mêmes, malgré l'autorité personnelle incontestable de M. Besson et la soumission de leur roi, nous avons dû recourir à la force et emporter d'assaut, le 10 octobre dernier, le plateau d'Ikongo pour les amener à accepter définitivement notre autorité.

Naturellement sobres, ne buvant pas ordinairement de rhum parce qu'ils n'en ont pas, de mœurs relativement pures, puisque l'adultère y est rare et que les jeunes filles y sont conservées jusqu'à ce qu'elles choisissent celui qui plus tard sera leur mari, surtout très épris de la justice, le vol y étant à peu près inconnu, et un objet trouvé étant porté au village, jusqu'à ce qu'il retrouve son possesseur ; en un mot assez fidèles observateurs de la loi naturelle, quoique très superstitieux, ils sont par bien des points supérieurs à leurs voisins, et peut-être, ces qualités natives se développant, arriveront-ils à se multiplier et à prendre une plus grande importance.

V

LES BARA

Les Bara occupent la partie méridionale du massif central, avec des limites assez mal définies à l'Ouest et au

Sud-Ouest du Betsileo, à l'Est des Betsimisaraka, et au Nord des Antanosy émigrés à Saint-Augustin. Leur pays est un massif montagneux, d'où sortent de nombreuses rivières, se dirigeant les unes à l'Est vers l'Océan Indien, les autres à l'Ouest vers le canal de Mozambique. Leurs montagnes diffèrent de celles du massif central, en ce qu'elles n'offrent pas des formes arrondies, comme la plupart des montagnes de l'Imerina par exemple, mais des flancs abrupts et des cimes sauvages. A l'Est s'étend un vaste plateau abandonné qui peut avoir 200 kilomètres du Nord au Sud, sur une largeur de 65 kilomètres, et va en s'abaissant par des gradins successifs dans la direction de l'Ouest.

Tout ce pays est divisé en une multitude de peuplades indépendantes les unes des autres. Seules les vallées sont habitées, les montagnes et les plateaux étant presque complètement déserts. Il y aurait, assure-t-on, beaucoup de mines, en particulier d'or et de cuivre.

Le pays ne manquerait pas non plus d'une certaine fertilité ; et il est probable qu'on pourra en tirer grand parti, quand il sera possible d'y pénétrer, de l'étudier et de l'exploiter.

Les Bara ressemblent beaucoup aux Betsileo, mais avec un aspect et un extérieur plus grossier. Ils sont aussi plus grands et leurs membres plus grêles. Ce qui les distingue surtout, c'est leur chevelure disposée en grosses boucles sur la tête. Ces boucles, dont un énorme chignon occupe le centre, sont enduites de graisse, de cire et souvent de terre blanche. Un os blanc, de la grandeur d'une pièce de cinq francs, légèrement convexe, est attaché par un fil au milieu de leur front. C'est un talisman auquel ils attachent la plus grande importance. Ils en ont souvent un autre, attaché par un cordon autour du cou et leur pendant sur la poitrine au milieu des tatouages les plus divers et les plus bizarres.

Ils ne vont jamais sans leurs armes, de même que leurs voisins du Sud ou de l'Ouest ; ils dorment armés et ce qui frappe au premier coup d'œil quand on les aperçoit, ce sont leurs fusils aux culasses ornées de nombreux clous de cuivre toujours brillants, leurs sagaies polies et étincelantes.

Jusqu'ici ils n'ont montré que peu d'empressement pour l'instruction et la civilisation ; ils ont cependant plus d'une fois demandé des Missionnaires catholiques, mais ils détestent les Missionnaires protestants qu'ils considéraient comme inféodés aux Hova, et ces Missionnaires à leur tour exagèrent leurs défauts et leurs cruautés.

VII

BETSIMISARAKA

Ce nom est bien connu parmi nous, car nos marins, nos voyageurs, nos négociants, nos colons de France ou de la Réunion, n'ont cessé d'être en relation avec ce peuple depuis plus de 300 ans. Tout ce qui se rapporte à eux nous offre donc un intérêt particulier. Cela a été vrai de tout temps. Ce l'est encore plus aujourd'hui, pour deux raisons principales :

1° Parce que c'est à travers leur territoire que se construira vraisemblablement le premier chemin de fer reliant Tananarive à la côte et que c'est au centre même de leur pays que se trouve le port qui longtemps sera le grand débouché de Madagascar, Tamatave.

2° Parce que c'est parmi eux qu'a commencé et que se

développera tout d'abord le mouvement d'émigration et de colonisation qui sanctionnera et assurera notre prise de possession de la grande île.

Pour ces deux motifs d'une importance capitale, le pays des Betsimisaraka sera le premier à se transformer, à se plier à notre civilisation, à devenir réellement et foncièrement français.

Les Betsimisaraka occupent le versant oriental de Madagascar, les vallées courtes et fertiles qui s'appuient sur la première arête faîtière et descendent vers l'Océan Indien, depuis le Nord de la baie d'Antongil, vers le 15° de latitude Sud, jusqu'au pays des Antaimoro, vers le 20°, sur une étendue approximative de 5° ou plus de 550 kilomètres, et une largeur moyenne de près d'un demi-degré.

C'est peut-être la partie la plus riche de Madagascar, au moins une des parties les plus fertiles. Abondamment arrosée, et par ses rivières nombreuses et par les pluies qui y sont beaucoup plus fréquentes qu'en aucune autre partie de l'île, d'une altitude variant depuis le niveau de la mer jusqu'à 700 ou 800 mètres, couverte des plus riches forêts dans sa partie occidentale, de plaines de sable et de lagunes, sur le bord de l'Océan, elle peut donner en abondance tous les produits tropicaux, canne à sucre, vanille, café, cacao, etc. ; elle est moins chaude que les contrées de l'Ouest, et devient plus saine et plus tempérée à mesure qu'on s'élève vers les montagnes.

Le nom de *Betsimisaraka* veut dire : beaucoup qui ne se séparent pas. Hélas ! ce n'est depuis longtemps qu'une triste antonymie. Car s'ils sont nombreux (800.000, d'après M. Davidson), il s'en faut qu'ils soient unis. Ce n'est qu'un ensemble de peuplades, jadis indépendantes les unes des autres, et continuellement en guerre les unes contre les autres, et naguère complètement soumises aux Hova.

Leur physionomie diffère peu de celle des autres peuples de la côte orientale. Leur teint est luisant et d'un noir plus foncé; leur visage, plutôt arrondi qu'oblong, se termine par un front assez avancé. Leurs cheveux sont épais, mais non crépus, le nez est écrasé, ils sont d'ordinaire grands et bien faits et leur apparence est plutôt agréable.

Ils sont généralement probes, tranchant ainsi notablement sur la plupart des autres tribus.

Leur aspect seul inspire dès l'abord la confiance, et l'on se reprocherait à leur égard le moindre acte de brutalité.

Avec un peu de fermeté, et surtout de la justice, on peut obtenir beaucoup de leur part. Ils sont naturellement doux et ressentent facilement de la sympathie pour les Blancs, pour les Français en particulier, dont le caractère franc et ouvert s'harmonise mieux avec le leur. Il n'y a qu'une chose qui les irrite, et cela est entièrement à leur honneur, ce sont les injustices par trop criantes. Soumis aux Hova, ils les haïssaient de tout leur cœur, non pas tant pour en avoir été vaincus que pour leurs trahisons, leurs mauvais traitements et leurs fourberies.

Ils aiment leurs enfants, et si parfois ils s'en débarrassent à leur naissance, comme à peu près tous les Malgaches, ce n'est jamais qu'à contre-cœur et pour obéir aux croyances superstitieuses qui les dominent.

« Lorsqu'un jeune homme doit s'absenter pour un voyage, raconte le Père Abinal, le moment de la séparation ne manque pas d'avoir quelque chose de solennel : c'est la cérémonie du *fafirano* ou bénédiction. Les parents font à celui qui va les quitter leurs dernières recommandations ; ils appellent sur sa tête la protection de la divinité et lui souhaitent toutes sortes de bonheur qu'ils ont soin d'énumérer. Enfin, en confirmation de leur bénédiction, ils l'arrosent d'une espèce d'eau lustrale. Il peut partir; un jour il reviendra grand et heureux! »

Malheureusement ces qualités natives sont paralysées par trois vices profonds : la paresse, l'ivrognerie, la débauche.

Les Besimisaraka sont extrêmement paresseux, et essentiellement rebelles à toute idée de culture ou d'industrie. Les plus vaillants s'adonnent à la pêche et font des marins assez habiles ; ceux de Sainte-Marie en particulier aiment beaucoup à prendre des engagements sur les navires soit de commerce, soit surtout de l'État, et ils font de très bons matelots ; en particulier, ils nous furent de la plus grande utilité dans le service de la flottille fluviale pendant la dernière expédition, toujours prêts à toutes les corvées et à toutes les fatigues et n'hésitant pas, malgré les caïmans, à se jeter à l'eau pour tirer les chaloupes et les chalands quand ils venaient à s'ensabler.

Quelques-uns exercent certains métiers, comme ceux de forgeron : mais le travail de la terre leur est odieux, et ils préfèrent vivre dans la misère plutôt que d'acquérir un peu de bien-être par de légers efforts. Quelques bananiers qui poussent autour de leurs maisons, quelques rares champs de manioc d'une végétation luxuriante, quelques caféiers à l'entour de leurs cases et dont ils vendent le profit aux Européens, un peu de riz, voilà d'eux tout ce qu'il leur faut. Même l'argent ne peut obtenir aucun effort suivi.

Dans la conférence si brillante et si sérieuse que M. Jully faisait il y a trois ans à la Société de Géographie, il nous racontait que, même en alignant des piastres les unes à la suite des autres, — sont-ils de la même race que les Hova ? — il ne pouvait obtenir des Betsimisaraka qu'ils se chargeassent du transport des bois dont il avait besoin pour construire l'hôpital de Tamatave. Une seule chose faisait impression sur eux et obtenait parfois un effort de leur part : l'offre d'un peu de poudre et de plomb.

Cependant les Betsimisaraka sont encore plus ivrognes que paresseux, buvant du rhum en quantité, tant qu'il y en a, tous, hommes, femmes, enfants. M. Jully nous parlait d'un enfant de trois ans, buvant à même du rhum dans un vase et ne cessant d'en réclamer encore !

Le Père Colin, dans ses voyages, a vu des mères en offrir par-dessus leurs épaules à l'enfant qu'elles portent sur leur dos, comme on lui donnerait chez nous un bol de lait ; et il a noté des cas de folie alcoolique ou de *delirium tremens*. Moi-même, quand je quittais Madagascar en 1892, je couchais dans une case un peu plus propre que les autres dans un village de la côte, entre Andevoranto et Tananarive. Or, le fils aîné de la maison n'ôtait la bouteille de rhum de sa bouche que pour dire quelques paroles et recommencer à boire.

C'est bien pire encore dans les fêtes, funérailles, mariages, circoncision des enfants, transfert des morts, etc., qu'ils célèbrent par des orgies sans nom. Tout le monde s'enivre alors et se livre aux plus honteux excès. Que peuvent être les pauvres êtres conçus au milieu de ces scènes d'ivrognerie et de débauche ? Ils naissent tous rachitiques, sans force, sans santé, et la race s'en va dépérissant et diminuant avec une effroyable rapidité. La petite vérole exerce également chez eux de grands ravages et fait chaque année de nombreuses victimes. Ajoutez à tout cela une foule d'autres maladies occasionnées par leur malpropreté et leur manque de soin ; et vous aurez une idée de leur misérable état.

C'est un des exemples les plus frappants de la rapidité avec laquelle l'ivrognerie et l'inconduite peuvent ruiner un peuple. Sans doute le joug hova se faisait durement sentir, et les multiples corvées auxquelles ces malheureux étaient soumis ont pu contribuer à les éloigner de leurs anciennes villes devenues des « batteries » hova. Mais le pays n'était guère plus habité vers les montagnes, où il n'y avait de Hova que sur le bord de la mer, et la population décroît chaque jour. Pourra-t-on jamais y porter remède ?

Les divers essais de missions tentés soit par les Catholiques, soit surtout par les Protestants, n'ont encore, en effet, donné aucun résultat, à cause de ces trois défauts fondamentaux de la paresse, de l'ivrognerie, de l'inconduite, qu'il s'agit précisément de combattre.

VIII

ANTAIMORO, ANTAISAKA, ANTAIFASY ET ANTANOSY.

La partie orientale de la côte qui s'étend depuis le 21° 30' de lat. Sud, jusqu'à la rivière de Mandrere au delà de Fort-Dauphin, sur une étendue d'à peu près 500 kilomètres, est habitée par des tribus assez différentes des autres tribus Malgaches, et présentant plusieurs traits qui rappellent les coutumes arabes. Ce sont les Antaimoro, les Antaifasy et les Antanosy. Je ne parle pas des Antaisaka qui se trouvent dans les environs de Vangaindrano, entre les Antaimoro et les Antaifasy, car ceux-là sont franchement Malgaches, et, si l'on s'en rapporte aux vieilles traditions, descendent des mêmes ancêtres que les

Sakalaves de l'Ouest, dont du reste ils portent le nom.

Certains usages de ces tribus, au moins des Antaimoro et des Antaifasy, sont curieux à noter.

La viande de porc est absolument interdite chez eux, comme elle l'était du reste autrefois à peu près universellement chez toutes les tribus de Madagascar; et il suffit parfois d'avoir de la graisse pour ne pouvoir traverser certains endroits. Le chien est également impur ou *fady*, et il est défendu de le toucher. Cela va si loin qu'un *Antaifasy*, auquel vous aurez ordonné de laver un chien, laissera plutôt un mois de gages que d'exécuter votre ordre; il ne dira rien, mais le lendemain matin vous ne le verrez plus (1).

Ils pratiquent fidèlement la circoncision qui a lieu au mois de novembre. Naguère, et il n'y a pas longtemps que cet usage a disparu, seuls leurs chefs avaient le droit d'égorger les bêtes. Leurs légendes, souvent vagues, incertaines, contradictoires, se rencontrent dans cette préoccupation, inconsciente peut-être, mais invariable, de faire remonter leur origine à une immigration arabe. « Lorsque les Zanak, Andriana Raminia et Ravahinia furent vaincus par le roturier Mahomado (le hova Mahomet!) dégoûtés d'habiter l'endroit qui avait été témoin de leur défaite, ils quittèrent La Mecque où ils résidaient, pour venir à Madagascar (1). »

De plus, leurs pratiques superstitieuses de la vie domestique et sociale — et Dieu sait si elles sont nombreuses — sont toutes pénétrées d'arabisme.

De même les formules arabes abondent dans leur langue et font partie du langage courant; par exemple « si Dieu le veut », en parlant des événements futurs, ou bien l'expression fataliste si connue: « C'était écrit », ou même

---

(1) M. Férand, p. 4.

la formule de foi musulmane : « Il n'y a de Dieu qu'Allah et Mahomet est son prophète. » L'écriture arabe est encore en usage et M. Férand a retrouvé un manuscrit en cette langue, donnant le compte rendu d'une ambassade envoyée à Andrianampoinimerina, par laquelle ils s'engageaient à lui payer tribut et lui envoyaient des présents.

Enfin ils restent attachés à l'arabe comme on le fait à une langue maternelle. M. Férand s'étant mis un jour à parler arabe dans une case Antaimoro, fut immédiatement admis comme un ami, presque comme un des leurs.

Tous ces faits et bien d'autres que l'on pourrait citer, montrent le bien fondé de la conclusion qui se dégage invinciblement de l'étude de M. Férand, c'est-à-dire le fait d'une origine arabe, au moins pour les classes élevées, avec un mélange très considérable d'éléments indigènes.

Quoi qu'il en soit, il y a chez ces tribus de sérieuses qualités qui tranchent complètement avec les vices communs aux autres Malgaches.

Je les ramène à trois :

1º Ils sont *travailleurs*. Cela tout le monde le reconnaît. C'est auprès d'eux surtout que les colons de la côte Est, de Tamatave et d'ailleurs, vont recruter leurs ouvriers. Ils émigraient autrefois jusqu'à Diego-Suarez et dans le Boina. Ils vont par groupes, conduits et gouvernés par un chef, à qui l'on doit s'adresser pour le recrutement et le salaire. L'engagement est de quelques mois, et une fois leur temps fini, ils ont hâte de retourner auprès de leurs femmes et de leurs enfants, emportant avec un soin jaloux les quelques piastres d'argent qu'ils ont pu gagner. Une fois engagés, ils travaillent avec ardeur et fidélité, âpres au gain, courageux et solides. En un mot ce sont des ouvriers émigrants, les Auvergnats de la côte Est de Madagascar.

2° Ils sont *également* sobres. Sans doute ils acceptent volontiers un verre de rhum si on leur en donne, et on peut en rencontrer plus d'un complètement ivre. Mais ce sont des exceptions, et il n'y a pas, chez les Antaimoro, de ces orgies qui dégradent et ruinent les Betsimisaraka.

Du reste, ils ne dépensent jamais leur propre argent pour cela, car ils l'aiment trop ; donc, un peu par tempérament, beaucoup par avarice, les Antaimoro restent sobres, malgré les mauvais exemples qui abondent autour d'eux.

3° Ce qui est aussi très remarquable, à la sobriété s'ajoute une certaine *moralité*. Sans doute l'Antaimoro vit avant son mariage avec la femme qu'il veut épouser. C'est un abus invétéré que rien ne peut excuser et qu'il sera difficile d'extirper. Mais elles ne se livreront à personne en dehors de la tribu. Surtout les femmes mariées restent fidèles à leurs maris, même quand ceux-ci sont absents pendant de longs mois, pour leur campagne de travail ; et chaque homme n'a qu'une seule femme. Ces deux coutumes sont entièrement passées en usage chez eux, tellement que, si une femme par exemple s'oubliait en l'absence de son mari, celui-ci serait inévitablement averti par ses parents, et de sa sagaie tuerait la coupable.

Sur ce point donc, comme sur bien d'autres, les Antaimoro sont très supérieurs aux autres peuplades de Madagascar.

C'est ainsi un peuple d'avenir, car il a les trois qualités qui font les races fortes, vigoureuses et nombreuses : il aime le travail, donc il s'enrichira ; il est sobre, donc il sera fort et vigoureux ; la famille est conservée, et ses mœurs sont pures, donc il donnera naissance à de nouvelles générations saines, bien constituées et de plus en plus nombreuses.

Leurs défauts eux-mêmes pourront leur servir. Insolents, orgueilleux, pleins de morgue et de mépris pour leurs voisins, ils répugnent en particulier à s'allier avec les Betsimisaraka.

Enfin, détail plus curieux que tous les autres, contrairement à ce qui a lieu dans tout le reste de l'île où le pouvoir est si absolu, les Antaimoro sont gouvernés par des chefs électifs.

Il n'en est pas de même des Antanosy, qui se divisent en un grand nombre de petites tribus gouvernées par des chefs à peu près entièrement indépendants, mais presque tous de la même famille, et soumis pour la guerre à un roi principal. L'autorité de ces chefs est absolue et la servilité à leur égard poussée aux extrêmes limites.

Lorsque M. Grandidier rendit visite à leur roi Rabefanery, lors de son arrivée à Fort-Dauphin, en 1866, et qu'après lui avoir serré la main, raconte l'illustre voyageur, il se fut mis à ses côtés, « tous ses gens, qui s'étaient d'abord accroupis, sans mot dire, devant leur maître, s'approchèrent et eurent l'insigne honneur, les hommes libres, de frotter leur grosse figure sur le pied de Befanery et de lui lécher les talons; les esclaves, de s'agenouiller devant lui, et de le saluer en criant : Andriana ! Andriana ! Seigneur ! Seigneur ! »

Une autre fois, que ce même roi dînait avec le grand explorateur, à mesure qu'il avait sucé un os, il le jetait à un de ses favoris qui, accroupi à une distance respectueuse et tendant les deux mains, recevait avec bonheur ce présent royal.

Nous l'avons vu plus haut, c'est parmi les Antanosy

qu'eurent lieu les premiers essais de colonisation française à Madagascar, avec Pronis, avec Flacourt et leurs successeurs. Et c'est à eux que s'appliquent spécialement les choses généralement peu flatteuses que le consciencieux narrateur nous a conservées des Malgaches de son temps.

Les rapports cessèrent pendant le xviii° siècle, mais depuis le commencement de ce siècle des traitants créoles ou français se sont de nouveau établis à Fort-Dauphin, et chaque année des centaines d'Antanosy se louent pour une période de dix ans et s'en vont à Bourbon, où ils apprennent, en même temps que les éléments de notre langue, les premiers rudiments de la culture et de quelques métiers. Probablement 1,500 à 2,000 ont ainsi passé par Bourbon, et en 1866, quand M. Grandidier quitta cette île pour aller explorer le Sud de Madagascar, il y en avait avec lui, sur l'*Infatigable*, une cinquantaine qui ne débarquèrent plus à Fort-Dauphin d'où ils étaient partis dix ans auparavant, parce que Fort-Dauphin avait été, dans l'intervalle, pris par les Hova, mais continuèrent jusqu'à Saint-Augustin pour regagner de là, par plusieurs jours de marche, les rives éloignées du fleuve où leurs compatriotes exilés s'étaient établis.

Les Antanosy sont très doux et faciles à conduire. Ils sont travailleurs comme les Antaimoro, et, comme eux et sous leur nom, un grand nombre s'en vont depuis Fort-Dauphin jusqu'à Faranfaghana louer leurs bras aux colons de ces parages. Malheureusement ils boivent beaucoup, partout où il y a du rhum et il y a chez eux, comme chez les Hova et les Betsileo, une grande liberté de mœurs. Leur nombre peut atteindre de 50.000 à 75.000.

Intelligent, commerçant, supérieur aux Betsimisaraka, à peine inférieur au Hova, l'Antanosy pourrait devenir quelque chose, s'il parvenait à réformer ses mœurs et à moins boire.

IX

ANTANDROY ET MAHAFALY

Au delà de Mandrere jusque vers la rivière de Saint-Augustin, se trouvent un grand nombre de petites tribus, subdivisées à l'infini, très pauvres, presque complètement inconnues, souvent en guerre les unes contre les autres : ce sont les *Antandroy* et les *Mahafaly*.

Ils sont relativement nombreux, n'émigrant jamais, plus nombreux que les Antanosy, peut-être de 60.000 à 80.000. Leur pays est très pauvre et très sec. Ils travaillent peu, récoltent à peine un peu de maïs et de sorgho et meurent de faim les trois quarts du temps. Ils ne commercent avec personne; tout au plus font-ils, parfois, un peu de troc; du reste le désordre le plus complet, la guerre civile, le manque de sécurité, paralyseraient toute entreprise.

Les Antandroy et les Mahafaly sont inférieurs en intelligence aux Antanosy. Ils aiment à piller et à voler. Ils aiment également à faire la guerre et marchent constamment armés d'un fusil et de plusieurs sagaies.

Ils ont à peu près les mêmes coutumes, les mêmes mœurs, les mêmes défauts que les peuplades Malgaches; en particulier, leurs mœurs sont très corrompues, et, s'ils boivent moins que leurs voisins, c'est parce qu'ils n'ont pas de rhum.

X

LES SAKALAVES

Les *Sakalaves* étaient, il y a deux ou trois siècles, le peuple le plus puissant de Madagascar, et aujourd'hui encore ils en occupent une portion beaucoup plus étendue que n'importe quelle tribu.

A un autre point de vue, la plupart d'entre eux s'étaient mis nominalement, dès 1840, sous la protection de la France, et l'opinion publique s'était prise à les considérer comme des alliés qui pourraient être un jour de puissants auxiliaires pour la conquête, voire pour la colonisation de Madagascar.

C'était une illusion, que ceux-là seuls partageaient qui n'avaient rien approfondi des choses de Madagascar, ou qui du moins n'avaient jamais pénétré dans l'intérieur du pays.

En fait, sauf dans quelques rares circonstances où il leur fallut faire le coup de fusil contre les Hova, leurs ennemis nés, les Sakalaves ne nous ont rendu aucun service, et ils ne pouvaient nous en rendre aucun. Ils ne nous en ont rendu aucun pendant la dernière expédition, faite cependant à travers leur pays ; ils ne nous ont fourni ni porteurs, ni travailleurs, et maintes fois nous eûmes à nous défendre contre leurs déprédations.

La guerre finie, ils ont continué leur vie de pillages et de brigandages, et l'œuvre de soumission et de pacification complète du pays Sakalave, que les circonstances ont imposée au général Gallieni, nous coûtera plus que celle du reste de l'île. Paresseux, ennemis du travail, indisciplinés et soumis à une multitude de chefs, qu'ils vénèrent comme des dieux, mais dont ils méconnaissent quotidiennement l'autorité, ivrognes, portés à tous les excès soit contre les Hova, soit contre les Blancs, soit contre leurs voisins, ce ne sont en fin de compte que des nomades et des brigands.

Leur territoire s'étend sur presque toute la côte occidentale de Madagascar, depuis la baie de Pasandava jusqu'au Sud de la rivière de Saint-Augustin, sur une étendue de 10 degrés géographiques ou près de 1.100 kilomètres.

Cette région varie beaucoup en profondeur et atteint parfois quelques centaines de kilomètres; mais la partie occidentale, sauf le long des fleuves, n'est qu'un désert inhabité, et les limites qui la séparent des hauts plateaux de l'Antsihanaka, de l'Imerina, du pays des Betsileo, de celui des Bara, sont absolument indécises.

Cette immense étendue de terrain ne comprend guère plus de 500.000 habitants.

Et cependant on ne peut nier que les Sakalaves n'eussent originairement de grandes qualités, et n'eussent pu constituer une puissante nation.

« Figurez-vous de beaux hommes, écrivait en 1845 le Père Dénieau, un des premiers Missionnaires qui tentèrent de s'établir à Saint-Augustin, grands, bien proportionnés, des traits réguliers sous un teint noirâtre ou rougeâtre; c'est le type oriental, le type malais, dont ils ont presque les mœurs et en partie le langage. On voit cependant parmi eux quelques figures africaines, suite de leur mélange avec les Mozambiques et les Cafres. Le vêtement consiste pour les hommes en une simple ceinture autour des reins, que les femmes remplacent par une demi-brasse de toile roulée autour du corps en demi-jupon. Les enfants sans aucun vêtement jusqu'à neuf, dix ou onze ans, sortent le matin de leurs petits trous de cases, comme les lapins de leur lapinière. Tous, excepté quand ils sont en deuil, ont les cheveux artistement et symétriquement arrangés en longues tresses régulières. Tous aussi, mais surtout les femmes, portent ordinairement un ou plusieurs colliers de perles, des bracelets, de petits cercles en cuivre, argent ou perles, au-dessus de la cheville des pieds, pendants d'oreilles, tous plus bizarres les uns que les autres ; ajoutez à cela mille autres ornements quelquefois nobles, mais surtout très grotesques, comme chez les sauvages d'Amérique : des espèces de diadèmes ou petits morceaux de bois artistement travaillés, de petites statuettes, des dents de poissons, de caïmans, des bouts d'oreilles de veau ou de cabri, de petites cornes, etc., etc. Souvent encore une grosse balle de plomb est suspendue derrière leur tête, à la plus grosse tresse de leurs cheveux ; c'est un trésor pour eux... Les femmes aiment à se peindre et à se tatouer le visage avec une grotesque variété de couleurs et de formes : cercles autour des yeux, triangles autour du nez, carrés sur les joues, etc., etc. Les hommes emploient aussi ce tatouage avec quelques petits ornements ridicules. A part cela, voyez-les jetant sur leurs épaules leur simbo qu'ils arrangent noblement, à la manière des anciens et ensuite s'appuyant sur leur sagaie, vous croiriez voir ces Grecs ou ces Romains d'autrefois qui ne reparaissent plus que sur nos théâtres. »

Chez les Sakalaves du Nord, le type nègre paraît l'emporter sur le type malais. « Les Sakalaves, dit un écrivain de l'exploration (15 février 1890), présentent au physique un aspect extraordinairement musculeux, leur peau est presque noire et généralement luisante ; ils n'ont de barbe qu'au menton, avec de petites moustaches. »

Et, à cause de cela, il croit pouvoir les rattacher aux Cafres. C'est aller trop loin, et leurs multiples croisements avec leurs voisins d'au delà du canal Mozambique, importés jadis en grande quantité comme esclaves, suffisent pour expliquer ces traces très visibles du type africain.

En beaucoup d'endroits du littoral ils sont croisés d'Arabes, et sur la côte N.-O. quelques-uns sont presque blancs. Cela, grâce surtout à leurs relations nombreuses avec les commerçants hindous, les pirates anglais et français des deux derniers siècles, et les gens de la Réunion et de Maurice qui viennent en grand nombre y faire le commerce. Ceux du Sud sont demeurés davantage purs de tout mélange et ont mieux conservé le caractère de leurs ancêtres.

Au moins les Sakalaves sont-ils courageux, plus courageux que les autres peuplades de l'île.

De toutes les tribus de Madagascar, la plus guerrière, sans contredit, c'est la tribu des Sakalaves. Dès que le jeune Sakalave a douze ou treize ans, on l'arme d'un fusil et de plusieurs sagaies. Il porte un ceinturon autour des reins et à ce ceinturon se trouvent accrochés, entre autres objets, une épinglette pour le fusil, un sachet de balles, une corne de bœuf pleine de poudre. Le voilà soldat, mais soldat sakalave, c'est-à-dire armé pour la chasse, pour les embûches dressées aux autres tribus, pour le pillage, surtout au pays des Hova.

Que seront les Sakalaves dans l'avenir? Quels appuis nous prêteront-ils soit pour la pacification, soit pour la colonisation de Madagascar? Se relèveront-ils de l'état très bas de dégradation et de dissolution où ils sont tombés? Ou bien au contraire, rongés par les mêmes vices et adonnés aux mêmes excès, continueront-ils à s'amoindrir, à s'affaiblir pour disparaître un jour ? l'avenir nous le dira.

Mais je ne puis me défendre des plus sombres pronostics.

Leur pays est relativement riche, vraisemblablement des colons s'y établiront en assez grand nombre lorsqu'il aura été pacifié ; mais je ne crois pas que de longtemps ils trouvent une main-d'œuvre assurée chez les Sakalaves.

Les divers essais de missions tentés jusqu'ici auprès de ces peuplades ont complètement échoué ; et, il faut savoir le dire, la présence, parmi eux, depuis une cinquantaine d'années, d'un certain nombre de traitants indiens, arabes, créoles ou autres, a puissamment contribué à hâter leur démoralisation.

XI

ANTANKARANA

Au delà de la baie de Pasandava jusque vers le cap Est, au Nord de la baie d'Antongil, habitent les Antankanara.

On peut les considérer comme une variété des Sakalaves. Aussi braves qu'eux, ils sont un peu plus laborieux et offrent plus de ressources. Ils ont surtout plus de sympathie pour la France et plus de tendances à se soumettre à notre domination ou à s'allier avec nous. C'est leur dernier roi Tsimiharo, mort en 1882, après plus de quarante ans de règne, qui, de concert avec Tsiomeko, reine des Sakalaves, nous céda Nosy-Be en 1840, et mit le reste de ses États sous notre protection. Il confia aussi son fils à la Mission catholique, imité en cela par beaucoup de ses sujets. Évidemment, son but était surtout d'échapper au joug des Hova qui, depuis 1820, s'emparaient peu à peu de son royaume, mais même ce sentiment l'honore et il ne doit pas nous faire oublier le bienfait reçu, pas plus du reste que la négligence que nous avons mise à en profiter.

Les Antankara sont surtout habiles dans la construction et le maniement des pirogues de toutes sortes, dont l'usage est pour eux une véritable nécessité, à cause des nombreuses îles qu'ils habitent, et des relations qu'ils ont avec leurs voisins.

La mer, généralement tranquille, qui baigne leurs côtes, leur permet d'en avoir d'un genre particulier qui sont également connues des Sakalaves du Boina. C'est le *lakafiara*, pirogue palanquin, formée de plusieurs pièces, à forme très effilée, et dont la vitesse et l'élégance l'emportent de beaucoup sur les autres. Rien n'égale l'intrépidité des Antankara dans leurs frêles embarcations, qu'ils dirigent avec une adresse remarquable, comme un bon cavalier fait son cheval. Rien aussi de plus solennel, en ce genre, qu'une flottille de ces pirogues, lorsqu'ils accompagnent leur chef dans ses excursions.

Au physique, les Antankara ont les cheveux laineux, les lèvres épaisses et le nez épaté. Ils n'ont aucune industrie. Leurs usages sont à peu près ceux des Sakalaves, leurs croyances et leurs pratiques superstitieuses aussi.

Le climat de l'Ankarana est relativement sain, surtout au Nord de Vohemar, et les Européens établis à Nosy-

Be, à Diégo-Suarez et aux environs, ont pu assez facilement s'y acclimater.

Les productions naturelles y sont encore peu nombreuses ; c'est surtout le pays des grands troupeaux de bœufs, et il s'en exporte chaque année une certaine quantité, par Vohemar, sur Maurice et la Réunion. Un grand nombre aussi prenaient la route des établissements de la graineterie française près de Diégo-Suarez.

Telles sont les principales tribus qui se partagent le territoire de Madagascar. Je ne les ai point toutes nommées, mais toutes se rapprochent plus ou moins de celles que nous venons de passer en revue.

De cette longue étude des conclusions se dégagent qu'il sera peut-être utile de résumer ici.

1° Il n'y a pas à se le dissimuler, de toutes ces peuplades, la plus intelligente, celle qui a le plus de ressources, celle sur laquelle nous devons compter pour nous aider dans la mise en œuvre des richesses naturelles, sinon dans le gouvernement de Madagascar, c'est la tribu des Hova. Nous devons nous défier d'elle aussi, la surveiller, la tenir en haleine, et, par tous les moyens permis, nous assurer de sa fidélité.

2° Nous trouverons des auxiliaires plus soumis et plus sûrs, meilleurs travailleurs également, mais moins aptes à nous servir dans nos diverses entreprises industrielles et commerciales, chez les Betsileo. Ceux-là nous resteront fidèles et il ne dépendra que de nous de nous en faire des amis dévoués.

3° Les Antaimoro et les tribus congénères du Sud-Est nous seront également d'utiles auxiliaires.

4° Les autres tribus du Centre, les Antsihanaka, les Bozanozano, les Tanala, peut-être même les Bara pourront aussi nous fournir quelques travailleurs.

5° Nous en trouverons moins chez les Betsimisaraka, quelques-uns chez les Antankara, et très peu, si même nous en trouvons aucun, chez les Sakalaves.

Mais un autre devoir s'impose à nous en face de ces pauvres gens si dégradés, si corrompus par tant de défauts, celui de les relever, de les instruire, de les protéger contre eux-mêmes et leurs funestes habitudes, de les moraliser : de leur donner la notion de la justice, de la vertu, de la famille, de leur donner surtout le bon exemple et ainsi de les sauver.

Heureux, si nous savons accomplir cette splendide mission !

SIXIÈME LEÇON

ORIGINE DES MALGACHES

La faune et la flore de Madagascar, si nous avions le temps de les étudier, outre l'intérêt que nous y trouverions, nous conduiraient à d'importantes et intéressantes conclusions.

La flore de Madagascar est en effet très riche. Elle renferme en particulier tous les genres principaux de la zone intertropicale. Un petit nombre seulement — environ un sur neuf — de ses genres sont *endémiques*, c'est-à-dire propres à son sol, et encore ce sont des genres peu nombreux, appartenant pour la plupart aux grands ordres naturels et alliés de très près aux types génériques cosmopolites.

Il y a une très grande affinité entre la flore de Madagascar et celle des îles Mascareignes, des Seychelles et des Comores; de même avec celle du continent africain; en particulier, cette affinité s'accentue encore davantage entre la flore des plateaux du centre de Madagascar et celle du Cap et des montagnes de l'Afrique Centrale.

Jusqu'ici rien d'extraordinaire et l'on devait s'attendre à cette affinité. Mais il existe quelques cas curieux où des types de l'Asie tropicale et de l'archipel Malais, que l'on ne rencontre pas en Afrique, se retrouvent à Madagascar : par exemple, sur trente espèces connues des *Népenthès*, vingt-huit appartiennent à l'Inde et à l'archipel Malais, une est endémique aux Seychelles, et une à Madagascar ; mais il n'y en a aucune à Maurice, à la Réunion, ou sur le continent africain.

De ces faits nous pouvons déjà conclure que Madagascar n'a pu être toujours isolée du reste du monde et que cette terre a dû au contraire, à une époque plus ou moins reculée, être rattachée à l'Afrique et aux îles environnantes, qu'elle est une *île continentale*.

L'étude de sa faune nous conduirait à des conclusions encore plus larges et plus curieuses, les formes qu'on y rencontre à chaque pas lui donnant une physionomie particulière.

En effet, d'un côté, elle a des rapports évidents avec la faune d'Afrique ; mais elle en a aussi avec celle de l'Inde, de l'Arabie ou de la Malaisie, voire même avec celle de l'Amérique ; surtout elle a des espèces nombreuses qui lui sont propres, ou dont au moins elle paraît être la patrie primitive et le centre de dispersion.

Madagascar ne renferme pas moins de soixante-six espèces de mammifères. Ce serait déjà une preuve que cette île a autrefois fait partie d'un continent.

De ces soixante-six espèces, quarante, réparties en dix genres, constituent l'ordre des *Lémuriens* ou faux singes, ordre étrange se rapprochant davantage, malgré ses quatre mains, des quadrupèdes que des quadrumanes.

Il est, pour ainsi dire, cantonné dans l'île. On n'en rencontre, en effet, que quelques représentants égarés en

Malaisie, à Ceylan et dans l'Afrique tropicale, et seulement à l'état de genres ou d'espèces isolées, qui ne continuent à exister que grâce à leurs habitudes nocturnes et à leurs retraites sur les arbres, au fond des épaisses forêts. Ce sont comme les fragments épars d'un groupe jadis compact et nombreux, tandis qu'à Madagascar, ils forment plus de la moitié des espèces connues de mammifères.

Par contre, il n'y a à Madagascar aucun des grands mammifères particuliers à l'Afrique : singes, lions, léopards, hyènes, zèbres, girafes, antilopes, éléphants et rhinocéros, ou même porc-épics et écureuils.

La première impression serait donc que cette île n'a jamais été unie à l'Afrique. Mais comme les tigres, les ours, les tapirs, les daims en sont généralement absents, il faudrait aussi conclure qu'elle n'a jamais été unie à l'Asie.

D'un autre côté, avec les civettes « nous rencontrons pour la première fois, pour citer les paroles d'un savant anglais, M. Wallace, des indications précises d'une origine africaine, car la famille des civettes est plus abondante sur le continent africain qu'en Asie, et quelques-uns des genres malgaches semblent décidément être les alliés du genre africain... »

Quant aux 238 espèces d'oiseaux habitant Madagascar, après en avoir retranché 89 de haut vol, et pour la plupart cosmopolites, il en reste 149, dont 4 ont une aire de dispersion très considérable, 9 sont d'origine africaine, 7 d'origine asiatique ou océanienne et 129 sont propres à l'île, soit plus de la moitié du nombre total. C'est une proportion considérable pour un pays d'une étendue si petite ; de ces dernières, 19 ont un facies tout spécial, 21 n'ont pas de caractères bien tranchés, 14 sont intermédiaires entre des espèces africaines et des espèces orientales, 21 sont voisines d'espèces africaines, 40 se rapprochent d'espèces asiatiques et 14 rappellent des types océaniens. Quant à l'*Æpiornis*, cet oiseau si remarquable aujourd'hui disparu, comme il se rapprocherait des *Dinornis* et des *Aptérix*, appartenant comme eux à l'ordre des Brevipennes, sa présence à Madagascar semblerait établir des rapports particuliers entre cette île et la Nouvelle-Zélande. Sa taille était gigantesque, atteignant jusqu'à deux mètres. Ce n'était pas cependant le plus grand des oiseaux, puisque le Dinornis a parfois trois mètres.

Les reptiles présentent cette particularité remarquable que relativement peu de groupes africains sont représentés à Madagascar, tandis qu'on y trouve un nombre considérable d'espèces orientales ou américaines.

Il en est de même des insectes, en particulier des Coléoptères. Leurs affinités les rapprochent davantage de l'Orient, de l'Australie ou du Sud de l'Amérique.

Ces faits sont très curieux et compliquent étrangement le problème de l'état de Madagascar dans les temps préhistoriques.

Mais l'anomalie la plus grande et la plus difficile à expliquer est la présence dans ce pays des *écrevisses*. M. Huxley a remarqué qu'on ne connaît aucun animal qui approche d'une écrevisse dans tout le Sud de l'Asie et dans tout le continent africain, en particulier au Cap, et dans les rivières de la côte Sud-Est. Et cependant il y a des genres d'écrevisses à Madagascar, en Australie, à la terre de Van Diemen, à la Nouvelle-Zélande, aux îles Fidji, et dans l'Amérique du Sud. Le genre particulier des *Astacoides* existe à Madagascar, mais on ne trouve de genre semblable nulle part plus près qu'en Australie, où se trouve le genre Artacopsis.

Evidemment les écrevisses ne peuvent traverser les vastes étendues d'océan qui séparent Madagascar de ces lointaines régions ; de plus, dans l'hémisphère boréal, la distribution des écrevisses suit celle des animaux terrestres, et aussi celle des poissons de ces pays et ceux de Madagascar.

De ces faits et d'autres semblables qu'il serait trop long d'énumérer, nous pouvons déjà, semble-t-il, tirer les conclusions suivantes, qui ne sont évidemment que des hypothèses, mais des hypothèses fort plausibles et éclairant d'un grand jour le passé de Madagascar, en même temps qu'elles expliquent les anomalies signalées.

1° Madagascar est trop riche en espèces propres, soit pour sa faune, soit pour sa flore ; de plus, elle possède dans ses productions et ses divers habitants trop de ressemblances avec les divers continents du monde, pour avoir toujours été une île séparée. C'est donc une île *continentale*, c'est-à-dire une île rattachée, dans des temps plus ou moins reculés, à un continent.

2° Ce continent est incontestablement l'Afrique, vers laquelle les Comores et les bancs adjacents semblent encore former les restes d'une route brisée, aujourd'hui submergée.

3° Cette union cependant de Madagascar au continent africain nous ramène à une époque très éloignée, alors qu'une mer intérieure, s'étendant de l'Atlantique au golfe de Bengale, divisait l'Afrique en deux parties : celle du Nord réunie à l'Europe et à l'Asie, où se trouvaient tous les grands mammifères, lions, tigres, éléphants, etc., et celle du Sud qui possédait, au moins en très grande partie, la faune et la flore de Madagascar. Plus tard cette mer se souleva, et tous ces animaux se répandirent dans le Sud Africain, mais ne purent pénétrer dans la grande Ile, qui en était déjà séparée.

4° Il faut aller plus loin.

Non seulement Madagascar était unie au Sud africain, mais elle s'étendait encore au loin, à l'Est, vers l'Inde, Ceylan, la Malaisie, ou même au delà, soit qu'elle formât ainsi, comme le veulent Geoffroy Saint-Hilaire et Sclater, un quatrième continent, dont nous retrouverions encore le centre d'ossature dans les pics volcaniques de Maurice et de Bourbon, et dans la chaîne centrale de Madagascar ; soit qu'elle fût simplement, comme le prétend Wallace, plus vaste qu'aujourd'hui, et se reliât indirectement à l'Inde, par une chaîne de terres intermédiaires, dont nous retrouverions les traces dans les Seychelles et les vastes bancs de coraux Chagos, Maldives, et autres, qui marquent la position d'îles anciennes aujourd'hui disparues.

Quoi qu'il en soit, nous avons dans l'un et l'autre cas :

1° Un pays qui a eu son existence propre et sa vie indépendante ;

2° Un pays rattaché au Sud africain, alors que le Nord de l'Afrique, séparé du Sud, était uni aux terres boréales ;

3° Enfin un pays se reliant, directement, ou tout au moins indirectement, à un vaste ensemble de terres australes qui s'étendait fort loin vers l'Orient.

Et ainsi se trouvent expliqués, sinon dans tous les détails, au moins dans leur ensemble et d'une manière satisfaisante, tous les problèmes que suscite l'étude de la faune et de la flore de Madagascar.

Mais laissant ces questions de côté, arrivons maintenant au problème ethnographique qui va faire l'objet de cette présente leçon, celui de l'origine des diverses tribus qui peuplent l'île de Madagascar.

Si jamais problème parut à première vue insoluble, c'est bien celui-là.

D'un côté, en effet, on n'a aucun document écrit, rien que quelques traditions orales, vagues et confuses, contradictoires souvent, et sur lesquelles par conséquent on ne peut baser aucune conclusion sérieuse.

D'autre part, de quelque côté qu'on envisage la question, elle présente des difficultés à première vue insurmontables, et si je n'avais pour me guider les remarquables études de M. Grandidier, en particulier le savant mémoire qu'il lisait à la séance publique annuelle des cinq Académies, le 25 octobre 1886, sur « Madagascar et ses habitants », je n'aurais pas osé en entreprendre l'examen. Avec un tel guide, on craint moins de s'égarer; et, le fît-on, ce ne sera pas au moins en aveugle et faute de consciencieux efforts et de patientes recherches.

Il y a cependant des choses certaines. Commençons par en prendre note.

Premièrement, il est bien certain qu'il n'y a pas qu'un peuple unique à Madagascar. Nous avons déjà noté au contraire la diversité et le mélange de races vraiment extraordinaires que l'on y remarque, en même temps que leurs différences de type, de figure, de couleur, de conformation.

De ces races, ou plutôt de ces traces de races, il y en a dont la présence à Madagascar est toute naturelle, et que l'on doit par avance s'attendre à y rencontrer : la race *nègre africaine*, par suite de l'importation des Cafres du Mozambique, comme esclaves, et de leur établissement dans le pays; la race *arabe*, et peut-être la race *juive*, par suite des immigrations successives qui, au cours du moyen âge, ou même à des époques plus reculées, ont peuplé la côte orientale de la grande île, ou de celles qui plus tard se sont établies vers le Nord-Ouest; enfin la race *blanche européenne*, résultat des divers essais de colonisation tentés, surtout par la France, à Madagascar, et des divers mélanges occasionnés par le commerce et les autres relations des Européens avec les Malgaches.

Ces traces donc du type blanc caucasique, du type sémitique, et du type nègre africain, il faut les éliminer et ne pas en tenir compte, quand on recherche les origines du peuple malgache.

Mais cela fait, le problème est loin d'être résolu. Il y a encore, en effet, une triple race à Madagascar :

1º Une race *nègre* bien différente de la race africaine, car elle n'a ni ses cheveux crépus, ni son front fuyant, ni son angle facial très aigu, et elle lui paraît bien supérieure, et bien plus intelligente ;

2º Une autre race de *couleur cuivrée*, forte et vigoureuse, qui se retrouve surtout vers le Centre et certaines parties occidentales de la Grande Ile ;

3º Enfin la race Hova que nous avons dit être d'origine malaise.

Comment ces trois races se sont-elles établies à Madagascar, et d'où viennent les deux premières ?

Et d'abord elles ne viennent pas de l'Afrique.

Nous l'avons dit, en traitant de la flore et de la faune de Madagascar, quoique cette île ait été réunie au Sud de l'Afrique, à une époque très éloignée, alors que la distribution des terres dans l'hémisphère austral était toute différente de ce qu'elle est maintenant, elle en est séparée depuis si lontemps qu'elle a sa vie propre, ses espèces et ses genres particuliers, et qu'elle paraît parfois se rapprocher autant de l'Extrême-Orient que du continent africain. On ne peut donc rien conclure de son voisinage de l'Afrique. Et comme d'un autre côté, on ne retrouve rien sur le continent africain qui rappelle la race autochtone de Madagascar, aucune langue qui soit parente de sa langue, aucun ensemble de mœurs, de coutumes et de traditions qui reproduisent ses mœurs, ses coutumes et ses traditions, il faut dire que les habitants de Madagascar ne sont point venus du continent africain.

Mais alors d'où sont-ils venus?

Avant de répondre à cette question, remarquons que cette triple race qui peuple Madagascar a dû être réunie ailleurs qu'à Madagascar, qu'elle doit vraisemblablement venir d'un même pays où elle aurait pendant de longues années vécu côte à côte, parlant la même langue, ayant les mêmes usages et les mêmes mœurs.

Il n'y a en effet, — et c'est là un fait frappant au milieu de l'extrême variété qu'on y remarque, — qu'une seule langue à Madagascar, parlée et comprise partout, et par tous, avec très peu de mélanges, et sans traces bien visibles d'une langue étrangère qui se serait perdue dans une langue déjà existante, ou fondue avec elle. Or, cette langue unique, les Hova, qui sont les derniers venus et qui ont fini par conquérir la plus grande partie de l'île, ne l'ont point imposée aux vaincus : une langue ne s'impose pas ainsi ; et de plus, il y a des tribus qui n'ont jamais eu de rapports avec les Hova et qui cependant parlent leur langue. Ils ne la leur ont pas non plus empruntée, car dans ce cas, ils eussent eu auparavant un idiome propre, dont on retrouverait de nombreuses traces dans la langue actuelle. Quand les Normands envahirent l'Angleterre, quand les Romains s'emparèrent des Gaules, que de locutions étrangères ils y introduisirent ! Les Hova eussent fait la même chose. Or, il n'en est rien. Ils parlaient donc, avant d'aborder à Madagascar, la même langue que les habitants qu'ils y rencontrèrent. Donc ils venaient ou du même pays ou de pays très voisins.

Il y a plus : quoique très différents de race, d'aptitudes, de tendances, ils ont cependant bien des points communs, bien des usages identiques, bien des pratiques semblables : même langue, mêmes croyances, mêmes pratiques superstitieuses, même vénération pour leurs morts, même manière de porter leur deuil, de les pleurer, de les ensevelir, d'honorer leur mémoire ; et mille autres ressemblances dans la manière de se vêtir, de se nourrir, de combattre, dans la constitution de la famille, les mariages, la circoncision, les fêtes, l'état social, etc., etc., toutes choses qui nous forcent à conclure que les divers habitants de Madagascar, — je parle des habitants primitifs — ne sont pas venus de points différents du globe, apportant chacun leurs usages, leurs mœurs, leurs croyances, leurs langues ; mais qu'au contraire, ils ont dû venir approximativement de la même contrée, ou tout au moins de contrées voisines où il y avait, non identité de race, — car ils appartiennent évidemment à plusieurs races — mais vie commune, avec un fond commun de coutumes, de pratiques, de mœurs, etc.

Or, ce pays où est-il ?

A première vue, il semble qu'il ne puisse pas exister.

Il existe cependant, et c'est sa considération qui va nous donner la solution du problème.

Transportons-nous, à la suite de M. Grandidier et de M. de Quatrefages, dans cet amas d'îles et d'îlots épars au milieu du Grand Océan et que l'on nomme la Polynésie, la Malaisie, etc. Nous y trouverons trois groupes de populations, tantôt fondues, tantôt juxtaposées, et qui correspondent précisément à la triple race que nous avons observée à Madagascar : « les Nègres, — Papouas ou Négritos, — qui sont les descendants des habitants primitifs de cet ensemble de terre ; — les Indonésiens et Polynésiens, métis à des degrés divers, d'Indiens, de Chinois et de Nègres précédents qui habitent, les uns, certaines provinces de l'Indo-Chine et des grandes îles de la Malaisie, les autres, les petites îles de l'Océanie orientale ; — enfin les Malais, qui sont de race jaune plus ou moins pure et qui, quoique les derniers venus, ont la prédominance sur toutes les côtes de l'archipel (1). »

Si donc c'est de là que sont venues les diverses tribus qui ont peuplé l'île de Madagascar, tout s'explique et tout se comprend, aussi bien les ressemblances et les similitudes de langue, d'usages, de mœurs, de croyances qui existent entre elles que les différences parfois assez tranchées qui les séparent, soit que ces différences existassent avant leur immigration, soit qu'elles ne se soient produites qu'après, par suite des longs espaces de temps qui ont pu séparer ces diverses immigrations, ou de la vie entièrement séparée que ces peuples ont menée après leur arrivée dans la grande île africaine.

Ce serait déjà là une puissante raison en faveur de cette solution.

Mais, avant d'aller plus loin, cette solution n'est-elle pas physiquement impossible ?

D'après ce que nous avons eu occasion de dire, il semble suffisamment établi, et par la considération des mers qui l'entourent, c'est-à-dire par cette succession d'îles et de bancs qui s'étendent depuis Madagascar vers la direction de l'Est, et par l'étude comparée de sa faune et de sa flore qui présentent tant de points de contact avec la flore et la faune de l'Extrême-Orient, que l'île de Madagascar était beaucoup plus grande autrefois qu'aujour-

---

(1) M. Grandidier, Mémoire de 1886, p. 10.

d'hui, et que, si elle ne formait pas un continent unique avec le Sud de l'Afrique, Ceylan, la Malaisie et les îles de la Sonde, tout au moins elle était reliée à ces dernières par un ensemble de terres, aujourd'huid isparues, mais séparées alors seulement par des détroits faciles à franchir.

Il n'y a donc aucune difficulté à admettre que des habitants des îles de la Sonde aient pu émigrer à Madagascar.

Que si l'on trouve une telle époque trop éloignée et trop perdue dans le passé, et si l'on veut que la grande île africaine ait été peuplée à une époque plus récente, depuis même qu'elle est réduite à ses dimensions actuelles et que de vastes étendues de mers la séparent de la Malaisie, nous n'aurions pas encore le droit de nier la possibilité d'un tel exode, à cause des moyens primitifs de navigation dont disposent ces peuples.

Qui ne sait en effet leur hardiesse à franchir de grandes distances ? Les Betsimisaraka n'allaient-ils pas autrefois, sur leurs petites pirogues, pirater aux Comores? Les Arabes ne franchissent-ils pas aujourd'hui encore, sur leurs chalands ouverts, le canal de Mozambique, et ne se rendent-ils pas de Diego à Zanzibar? Qu'est-ce qui empêche enfin de supposer que le fort courant équatorial, ou une tempête, ou toute autre cause, aient pu jeter une de ces flottilles sur la côte de Madagascar, exactement comme le grand Laborde y fut jeté par un naufrage en 1830 ?

Cet exode donc des îles de la Sonde à Madagascar est premièrement possible, et secondement il explique admirablement toutes les difficultés ethnographiques que présente l'étude des populations malgaches. Ce serait déjà une très forte présomption en faveur de son existence.

Mais nous avons mieux que cela, car nous avons les ressemblances frappantes qui existent entre la langue, les coutumes, les pratiques malgaches et celles des populations de ces archipels.

En particulier il existe entre eux des rapports frappants pour le deuil, les rites funéraires, le désir excessif d'être enterré au tombeau de famille, la crainte des cadavres et des tombeaux, l'habitude de ne procéder à leur ensevelissement définitif que longtemps après la mort, la nécessité de se purifier après avoir participé à un enterrement, l'interdiction de prononcer le nom d'un chef mort, etc., etc.

Et ces ressemblances ne sont pas les seules.

Tous ces peuples ont des institutions sociales analogues, divisés qu'ils sont en petites tribus soumises à un vrai régime féodal, où les classes sont rigoureusement séparées et où les chefs exercent un pouvoir absolu, souvent tyrannique.

Leurs croyances religieuses, assez obscures, sont aussi sensiblement les mêmes : à des idées élevées sur Dieu et sa toute-puissance ils mêlent les superstitions les plus vulgaires. Leur culte est aussi très rudimentaire, ils n'ont ni idoles proprement dites, ni temples, ni prêtres, mais une foule de pratiques superstitieuses auxquelles ils sont inviolablement attachés, une foi absolue aux sortilèges et aux amulettes, et le jugement de Dieu ou épreuve par le poison.

On trouve la même analogie dans leur caractère naturellement doux et hospitalier, dans la facilité de leurs rapports avec les étrangers, dans la constitution de la famille, dans la situation indépendante et élevée qu'ils attribuent à la femme, dans la facilité et la corruption de leurs mœurs.

Les uns et les autres ont des choses *fady* ou prohibées,

auxquelles ils ne toucheront à aucun prix, dût-il leur en coûter la vie; des endroits où ils ne doivent jamais pénétrer; des maladies ou des actes réputés impurs qui les font excommunier de la communauté.

Ils ont également une disposition ou tout au moins un goût naturel très prononcé pour la musique et un talent de parole remarquable; ils emploient la lance à la guerre, à l'exclusion de l'arc et des flèches; ils sont tenus de faire offrande à leurs chefs du quartier de derrière de tout animal tué par eux; ils extraient le fer du minerai par les mêmes procédés et ils ont le même soufflet de forge, formé de deux cylindres dans lesquels court un piston, et que l'on ne retrouve nulle part en Afrique; ils ont les mêmes pirogues à balanciers, si simples à la fois et si commodes; ils se tatouent les uns et les autres, quoique peut-être pour un but différent; leurs ustensiles de ménage, tels que les mortiers pour piler le riz, les vases en bambou pour aller puiser de l'eau, les feuilles de bananiers qui servent de plats et de cuillers, les nattes, etc.; leurs instruments de musique, comme le *valiha*, ont pour la plupart une forme identique. L'usage de la conque marine est réservé pour appeler la population aux armes ou pour célébrer les fêtes publiques; les dettes ont chez eux un caractère sacré; les crocodiles sont l'objet d'une vénération particulière.

Il n'y a pas jusqu'à leur salut, très original et très curieux, qui ne se ressemble; ils se frottent le nez l'un contre l'autre et se flairent mutuellement, comme pour unir l'air invisible qui s'exhale sans cesse de leurs lèvres et est une émanation de leur âme, pour mêler leurs âmes (1). Les esclaves ou les gens de peu se prosternent devant

---

(1) Ce salut ne se pratique que dans l'intimité à Madagascar, mais il existe réellement, affirme M. Grandidier.

leur maître, prennent son pied et le posent sur leur nuque ; aussi les hommes libres ne supportent pas qu'on marche au-dessus de leur tête, en sorte que, comme le remarque M. Grandidier, « si un roi sakalave venait à Paris, ce n'est point à un entresol ou à un premier, c'est au grenier qu'il irait se loger ». Enfin ils ne se tiennent pas debout, mais ils doivent au contraire, en témoignage de respect, s'asseoir devant un supérieur.

N'y a-t-il pas là un ensemble de mœurs et d'habitudes propres à caractériser un groupe de populations et à en faire ressortir l'unité d'origine ? Le doute n'est presque plus permis si à tout cela on joint, non l'identité, mais une ressemblance frappante dans les deux langues malgache et malaise, toutes les deux riches en voyelles, très douces, d'une origine commune, et ayant une foule de termes, d'expressions, de formules et de tournures semblables. Seule, cette ressemblance des langues, clairement mise en lumière par le Père de la Vaissière dans un appendice au livre du Père Abinal, « Vingt ans à Madagascar », suffirait à baser une conclusion ; à plus forte raison quand elle vient après tant d'autres preuves.

Enfin, les études anthropologiques faites par M. Hamy, sur les ossements recueillis par M. Germinet dans l'île appelée *Noy Loapasana*, à Diégo-Suarez, et envoyés au Muséum d'histoire naturelle, nous conduisent à la même conclusion.

Voici du reste la note de M. Grandidier à ce sujet :

« Il n'est pas sans intérêt, dit-il, de faire observer que le sujet, inhumé dans un cercueil semblable aux anciens sarcophages usités chez certaines tribus des Philippines, offre justement les caractères crâniologiques habituels aux Indonésiens. M. Hamy, qui en a pris les principales mesures, a constaté, en effet, que le crâne est très franchement brachycéphale (diam. ant. post. 168 millim., diam. trans. max. 143 : ind. ceph. 85,1).

« Cette brachycéphalie exagérée ne saurait, suivant lui, être attribuée que pour une faible part à l'âge du sujet, l'indice céphalique ne s'élevant jamais, chez les jeunes nègres d'Afrique qu'il a mesurés, au-dessus de 78. Cette brachycéphalie est d'ailleurs en rapport avec l'existence d'un méplat occipitopariétal, tel qu'on le rencontre si fréquemment sur les crânes de l'Archipel Indien. Le diamètre vertical est, en même temps, sensiblement inférieur au transverse, ce qui n'est pas habituel chez les nègres vrais.

« Voici, au surplus, les principales mesures relevées par M. Hamy, sur le crâne du tombeau de Noy Loapasana : circ. horiz. 496 millim. ; diam. ant. post. 168 ; d. transv. max. 143 ; d. basil. bregm. 138 ; ind. céphal. 124 ; haut. fac. 76 ; orbite, larg : 371, haut. 36 ; nez, long. 46, larg. 26.

« Trois crânes d'adultes, recueillis en même temps et au même endroit par M. Germinet, donnent en moyenne les mesures suivantes : circ. horiz. 504 mm. ; diam. ant. post. 176 ; diam. transv. max. 141 ; d. basil. bregm. 136 ; ind. ceph. 80,1 ; 77,2 ; 96,4 ; front. min. 100, max. 118 ; biorb. ext. 108 ; bizyg. 132 ; haut face 90 ; orbite larg. 39, haut. 36 ; nez, long. 54, larg. 27 (1). »

Les Malgaches donc, pris dans leur ensemble, appartiennent à la race indonésienne et polynésienne, plus ou moins mélangée aux Papouais ou Négritos des îles de la Sonde.

(1) *Revue d'ethnographie*, 1886, p. 216-217.

Jusqu'ici nous n'avons point parlé des Hova, car eux n'appartiennent pas manifestement à la même race et descendent sûrement des Malais. Mais ce qu'il y a de remarquable, c'est qu'il existe précisément, entre eux et les autres Malgaches, les mêmes différences de types, de mœurs et de langage, qu'entre les Malais et les Indonésiens.

« Les Hova et les Malais sont en effet d'apparence plus débile, et leur type est franchement mongolique ; ils ont un culte égal pour les ancêtres, mais leurs rites funéraires diffèrent en partie de ceux si caractéristiques des peuples d'origine indonésienne : ils ensevelissent rapidement après le décès, ils ne relèguent pas les tombeaux loin de leur vue, dans des endroits cachés, et ils ne craignent pas d'évoquer le souvenir des morts. Ils ont la coutume de quitter leur nom dès qu'ils deviennent père, pour prendre celui de leur enfant (Rainikoto, père de Koto, au lieu de Rasanjy qui était le nom primitif). Leur langue, tout en étant au fond la même, est moins nasale, plus complexe et plus savante. Enfin leurs institutions sociales sont plus fortes, et leurs États, généralement beaucoup plus puissants, sont régis par des chefs appartenant à une aristocratie héréditaire, qui peuvent bien prendre l'avis du peuple dans des conjonctures graves, mais toujours de manière à faire prévaloir leur propre avis.

Ces différences, loin d'offrir la moindre difficulté pour notre thèse, la corroborent au contraire, la confirment et lui donnent une nouvelle garantie de vérité. Car, ce que les Hova ont de commun avec les autres Malgaches, ils le doivent précisément à ce qu'ils viennent du même pays ; et ce qu'ils ont de différent, à ce qu'ils appartiennent à une race distincte.

Et maintenant, en tenant compte de toutes ces données,

voici peut-être ce que l'on pourrait dire sur la manière dont a été peuplée l'île de Madagascar :

1° Tout d'abord une race autochtone, venant des îles de la Sonde, et composée de quelques Négritos, davantage d'Indonésiens et de Polynésiens. C'est elle qui forme le fond de la population malgache.

Trouva-t-elle des habitants quand elle aborda dans l'île ? N'en trouva-t-elle point ? Nul ne saurait le dire. En tous cas, s'il y en avait, ils n'ont guère laissé de traces, et n'ont pas exercé une sérieuse influence sur les nouveaux venus, puisque ceux-ci ressemblent encore si complètement à leurs ancêtres des îles de la Sonde.

A quelle époque se fit cette immigration ? Eut-elle lieu en une seule fois, ou au contraire en plusieurs ? Ce sont là des points auxquels il est également impossible de donner une réponse.

2° A cette population vinrent se joindre plus tard des Chinois qui, dès les temps les plus reculés, bien longtemps avant l'ère chrétienne, abordèrent au sud et au sud-ouest de Madagascar, y fondèrent vraisemblablement des comptoirs, et, par des croisements multiples avec les naturels du pays, y laissèrent des traces incontestables de leur passage (1). Ils n'eurent cependant que peu d'action sur les indigènes.

3° Après eux vinrent les Hova, on ne sait au juste à quelle époque, à une date relativement récente, il y a tout au plus 1000 ou 1200 ans. Vraisemblablement, ils abordèrent au Sud-Est. Mal reçus des habitants de l'île, persécutés par eux, ils se réfugièrent dans le centre du pays, au milieu des hauts plateaux déserts ; et là, après

---

(1) M. Crand, mémoire de 1886, p. 19.

de longs siècles d'anarchie, d'efforts, de luttes pour assurer leur indépendance et leur unité, ils prirent rapidement leur essor à la fin du siècle dernier et au commencement de celui-ci, sous la direction de deux hommes réellement remarquables, Andrianampoinimerina et son fils Radama, et devinrent les maîtres de la plus grande partie de l'île.

4° Plus récemment, ou à peu près vers la même époque, des Indiens et des Arabes abordèrent aussi à la côte Est de Madagascar et apprirent aux indigènes, en même temps que des arts utiles, une foule de superstitions, l'art de travailler le fer, l'usage de l'astrologie, du sikidi, des talismans, la circoncision, etc. C'est des Indiens que descendent les rois Maroseranana et Andrevola qui règnent à l'Ouest, ainsi que les chefs Vohitsa ou notables Mahafaly, Antifierenana et Sakalaves. Il est probable, d'après Flacourt, qu'il y eut deux immigrations successives d'Arabes à plusieurs siècles d'intervalle, l'une du Malabar, l'autre de la côte occidentale d'Afrique. Les premiers quittèrent peut-être la Mecque, lors des troubles religieux suscités par les prédications de Mahomet, abordèrent dans l'Inde, d'où ils se rendirent plus tard à Madagascar, entraînant avec eux des Indiens qui fondèrent également des principautés dans la grande Ile. C'est au moins ce qu'indique Flacourt, quand il parle si clairement des Zafiraminy, ou fils de Raminy, mère de Mahomet (1). Ces Indiens établis d'abord dans le pays de Sakaleone (Saka vaincu) (2), en furent chassés par de nouveaux immigrants

(1) Flacourt, p. 5.
(2) M. Grandidier a retrouvé dans ce district, au milieu de la jongle, un éléphant asiatique sculpté dans une roche tendre, ainsi que divers fragments de vases de pierre.

(probablement la seconde invasion d'Arabes venus de la côte d'Afrique, les Antaimoro d'aujourd'hui), et ils se partagèrent en deux : les uns s'établissant sous le nom d'Antaisaka, ou habitants du pays de Saka, sur les bords de la rivière de Mananara, près de Vangaindrano, où ils étaient du temps de Flacourt, et où ils sont encore aujourd'hui ; les autres, traversant l'île dans toute sa largeur, arrivèrent à la côte occidentale, où ils ne tardèrent pas à dominer les peuplades encore sauvages de ces régions et fondèrent un empire qu'ils appelèrent, de sa forme et du nom de leur ancienne patrie, Sakalava (Sakla, lava, long) (1).

5° Nous croyons aussi que vers la même époque, ou auparavant, certaines tribus juives s'établirent à Madagascar, et mêlèrent leur influence à celle des Arabes. C'est encore le témoignage de Flacourt qui parle des Zafihibrahim, ou lignée d'Abraham, qui habitaient Sainte-Marie ou les rivages environnants, tenaient quelques coutumes du judaïsme et ne reconnaissaient point Mahomet ; et ainsi s'expliqueraient facilement plusieurs usages et la présence de plusieurs types entièrement juifs que l'on est surpris de retrouver à Madagascar.

6° Vinrent ensuite les importations d'esclaves des côtes de Mozambique, chaque année plus nombreuses ; puis les marins, les marchands, les aventuriers européens, à partir du seizième siècle jusqu'à nos jours ; les soldats de Flacourt, les créoles de Maurice et de Bourbon, des pirates au dix-huitième siècle, tout une suite de population blanche venant, malgré toutes les entraves et toutes les

---

(1) *Revue scientifique*, 16 mai 1872, p. 1085-1086.

prohibitions, apporter son contingent à une population déjà si mélangée.

Et c'est ainsi, en tenant compte de ces éléments multiples, qu'on arrive à comprendre cette population malgache, si mélangée et si curieuse; une, malgré ses diversités de race ; réunissant en son sein tant de nationalités dictinctes, et bien digne d'habiter une terre que sa situation même destine à être un lieu de passage, asiatique par le fond, mais ayant surtout subi jusqu'ici l'influence arabe. Vienne enfin une autre influence, plus généreuse, plus bienfaisante, plus réellement civilisatrice, celle de la race française qui secoue l'apathie native du peuple Malgache, dissipe ses ténèbres, amoindrisse ses vices, et lui fasse produire tous les fruits que ses riches qualités naturelles sont capables de donner !

SEPTIÈME LEÇON

DE LA COLONISATION

VOIES DE PÉNÉTRATION — MAIN-D'ŒUVRE — EMIGRATION

Messieurs,

Nous sommes allés à Madagascar, nous en avons fait la pénible conquête; le général Gallieni s'est consacré avec un dévouement, qui n'a d'égal que son intelligente initiative et les heureux résultats obtenus, à la pacification d'abord, et ensuite à l'organisation de ce vaste pays, afin que nous puissions en tirer parti, que nous puissions y fonder des établissements, que nous puissions le *coloniser*.

La colonisation, en effet, une colonisation sérieuse qui sache à la fois mettre en œuvre les richesses naturelles d'une contrée, qui élève peu à peu à notre niveau les races primitives indigènes, qui fasse de ces populations unies à nos propres enfants que nous y aurons envoyés, une nouvelle et véritable population française, voilà bien le but réel de toute nouvelle conquête coloniale, le seul qui puisse la justifier; et, en particulier, voilà bien le but et la fin de la conquête de l'île de Madagascar.

Donc, outre notre haute mission de civilisation, d'évangélisation et d'enseignement, nous irons à Madagascar pour quatre choses :

1° Pour y rechercher et y exploiter des mines, et surtout des mines d'or, et c'est par là vraisemblablement que beaucoup commenceront.

2° Nous irons pour y faire du commerce, soit d'importation, soit d'exportation, et Dieu sait combien de rêves de fortune se sont édifiés sur cette idée de commerce, surtout parmi les pauvres gens qui s'étaient déjà ruinés !

3° Nous irons également pour y fonder des entreprises industrielles : papeterie, verrerie, poterie, fabriques de produits chimiques, de conserves, de tissus, etc., etc.

4° Nous irons pour y fonder des exploitations agricoles, les meilleures de toutes, puisqu'elles assureront le succès des entreprises industrielles et commerciales dont elles alimenteront les besoins; parce qu'elles sont plus sûres et souvent plus rémunératrices, parce qu'enfin on en vient de plus en plus à se convaincre que là surtout est l'avenir de Madagascar.

De ces quatre genres d'entreprises, mais surtout de l'agriculture, nous parlerons en détail au cours des leçons suivantes.

Je voudrais aujourd'hui, Messieurs, traiter, oh ! par les sommets seulement et sans entrer dans les détails, de trois questions corrélatives qui se rattachent à toutes ces entreprises et sur lesquelles il est très important de se faire des idées aussi nettes et aussi vraies que possible : des voies de pénétration, de la main-d'œuvre et de l'émigration.

I

DES VOIES DE COMMUNICATION

Ce qui manque le plus à nos colonies, Messieurs, tout le monde le dit, et, en particulier, le secrétaire général de l'Union coloniale, M. Chailley-Bert, l'a établi avec une autorité et une netteté exceptionnelles, dans une série de *leaders* de la « Quinzaine coloniale », ce sont les voies de pénétration, les routes, les fleuves navigables, les chemins de fer. Cela est vrai de tous nos établissements coloniaux, à deux exceptions près : l'Algérie où il y a déjà un réseau de routes pénétrant un peu partout et quelques lignes ferrées ; et la Tunisie où routes et voies ferrées se construisent, grâce à la bonne administration du Protectorat, avec une remarquable rapidité. Partout ailleurs, c'est à peine si quelques routes sont ébauchées, quelques tronçons de chemins de fer tracés, trop souvent, hélas ! sur le seul papier.

L'île de Madagascar, à peine pacifiée depuis une année, ne saurait être évidemment bien avancée, et tout ou presque tout y reste à faire.

Et d'abord, il ne faut que très peu compter et sur les voies naturelles de pénétration, je veux dire les rivières, et surtout sur les chemins déjà existants avant la conquête.

Les rivières de la côte Est, celles qui nous serviraient tout d'abord, sont en effet, nous avons déjà eu occasion de le dire, très peu, ou mieux, sauf pendant quelques kilomètres, ne sont pas du tout navigables. Quant aux célèbres *pangalana* de la côte Est, outre qu'ils longent seulement le rivage, sans pénétrer dans l'intérieur des terres, ils ne pourront réellement rendre service que du jour où ils auront été unis entre eux par le canal projeté et concédé, mais non encore exécuté.

Les fleuves de l'Ouest, au moins les principaux d'entre eux, le Betsiboka, le Manambola, le Betsiriry, etc., sont accessibles sur un assez vaste parcours, qui se prolonge encore pendant la saison des pluies, et peut atteindre près de 200 kilomètres; mais la navigation y est très pénible; et, surtout, ils ne donnent accès que dans un pays encore insuffisamment connu, insuffisamment habité, et où, par suite, des colons ne peuvent actuellement songer à s'établir. Ces fleuves, et d'autres encore, rendront service, mais plus tard seulement, alors qu'on pourra fonder des établissements dans leur voisinage, ou qu'ils pourront servir d'amorce aux voies terrestres de pénétration.

Pour le moment donc, il ne faut guère compter que sur les chemins créés de main d'homme.

Or, avant la conquête, il n'y avait, dans tout Madagascar, aucune route proprement dite, aucun chemin où pût passer la plus rustique des voitures, aucune piste où un cheval pût circuler sur une étendue d'une certaine longueur.

Le fondateur de l'hégémonie hova, le célèbre Andrianampoinimerina avait bien fait creuser un canal et tracer une route muletière entre Antananarive et la ville sainte d'Ambohimanga; une semblable route joignit plus tard Mantasoa et la capitale; quelques ponts de bois avaient également été établis en certains autres endroits et quelques travaux exécutés, ordinairement à l'occasion d'un voyage souverain, par exemple sur le chemin de Tamatave. Mais ces premiers essais, tout rudimentaires, avaient été complètement abandonnés depuis une cinquantaine d'années, par négligence et par parti-pris, l'ancien ministre visant, avant tout, à fermer son pays à la pénétration étrangère, à ce point que, de ces ébauches primitives il ne restait que quelque chaussées ravinées, quelques piliers de pont entièrement hors d'usage.

La Capitale elle-même n'était, à une exception près, sillonnée que par de véritables casse-cou que l'on ne parvenait à franchir qu'en descendant de cheval.

Les cartes marquaient bien un certain nombre de routes allant de la mer vers les hauts plateaux :

1° La route de Tamatave à Tananarive qui a été refaite en partie et dont nous parlerons tout à l'heure.

2° Les deux routes de Tananarive à Mojanga, le long des deux vallées de l'Ikopa et du Betsiboka, qui se rejoignent en une seule à partir du confluent des deux rivières jusqu'à la mer ;

3° La route de Mahanoro à Tananarive par Beparasy, qui rejoint la route de Tamatave au sein de la seconde forêt avant Ankeramadinika ;

4° La route de Tananarive à Mandritsara et de là à Vohemar, Ambohimarina et Diégo-Suarez, le long de la côte Nord-Est ou bien à Anorotsanga au Nord-Ouest.

5° La route de l'Ouest, de Tananarive vers Manandaza et Ankavandra, sur le Tsiribihina et le Manambolo.

6° La route de Tananarive à Andakabe Ambondro, au Sud des précédentes.

7° A partir de Fianarantsoa et du Betsileo, la route très fréquentée de Mananjary vers l'Est, et celle, beaucoup moins suivie, à travers les pays des Bara, vers l'Ouest.

8° Au Centre, outre les sentiers déjà cités, un autre très important, parce qu'il traverse des pays peuplés et fertiles et relie les deux tribus les plus importantes de l'île, les Betsileo et les Hova : le sentier de Tananarive à Fianarantsoa.

9° Sur la côte Est, un sentier longeant tout le rivage pour en relier les diverses localités.

Enfin une foule d'autres, faisant communiquer entre elles les diverses localités de l'intérieur ou bien les rattachant aux artères principales.

Seulement, ce serait une erreur complète que de voir dans ces pistes à peine tracées, qui n'évitent aucun obstacle, qui vont toujours en ligne droite, au travers des montagnes, des rizières, des marais, des forêts, sans travail ni réparation d'aucune sorte, quelque chose approchant de ce que nous sommes convenus d'appeler une route, ou même un chemin, ou même un sentier digne de ce nom.

Je ne saurais, Messieurs, vous en donner une idée plus exacte qu'en reprenant la description que je faisais, il y a quelques années, dans mon journal de voyage, de la plus fréquentée de toutes ces pistes, celle de Tananarive à Tamatave.

« Elle ne ressemble, ni de près, ni de loin, disais-je, à aucune route connue, si mauvaise ou si abandonnée qu'on la suppose. Elle suit tous les accidents de terrain, gravit le flanc abrupt des montagnes pour redescendre presque à pic de l'autre côté. Jamais une courbe, jamais un détour pour éviter une montée et une descente inutiles. On va toujours droit devant soi par la ligne de plus grande pente, fallût-il gravir, en pure perte, un sommet abrupt de 100 ou 200 mètres, et l'on se prend à avoir pitié de ces pauvres porteurs, quand du sommet d'une montagne que l'on va descendre, on aperçoit, par delà un ravin dont on ne peut encore soupçonner toute la profondeur, une autre montagne d'une égale hauteur, au milieu de laquelle, comme sur un toit de maison, grimpe le sentier qu'ils auront bientôt à remonter.

« Il va sans dire que ces chemins sont parsemés d'obstacles de toutes sortes, encombrés de rochers, de troncs d'arbres, d'éboulements, de débris de toute nature, coupés de ravins qui ont jusqu'à un mètre de profondeur, détrempés par la pluie et devenus tellement glissants que vous ne pourriez y marcher avec vos chaussures; d'un niveau tellement inégal que votre filanjana penche parfois de 30° ou 40°. D'autres fois, ils s'encaissent entre des parois verticales d'une terre argileuse, rougeâtre, partout la même. Vous êtes alors dans une tranchée large de 1 mètre à peu près, profonde de 8, 10, 12 mètres, et relativement assez longue. Si à ce moment un autre filanjana vient à votre rencontre, il faudra que l'un de vous revienne en arrière.

« On pensera que j'exagère, il n'en est rien. Je tâche d'être exact et je suis sûr de rester au-dessous de la vérité. Un jour, une des premières descentes me parut si raide que je crus prudent de descendre de mon filanjana. Deux de mes porteurs me tenaient par la main : j'allais autant que possible en zig-zag, me servant de tous les accidents de terrain, et c'est cependant merveille si je pus arriver jusqu'au bas sain et sauf. J'ai autrefois descendu à pic le Puy-de-Dôme, c'était moins difficile. »

Cela, Messieurs, commence à n'être plus vrai aujourd'hui, grâce à l'habile et vive impulsion donnée par le général Gallieni aux premiers travaux d'utilité publique, grâce au zèle intelligent, au dévouement infatigable, à l'énergie constante de ses subordonnés.

Il y a à peine un an et demi que le général est à Madagascar; il n'y a que quelques mois que la pacification et la tranquillité sont suffisamment établies dans le Centre, le Nord et l'Est de l'île, pour qu'on puisse s'y livrer à des entreprises sérieuses, et déjà des travaux considérables ont été exécutés, qui font le plus grand honneur à ceux qui les ont accomplis.

Messieurs, il y a deux erreurs qui courent le monde et que l'on accepte comme deux axiomes, pour peu que l'on veuille paraître au courant des choses coloniales :

1° Que nous ne savons rien faire dans nos colonies et que

2° en tout cas, l'administration civile seule est capable de donner un vif essor à l'organisation économique d'un pays.

Or nous voyons ce fait remarquable à Madagascar que, précisément sous une administration militaire, on y a accompli des prodiges tels que les Anglais, oui, Messieurs, les Anglais eux-mêmes, n'ont nulle part fait aussi vite et aussi bien. On peut aller plus loin, et il est bon de le rappeler, les territoires soumis au régime militaire, les plus troublés, par conséquent, et ceux où il était le plus difficile de travailler, sont les plus avancés — vous pouviez lire récemment cette appréciation dans la correspondance de Madagascar du *Journal des Débats* — pour les travaux publics, l'étude des terrains, les reconnaissances. Voilà donc une double légende qu'il faudra laisser dans l'ombre, au moins pour quelque temps.

En attendant, on travaille, et on travaille bien à Madagascar. Je me suis renseigné sur ce qu'on y a fait, je me suis renseigné de première main, m'adressant pour cela à deux hommes qui en reviennent, M. Edouard Laborde, qui y a vécu vingt ans et, par suite, est mieux capable que personne d'apprécier les changements qui y ont eu lieu et le commandant, aujourd'hui lieutenant-colonel Roques, celui-là même qui, plus que tout autre, a travaillé aux voies de communication de Madagascar, celui qui, en particulier, a préparé les études pour la route et pour le chemin de fer de Tamatave à Tananarive.

Or, voici les résultats obtenus à ce jour :

Les travaux de route se divisent en deux : les routes provisoires et la route définitive de Tamatave à Tananarive.

Les premières, de 1500 kilomètres de long, furent confiées aux soins des commandants de territoire et exécutées par prestations. Les indigènes devaient pour cela 50 jours — aujourd'hui, ce n'est plus que 30 — on les nourrissait, on les dirigeait et on leur fournissait des outils quand on en avait ; quand on n'en avait pas, ils se servaient de leur seule *angady*, ou bêche à main.

Eh bien ! par cette méthode, sous la direction de nos soldats, avec des dépenses tellement minimes qu'elles sont insignifiantes, on a fait :

1° La route de Tananarive à Ankeramadinika, à l'entrée de la première forêt. Cette route a 44 kilomètres de long, 4 à 5 mètres de large, avec des pentes de 8 à 10 centimètres par mètre, sans chaussée empierrée, et, sur les rivières, des ponts en bois légèrement établis, ou même des passages à gué. Ce n'est qu'un travail provisoire, mais tel qu'il est, il rend de notables services et pourra être la base d'un travail ultérieur définitif.

2° Dans la vallée du Mangoro, la route de Moramanga à Didy, aux sources de l'Ivondrono, prolongée sur Ambatodrazaka, la capitale du pays des Antsihanaka.

3° La route de Tananarive à Mojanga, ou mieux à Maevatanana, achevée par les soins du commandant du cercle d'Ankazobe, le colonel Lyauté qui, au mois de novembre dernier, y faisait circuler un convoi de voitures Lefebvre.

Cette route a près de 400 kilomètres, dont les 150 construits par le corps expéditionnaire jusqu'à Andriba, et 250 nouveaux exécutés d'Andriba à Tananarive par les soins du colonel Lyauté.

4° La route de Tananarive à Tsiafahy dans la direction du Sud-Est vers Mahanoro.

5° La route de Betafo et de Fianarantsoa, une des mieux faites et des meilleures.

6° D'autres tronçons exécutés ou amorcés un peu partout, dans les divers cercles, pour en relier les chefs-lieux aux routes ci-dessus, ou pour rattacher entre eux les principaux centres.

Vraiment, Messieurs, nos officiers n'ont pas perdu leur temps.

Mais un autre travail était urgent, plus difficile, plus coûteux, et qu'il fallait faire avec plus de soin que ceux-là, une véritable voie de pénétration, de la côte à Tananarive.

Cette voie a été étudiée par le colonel Roques. Tous les plans en sont dressés. On sait ce qu'elle coûtera, comment il faudra la faire, quand elle sera terminée. Certaines parties, du reste, en sont déjà exécutées.

La première question était celle-ci : quelle direction prendre ? Celle de l'Est ou celle de l'Ouest, celle de Tamatave ou celle de Mojanga ?

De sérieuses raisons semblaient d'abord indiquer la direction de l'Ouest.

Mojanga, en effet, est plus près de la France que Tamatave, de deux ou trois jours. Sa rade est incomparablement meilleure, le Betsiboka enfin permet de franchir par eau les 200 premiers kilomètres, et la confection de la route, outre les travaux déjà faits par le corps expéditionnaire, présentait moins de difficultés.

Malgré cela, le colonel Roques, après avoir tout examiné, a préféré la route de Tamatave. Il l'a fait :

1° Parce que cette route est notablement plus courte : 240 km. depuis Mahatsara, 340 depuis Tamatave, au lieu de 400 jusqu'au Betsiboka, et près de 600 jusqu'à Mojanga.

2° Parce que le Betsiboka présente de très grandes difficultés pour la navigation, des difficultés telles qu'un service régulier pourrait difficilement y être assuré en de certains moments, tandis que, le canal des Pangalana une fois établi, la traversée sera facile depuis Tamatave jusqu'à Mahatsara.

3° Parce qu'il n'y a pas de désert entre Tananarive et Tamatave, comme celui qui s'étend depuis les Vonizongo, aux confins occidentaux de l'Imerina, jusqu'au Boina, sur la route de Mojanga.

4° Parce que le terrain est toujours le même soit à l'Est, soit à l'Ouest, et présente à peu près les mêmes difficultés, plus légères cependant vers l'Ouest.

La section de la route est déjà terminée entre Tamatave et Andevoranto, sur une longueur de 98 kilomètres.

Là, il n'y a eu que peu de chose à faire.

« La route de Tamatave à Andevoranto, écrit le colonel Roques dans un rapport publié dans le *Journal officiel de Madagascar* du 21 décembre 1897, a demandé fort peu d'aménagements. Les constructions ont consisté presque exclusivement dans la confection des ponts en pilotis sur les rivières. »

Ces ponts sont au nombre de trois :

1) Celui d'Ambinan'ny Frangy ;

2) Celui d'Andavaka menarana (au trou du serpent rouge);

3) Celui d'Ampanoto Amesina.

Ils ont de 200 à 300 mètres de long, s'appuient sur des pilotis distants de cinq mètres et peuvent supporter des charges de 2.000 kilogrammes.

On n'en a pas établi sur l'Ivondrono, car ce fleuve, par ses divers méandres, occupe un espace de 3 kilomètres, et que son embouchure, de 300 à 400 mètres en temps ordinaire, s'élargit considérablement pendant le temps des pluies, et que des embouchures secondaires peuvent alors se produire à travers le mince cordon de sable du rivage. Une chaloupe à vapeur assure le passage. Une autre chaloupe, remorquant également des chalands et des pirogues, prend voyageurs et marchandises à Andevoranto et les remonte sur l'Iaroka jusqu'à Mahatsara, point terminus de la navigation sur cette rivière.

Entre l'Ivondrono et Andevoranto, « la dune présente quelquefois sur son flanc regardant la mer, mais le plus souvent sur le flanc opposé, une sorte de risberme gazonnée en maints endroits que l'on a choisi, poursuit le colonel Roques, pour y faire passer les voitures. »

« Sur cette plate-forme de sable, les terrassements ont été insignifiants. Aucun empierrement n'a été posé; le tirage est loin de se faire dans des conditions parfaites, mais, du moins, la dépense d'entretien est à peu près nulle. »

« C'était bien là, poursuit-il, la solution qui convenait pour une route indestructible par sa nature même et destinée d'ailleurs à disparaître à bref délai, quand le canal des Pangalana, qui doit la longer, aura été construit. »

Après Mahatsara, il y a d'achevés à peu près 20 kilomètres d'une très belle route empierrée et admirablement faite par les Chinois. Le reste demandera, d'après les études définitivement établies du colonel Roques, 3.900.000 francs et un an de travail. Le ministre des Colonies a demandé ce crédit au Parlement. Les Chambres l'ont voté. Le colonel est reparti reprendre son service. Tout donc nous permet d'espérer que l'année 1898 ne s'achèvera pas sans que ne soit terminé cet important travail, et que des voitures — peut-être des automobiles — ne circulent entre **Tamatave** et **Tananarive**.

On croyait d'abord que l'on ne pourrait se passer pour ce travail de la main-d'œuvre asiatique et que l'on devrait continuer à recourir aux Chinois. Il semble qu'il en sera autrement.

« On fit venir des milliers de Chinois pour les travaux de route, continue le colonel Roques. On ne négligea cependant pas de faire appel à la main-d'œuvre indigène. Quelques Antaimoro se présentèrent. Cette peuplade était connue et réputée pour son aptitude au travail, mais nulle par son inconstance et son caractère effarouché. Il était même admis qu'on ne pourrait compter sur leur collaboration. Or, grâce à la justice et à la douceur dont usèrent à leur égard les officiers qui les emploient ; grâce à la réception que fit le Gouverneur Général à une équipe, que la mission du chemin de fer avait réussi à entraîner jusqu'à Tananarive, les Antaimoro se présentèrent en foule aux chefs de chantiers, qui ont reçu l'ordre du Gouverneur Général de les accueillir tous ; ils sont aujourd'hui 2600 sur la route.

Cette route doit être de construction rapide et économique, conclut le colonel. Il convient de réduire le plus possible, dans ce but, l'importance des travaux ; mais ceux que l'on se décide à exécuter doivent être soignés et entourés de toutes les précautions nécessaires pour leur conservation.

« Dans un pays mouvementé, à sol argileux et à pluies torrentielles, une route simplement ébauchée ou mal construite ne résisterait pas à un hivernage.

« Plus que partout ailleurs, il faut à Madagascar, et cela, dès que la plate-forme est construite, la protéger par l'empierrement de la chaussée, le revêtement des talus et l'établissement de dispositifs assurant largement l'écoulement des eaux.

« L'expérience des travaux exécutés montre combien il serait imprudent et onéreux de chercher à se dérober à ces nécessités.

« La rapidité et l'économie ne peuvent être cherchées que dans les tracés. C'est en s'inspirant de ces considérations que le Gouverneur Général a prescrit d'exécuter les travaux avec le plus grand soin et a fixé, pour le tracé, les caractéristiques suivantes : largeur de la chaussée, 5 mètres, dont 3 empierrés. Déclivité maxima, 8 centimètres par mètre. Rayon minimum des courbes, 10 mètres.

Les deux dernières conditions sont des limites évidentes pour une route carrossable.

« On peut être tenté de trouver la largeur de 5 mètres un peu forte; il n'en est rien. Elle est indispensable pour permettre une circulation libre et sans danger, sur une route à fortes déclivités, à faibles rayons, tracée sur des flancs de coteaux fortement inclinés et pratiquée par des voitures que traînent des animaux incomplètement dressés et conduits par des noirs inhabiles et insouciants.

« L'achèvement de la route carrossable de Mahatsara à Tananarive est, de tous les travaux publics projetés pour la mise en valeur de la colonie de Madagascar, celui dont l'utilité immédiate est la plus grande et la plus manifeste, » celui par conséquent dont il faudra s'occuper en premier lieu.

A une condition cependant, c'est qu'elle ne fera ni oublier, ni même différer la construction d'une voie ferrée de pénétration, reliant Tananarive à la côte.

Ce chemin de fer, en effet, est de toute nécessité, soit pour l'alimentation du plateau central où se concentrent en somme, au milieu de la population la plus nombreuse et la plus intelligente de l'île, la vie publique et la vie intellectuelle, soit pour nous défendre de toute surprise et nous permettre de prévenir un mouvement toujours possible d'insurrection.

Tant que ce chemin de fer n'aura pas été ouvert, le prix des transports empêchera presque complètement toute exportation et grèvera les marchandises d'importation d'un prix supérieur jusqu'ici à 1 fr. par kilog. et qui ne descendra guère, même avec une route et des voitures, au-dessous de 0 fr. 30, rendant ainsi inabordables pour le plus grand nombre des denrées que nous considérons de première nécessité. On ne pourra également transporter à l'intérieur nulle de ces machines lourdes, chaudières, volants, ou autres, sans lesquelles cependant il est impossible de créer aucune industrie importante.

Enfin l'Imerina, et, par suite, Madagascar, ne sera complètement à nous que lorsque Tananarive sera à une demi-journée de marche de la côte et que nous pourrons, en quelques heures, y faire affluer les hommes, les armes et les munitions qui pourraient y être nécessaires.

Sur ce point, personne n'a d'hésitation et tout le monde est d'accord.

Là où les dissidences commencent, c'est quand il s'agit

du tracé et des moyens d'exécution de ce chemin de fer.

Et d'abord, quel tracé adopter?

Quatre éléments principaux, disait pertinemment à ce propos M. le colonel Roques dans une communication faite au banquet de l'Union coloniale française, dominent la construction de toute voie ferrée.

Ce sont :

1° La constitution minéralogique des terrains que traverse le tracé. Selon que ces terrains opposeront à l'outil une plus ou moins grande résistance, selon que les remblais qu'ils fourniront ou que les tranchées qui y seront creusées, seront plus ou moins faciles à consolider et à entretenir, les travaux de terrassement seront plus ou moins coûteux.

2° La configuration topographique des régions dans lesquelles se développera la ligne projetée.

C'est de cet élément que dépendront le cube des terrassements et le nombre ainsi que l'importance des ouvrages d'art.

3° La différence de niveau à franchir.

4° La distance à parcourir.

C'est donc de la considération de ces éléments que nous devons tirer les raisons qui fixeront notre choix. Passons-les donc en revue.

Et d'abord la nature des terrains à parcourir.

Elle est partout la même. « Quel que soit donc le point de la côte d'où l'on partira pour atteindre le plateau central, quelle que soit l'ingéniosité que l'on dépensera à choisir son itinéraire, il faudra toujours, sauf dans les environs immédiats de la côte, circuler dans cette argile dont la couleur a valu à notre colonie son surnom de *Terre rouge*.

Heureusement, poursuit le colonel, que « cette terre vaut mieux que la réputation qu'on lui a faite. On l'a souvent représentée comme susceptible de se transformer, sous l'action des eaux atmosphériques, en une masse boueuse toujours prête à se mettre en mouvement. Il n'en est rien. Formée par la décomposition superficielle des roches primitives qui constituent l'ossature de la presque totalité de l'île, elle contient, outre l'argile, les autres éléments constitutifs de ces roches, le quartz et le mica. Facile à entamer, elle donne des remblais qui sont rapidement envahis et fixés par la végétation. Les talus des tranchées qu'on y creuse ont une bonne tenue quand on leur donne une forte inclinaison.

Nous ne pouvons donc tirer aucune conclusion de la nature du sol.

Nous ne pouvons guère en tirer davantage de la conformation du terrain.

« Quel que soit le tracé adopté, disait à ce propos le colonel, les flancs des collines sur lesquelles il cheminera auront toujours la même raideur, qui est celle des anciennes pentes rocheuses, et seront coupés de ravins aussi nombreux et aussi profonds.

« Cela est confirmé par les diverses études ou reconnaissances qui ont été faites à Madagascar.

« Personnellement, j'ai reconnu jusqu'à 150 kilomètres en aval de Tananarive, la vallée de l'Ikopa qui est l'une des voies géographiques d'accès vers la capitale de l'Imerina. Cette reconnaissance a été poursuivie par M. le lieutenant Arnaud jusqu'au confluent du Betsiboka. La vallée de l'Ikopa offre des difficultés de même ordre que celles empruntées par le projet que nous avons été amenés à proposer et que je désignerai par la suite sous le nom de tracé par la Vohitra.

« J'ai constaté, en plus, des érosions pluviales qui n'existent pas dans ce dernier tracé.

« La vallée du Manambolo, qui a été souvent proposée pour aboutir au plateau central, a été explorée par M. Grosclaude qui, dans un ouvrage plein de sincérité, d'humour et d'intérêt, a fait le récit de ses excursions. En parcourant ce livre, nous y avons trouvé des descriptions qui pourraient s'appliquer aux vallées que suit notre projet de chemin de fer, nous y avons vu des figurés qui nous ont rappelé les sites sur lesquels nous avons campé dans ces vallées. »

Deux autres tracés avaient été également préconisés comme devant offrir des avantages particuliers :

1° Celui qui, longeant la vallée de l'Ivondrona, se serait immédiatement dirigé vers l'Ouest, en quittant Tamatave, pour redescendre ensuite le Mangoro et de là gagner Tananarive, ou bien,

2° Celui qui, longeant le Mangoro, puis son affluent l'Onive, aurait relié Mahanoro, au plateau de l'Ankaratra et, par suite, à Tananarive, par Tsinjoarivo.

Le premier a été reconnu par M. le capitaine Prévost, chef de brigade topographique à Madagascar, et le second par MM. Iribe et Guinard. Ils présentent le même caractère et traversent les mêmes terrains que la vallée de la Vohitra.

Les deux premiers éléments dont nous avons parlé sont donc sensiblement les mêmes pour tous les tracés.

La différence de niveau à franchir sera également la même, puisque toujours on partira de la mer pour aboutir sur le plateau central, sensiblement à la même cote.

Donc d'aucune de ces trois considérations on ne peut rien conclure.

En se basant sur la seule distance à parcourir, le colonel Roques s'est nettement prononcé pour le tracé de la Vohitra.

Et d'abord il a écarté les deux tracés de l'Ivondrono et du Mangoro.

« De tous les tracés, dit-il, que l'on a préconisés pour atteindre Tananarive, soit en empruntant la vallée de l'Ivondrono, soit en allant chercher celle de la Vohitra, M. le capitaine Prévost, qui a opéré dans les deux vallées, a reconnu que le tracé par l'Ivondrono serait plus long et présenterait, par kilomètre courant, des difficultés au moins aussi considérables que le tracé par la Vohitra.

« Le chemin de fer que l'on pourrait construire par les vallées du Mangoro et de son affluent l'Onivé, poursuit-il, offriraient une voie presque aussi courte que celle de la Vohitra, mais le chemin de fer qui y serait construit aurait comme point de départ sur la côte le port de Mahanoro, bien inférieur à celui de Tamatave.

Il a également écarté, du côté de l'Ouest, les tracés de la Mahajamba, du Manambolo et de la Tsiribihina :

« Le chemin de fer, a-t-il conclu, par les vallées de la Mahajamba, du Manambolo ou de la Tsiribihina, serait au moins aussi long que le chemin de fer de Mojanga. »

Restaient deux autres projets offrant plus d'avantages et partant plus de chances de succès : celui de Mojanga, par les vallées du Betsiboka et de l'Ikopa, et celui de Mananjary à Fianarantsoa, Ambositra et Tananarive.

Voici ce que le colonel disait de l'un et de l'autre :

« Le chemin de fer de Mojanga à Tananarive, que l'on oppose souvent à celui de Tamatave à Tananarive, aurait 650 kilomètres. Il est vrai que sur 238 kilomètres il pourrait être remplacé par le Betsiboka. Mais du côté de Tamatave on peut, du moins au début, remplacer également les 110 premiers kilomètres par le canal des Pangalanes, de telle sorte que les distances à franchir, soit par eau, soit par chemin de fer, seraient deux fois plus longues par Mojanga que par Tamatave.

« Le port de Tamatave est, il est vrai, bien loin de valoir celui de Mojanga. Mais, tel qu'il est, il sert depuis plusieurs siècles et peut, avec une faible dépense, acquérir une puissance de débit bien supérieure à celle du chemin de fer qu'il est question de construire. »

Puis, à propos du chemin de fer de Fianarantsoa :

« Pendant que nous faisions l'étude du chemin de fer de Tamatave à Tananarive, poursuit M. Roques, une autre mission composée d'ingénieurs civils établissait, à 500 kilom. plus au Sud, le projet d'un chemin de fer destiné à relier Fianarantsoa à la mer.

« Je n'ai pas de renseignements particuliers sur le travail de cette mission, mais à en juger par sa composition et par le temps qu'elle a consacré à son étude, j'ai la conviction que son projet est parfaitement étudié. Je suis même disposé à le croire d'une exécution un peu plus facile que celui de la Vohitra, sans qu'il puisse cependant y avoir une différence bien considérable, et cela en raison même de ce que je vous ai dit sur les caractères généraux du terrain de Madagascar.

« Je considère donc ce chemin de fer comme parfaitement faisable, mais j'éprouve la crainte qu'on ne veuille le présenter comme le premier tronçon d'une voie destinée à se diriger sur Tananarive. Si une telle proposition se produisait, je vous rappellerai, Messieurs, l'argument de la distance, je vous dirai qu'une voie de pénétration partant de la mer pour aboutir à Tananarive en passant par Fianarantsoa n'aurait pas moins de 700 kilomètres de longueur et que, par ce fait même, elle devrait être écartée.

« Nous avons besoin de chemins de fer à Madagascar. Celui de Tamatave à Tananarive doit être construit le premier, il ne saurait nuire à celui de la mer à Fianarantsoa. Mais si l'on entreprend de les opposer l'un à l'autre, nous craignons de n'en avoir aucun. »

Et de peur que l'on ne vît dans ses paroles une attaque indirecte contre le projet de Fianarantsoa à la mer, le colonel ajoutait : « Je ne voudrais pas que mes paroles puissent prêter à confusion. Je ne dis pas qu'il ne faut pas construire le chemin de fer de la mer à Fianarantsoa, je considère au contraire que ce chemin de fer a un champ d'exploitation suffisant pour le faire vivre et qu'il est tout à fait indépendant de celui de Tamatave à Tananarive, mais je demande qu'on ne l'oppose pas à ce dernier.

« Tananarive, pour des raisons de toute nature, et notamment pour des raisons historiques qui ne sont pas à dédaigner, Tananarive est et restera la capitale de Madagascar. C'est à Tananarive qu'il faut donc aboutir d'abord, et, pour aboutir à Tananarive, le mieux est de partir de Tamatave. »

« Telles sont, Messieurs, concluait le colonel Roques, les considérations qui m'ont amené à conclure à la construction d'un chemin de fer partant de Tamatave pour aboutir à Tananarive en empruntant la vallée de la Vohitra.

« J'ajoute que les efforts de la mission que j'ai eu l'honneur de diriger ne sont que la suite de ceux faits antérieurement par MM. le colonel Marmier et le commandant Goudard. Ce sont eux qui, les premiers, ont proposé la vallée de la Vohitra et ont démontré qu'elle se prêtait à la construction d'une voie de pénétration. Leur travail a été ensuite contrôlé par M. l'ingénieur en chef

Duportal, au cours d'un voyage qu'il a effectué en compagnie de M. le colonel Marmier. »

Peut-être pourrait-on ajouter quelques remarques de détail à cette communication de tous points si remarquable.

Par exemple, le chemin de fer de Fianarantsoa à la mer aurait pour lui trois avantages que ne possède pas celui de Tamatave :

1° Il aboutirait à l'embouchure du Faraony, à un port très facile à établir, suffisamment profond pour être accessible à tous les navires, assez accore pour que les débarquements y fussent faciles, assez protégé pour que les bateaux y fussent à l'abri des tempêtes du large.

2° Il traverserait un pays beaucoup plus riche que celui qui s'étend entre Tamatave et Tananarive et donnerait accès vers le Betsileo, l'Ankaratra et le sud de l'Imerina, c'est-à-dire les meilleures contrées des hauts plateaux. On aurait donc l'espoir d'un trafic considérable qui couvrirait presque immédiatement les frais d'établissement et d'exploitation, en même temps qu'on ouvrirait à la colonisation de vastes territoires suffisamment fertiles.

3° Il serait relativement facile à construire, sa longueur jusqu'à Fianarantsoa n'étant que de 211 kilomètres, ses pentes maxima ne dépassant pas 3 cm. par mètre, et le pays ne présentant pas de difficultés extraordinaires. Les études préliminaires sont achevées et la compagnie, qui est prête à en entreprendre la construction, à ses frais, ne demande que deux ans pour l'achever.

Une fois arrivé à Fianarantsoa, ce chemin de fer serait immédiatement, suivant les engagements du projet, prolongé jusqu'à Ambositra et, vraisemblablement, dans un délai assez court, jusqu'à Tananarive.

Quant au chemin de fer du N.-O., par l'Ikopa et le Betsiboka, ce qu'en dit le colonel Roques est très exact. Ce chemin de fer est plus long que celui de la Vohitra, et l'établissement en est à peine un peu moins difficile.

Néanmoins, peut-être serait-il juste de faire remarquer que le port de Mojanga est très supérieur à celui de Tamatave, et que des travaux proposés et du reste faciles à exécuter vont encore l'améliorer d'une manière notable ; qu'il est d'au moins deux journées plus rapproché de la France ; que surtout, il est situé vis-à-vis et à proximité de l'Afrique du Sud, ce débouché naturel des produits de Madagascar ; que le canal de Mozambique est loin d'être aussi dur pour la navigation que l'Océan Indien ; que la côte Ouest, quoique encore considérablement en retard, est plus riche que la côte orientale et appelée par suite à un plus grand avenir.

Malgré tout et pour le moment, il faut se ranger à l'avis du colonel Roques. Evidemment la compagnie qui entreprendra la construction de ce chemin de fer le fera étudier à son tour. Déjà même la mission chargée de ce soin est partie. Vraisemblablement elle apportera quelques modifications soit au tracé, soit au plan d'exécution du colonel Roques. Mais il est probable qu'elle en acceptera les grandes lignes et par suite que le chemin de fer, devant aboutir à Tananarive, se fera par l'Est, le long du cours de la Vohitra.

Seulement il faudrait que conjointement à cette ligne, peut-être même avant, fût accordée et construite la ligne du Faraony à Fianarantsoa que l'on prolongerait ensuite jusqu'à Tananarive ; il faudrait également que, le plus rapidement possible, fut étudiée et mise en adjudication la ligne de Mojanga. Et alors, en attendant que la ligne

Fianarantsoa-Tananarive fût prolongée vers le Nord jusqu'à Diego-Suarez et vers le Sud jusqu'à Fort-Dauphin ; en attendant que fussent construites deux lignes parallèles longeant les deux rivages oriental et occidental, on aurait le tronçon le plus important du futur réseau des chemins de fer de Madagascar.

Pour en revenir au chemin de fer de la Vohitra, voici, sur sa construction, quelques renseignements intéressants fournis également par le colonel Roques dans une note parue, le 19 août 1897, au *Journal Officiel de Madagascar* :

« Le tracé de la ligne de Tamatave, complètement arrêté aujourd'hui, porte cette note, présente un développement total de 350 kilomètres.

« A partir de Tamatave et après avoir franchi l'Ivondrona, il emprunte successivement les vallées du Manambolo, du Sahambano, et de la Sahamarina. Puis, après avoir franchi le col de Tangaina et traversé le Mangoro, il monte en Imerina par les vallées de Sahanjonjona, de l'Isifotra et de l'Andranobe.

« Il s'engage ensuite dans la vallée de la Hiadana qu'il quitte au col de Tanifotsy, pour suivre, jusqu'au pied de Tananarive, les vallées de l'Ivovokopa et de l'Ikopa.

« Il sera nécessaire de percer quelques tunnels pour franchir des contreforts perpendiculaires au tracé et trop aigus pour pouvoir être tournés. La longueur de chacun d'eux ne dépassera pas 300 mètres.

« Quatre grands ponts ayant respectivement 200, 100, 300 et 100 mètres de longueur, et se présentant dans des conditions d'établissement relativement faciles, devront être construits pour passer l'Ivondrona, le Rongo-Rongo, la Vohitra et la Mangoro.

« Les déclivités ne dépasseront pas 25 mm. par mètre.

« Le rayon des courbes s'abaissera souvent à 120 mètres, et quelquefois à 80 ; elles seront très nombreuses, mais c'est seulement en brisant ainsi le tracé qu'on arrivera à diminuer l'importance des terrassements qui s'élèveront cependant encore à un cube considérable.

« Au point de vue de l'exploitation, le tracé se divise en deux grandes sections : celle de Tamatave à la Vohitra (120 kilom.), sur laquelle la pente nette maxima ne dépassera pas 15 mm. par mètre, et celle de la Vohitra à Tananarive où cette pente atteindra en certains points 25 millimètres. Cette dernière section pourra elle-même être subdivisée ; la présence d'importantes chutes d'eau dans la Vohitra, la Sahantandra, l'Isafotra et l'Andranobe, permettra d'employer la traction électrique sur les 100 premiers kilomètres et pour la montée en Imerina. »

Cette dernière remarque est importante, car l'absence de charbon exploitable à Madagascar sera une des difficultés de l'exploitation de ses chemins de fer.

Maintenant, la seconde question se pose, celle que n'a pas voulu examiner le colonel Roques, et qui, en effet, dépend du gouvernement et non d'un service technique : par quels procédés financiers construira-t-on ce chemin de fer ?

La question pourrait être facilement élargie, et s'appliquer à beaucoup d'autres voies ferrées dans d'autres pays, car elle existe à peu près dans toutes nos colonies. Examinons-la seulement pour Madagascar.

Si Madagascar était très riche et si ses finances assuraient de larges excédents annuels, le problème serait très simple : on pourrait garantir un minimum de recettes et l'on trouverait facilement à ce prix une compagnie sérieuse qui construirait ce chemin de fer ; ou bien encore, on ferait un emprunt pour en couvrir les frais de construction, quitte à l'exécuter directement, à l'exploiter de même, ou à le céder à bail à une compagnie. Mais malheureusement, malgré la rapidité de la pacification et la facilité avec laquelle rentrent les impôts, la mise en œuvre des richesses de l'île est trop peu avancée pour que, de longtemps, on puisse espérer de tels excédents.

Si l'on était certain que ce chemin de fer dût se suffire immédiatement à lui-même par le prix des seuls transports qu'il aura à effectuer, peut-être se serait-il trouvé une compagnie pour l'entreprendre à ses frais. Mais cette certitude absolue, on ne l'a pas.

Il est difficile, en effet, de calculer l'importance du trafic total de la côte à Tananarive, parce qu'on n'a pour cela aucune base certaine ; plus difficile encore d'apprécier ce que deviendra ce trafic, après la construction d'une voie ferrée.

On s'accorde à dire qu'il y a presque constamment de 6000 à 7000 porteurs sur la route de Tamatave à Tananarive. Mettons 6500 qui fassent 20 voyages par an au prix moyen de 40 francs par homme. Cela nous donnerait 5.200.000 fr. pour le prix de revient actuel de transports.

Ce n'est là qu'un minimum, car le budget pour 1898 prévoit 3.000.000 pour les transports de l'Etat et les transports privés s'élèvent à peu près à une somme égale.

Mettons donc 6.000.000 en chiffres ronds.

Avec des porteurs, la tonne km. coûte 3 fr. 50 ; avec des voitures, on a calculé qu'elle reviendrait seulement à 1 fr. Mais comme on se prive nécessairement aujourd'hui dans l'intérieur de quantité de choses que l'on s'empresserait alors de se procurer, le tonnage doublerait sûrement, ce qui nous donnerait comme dépense totale :

$$\frac{2 \times 6.000.000 \times 2}{7} = \frac{24.000.000}{7} = 3.428.571$$

ou en chiffres ronds 3.500.000 fr.

Le tonnage kilométrique avec une voie ferrée baisserait encore à 0 fr. 75 ou même 0 fr. 50, mais le trafic augmenterait en proportion, sans compter le revenu des billets pour les voyageurs.

Donc, en résumé, on pourrait compter sur un revenu brut de près de 4.000.000 qui suffirait peut-être pour couvrir et les frais d'exploitation et l'intérêt du capital de construction. Ce capital oscillerait, en effet, vraisemblablement entre 50 et 70 millions, car le chemin de fer aura 350 km. de long, ce qui, à raison de 160.000 fr. le kilomètre, chiffre maximum calculé par le colonel Roques, donne une dépense globale de 56.000.000.

Seulement quand il s'agit de trouver de l'argent, surtout en si grande quantité, ce n'est pas une probabilité, c'est une véritable certitude qu'il faudrait avoir.

La colonie ne pouvant pas payer la construction de ce chemin de fer et la voie elle-même n'offrant pas par sa seule exploitation la certitude de rémunérer les capitaux engagés, il a donc fallu chercher un autre moyen de les trouver.

On ne pouvait pas recourir, au moins avec la Chambre actuelle, à l'ancienne voie des garanties d'intérêt, car, par crainte de l'opinion publique, le Parlement ne les eût point votées.

C'est alors qu'un Mauritien, le célèbre M. de Coriolis, vint proposer au Gouvernement, vers la fin de l'année 1896, de construire ce chemin de fer à ses frais contre une concession gratuite de 400.000 hectares, à choisir dans les endroits les plus fertiles de l'île, dans un rayon déterminé, mais très considérable.

Il avait négocié l'entreprise avec M. Laroche, il était anglais et ses calculs étaient d'un tel optimisme qu'il paraissait ne pas devoir réussir.

Malgré tout, il parvint à grouper à Bordeaux un syndicat de négociants très honorables et jouissant d'une très grande autorité qui acceptèrent, en les modifiant légèrement, ses propositions.

Au lieu de 400.000 hectares, ils en demandaient 520.000.

Trois ans leur étaient accordés pour le choix de ces terres, à partir de la signature du contrat définitif, et trois autres années pour leur bornage et leur immatriculation.

Un an leur était laissé et, s'ils en avaient besoin, dix-huit mois, pour faire étudier la voie avant de s'engager par un contrat définitivement.

Enfin, ils se réservaient un droit de préférence, jusqu'à concurrence de 10 0/0 du prix de revient et pendant un an, pour tout embranchement de ce chemin de fer allant soit vers la mer, entre Tamatave et Mahanoro, soit dans n'importe quelle direction de l'Imerina, et aussi pour toute ligne indépendante reliant Tananarive à la mer.

La première impression, quand on connut le projet, lui fut plutôt favorable, et le Ministre des colonies en particulier, répondant à une interpellation au Sénat, se félicita hautement d'avoir pu le conclure.

Cependant, les difficultés et les objections ne tardèrent pas à surgir. Les chambres consultatives de Tamatave et de Tananarive protestèrent vivement contre le délai d'option de quatre ans, qui immobilisait les meilleures terres pendant cette longue période et retardait d'autant la colonisation. On s'éleva en France contre le délai de dix-huit mois au bout duquel vraisemblablement la Compagnie bordelaise répondrait négativement, et quelques-uns s'effrayèrent de ce droit de préférence qui lui livrait, en fait, tous les futurs chemins de fer de Madagascar. Mais surtout, il devint bientôt visible que la Compagnie ne trouverait ni l'argent, ni les entrepreneurs nécessaires.

En même temps, la Compagnie de constructions des Batignolles, qui avait fait faire une étude sommaire de cette voie, en demandait la concession sous le couvert d'une garantie d'intérêt de 2 1/2 0/0 et, naturellement, entretenait l'agitation contre le projet de Bordeaux.

L'année 1897 se passa au milieu de ces hésitations et le commandant Roques arriva en France, apportant le projet que nous avons analysé plus haut. Une poussée d'opinion se produisit à ce moment qui obligea à chercher de nouvelles conditions, d'autant plus faciles à faire surgir qu'on se trouvait, pour la première fois, en face d'un tracé étudié et d'une situation précise.

Un grand armateur de Marseille, M. Mantes, l'un des fondateurs de l'Union Coloniale, prit, au nom de la compagnie Coloniale de Madagascar, avec le concours de quelques amis, l'initiative d'une autre proposition devenue aujourd'hui un avant-projet accepté et signé par le Gouvernement, déjà déposé devant le Parlement et qui a toute chance d'aboutir.

Sous la réserve, pour le compte de l'Administration, de la garantie d'un minimum de trafic de Tamatave à Tananarive, qui coûtera moins que le prix actuel des transports, et qui, par suite, dégrèvera les finances de la colonie, au lieu de les obérer, et sous la condition d'une concession de 100.000 hectares à choisir dans un délai de six mois, mais dont 72.000 seront attribués au groupe Bordelais qui, à ce prix, se désiste de tous ses droits, ce nouveau syndicat, qui a derrière lui de puissants financiers, s'engage à construire et à exploiter à ses frais, dans des conditions déterminées, le chemin de fer en question.

Demandons et souhaitons, sans cependant nous faire aucune illusion à ce sujet, que le parlement ne nous fasse pas perdre un temps précieux par ses parfois très peu sages lenteurs.

II

DE LA MAIN-D'ŒUVRE.

Il n'y a vraisemblablement pas, nous l'avons dit dans une de nos précédentes leçons, plus de cinq millions d'habitants à Madagascar pour une étendue approximative de 590.000 kilomètres carrés, à peu près huit par kilomètre.

Ce fait domine toute la question.

Quand, en effet, il y a une population si disséminée dans un pays d'une telle étendue, on ne saurait y rencontrer une main-d'œuvre considérable.

On le saurait d'autant moins qu'il ne faut pas compter sur une partie considérable de la population, à peu près tous les habitants du Nord, de l'Ouest et du Sud, les Antankara, les Sakalaves, les Bara, les Mahafaly et les Antandroy, c'est-à-dire sur à peu près un million d'habitants, disséminés sur une immense étendue de rivages, depuis la baie d'Antongil jusqu'au Mandreré, en faisant le tour par les pentes et les plaines du contrefort occidental. On ne peut guère compter non plus sur les habitants de l'Est, la tribu des Betsimisaraka.

Les Betsimisaraka ne sont pas porteurs : cela leur laisserait beaucoup de loisirs; et, comme leur pays, sans être très peuplé, l'est cependant plus que la côte occidentale, il n'y manque pas un certain nombre d'hommes forts et robustes, qui pourraient fournir une main-d'œuvre très suffisante, si seulement ils étaient travailleurs, et surtout s'ils étaient assidus à leur travail et fidèles à leurs engagements. Mais c'est précisément là ce qui leur fait défaut. Le Betsimisaraka sait travailler et quand il est à la besogne, il s'acquitte suffisamment de sa tâche. Mais il est essentiellement inconstant et capricieux. Il travaillera fort bien pendant 28 ou 29 jours, mais une idée lui passera par la tête le trentième et, quelque besoin que vous ayez de lui, quelque promesse que vous puissiez lui faire, il vous abandonnera à l'improviste et ne reviendra qu'au bout de plusieurs mois, si même il revient jamais, quand la faim le ramènera. Avec cela il est impossible de diriger une exploitation agricole. Donc, en attendant que le changement des mœurs ait amené de sérieuses modifications dans les habitudes des Betsimisaraka, il faudra chercher ailleurs des travailleurs.

Restent seulement les peuplades du Centre et celles de la côte Sud-Est, sur lesquelles on puisse fonder quelque espoir, à peine les deux tiers de toute la population de l'île, peut-être trois millions d'habitants.

Sans doute la culture est très peu développée parmi eux et aucune industrie proprement dite, à l'exception du service de porteur, n'y existe, qui réclame une quantité considérable de bras. Cela permet d'avoir un certain nombre d'hommes disponibles dont on pourra employer les services, mais, on le comprend par avance, un nombre restreint.

Si même il s'agit d'industrie proprement dite à établir, de métiers qui exigent une certaine dextérité de main et une certaine intelligence pratique, si surtout il faut commander à d'autres hommes et prendre, sous une direction supérieure, une part dans la marche de l'entreprise, être contre-maître ou surveillant, on se trouvera réduit à n'employer que les seuls Hova.

La main-d'œuvre pour ces sortes d'entreprises sera donc forcément réduite.

Car enfin, les Hova ne sont pas si nombreux ! deux millions, tout au plus. Puis il s'en faut qu'ils soient tous disponibles.

Un certain nombre parmi eux, ceux qui appartiennent aux premières castes de la noblesse, ceux qui se trouvent à la tête de la bourgeoisie ou possèdent une certaine situation de fortune, ne travaillent pas. A plus forte raison ne loueront-ils pas leurs bras à d'autres. De même ceux qui s'occupent de commerce pour leur compte, ceux qui ont un métier indépendant et ceux, de plus en plus nombreux, qui entrent dans l'administration, dans l'enseignement, dans n'importe laquelle de ces situations que l'on est convenu d'appeler libérales. Cela déjà nous enlève une grande partie, peut-être plus de la moitié de la population.

Un grand nombre de ceux qui restent, surtout parmi les anciens esclaves, les plus jeunes et les plus vigoureux, de vingt jusqu'à environ cinquante ans, sont porteurs, soit qu'ils habitent l'Imerina, au service, par groupes de quatre, des français, officiers et autres, en résidence à Tananarive et dans les autres postes de l'intérieur ; soit qu'ils fassent le service de la capitale à la côte, pour les voyageurs et les marchandises, ou accompagnent les diverses opérations, militaires, d'exploration ou de prospection. Voilà donc encore un grand nombre d'hommes, et ce sont les plus vigoureux, sur lesquels il ne faut pas compter.

Enfin la loi de la corvée qui imposait naguère à chaque

homme valide cinquante jours, qui aujourd'hui encore lui impose trente jours de prestations, et les nombreux travaux publics de voirie et autres qui réclament chaque jour un grand nombre de bras, qui vraisemblablement en réclameront un nombre de plus en plus grand, seront un nouvel obstacle rendant chaque jour plus difficile le recrutement des travailleurs dont on pourra avoir besoin pour les diverses exploitations à entreprendre.

Malgré tout, grâce à l'amour des Hova pour l'argent, et, au besoin, grâce au décret porté par le gouverneur général de Madagascar qui contraint chaque Malgache ne pouvant justifier de moyens d'existence de ne point refuser ses services à qui veut l'employer, on peut trouver de la main-d'œuvre en Imerina pour certains travaux, pour les transports en particulier et pour des exploitations agricoles. En ce moment, on peut même dire que la main-d'œuvre n'y manquera pas au colon qui paiera ses hommes, qui ne les brutalisera pas, qui sera à la fois juste et humain.

Pendant le cours de l'année dernière, les porteurs furent, à un certain moment, très rares et très chers, tellement le service de ravitaillement en exigeait un grand nombre, tellement aussi l'Administration prit la funeste habitude de les payer trop. Un instant, on leur donna cinquante francs par homme pour monter de Tamatave à Tananarive, soit comme porteurs d'hommes, ce qui prenait de six à huit jours, soit comme porteurs de bagages, ce qui en demandait deux fois plus. Depuis, de sérieux et efficaces efforts ont été faits en sens inverse. Le service de ravitaillement a fait transporter les vivres par mer, sur des bateaux côtiers, de Tamatave à Andevoranto et, de là, par un chaland à vapeur, jusqu'à Mahatsara. La route s'est ainsi trouvée abrégée d'un tiers. En même temps, un service de voitures a été inauguré, par terre, de **Tamatave** jusqu'au même point, pour le service postal, et un premier convoi de voitures, pour le ravitaillement, a pu atteindre la capitale par la route de l'Ouest. Cela a rendu libres un certain nombre de porteurs, nombre qui ne peut aller qu'en augmentant, à mesure que les voitures se multiplieront, ou peut-être que des bêtes de somme remplaceront les hommes. En l'état actuel, les porteurs sont assez nombreux pour les voyageurs. Ils ne l'ont pas toujours été et à un certain moment on avait peine à en trouver à Tananarive. Ils peuvent également suffire aux besoins de l'administration. Seul, le commerce est parfois gêné et les marchands sont parfois embarrassés pour faire arriver les marchandises dont ils ont besoin.

En même temps, l'administration diminuait le prix des porteurs dont les exigences baissaient naturellement, à mesure que les prix officiels étaient moins élevés.

En ce moment, on peut avoir des porteurs pour monter à Tananarive à trente-cinq francs et à quinze francs pour en descendre, au lieu de cinquante et de vingt à vingt-cinq que l'on devait payer auparavant.

A Tananarive et dans l'intérieur, les porteurs que l'on prend pour un petit voyage et pour une exploration, ou que l'on garde un mois à son compte pour s'en servir quand on en a besoin, coûtent de deux francs à un franc.

Ce serait également là le prix des ouvriers de métier. Les simples manœuvres et les ouvriers de peine sont de moitié moins chers.

Dans le pays des **Betsileo**, pays beaucoup moins peuplé que l'Imerina, moins peuplé également que la région des Antaimoro, mais plus peuplé que le reste de Madagascar, on trouverait des porteurs en même temps que des bras pour l'agriculture, car les Betsileo sont essentiellement agriculteurs et suffisamment laborieux.

Il n'en serait pas de même chez les Antanala encore sauvages et moins travailleurs que les Betsileo ; chez les Bezanozano, assez semblables en somme aux Antanala, leurs voisins, et occupés en grande partie à transporter le sel de Vatomandry à la capitale ou à porter des provisions au compte de l'Etat.

Chez les Antsihanaka, qui sont nombreux, leur pays étant en somme assez peuplé, on trouverait peut-être quelques ouvriers dans les villages situés en assez grand nombre non loin de la route de Tamatave à Tananarive.

Mais c'est sur la côte, en allant vers le Sud, chez les Vorimo, chez les Antaimoro, chez les Antaifasy et chez les Antanosy qu'on trouve le plus grand nombre d'ouvriers. Cela est heureux, car c'est également dans ces régions que se portent déjà et se porteront pendant assez longtemps les premiers efforts de la colonisation, que seront tentées les premières exploitations agricoles.

La population commence à être plus dense aux environs de Mahanoro et également plus travailleuse, surtout plus régulière au travail, que ne le sont les Betsimisaraka de la côte Est.

Plus loin dans l'intérieur, à environ deux journées de marche, se trouvent les *Vorimo* qui firent un moment parler d'eux, lors de la révolte de la côte Est, ne voulant à aucun prix rester soumis aux Hova. Ils sont assez nombreux, assez sérieux, assez constants au travail. Ce serait cependant une erreur de compter complètement sur eux. Ce sont encore des sauvages, mais de bons sauvages. M. Edouard Laborde fut peut-être le premier blanc qui pénétra parmi eux, il y a une vingtaine d'années. Naturellement il avait des souliers. Les femmes Vorimo venaient les toucher et s'apitoyaient, croyant n'être pas comprises de lui, sur ce pauvre vazaha qui avait des pieds ainsi grossis et noircis par le mal.

Vers Mananjary, les hommes s'occupent surtout à porter marchandises et voyageurs vers Fianarantsoa.

Les Antaimoro, les Antaifasy, les Antanosy fourniraient des bras relativement abondants. Ils émigrent les uns et les autres sur la côte Est pour des campagnes de travail, comme le font nos habitants du Centre, de la Haute-Auvergne, de la Corrèze, de la Creuse, etc. Autrefois ils allaient jusqu'à Diégo-Suarez ou même Mojanga. Le pays des Antaimoro en particulier est très peuplé, ayant une population à peine moins dense que celle de l'Imerina. Et comme ils sont sobres, sérieux, travailleurs, très économes, leur économie allant parfois jusqu'à l'avarice, ils ne sont ni pillards, ni voleurs et leurs mœurs sont relativement bonnes.

On trouverait donc chez les Antaimoro une main-d'œuvre relativement abondante, bonne et à assez bon compte, puisqu'un homme ne reviendrait guère à plus de dix francs par mois, nourriture comprise.

III

DE L'ÉMIGRATION

Telles sont les ressources ou, pour parler plus exactement, les difficultés que rencontreront nos émigrants à leur arrivée à Madagascar.

Voies de communication rudimentaires et complètement insuffisantes, qui iront s'améliorant chaque jour, mais qui demanderont encore un nombre considérable d'années avant de répondre aux desiderata les plus modestes et les plus justifiés.

Main-d'œuvre rudimentaire, suffisamment abondante en certains endroits et dans le commencement des premières exploitations, mais qui ira en se faisant de plus en plus rare à mesure que les entreprises agricoles, les travaux publics iront en se développant et qui, même dès maintenant, manquera complètement en certaines régions, en particulier dans les régions de l'Ouest.

Ces deux seules considérations, jointes à la nature même du pays et de son climat et à la nature des exploitations à entreprendre, indiquent suffisamment les endroits où devront aller d'abord les émigrants et quelle doit être la nature des premiers éléments de notre émigration vers Madagascar.

Madagascar est très grand et les espaces disponibles y sont considérables ; on pourra donc, et l'on devra choisir, avec beaucoup de soin, les meilleurs endroits, c'est-à-dire ceux qui sont en même temps les plus fertiles, les plus sains et les plus rapprochés d'une voie facile de communication, à condition encore qu'ils soient complètement pacifiés. Cette dernière considération nous obligera à éviter pour le moment la côte occidentale et le Sud-Ouest. La côte orientale, au contraire, attirera tout de suite les premiers colons qui y trouveront, surtout à partir de Vatomandry en allant vers le Sud, de bonnes terres, une main-d'œuvre suffisamment abondante et un climat tolérable, sinon très salubre.

Le climat sera meilleur à mesure qu'on s'élèvera vers les plateaux ; mais jusqu'à nouvel ordre, on ne pourrait conseiller que l'Imerina, dont le sol est plutôt pauvre, mais où la main-d'œuvre est abondante, l'Ankaratra et le Betsileo où l'on trouvera également des travailleurs et où le terrain est meilleur.

Quant aux colons eux-mêmes, il est d'une souveraine importance qu'ils soient recrutés avec le plus grand soin.

Je vous le disais, en effet, Messieurs, au seuil même de ces leçons, un profond mouvement se dessine et s'accentue chaque jour en France qui menace d'entraîner de nombreux colons à Madagascar. C'est là un heureux symptôme qui fait tressaillir d'espérance tous ceux qui s'intéressent à l'avenir de notre nouvelle colonie, mais qui n'est pas non plus sans leur inspirer certaines inquiétudes. Rien en effet n'est aveugle comme un entraînement ; et si, par aventure, les premiers colons qui iront à Madagascar venaient à y échouer, s'ils devaient être rapatriés, désillusionnés et ruinés, le discrédit se répandrait partout, succédant à l'enthousiasme et aux espoirs irréfléchis, et, de longtemps, c'en serait fait de l'avenir de la colonisation à Madagascar.

Il est donc souverainement important que les premiers partis réussissent et, pour cela, il faut à tout prix qu'ils soient rigoureusement choisis et offrent toutes les garanties de santé, de moralité, de caractère, de capacités, de moyens extérieurs pour réussir.

Qu'ils jouissent, d'abord, d'une bonne santé et soient encore dans toute la vigueur de l'âge. Hélas ! nous ne le savons que trop, le climat de Madagascar est dangereux. Sans doute, il ne faut rien exagérer. Avec des soins, avec de l'hygiène, surtout avec une vie réglée et exempte de tout excès, on peut y vivre et y travailler longtemps, vingt, trente et quarante ans. Mais on peut facilement y mourir aussi, et une personne anémiée, épuisée ou non encore suffisamment formée, fera mieux de rester en France. Je dirai la même chose des personnes qui sont exposées aux maladies du foie ou de la rate.

Qu'ils soient courageux et persévérants, car les difficultés ne leur manqueront pas, surtout au commencement. Il y aura l'ignorance de la langue, et la nécessité de s'acclimater dans une contrée toute différente de la nôtre ; il y aura l'isolement, partout si pénible, mais qui le devient encore davantage, dans un pays neuf, au milieu d'une race étrangère, à laquelle on ne devra jamais se livrer, avec laquelle on ne pourra jamais entrer en communication d'idées ou de sentiments ; il y aura la fièvre, l'anémie, et je ne sais quelle usure physique et intellectuelle, presque inévitable, qui diminue l'énergie et émousse les courages les mieux trempés ; il y aura la méfiance native des indigènes et leurs innombrables défauts : mensonge, paresse, amour du vol, ivrognerie, etc., etc. ; puis les mécomptes, les accidents, les malheurs, etc., qui peuvent tout détruire en un jour.

On comprend quelle force surhumaine, et surtout quelle persévérance il faut, pour lutter contre de telles difficultés.

Le malheur est que nous manquons surtout de cette persévérance, dans les colonies aussi bien qu'en France, que nous ne sommes pas assez tenaces, ni assez constamment ambitieux.

M. Chailley-Bert nous racontait, le 13 mars dernier, dans la très remarquable conférence qu'il faisait à la salle de la Société de Géographie sur la colonisation à Java, la déception que lui avait causée l'infériorité intellectuelle de l'administration hollandaise dans cette colonie et la supériorité par lui constatée de nos agents de l'Indo-Chine qu'il avait rencontrés sur le paquebot à son voyage de retour ; et, comparant alors les remarquables résultats obtenus par les Hollandais, moins intelligents, aux résultats sûrement moindres obtenus par nous qui leur sommes supérieurs, il remarquait avec raison que le caractère, que la volonté, que la persévérance et la ténacité dans les entreprises priment l'intelligence et que c'était là précisément ce qui nous faisait défaut.

Si un Français a amassé un commencement de fortune à l'étranger, le mal du pays le prendra et il n'aura de cesse qu'il ne soit rentré pour la dépenser en France, abandonnant pour cela les plus belles espérances, même une fortune assurée. Si surtout les difficultés se multiplient au début de son entreprise; si quelqu'un des concours sur lesquels il croyait pouvoir compter vient à lui faire défaut; si quelque calamité se produit, venant de causes naturelles ou autres, de la malice des hommes, ou de la perturbation des éléments, qui en un moment détruisent le fruit de ses travaux et compromettent ses plus chères espérances; si à cela viennent se joindre la maladie qui brise ses forces, la fièvre qui les mine, l'anémie qui l'atrophie, il se décourage, il renonce à la lutte, il réalise n'importe à quel prix ce qu'il possède et il s'en retourne, ruiné et découragé.

Avec cela, on ne fait rien, on ne peut prospérer nulle part.

Que nos futurs colons aient aussi une certaine avance d'argent. Ce n'est pas sans une vive appréhension que j'ai entendu un homme public promouvoir la colonisation à Madagascar par les *petites gens*. Je connais le peuple et je l'aime de tout mon cœur. J'ai vu beaucoup de ces hommes de bonne volonté, qui ne demandent qu'à travailler, et pour qui il n'y a aucun avenir en France. A ceux-là j'aimerais à dire : allez à Madagascar et vous vous y créerez une situation. Mais je n'en ai pas le droit.

Et, par amour pour eux, et par amour pour Madagascar, je les en dissuade.

Ils iront, soit ; l'État leur accordera un passage gratuit, leur donnera une concession, leur garantira quelques vivres. Et puis, après? Après, ils échoueront ; après, ils mourront de misère ; après, il faudra les rapatrier, ayant perdu tout ce qu'ils possédaient, et les jeter sur le pavé ; après, ce seront des hommes aigris, mourant de faim, et jetant partout le discrédit sur la terre de Madagascar.

Non, et cela il faut le redire à toute occasion, car c'est l'exacte vérité, un homme ne devrait jamais aller à Madagascar, si quelqu'un ne lui garantit du travail et une rémunération convenable ; ou bien si lui-même, voulant travailler pour son propre compte, ne peut dépenser 500 francs par mois pendant cinq ou six ans, s'il ne possède un capital minimum de 30.000 francs, au moins de 20.000.

Je voudrais enfin de l'honnêteté et de la moralité chez un colon.

J'ai entendu, il y a quelque temps, un mot frappant de la bouche de M. Chailley-Bert : « Si la France est descendue si bas, me disait-il, qu'elle ne se relèvera peut-être jamais, la principale raison, c'est que, depuis longtemps, on ne demande que de l'intelligence et pas de moralité. » Or, si cela est vrai pour nous en France, à combien plus forte raison dans un pays nouveau, où tout est à créer, au point de vue moral encore plus qu'au point de vue matériel, où il n'y a pas d'honnêteté, pas de mœurs, pas de famille, au sens élevé de ce mot ; où il faudrait donner à ces pauvres gens l'exemple de la loyauté dans les affaires, de la sûreté dans les relations, de la fidélité dans le mariage, de la moralité dans la conduite ; où toute leur éducation est à refaire.

Aussi ne saurais-je assez protester contre cette idée de coloniser Madagascar *avec des déportés*. Ce serait plus qu'une folie, ce serait un crime qui, sans tarder, retomberait vite sur le pays qui l'aurait commis.

Vos déportés, savez-vous ce qu'ils feraient? Ils se vautreraient dans tous les vices; ils vivraient de vol et de brigandage; ils prendraient la brousse et se feraient chefs de bande, d'autant plus redoutables qu'ils seraient plus expérimentés dans le vice, et vous devriez bientôt les pourchasser comme des bêtes fauves. On ne fait pas de l'ordre avec des éléments de désordre, de la vertu avec des éléments de corruption, des honnêtes gens avec des voleurs. Voyez la Nouvelle-Calédonie si riche et qui, cependant, dépérit, parce qu'on en a fait un lieu de déportation. Voyez l'Australie, qui n'a pris son splendide essor, que lorsqu'on a cessé d'y transporter les *convicts* et qu'elle a été peuplée par cette race saxonne si pleine de ressources, par cette race irlandaise surtout, turbulente parfois, mais si honnête, si chaste et si chrétienne.

Je voudrais une dernière chose, chez le futur colon de Madagascar, qui assurerait tout le reste et serait une garantie du succès. *Je voudrais des hommes respectant toujours et, autant que possible, pratiquant leur religion.*

Il ne s'agit pas ici de prosélytisme, de coercition, ni de rien qui en approche. Mais il est bien certain qu'on ne fera rien de sérieux pour civiliser un peuple, si l'on ne met de fortes croyances à la base; il est bien certain que les Missionnaires seront les meilleurs ouvriers, les plus écoutés, et les plus aptes à régénérer, relever, refaire ses mœurs, sa conduite, sa nature doublement viciée et doublement dégradée. Certains instincts, certaines passions, pourront n'y pas trouver leur compte; certains préjugés également, qu'il faudra savoir laisser dans la vieille Europe, où, du reste, ils ne devraient pas exister.

Jusqu'ici, je n'ai rien dit de l'action de l'Etat dans cette grande œuvre de la colonisation de Madagascar. Le fait est que je la voudrais aussi restreinte que possible, sollicitant, protégeant, aidant l'initiative privée et les entreprises particulières, ne les entravant jamais et ne se substituant jamais à elles. Partout où l'Etat a voulu se faire colon, il a échoué. Partout, au contraire, où de sérieuses entreprises privées ont été essayées par des particuliers ou par des sociétés, à l'abri des lois et sous la protection de la France, elles ont réussi. Que l'expérience du passé, et en particulier celle de la Tunisie et de l'Algérie, pour ne parler pas de Diégo-Suarez, où l'on n'a encore rien obtenu, nous serve de leçon, et ne recommençons pas toujours des essais désastreux.

Je voudrais donc qu'après les grands travaux d'utilité publique qui, nécessairement, devront être exécutés par l'Etat, ou mieux encore, sous sa direction et son contrôle ; qu'après un service sérieux de renseignements, soit en France, soit sur place, à la capitale et aux ports de débarquement ; qu'après un ou plusieurs jardins d'acclimatation pour étudier et introduire les cultures appropriées à l'île, ou pour fournir aux colons les plants et les semis, le gouvernement local se contentât d'assurer aux émigrants la propriété et la tranquille possession des terrains qu'ils auront acquis, en même temps que la sécurité complète pour leurs personnes et leurs biens ; qu'il les aidât, dans la mesure du possible, par de sages règlements d'utilité publique, à trouver un emplacement, à recruter des travailleurs, à se procurer les matières nécessaires à leurs entreprises, à écouler facilement leurs produits ; qu'il leur accordât enfin, pendant quelque temps au moins, des facilités particulières de passage et de transport avec diminution, sinon exemption complète, des charges publiques ; et ce sera assez pour que des hommes, tels que ceux que nous avons décrits, réussissent à Madagascar. Si les autres n'y vont pas, ou, après y être allés, n'y réussissent pas, ce ne pourra être qu'un avantage pour la future Colonie.

Peut-être même ne serait-il pas sage d'accorder trop facilement des concessions. Pour les mines, pour les grands travaux publics, pour la mise en œuvre des forêts, etc., cela pourra être nécessaire. Mais qu'alors ces concessions soient bien délimitées et soumises à des droits et à des règlements certains, qui éloignent la possibilité de tout abus. Quant au système des concessions gratuites, des villages officiels, pour la colonisation strictement dite, il n'a donné que de mauvais résultats, même à côté de nous, en Algérie, où l'on a dû y renoncer, et le remplacer par la mise en vente publique des terres disponibles ; et il n'a rien donné à Diégo-Suarez. Mieux vaudrait donc ne pas l'essayer ailleurs, si ce n'est peut-être pour telle ou telle entreprise d'un ordre tout particulier ; ou bien, tout au commencement, afin d'attirer un noyau de colons français.

HUITIÈME LEÇON

I

DU SOL DE MADAGASCAR

Les colonies se divisent naturellement en colonies d'exploitation et en colonies de peuplement. Les premières sont celles qui, déjà suffisamment habitées pour ne laisser guère de place à de nombreux émigrants, ou celles encore dont le climat est trop meurtrier pour que des Européens puissent y travailler et s'y établir. Telles, par exemple, la côte occidentale d'Afrique, le Sénégal, le Soudan, la Guinée, le Congo ; telle aussi la plus grande partie de l'Indo-Chine.

Les secondes, au contraire, sont celles où une population peu nombreuse laisse de vastes espaces inoccupés et où de nouveau venus pourraient facilement s'acclimater, s'établir, prospérer et se multiplier.

Dans quelle catégorie rangerons-nous Madagascar ?

Ce n'est pas la place qui y manque. Il y a peut-être trois, quatre ou cinq millions d'habitants pour 590.000 kilom. carrés, c'est-à-dire de 5 à 8 par kilom. carré, quand il y aurait immédiatement de la place pour 25.000.000, ce qui ne nous donnerait encore que 44 par kilom. carré. D'autres donc peuvent venir, et en très grand nombre. La maison ne sera pas remplie de longtemps.

Nous avons vu d'un autre côté, en traitant du climat et de la salubrité de Madagascar, que des Français peuvent également s'y acclimater, jusqu'à un certain point y travailler et s'y établir définitivement ; cela d'autant mieux qu'ils s'éloigneront davantage des côtes et se rapprocheront des hauts plateaux.

Nous avons vu également, dans la précédente leçon, quelles dispositions de santé, de caractère, de moralité doivent offrir les émigrants ambitieux de réussir dans leurs entreprises de colonisation.

Mais qu'iront faire ces émigrants dans la grande île africaine ? Que leur conseillerons-nous tout d'abord, comme la première œuvre à entreprendre, comme celle qui leur offrira le plus de garanties à eux-mêmes et assurera davantage l'avenir de la colonie ?

Sans hésitation aucune, les entreprises agricoles.

D'une manière générale, l'industrie et le commerce ne prospèrent que s'ils sont alimentés par les produits du sol. Avant, en effet, de manufacturer, de vendre, d'exporter, il faut produire. Un pays avant tout industriel peut exister et même atteindre à un degré de remarquable prospérité : témoin l'Angleterre. Mais ce n'est point là un état naturel ; ce n'est point non plus, si je ne me trompe, un état fait pour des Français; en tout cas, il ne peut convenir à un peuple nouveau et ce serait folie que de le rêver pour Madagascar.

« Labourage et pâturage sont les deux mamelles de la France », disait au plus populaire de nos rois son ministre Sully. Volontiers je dirai la même chose de Madagascar.

Son commerce se développera et pourra, un jour, devenir très important. Mais ce jour n'arrivera que lorsque l'île possédera une certaine quantité de numéraire pour acheter nos produits et un excédent de productions à nous envoyer en retour. Des industries pourront s'y fonder qui assureront du travail et des ressources à un grand nombre, en même temps qu'elles utiliseront les richesses naturelles de l'île. Mais jusqu'ici, aucune industrie digne de ce nom n'existe à Madagascar, et il faudra quelques années avant qu'il puisse s'en établir un certain nombre. Les mines enfin, en particulier les mines d'or — nous le verrons plus en détail dans une des leçons suivantes — ne sont vraisemblablement pas aussi riches que d'aucuns l'ont rêvé, et je ne crois pas que là soit la vraie fortune de la colonie.

Je causais un jour avec M. Guinard, l'un des hommes qui, avant la dernière guerre, avaient le plus longtemps habité et le plus soigneusement étudié Madagascar, des richesses minières de l'île, et lui manifestais mon espoir que là serait l'avenir du pays — « Vous vous trompez, me répondit-il avec une certaine vivacité. Ce n'est pas le sous-sol qui sera la richesse de l'île, mais son sol même ; et longtemps après que ses mines, en particulier ses mines d'or, auront été épuisées, l'île de Madagascar sera une colonie très productive par ses récoltes et l'élevage des bestiaux. »

« Les richesses renfermées dans le sous-sol et certains produits des forêts, essences précieuses, caoutchouc, cire, gomme, etc., remarque de son côté le rapport officiel du général Gallieni, en date du 25 octobre 1897, sur l'agriculture à Madagascar, pourront être longtemps encore, sans doute, l'objet d'un commerce important et alimenter quelques industries ; mais dans beaucoup de régions, l'agriculture semble devoir assurer la mise en valeur complète du pays. Les résultats donnés par les plantations existantes, la réussite des essais tentés pour certaines cultures, permettent d'affirmer que les entreprises agricoles pourront, avec l'élevage des bestiaux, être la source de sérieux bénéfices. »

On ne saurait mieux dire.

C'est donc par l'agriculture qu'il faut commencer la mise en œuvre de Madagascar; c'est par le développement de l'agriculture qu'il faudra la continuer et nul doute que les exploitations agricoles prudemment entreprises et sagement conduites, avec la science, avec les capitaux, avec la constance voulus, ne survivent à beaucoup d'exploitations minières et d'entreprises industrielles.

Mais une question préliminaire se pose, qui domine toute cette étude et qu'il nous faut tout d'abord essayer de résoudre.

Le sol de Madagascar est-il suffisamment riche pour permettre la création d'exploitations agricoles et en espérer des résultats satisfaisants?

Le problème est très complexe et il demande, même pour une solution provisoire, que nous entrions dans certains développements.

D'un côté, en effet, Madagascar est si grand qu'il y a un peu de tout dans ce petit continent, des zones riches et fertiles et d'autres qui paraissent arides; des contrées largement arrosées par des pluies fréquentes et abondantes, et d'autres désolées par une sécheresse excessive; des terres basses et propres à toutes les cultures intertropicales, et des plateaux élevés, où la température devient modérée, et qui semblent devoir se prêter à nos cultures européennes. En second lieu, l'île n'est pas connue, et comme nous avons eu souvent l'occasion de le dire, son exploration n'est commencée que depuis peu. Il n'y a pas encore de statistiques officielles, ni d'études approfondies sur ses productions. Bien plus, il n'y a même pas eu d'exploitation régulière, d'essais sérieux et poursuivis de colonisation, par suite point de résultats acquis ou d'échecs constatés, dans des circonstances favorables, qui permettent de baser une opinion.

Enfin, à peu près tous les voyageurs qui ont visité Madagascar, à peu près tous les écrivains qui se sont occupés de la grande île africaine, diffèrent d'avis sur la question qui nous occupe.

Pour le prince Henri d'Orléans qui, il y a trois ans, rendait compte de son voyage à Madagascar dans un brillant article du 1er octobre 1894 de *la Revue de Paris*, « bien que le sol du plateau central paraisse au premier abord aride dans la région inhabitée, *la fertilité est partout à l'état latent* » et il quittait l'île « convaincu de la richesse et de l'avenir de son plateau central, c'est-à dire d'une région plus grande que la moitié de la France et ne portant à peine que trois millions d'habitants ».

Et le jeune écrivain apportait à l'appui de son opinion l'avis du fameux explorateur allemand, le docteur Wolf, qui a laissé là-bas, comme partout où il a passé, le meilleur souvenir pour son impartialité et son indépendance d'appréciations, et qui « après un séjour de deux mois à Madagascar, ayant trouvé pleine satisfaction à ses pressentiments enthousiastes pour la contrée, n'avait pas craint d'écrire à un de ses amis, prêt à se fixer dans le Cameroun, de tout abandonner pour venir s'établir dans l'île africaine. »

Pour M. Grandidier, « au contraire, bien que certainement il y ait çà et là des *îlots* ou des *filons* de bonne terre, dus principalement à la décomposition de roches volcaniques, et que les fonds des anciens lacs et de nombreux vallons marécageux soient propres à la culture du riz, les terres dans leur ensemble sont arides dans toute la partie de l'île où les conditions hygrométriques sont plus ou moins favorables », tandis que « dans l'Ouest, et surtout le Sud, où le sol silico-calcaire serait meilleur pour la végétation, la rareté des pluies oppose aux plantations de grandes et sérieuses difficultés. »

D'autres témoignages sont venus depuis, en général moins optimistes que celui du prince Henri d'Orléans, moins pessimistes que celui de M. Grandidier, et tendant tous dans l'ensemble, d'un côté à nous mettre en garde contre des illusions injustifiées, et, de l'autre, à laisser concevoir à l'émigrant sérieux les plus réelles espérances de succès, pourvu toutefois qu'il apporte dans ses entreprises les conditions requises de savoir, de capacités, de travail et d'argent.

Pour mettre un peu d'ordre dans ce qui va suivre, nous diviserons le sol de Madagascar au point de vue de l'agriculture en trois zones :

1° La zone maritime, assez étendue à l'Ouest, beaucoup plus étroite à l'Est, qui paraît être fertile et susceptible de nourrir de riches exploitations ;

2° Une région moyenne, située entre 400 et 1.000 mètres d'altitude, peu exploitée, assez peu habitée et qui sera, selon toute vraisemblance, la partie de l'île la plus favorable à toutes sortes de cultures ;

3° Enfin la zone centrale, qui constitue la partie la plus étendue de l'île.

Parcourons rapidement chacune de ces trois zones, nous aidant pour cela d'un article très remarquable paru dans les Etudes du 1er janvier 1896 et dû à la plume d'un des plus anciens missionnaires de l'île.

Zone littorale-Nord. — Et d'abord l'extrême Nord de l'île, c'est-à-dire le triangle qui ayant son sommet au cap d'Ambre, pointe extrême de Madagascar, aurait pour base une ligne allant de Vohemar à l'Est, vers Nosy-Faly à l'Ouest, et comprendrait ainsi l'ancien territoire de Diego-Suarez. Ce pays est relativement très sain, et il y a, particulièrement aux environs de Vohemar, de grandes prairies naturelles et un certain nombre de bœufs que l'on exportait autrefois vers Maurice et la Réunion. Il y a surtout de très bons mouillages. Cependant la colonisation ne s'est jamais portée de ce côté.

C'est qu'en effet le sol y est peu fertile, sauf en quelques vallées, petites et clairsemées; la double chaîne de montagnes qui forme l'ossature de l'île vient y expirer en pente douce, et le sous-sol, qui n'est autre chose que l'extension des roches de la montagne centrale, y porte une couche très mince d'humus. L'aspect même du terrain accuse sa stérilité; les quelques arbres qu'on y rencontre, des tamarins généralement, sont clairsemés et rabougris; même les lambeaux de forêts sur le rivage de la mer sont de peu de venue.

Ouest. — Nous ne dirons rien de l'Ouest, encore trop peu connu, trop privé de main-d'œuvre et de tranquillité pour que des colons isolés puissent songer à s'y établir. Il n'en est pas moins à espérer que, dans un délai plus ou moins rapproché, les vastes plaines qui bordent le rivage occidental et les nombreuses vallées qui longent ses grands fleuves, encore plus particulièrement la grande plaine, dite plaine Sakalave, comprise entre les monts Bongolava et la chaîne du Bemarana, seront les centres préférés des grandes exploitations agricoles et des grandes tentatives d'élevage. Là en effet, entre mille autres avantages, se rencontrent, ce qui manque à peu près dans tout le reste de l'île, de grands gisements de calcaire.

« Il semble cependant probable, porte le rapport officiel du général Gallieni, qu'au Nord et au Sud de Mojanga, soit sur les bords de la baie de Mahajamba, soit du côté de Maintirano, on pourra cultiver avec succès la canne à sucre, le café, le coton, etc.

« Les régions de la côte Ouest sont arrosées par de nombreuses rivières qui traversent d'immenses plaines surtout propres à l'élevage des bestiaux, mais où certaines cultures pourront être également entreprises. »

Sud. — « Les richesses naturelles de la province de Fort-Dauphin, poursuit le même rapport, ont été exagérées; mais, dans certaines vallées, le café, le cacao, le girofle viennent fort bien. »

La région du Sud-Ouest, en particulier, est formée d'un sol rocailleux composé en grande partie de schistes cristallins avec filons de quartz. Il y a très peu et souvent il n'y a point de terre végétale. Le sol est donc extrêmement pauvre. De plus, il y pleut très rarement, d'autant plus rarement qu'on s'éloigne davantage du Mandrere. Le volume du Mandrere lui-même et des autres rivières qui, venant des montagnes du Nord-Est, ne tarissent point complètement, diminue à mesure qu'elles approchent de leur embouchure. La région tout entière est couverte d'une brousse peu élevée, très épaisse, composée de plantes grasses, raquettes, cactus et autres dont la plupart sont épineuses, avec des clairières en divers endroits comme, par exemple, dans l'Androy.

Du reste, le climat de ces régions est bon et naturellement peu fiévreux.

Orientale. — Mais, avant le Sud, et, bien entendu avant l'Ouest, c'est la côte orientale, surtout la partie qui s'étend au Sud d'Andevoranto, qu'il faut conseiller aux nouveaux colons. C'est là que doivent se porter, que se sont portés en effet, jusqu'ici, les premiers efforts de la colonisation, parce que le pays est assez peuplé pour fournir une main-d'œuvre, sinon abondante et régulière, au moins suffisante et à bon compte, parce qu'il est facilement accessible par le voisinage de la mer et des divers cours d'eau qui le traversent, parce qu'il est suffisamment fertile et, quoique moins sain et plus chaud que d'autres parties de l'île, suffisamment habitable.

« Jusqu'à ce jour, porte le rapport du général Gallieni, les côtes, et en particulier la côte Est, ont eu les préférences des colons. Si elles sont, en général, peu salubres, le sol y est d'une grande fertilité. Dans les régions de Tamatave et de Mananjary, des plantations de tous genres, qui datent d'une dizaine d'années, témoignent du succès réservé à une culture bien dirigée des riches pays tropicaux.

Il ne saurait donc être inutile d'entrer dans quelques détails sur cette côte orientale. Parcourons-la rapidement en allant du Nord au Sud.

Sud de Vohemar. — La côte, au Sud de Vohemar, jusque vers la baie d'Antongil, vaut à peine un peu mieux que l'extrême Nord de l'île ; il n'y a encore aucune entreprise sérieuse, si ce n'est quelques exploitations de forêts, et peu de commerce, — caoutchouc et cire, — les navires pouvant difficilement aborder. On n'y cultive guère que du riz.

Mahanarane et Maroantsetra. — Les créoles de Bourbon s'établissent au contraire volontiers à Mahanarana, à l'entrée de la baie d'Antongil, et encore plus au fond de la même baie, à Maroantsetra, qui est devenu le principal centre commercial de la région. Les caboteurs s'y arrêtent souvent et communiquent de là, directement d'abord, puis au moyen de pirogues, assez avant dans les terres, par une large rivière — la rivière de Tambato ou Tinghabe — qui arrose de vastes plaines naturellement fertiles et traverse de nombreux marais propres aux rizières. Le café et le riz y viennent très bien, et le voisinage des forêts et de la montagne peut être une véritable source de richesses. Malheureusement, toutes ces plaines sont très fiévreuses.

Fénérife. — De Mahanarana à Fénérife, le rivage devient plus étroit, il est marécageux et malsain, n'a guère que du riz comme culture et ne possède point de colons. Mais les forêts y sont magnifiques, depuis le bas jusqu'au sommet de la montagne où se trouve le plateau des Antsihanaka.

A Fénérife commence la partie vraiment cultivable et qui s'étend de là jusqu'à l'extrême Sud. C'est, avec Maroantsetra, le port le plus important de la côte Nord-Est. On y apporte de l'intérieur : des peaux, du caoutchouc, du rafia, du riz ; malheureusement, son port, vaste et assez bon, mais peu profond, ne peut recevoir les grands navires, qui doivent mouiller au large, exposés à tous les vents. Le sol des environs est fertile et propre à toutes les cultures tropicales, surtout à celles du café et de la canne à sucre. La vigne y vient aussi et produit en abondance de grosses grappes, surtout sur les coteaux peu élevés, au sol abondant et à l'exposition variée, qui bordent la plaine du côté de l'Ouest. Elle viendrait vraisemblablement encore mieux sur les montagnes, assez basses dans ces régions et s'élevant par pentes insensibles.

Sud de Fénérife. — Depuis Fénérife jusqu'au Sud, la plaine est **sablonneuse**, avec parfois une couche d'humus assez fertile, comme si naguère elle avait été couverte par l'Océan s'avançant jusqu'au pied des montagnes. Entre **Fénérife** et **Tamatave**, elle s'élargit à nouveau, est arrosée de **nombreux cours d'eau** et semble, ainsi que les premiers gradins des montagnes, très propre aux cultures tropicales, surtout vers Foulpointe, où l'on rencontre en particulier beaucoup de **pâturages** et de **troupeaux de bœufs**.

Les environs de Tamatave jusqu'à Andevoranto valent beaucoup moins. La canne à sucre y prospère, le cacaoyer et le giroflier y promettent, mais le café n'y a généralement pas réussi.

Sud d'Andevoranto. — Après Andevoranto, les montagnes s'éloignent de la mer et laissent à découvert de vastes plaines très fertiles, surtout le long des nombreux cours d'eau qui les traversent ; et c'est là que se sont portés les principaux efforts des planteurs, en particulier dans les environs de Vatomandry, de Mahanoro et de Mananjary. C'est là également que nous conseillerions aux nouveaux colons de s'établir tout d'abord, au besoin en s'éloignant un peu du rivage, jusqu'aux premiers contreforts des montagnes.

Nous conseillerions spécialement, surtout dans les commencements, la partie de la côte comprise entre Mananjary (en malgache Masindrano) par 21°20', et Vangaindrano, par 23°20', parce que cette partie de la côte est la plus saine, qu'il y a peu de marais et par suite peu de fièvres.

A Mananjary, il n'y a pas de forêts. Les colons sont établis sur le bord du fleuve. Toutes les bonnes terres sont achetées jusqu'à 7 ou 8 kilomètres au delà de Tsiatosika. Mais quelques centaines de colons trouveraient plus loin à se procurer d'excellentes propriétés de 100 à 200 hectares, les dépôts d'alluvion ayant de 100 à 500 mètres de large. La température dans ces parages n'est pas très élevée d'avril à fin septembre : 9 à 18 degrés pendant la nuit, 18 à 25 degrés pendant le jour ; de fin octobre à fin février de 18 à 25 degrés pendant la nuit, de 20 à 30 degrés pendant le jour, à l'intérieur d'une case de colon, à 20 mètres au-dessus du niveau de la mer.

De Mananjary à Vangaindrano, il y a de grandes forêts près de la côte ; le colon pourrait y créer des caféieries ou des cacaoyeries superbes et y cultiver la vanille avec grandes chances de succès. La main-d'œuvre indigène coûte 7 fr. 50 à 15 fr. par mois et le riz n'est pas cher.

Au Sud de Vangaindrano, la sécurité n'est pas encore complètement rétablie. Au Nord de cette place, à Mahela, à Mahanoro, à Vatomandry, à Tamatave, le climat est plus fiévreux et les ouvriers plus chers, puisqu'il faut les payer de 10 à 15 fr. par mois.

Il existe sur la route de Mananjary à Fianarantsoa, à une petite journée de la côte, de grandes plaines couvertes d'herbes qui conviendraient bien à l'élevage. Elles seraient faciles à défoncer et les plantations y prospéreraient également.

Une dernière raison, enfin, de donner la préférence à cette partie de la côte orientale, c'est l'absence de cyclones.

« La côte Est, il est vrai, lit-on dans le rapport du général Gallieni, a le grave inconvénient d'être exposée aux cyclones, heureusement rares, mais qui parfois détruisent les cultures non abritées. Aussi la plupart des plantes doivent-elles être protégées contre la violence des ouragans par des dispositions particulières que les nouveaux colons peuvent examiner et étudier dans les plantations déjà anciennes. »

Or, la zone de développement des cyclones ne dépassant jamais et n'atteignant même pas le 23°, la partie Sud-Est de la côte, que nous étudions en ce moment, se trouve ainsi être à l'abri de leurs ravages.

Zone moyenne. — Seulement, le colon, sur la côte, ne pourra que surveiller et diriger ses travaux qu'il devra faire exécuter par d'autres, le climat lui interdisant de travailler lui-même.

Il en sera différemment dans ce que nous avons appelé la zone moyenne et la zone centrale, toutes les deux moins chaudes et plus saines, mais moins fertiles que la zone côtière.

« Si les régions moyennes et les hauts plateaux, porte le rapport du général Gallieni, permettent à l'Européen, grâce à leur climat tempéré, de se livrer, au moins pendant une partie de l'année, à des travaux matériels, le sol n'a malheureusement pas la même fertilité que sur le littoral et ne peut procurer un succès complet que grâce à un labeur assidu.

« Dans certaines vallées des régions moyennes, on trouve cependant des terrains vierges préparés à la culture par une végétation herbeuse de plusieurs siècles et qui, plus tard, sous l'action de la fumure, conviendront aux plantes qui prospèrent à cette altitude. Les alluvions des cours d'eaux semblent aussi devoir se prêter à la création de prairies artificielles pour l'élevage des bestiaux, mais la pratique n'a pas encore permis de déterminer quelles sont les plantes qui conviendraient pour l'établissement de ces prairies. »

Cela n'est pas très encourageant.

Il semble cependant probable, pour ne pas dire certain, que ce que nous avons appelé la zone moyenne c'est-à-dire toute la région comprise entre 400 et 1000 mètres d'altitude, donnera de bons résultats. D'abord le climat y est meilleur que sur la côte, la température moins élevée, le séjour plus agréable et le colon peut s'y livrer lui-même à certains travaux légers, sans préjudice pour sa santé. De plus, le pays est à peu près désert, partant complètement libre, en dehors des sentiers de pénétration, et couvert de pâturages et de forêts.

Partout une eau fraîche, limpide et un sol silico-argileux, suffisamment riche. C'est ici plus qu'ailleurs que se trouveront réunis les produits tropicaux, café, manioc, riz, etc..., avec beaucoup de nos produits d'Europe, en particulier la vigne ; ici que prospérera l'élevage et que se peupleront les basses-cours. Mais pour le moment, une chose manque sans laquelle on ne peut rien faire, les voies de communication.

Zone centrale. — A plus forte raison doit-on dire la même chose des hauts plateaux, où le colon ne saurait encore songer à s'établir, si ce n'est le long des routes projetées, ou bien aux environs de Tananarive, pour l'alimentation de la place par la production des légumes, du maïs, du blé et de la vigne.

Plus tard, à mesure que les voies de communication s'ouvriront, il y aura probablement beaucoup à faire sur les versants orientaux des arêtes faîtières, dans l'immense vallée du Mangoro, entre les deux arêtes faîtières, vers le massif de l'Ankaratra, chez les Betsileo, chez les Tanala et en beaucoup d'autres points aujourd'hui ignorés.

« Sur les hauts plateaux, porte le rapport si souvent cité du général Gallieni, la terre manque des éléments qui, en Europe, sont nécessaires à sa fertilité. Le calcaire et la magnésie font à peu près défaut ; certains terrains renferment au contraire une proportion suffisante d'acide phosphorique ; il y a lieu de croire que des scories de déphosphoration produiraient d'excellents résultats dans les terres dépourvues de calcaire et de phosphore.

« Dans la province du Betsileo, la plupart des cultures tropicales ont été tentées avec succès, mais le sol dénudé et trop compact ne donne de bons rendements qu'avec des engrais et beaucoup de travail.

« Il en est de même en Emyrne où les rivières, forcément situées dans les bas-fonds, occupent les points les plus fertiles. Cette fertilité est entretenue par l'humus et les matières minérales (potassium et phosphore) que les grandes pluies d'hiver y envoient des plateaux voisins.

« M. Muntz, directeur du laboratoire de l'Institut agronomique de Paris, a analysé divers échantillons de terres recueillies à Madagascar. Dans les environs de Tananarive, le sol renferme parfois une notable proportion d'azote organique, mais inactif à cause d'une trop faible teneur en chaux. Des analyses récentes ont révélé l'existence d'une très forte proportion de fer et, contrairement à ce que l'on supposait, une très faible teneur en potassium. La ténacité de ces sols provient plutôt de la ténacité des éléments constituants et de la présence du fer, que de l'argile.

« L'administration locale s'est déjà préoccupée de rechercher des gisements calcaires pouvant produire la chaux, qui serait ensuite employée pour le chaulage. Les amendements calcaires ne peuvent, en effet, que donner d'excellents résultats en activant la nitrification et en améliorant les propriétés physiques.

« Plusieurs gisements, de qualité inférieure, mais paraissant suffisants pour l'amendement des terres de grandes cultures, ont été récemment découverts dans le Betsileo, dans la région d'Antsirabe et dans le district d'Asalora, près de Tananarive ; ces découvertes ne seront vraisemblablement pas les dernières ; toutefois, les moyens de transport dont on dispose actuellement sont trop coûteux pour permettre l'utilisation des amendements calcaires, à de grandes distances des gisements.

« Il y a lieu d'attendre le résultat des expériences en cours avant d'encourager l'établissement sur les hauts plateaux de grandes entreprises agricoles. Il reste également à déterminer si les conditions climatériques du pays ne modifient pas quelque peu les bois ordinaires de la végétation. Le jardin d'essai de Tananarive s'occupe de ces études. »

Telles sont, dans leur ensemble, les trois zones qui se partagent l'île de Madagascar. La zone côtière peut recevoir de nombreux colons ; la zone moyenne, large de trois à quatre journées de marche, est encore complètement inoccupée ; enfin, la zone centrale, quoique suffisamment peuplée, renferme de grands espaces vides et, de plus, le climat y est relativement sain et la température suffisamment modérée, pour que l'Européen puisse y travailler convenablement.

Ce n'est donc pas l'espace, et un espace très utilisable qui manquera à Madagascar. Seulement, pour les plateaux du centre, et, en général, pour tout le sol de la grande île, il faut faire, pour s'éviter tout mécompte, les trois restrictions suivantes :

1° Très différent en cela du sol de certaines contrées vierges de l'Amérique du Sud, du Brésil, par exemple, où l'humus végétal atteint une épaisseur et une richesse de production telles qu'il paraît inépuisable, le sol de Madagascar demandera presque partout d'être soigneusement amendé par des engrais naturels d'abord, puis, quand on le pourra, par des engrais chimiques, surtout des carbonates, qui lui apporteront les éléments dont il est dépourvu.

2° Le sol de Madagascar est, dans son ensemble, dur et compact, d'où nécessité d'un travail sérieux de défrichement, d'assolement et de culture qui nécessitera beaucoup de bras.

3° La partie centrale de l'île a été appauvrie par le déboisement, le ravinement des montagnes et l'entraînement des matières solubles et utiles à la végétation, par suite de ce déboisement, d'où nécessité de reboiser.

Evidemment ce n'est point la perfection. Mais si l'on songe que la constitution d'un troupeau à Madagascar ne demande qu'une somme insignifiante et peut par suite à peu de frais, tout en procurant aux colons par ailleurs de sérieux bénéfices, lui assurer l'engrais dont il aura besoin ; si l'on se rappelle que le colon trouvera sur place en maints endroits, au moins dès le commencement, une main-d'œuvre suffisamment intelligente et suffisamment nombreuse pour ses travaux de culture, et qu'un reboisement rapide provoqué par la nécessité d'un chacun et la sage impulsion de l'administration centrale, améliorera rapidement les conditions climatériques de l'île et arrêtera l'appauvrissement de son sol; si l'on considère enfin que Madagascar est arrosé comme peu de pays le sont au monde, l'eau se trouvant partout et en grande abondance pour apporter partout la fertilité, et qu'enfin nous sommes dans un pays intertropical où nous n'avons à craindre ni le froid ni la gelée, où la grêle est rare, où les cyclones ne paraissent qu'à intervalles éloignés et dans certaines régions de l'île, où le soleil enfin produit des merveilles partout où il y a un peu de fond et d'eau, on voudra bien convenir que, pour n'être pas un

Eldorado — il y en a peu en ce monde — l'île de Madagascar est un pays où, avec de l'intelligence, avec du travail, avec de la patience, on peut réussir et faire produire à ses capitaux de très beaux revenus.

NEUVIÈME LEÇON

DES PRODUITS DU SOL A MADAGASCAR

Nous avons tâché de nous rendre compte, Messieurs, dans la précédente leçon, des diverses ressources et des difficultés que présentera aux nouveaux colons le sol de Madagascar, et nous avons conclu que, sans être aussi fertile que d'autres parties du monde, par exemple, le Brésil, l'Argentine ou l'Amérique centrale, la grande île africaine donnera des résultats sérieux à ceux qui sauront tirer parti de ses richesses naturelles.

Son sol, après tout, admirablement arrosé, est suffisamment fécond pour qu'une culture intelligente et persévérante puisse en retirer de riches produits.

Mais ces produits sont-ils nombreux?

Oui, très nombreux, et peu de pays au monde présentent une telle variété de productions.

Par sa situation géographique, en effet, Madagascar comporte toutes les cultures intertropicales; et sa configuration physique permet, par la hauteur et la fraîcheur relative de ses plateaux, d'y essayer l'acclimatation de presque tous les produits de nos régions tempérées.

Cette remarque seule, banale à force d'être répétée, mais qui n'en reste pas moins vraie, devrait suffire pour légitimer les plus brillantes espérances. Car enfin, parmi tous ces produits, il ne peut manquer de s'en rencontrer qui prospéreront, et dont l'écoulement, se trouvant assuré par les besoins de nos pays d'Europe, garantira le succès de la colonisation.

On ne s'attend pas à ce que je donne la nomenclature complète de toutes ces productions. Mais je dois indiquer au moins les principales.

I

PRODUITS EUROPÉENS

Et d'abord nos produits d'Europe : le blé, la vigne, les pommes de terre, le maïs, les fruits, les légumes de nos potagers, etc… s'acclimateront-ils à Madagascar et que doit-on en espérer ?

Une des objections les plus courantes contre notre mouvement colonial, c'est la crainte que les produits de nos colonies ne viennent faire concurrence aux productions similaires de la métropole. Et il ne faudrait pas faire grande violence, par exemple, à la Société des Agriculteurs de France pour la décider à prendre parti contre la colonisation, si celle-ci devait amener l'importation en France de grandes quantités de blé et de vin.

Or, une telle crainte ne doit pas exister pour Madagascar qui ne produira vraisemblablement jamais ni blé, ni vin pour l'exportation, au moins en Europe.

Mais, il serait très heureux qu'elle pût en produire suffisamment pour sa propre consommation.

« Le blé, porte le rapport officiel du général Gallieni du 25 octobre 1897, a été introduit à Madagascar par notre compatriote Jean Laborde et par les Missionnaires. Plusieurs essais déjà anciens n'avaient pas donné des résultats encourageants.

« L'acclimatation de cette culture européenne, tentée de nouveau sur les hauts plateaux, a réussi en partie. Sur les conseils et sous la surveillance de l'Administration, un hectare de blé a été planté avec les semences du pays dans les terrains de la ville d'Antsirabe. Le sol, défriché à l' « *Angady* » (bêche malgache), à environ 25 centimètres de profondeur, avait été préalablement fumé avec des cendres domestiques, à raison de 35 litres par surface de 16 mètres carrés ; la récolte a donné d'assez beaux grains.

« Ces résultats permettent de penser que, sur ce point du moins, la culture du blé faite sur une plus grande échelle, et en s'inspirant à la fois de l'expérience des agriculteurs indigènes et des données de la science, pourrait devenir l'objet d'une expérience sérieuse. Il existe d'ailleurs à Ranovelona (secteur d'Antsirabe) un moulin donnant les diverses qualités de farine.

« Afin d'encourager les indigènes, il leur a été accordé pour 1897 l'exonération de l'impôt foncier pour les terres qu'ils auront ensemencées en blé. L'administration locale leur a fait, en outre, distribuer à cet effet 500 kilogrammes de graines de bonne qualité. Les résultats de ces nouveaux essais permettront de se rendre compte s'il y a lieu de tenter en grand, sur les hauts plateaux, l'acclimatation du blé. »

Comme on le voit, la question est loin d'être résolue.

Elle ne l'est guère davantage pour la vigne.

Nous avons vu, en parlant de la côte Est, que l'on récoltait d'assez beau raisin, en particulier sur les coteaux qui avoisinent Fénérife.

« En Imerina, poursuit le rapport du général Gallieni, la vigne pourra réussir sur les flancs des coteaux abrités du vent, mais à condition d'ameublir le terrain et de le fumer abondamment. Les cendres riches en potasse, engrais habituel des Hova, conviendraient très bien à la vigne.

« Mais la variété qui prospère dans le Voromahery, une sorte de raisin noir d'un goût qui rappelle celui de l' « Othello », offre un inconvénient grave : elle fleurit et mûrit dans la saison des pluies. La fleur, épanouie en novembre, coule souvent et la vigne, abondamment arrosée, produit un raisin très aqueux qui fournirait un vin très peu chargé d'alcool.

« Dans l'Imerina, ce végétal ne se repose pas ; il donne jusqu'à trois récoltes par an : en janvier, mai et août. La récolte de janvier est la plus importante, mais aussi celle qui fournit le raisin le plus aqueux. Une taille intelligente et faite au bon moment sur des sujets importés de France, pourrait avancer la récolte de janvier et peut-être, après une deuxième taille, retarder la récolte de mai jusqu'en juillet et août. L'administration va faire procéder à des expériences dont elle communiquera les résultats aux colons. On pourra peut-être, un jour, grâce à ces modifications, arriver à produire du vin de table. »

Il faut cependant ajouter que les essais tentés dans le Betsileo ont mieux réussi. Déjà les missionnaires ont pu y fabriquer plusieurs pièces d'un vin qui, sans être parfait, est suffisamment bon. Il y a donc tout lieu d'espérer qu'on réussira au moins de ce côté.

Cependant jusqu'à nouvel ordre, ce n'est pas de ce côté que devront se porter les efforts du colon, qui pourra tout au plus s'en faire un objet d'études ou de délassement.

Il fera bien, au contraire, de se livrer à la culture du maïs qui réussit bien, donnant facilement, au moins sur les côtes, deux récoltes par an, et qui peut être employé à une foule d'usages.

« Le maïs, remarque justement le rapport officiel, est une plante des plus répandues dans l'île, sur les côtes comme dans l'intérieur ; il sert de nourriture aux indigènes dans quelques régions très pauvres ; mais en général, il est utilisé pour engraisser, pendant deux ou trois mois, les animaux destinés à la boucherie », et aussi pour la nourriture et l'entretien des basses-cours. « Cette culture, poursuit le rapport, pourrait être beaucoup plus développée : la Réunion demande, chaque année, une grande quantité de maïs aux pays voisins. »

Cela est d'autant plus important que, contrairement à la plupart des autres productions que nous aurons à recommander comme la base des exploitations agricoles : café, caoutchouc, vanille, cacao, et qui, toutes, ne rapportent qu'au bout d'un certain nombre d'années, le maïs donnera très vite et fournira ainsi une première ressource aux colons moins fortunés et ayant besoin de récolter vite.

L'*orge* et l'*avoine* réussiront peut-être aussi et seront également d'un grand secours pour l'élève du bétail. Mais jusqu'ici rien n'a été tenté de ce côté.

Les *pommes de terre*, au contraire, se sont bien acclimatées, surtout sur les hauts plateaux, dans l'Imerina, dans le Betsileo, encore mieux dans le massif de l'Ankaratra, où, en certains villages, elles deviennent la base de la nourriture des indigènes. Le marché de Tananarive en est abondamment pourvu. Elles réussissent moins sur la côte Est où l'on peut cependant en obtenir quelques-unes pendant la saison sèche. Elles sont petites, mais d'assez bonne qualité. Il serait du reste facile de les améliorer et d'introduire de nouvelles espèces.

La *culture maraîchère* pourrait donner de bons résultats, en particulier aux environs des villes pour l'alimentation des habitants. Tous nos légumes d'Europe, sauf les fèves et les lentilles, qui n'ont pas réussi jusqu'ici, sauf les asperges et les melons qui demandent trop de soins pour être cultivés par les indigènes, réussissent sur les hauts plateaux, quelques-uns d'une manière remarquable. Ainsi, par exemple, M. Laborde récolta dans son jardin, à Tananarive, soixante-dix-huit artichauts sur le même pied, et à Fianarantsoa, les missionnaires jésuites ont eu des radis pesant huit kilogs, une rave en pesant cinq, un chou mesurant trois mètres de diamètre et donnant sur ses nombreuses tiges des pommes très nombreuses pendant une année entière.

Tous nos *fruits* de France, pommes, pêches, figues, citrons, oranges, prunes, coings, etc. réussissent également sur les mêmes plateaux, partout où l'on a pris la peine de les cultiver. S'ils sont généralement de qualité médiocre, cela vient surtout du manque de soin et je ne doute guère qu'une culture raisonnée, le greffage, la taille, l'espalier, l'introduction de nouvelles espèces, et une rigoureuse sélection, ne donnent d'excellents produits.

II

FRUITS ET PRODUITS INDIGÈNES

A ces fruits il faut joindre les fruits des tropiques, inférieurs aux nôtres, au moins pour notre goût européen, (car je vous assure que rien ne vaut un bon raisin, une bonne pêche ou une poire savoureuse), mais néanmoins très agréables, l'ananas, la banane, la mangue, la goyave, la nèfle du Japon, la grenade, le pamplemousse, etc., qui croissent un peu partout, moins bien et de qualité inférieure dans le Centre, beaucoup mieux et meilleurs en approchant des côtes.

Plusieurs autres plantes se rencontrent dans divers autres endroits de Madagascar, ordinairement à l'état sauvage et qui, vraisemblablement, donneraient de bons résultats, par exemple, le *cocotier* qui réussit très bien dans le sol sablonneux des côtes. On le cultive surtout au Nord-Ouest, aux environs d'Anorotsanga. Les fruits en sont transportés à Nosy-Be où l'on en extrait l'huile et les fibres. Dans le Sud de la province de Vohémar, à une étape du petit port de Ngontsy, se trouve le village de Masaola qui, après avoir eu autrefois une certaine importance, est maintenant abandonné : on y rencontre une plantation de cocotiers de belle venue et maintenant transformée en une véritable forêt. Il serait sans doute possible d'étendre cette plantation et d'y créer plus tard une installation pour entreprendre la fabrication du coprah.

L'*indigotier*, qui se rencontre à l'état sauvage en beaucoup d'endroits, en particulier sur les hauts plateaux, et dont les indigènes se servent pour teindre leurs lamba.

Le *pavot* qui pousse très bien en plusieurs régions en particulier dans le Betsileo, mais dont l'administration hova avait interdit la culture parce que les Malgaches se livraient à la fabrication de l'opium.

Le *tabac* qui sera peut-être une source de richesses. « Presque toutes les terres de l'île, et principalement les basses vallées, se prêtent à la culture du tabac. Les feuilles, à l'état brut, valent environ 0 fr. 50 le kilogr. Le tabac est de bonne qualité, et des soins raisonnés pourraient l'améliorer encore. Entreprise dans certaines provinces, cette culture serait, dans quelques années, susceptible de fournir d'excellents produits à la métropole. Le tabac récolté dans les environs d'Ambatondrazaka est peut-être le meilleur de toute l'île et se vend déjà assez cher : les cigares valent 2 fr. 50 le cent. Dans le cercle de Babay, à 40 kilomètres au nord de Tananarive, des graines de tabac de Sumatra ont donné de beaux semis qui seront prochainement repiqués. Sur la côte Sud-Ouest, dans les environs de Tulléar, il y a lieu de signaler l'abondance des plants de tabac et la facilité avec laquelle ils poussent (1). »

Le tabac est cultivé avec soin à la station agronomique de Tananarive où l'on tente des essais de variété havanaise.

Le *thé* a été introduit assez récemment ; mais quelques plantations, aux environs de Mananjary, ou même sur les hauts plateaux, offrent un bel aspect et semblent promettre de bonnes récoltes.

(1) Rapport Officiel.

Le *giroflier* réussit admirablement à Sainte-Marie où il pousse partout ; il a réussi également dans la province de Vohemar et donne les plus belles espérances aux environs de Mananjary, au point de nous faire espérer que Madagascar luttera un jour avantageusement avec la côte orientale d'Afrique. Cela serait important, car, jusqu'ici le marché français a été approvisionné surtout par les girofles de Zanzibar et des environs. On serait donc sûr d'un débouché abondant et rémunérateur. Le giroflier n'exige pas de soins spéciaux ; il est en plein rapport à l'âge de six ou sept ans et il peut donner alors, tous les deux ans, une récolte moyenne de 4 à 5 kilogr. de clous desséchés, valant pour le producteur une moyenne de 1 fr. par kg.

Le *poivrier*, dont des graines ont été demandées à Java, réussirait vraisemblablement en certains points de la côte Est, où les terres sont suffisamment riches, chaudes et humides.

La *badiane* ou *anis étoilé*, dont l'exploitation est si fructueuse dans les provinces Nord-Est du Tonkin, se trouve en grande quantité au seuil de l'Imerina, près d'Ankeramadinika, sur la route de Tananarive à environ 40 km. de cette ville.

III

PLANTES OLÉAGINEUSES ET TEXTILES

A ces produits déjà nombreux et dont quelques-uns peuvent offrir un réel intérêt, il faut joindre les *plantes oléagineuses*.

L'*arachide* qui croît surtout dans l'intérieur ; on ne la cultive cependant pas : car ses fruits, connus sous le nom de *pistaches de terre*, ne sont utilisés que par les indigènes qui les mangent légèrement grillés.

Le *raharaka*, un arbre qui pousse à l'état sauvage au bord des rizières et produit une graine oléagineuse de la grosseur d'un œuf, employée par les indigènes pour la fabrication de pommades et de médicaments.

Le *salaboen-betsimisaraka* ou *pignon d'Inde* qui, venant également à l'état sauvage, n'a jamais été cultivé jusqu'ici. Il atteint une hauteur de 2 m. 50 à 3 m. et donne aussi une graine oléagineuse. Les Antaimoro extraient de son fruit une huile dont ils s'enduisent les cheveux et le corps. Cet arbre est en même temps employé comme tuteur des lianes de vanille.

On trouve enfin à Madagascar, aux environs d'Andevoranto et sur tout le long du Sahabesy, un arbuste d'environ 4 mètres. C'est un colon français, nommé Louisier, qui l'importa vers 1878 ; on n'est pas encore fixé sur la qualité de l'huile qui peut s'extraire de son fruit, assez analogue à l'olive, à cause des procédés rudimentaires de fabrication employés par les indigènes.

Il faut également y joindre les *plantes textiles* : la *ramie*, le *chanvre*, l'*aloès*, le *rafia*, le *coton* et la *soie*.

La *ramie* pousse très bien à Madagascar. Vers 1840, il y en avait plusieurs plantations à Vatomandry, mais la culture en a été abandonnée par suite du manque de machines à décortiquer.

Le *chanvre* se trouve surtout dans la province de Tananarive, aux endroits abrités, quelquefois sans culture, par exemple dans les environs d'Ambohimandry, au village d'Amboalany, principalement dans les anciennes fosses à bœufs. Les Malgaches s'en servent pour tisser quelques grossiers lamba, mais surtout pour le fumer et pour en fabriquer une boisson enivrante. L'espèce devra en être renouvelée si l'on veut arriver à de bons résultats.

L'*aloès* vient partout et sert à fabriquer des objets de sparterie d'une belle apparence et que l'on vend aux étrangers, surtout comme curiosités. Cette vente est très restreinte. Il serait bon de répandre la culture de l'aloès du Mexique, remarquable comme plante textile et dont on a réussi, malgré toutes les prohibitions, à se procurer, par San-Francisco, quelques pieds qui paraissent réussir à Nampoa, près de Fort-Dauphin. Cependant, surtout à cause des frais d'exportation, il est à craindre qu'on n'en retire jamais de sérieux bénéfices.

Le *rafia*, cette fibre si connue de nos jardiniers et de nos vignerons qui s'en servent pour attacher aux tuteurs leurs vignes ou leurs fleurs, fait l'objet d'un commerce assez important, puisqu'il en a été exporté 1.272.047 kilog. 988, dont 625.955 kilog. 500 pour la France, dans le courant de l'année 1896. Il est extrait, comme on sait, de la côte des feuilles, non encore sorties de leurs gaines, d'un palmier du même nom, dont l'apparence rappelle celle de nos Phénix de serre et qui pousse dans les bas-fonds des premiers contreforts des montagnes. On le rencontre encore en assez grande abondance, mais son exploitation imprudente aurait vite fait de le détruire si l'on ne s'occupait de le reproduire et de le protéger.

Le *coton*, que les indigènes cultivaient autrefois pour en recueillir les gousses et dont ils fabriquaient eux-mêmes leurs vêtements, a été délaissé à cause du bas prix des cotonnades américaines. Mais le fait qu'il réussit très bien et la grande consommation que l'on fait de toiles écrues dans toute l'île, semblent indiquer dans sa culture une des exploitations de l'avenir et une des richesses de Madagascar, aussitôt que l'espoir d'avoir des travailleurs en nombre suffisant pour la récolte permettra de s'en occuper, et que l'on pourra établir des filatures pour le mettre en œuvre. Même dès maintenant, ses produits seraient assurés d'un écoulement considérable sur place, en attendant que la construction de voies de communication permît de l'exporter au dehors et peut-être de lutter avantageusement contre les cotons d'Amérique ou d'Australie.

Tel qu'il existe aujourd'hui à Madagascar, il est de qualité inférieure, par le fait de la dégénérescence naturelle des cultures depuis de nombreuses années. La plupart des graines sont grêles, mal conformées, et, d'après le témoignage de M. l'inspecteur chef de service de l'agriculture, qui a examiné avec soin le parti qu'on pourrait tirer, pour l'ensemencement, d'un lot de graines recueillies dans la région d'Antsirabe, il est à craindre qu'on ne puisse, même avec une sélection minutieuse, obtenir de bons résultats. Il faudrait donc faire venir d'autres graines du dehors.

D'après M. Dybowski, le cotonnier demande des terres riches, et la longueur comme la qualité du poil sont en raison directe de la vigueur de la plante et partant de la composition du sol. Par suite, il réussirait mieux — et en fait il réussit mieux — vers les côtes, surtout vers l'Ouest et le Nord-Ouest où il pousse à l'état sauvage, que dans l'intérieur.

Il est cependant hors de doute qu'il réussirait même en Imerina, où, nous l'avons dit ailleurs, le sol pourrait être facilement amendé à l'aide de troupeaux que l'on élèverait en même temps que l'on développerait la culture du coton. Le climat de ce pays, pluvieux et chaud de novembre à avril, est très favorable à son développement, tandis que la saison sèche de mai à octobre convient parfaitement à sa fructification.

Cette dernière raison interdit sa culture sur la côte orientale.

Une étude plus approfondie, une sélection rigoureuse dans le choix des graines, des essais attentifs et poursuivis s'imposent donc, car il y aura là vraisemblablement une source de riches exploitations.

Volontiers j'en dirais autant de la culture de la *soie*.

Le *mûrier*, importé il y a cinquante ans par M. Laborde, est devenu commun, surtout dans l'intérieur de l'île où il réussit merveilleusement. Il y a tel endroit où il suffit qu'une branche coupée touche terre, au commencement de la saison des pluies, pour atteindre trois ou quatre mètres au bout de quelques mois.

Les *vers à soie*, importés par le même M. Laborde, sont d'origine chinoise, et la graine s'en est perpétuée depuis, grâce aux indigènes qui en cultivent de petites quantités. Elle s'est nécessairement un peu abâtardie. Le cocon est très blanc et la longueur du fil varie de 2000 à 3000 mètres. Le prix d'un kilogramme de soie montée en écheveau était, il y a quelques années, de 18 fr. à Tananarive. On s'en sert pour faire de très beaux lamba, teints des plus vives couleurs, ou des étoffes avec chaîne en rofia et trame en soie.

M. Iribe avait essayé un établissement de sériciculture à Tananarive, quelques années avant la guerre. Il échoua par suite de la situation particulière faite aux étrangers vers cette époque. La réussite et le développement de cette industrie me paraissent cependant chose certaine, du jour où un homme sérieux, instruit et disposant de quelques capitaux, voudra s'en occuper.

Un autre arbuste très vivace, *l'embrévatier*, qui vient sur les hauts plateaux, mais surtout vers l'Ouest, nourrit, sans culture et sans soins, un bombycien indigène dont la soie, moins brillante que la nôtre, est incomparablement plus solide et plus durable. On ne la dévide point, mais on la file comme le chanvre ou la laine en Europe, et c'est avec elle, en particulier, que l'on fait les lamba dont on enveloppe les morts. Employée pour confectionner des habits, par exemple, de chasse ou de travail, elle donnerait des produits presque inusables.

IV

DU RIZ

Restent à étudier deux ou trois produits indigènes, dont la culture, déjà développée en certains endroits, pourrait prendre une plus grande extension et donner de meilleurs résultats : le *riz*, le *manioc* et la *patate* ; puis ces produits spéciaux auxquels tout le monde pense, comme devant faire le fonds principal des futures exploitations agricoles de Madagascar et qu'il nous faut par suite examiner plus en détail : le *café*, le *caoutchouc*, la *vanille*, le *cacaoyer* et la *canne à sucre*.

Je ne m'étendrai pas sur la *patate* dont l'usage se restreindra toujours à la basse-cour et à l'écurie, mais qui, produisant abondamment, pourra rendre de grands services pour la nourriture et l'engrais des bestiaux.

Plus importante sera la culture du *manioc*.
Il vient partout, sur les plateaux de l'intérieur, et beaucoup mieux sur la côte orientale. J'en ai vu des

champs splendides, formant un véritable fourré le long de la route de Tamatave, avant d'atteindre les premiers échelons du grand plateau central. Il croît sur le versant des montagnes et réclame une terre profonde et bien remuée. Il lui faut deux ou trois ans pour être en plein rapport. Outre le produit qu'on en retire, les indigènes s'en servent pour leur alimentation et celle de leurs bêtes. Il serait aussi facile d'en tirer du tapioca et de l'amidon, et je m'étonne qu'on ne l'ait pas encore tenté comme on le fait à la Réunion. La culture en serait doublement avantageuse parce que, outre le profit qu'on en retirerait, elle amènerait le défoncement et la mise en œuvre du sol.

Le rendement du manioc peut atteindre 40 tonnes à l'hectare.

La culture du *riz* à Madagascar a été autrefois beaucoup plus développée qu'elle ne l'est actuellement. Sous le règne de Radama II, les ports de la côte Est en exportaient, chaque année, plusieurs milliers de tonnes, et je tiens de M. Duprat, directeur des Chargeurs Réunis, qu'il en chargeait en une seule fois, il y a une vingtaine d'années, en quelques jours, de 700 à 800 tonnes à Mananjary.

Aujourd'hui, la plupart des provinces de la côte en produisent à peine la quantité nécessaire à leur consommation et quelques-unes en reçoivent de Maurice ou des Indes. Ainsi il a été importé à Fort-Dauphin, en 1896, 50 tonnes de riz. Quant aux exportations, elles ont consisté en trois envois sans importance, deux par Tamatave et un par Mananjary.

Les causes de cette décadence sont multiples.

La première en date, comme en importance, a été la domination inintelligente et despotique des Hova. Partout en effet, mais surtout sur la côte orientale, chez les Antsihanaka et chez les Betsileo, les gouverneurs hova, soit dans leur propre intérêt, soit pour le compte du gouvernement de Tananarive, pressuraient outre mesure les populations qui leur étaient soumises, et de préférence, cela va sans dire, celles qui avaient quelque superflu. D'où cette conséquence inévitable que personne n'avait d'intérêt à produire, et par suite ne produisait rien, au delà de ce qui lui était absolument indispensable pour sa propre subsistance, car autrement il n'aurait travaillé que pour le seul avantage de conquérants détestés.

Mais les gouverneurs hova allèrent parfois plus loin et, en quelques endroits, comme par exemple chez les Antsihanaka, mirent tout en œuvre pour entraver la production du riz.

La région d'Ambatondrazaka était autrefois l'une des plus prospères et des plus productives de l'île. L'immense plaine qui borde le lac Alaotra est en effet très fertile et la proximité de la côte permettait aux habitants, en vendant leurs bœufs et leur riz, de réaliser quelques bénéfices. M. Bonnemaison, président de la Chambre consultative de Tamatave, visita, en 1862, cette région qui lui parut être véritablement le grenier d'abondance de la côte Est. Le port de Fénérife, son débouché naturel, exportait chaque année plus de 5.000 tonnes de riz. Mais ce mouvement commercial et la présence d'un certain nombre d'Européens dans les ports voisins excitèrent la défiance des Hova qui, en 1869, firent planter des arbres et des ronces sur la route de Fénérife pour empêcher la pénétration des blancs dans le pays Sihanaka. Les résultats de cette inepte mesure ne se firent pas attendre, et ils furent si désastreux qu'en 1876 le gouverneur hova de la région se décida à ne plus appliquer, dans toute leur rigueur, ces mesures prohibitives dont les effets se font encore sentir aujourd'hui.

Peu après, l'établissement des Européens sur la côte et leur exploitation des richesses naturelles du pays, rafia, cire, gomme copal, crin végétal, etc. ; puis, plus tard, la découverte du caoutchouc, surtout de l'arbre à caoutchouc du Sud, en donnant aux indigènes l'occasion de gagner sans beaucoup de peine de fortes sommes d'argent, les amenèrent à négliger de plus en plus leurs rizières ; car une ou deux campagnes à la forêt leur permettaient facilement d'acheter le riz importé du dehors et surtout le rhum, à peine taxé à son entrée dans l'île et que les distillateurs de Maurice leur fournissaient presque pour rien.

Tout ce que l'on produisait de riz dans la plupart de ces pays, jadis si riches, se réduisit bientôt à quelques rizières éparses au milieu des marais, à quelques champs de riz de montagne semés sans préparation sur des lambeaux de forêts détruites, dont on avait brûlé les arbres afin d'engraisser le terrain.

Jusqu'à ces dernières années, au contraire, en Imerina et dans le Betsileo, la culture du riz s'était maintenue assez développée et les produits obtenus étaient d'une bonne qualité. A peu près tous les fonds des vallées, et quelquefois leurs flancs jusqu'à une certaine hauteur, étaient transformés en rizières, où l'on amenait l'eau, souvent de très loin, par des travaux considérables. Mais voilà que la guerre de 1895 d'abord, puis l'insurrection de 1896 vinrent contrarier un peu partout et ruiner à peu près complètement en Imerina la production du riz, à ce point que l'on a craint un instant une véritable famine. Le riz a manqué en beaucoup d'endroits cet hiver et l'Administration a dû en faire distribuer dans plus d'un district aux indigènes pour les aider à attendre le printemps.

Heureusement que la dernière récolte a été spécialement abondante, la culture du riz ayant pris un développement très considérable en Imerina, par suite des encouragements de l'Administration, par suite surtout des gains importants que les Hova espéraient en retirer. Tout a été converti en rizières, même les flancs des coteaux où l'on plantait autrefois la patate et le manioc. Ce même mouvement d'amélioration et d'accroissement dans la production du riz s'est étendu aux contrées voisines, au Betsileo, au pays des Antsihanaka, jusque dans le Boina, et l'on peut prévoir le temps où cette culture ayant repris et même dépassé la prospérité d'autrefois, non seulement suffira à la consommation locale, mais deviendra un riche article d'exportation, particulièrement vers la Réunion qui, comme on sait, a besoin annuellement d'une grande quantité de riz, jusqu'ici importée des Indes.

Trois obstacles sont cependant à vaincre pour arriver à ce résultat : la paresse des habitants, la mauvaise qualité des semences, le mode défectueux de culture.

La première difficulté existe surtout sur la côte Est, mais pas en Imerina où, nous l'avons dit, l'amour du gain à réaliser a déjà produit de remarquables résultats. On peut espérer que la création de nouveaux besoins, par le contact des habitants avec les blancs, que la fixité des impôts et la certitude de n'être plus dépossédés de leur récolte par des gouverneurs prévaricateurs, que la perspective de riches bénéfices faciles à réaliser par la vente de la partie de leurs récoltes non nécessaire à leurs besoins, produiront partout les mêmes résultats.

Ces résultats seront puissamment aidés par une culture plus rationnelle et une sélection plus intelligente des semences qui amélioreraient les espèces cultivées et pourraient nous donner, à Madagascar, des riz égaux en valeur aux riz de l'Indo-Chine. Certains des riz de Madagascar sont bons, d'où la preuve que le pays peut produire les bonnes espèces ; mais certains autres sont de qualité inférieure : il faudra donc les améliorer ou les remplacer par d'autres semences qui leur soient supérieures.

La culture est encore à l'état rudimentaire. Sur la côte et dans les régions moyennes, au flanc des coteaux, l'incendie des chaumes, quand ils se dessèchent après la récolte, ou bien l'incendie d'un lambeau de forêt pour la création d'un nouveau champ de culture, est le seul amendement que l'on donne au sol. Quant à la préparation des anciennes rizières, après les inondations de la saison des pluies, on fait piétiner le sol par les bœufs pendant plusieurs jours et l'on y jette ensuite quelques poignées de riz. Dans l'intérieur, on ne fume guère plus, se contentant de maintenir sous l'eau les rizières des bas-fonds. Le travail fait à l'*angady* est lent, coûteux et pénible. L'introduction de la charrue pourrait, comme en Indo-Chine, diminuer la fatigue et donner de très bons résultats, après le piétinement des bœufs. Il faudra aussi amender par des engrais abondants les rizières qui produiront alors beaucoup plus et ne s'appauvriront pas. Avec cela — et cela est facile à obtenir, même des indigènes — on peut être sûr que la culture du riz donnera beaucoup à Madagascar.

V

CANNE A SUCRE, CACAOYER, VANILLE

Tout le monde dit généralement qu'il n'y a rien à faire avec la culture de la *canne à sucre*, et l'on donne, comme une preuve péremptoire de cette affirmation, la ruine de notre colonie de la Réunion provoquée en grande partie par l'échec de cette culture.

Cette conclusion est peut-être hâtive. Si l'on s'est ruiné à la Réunion, on réussit à Maurice et personne n'ignore les splendides résultats obtenus récemment en Egypte par la production et l'exploitation de la canne. Peut-être pourrait-on espérer également quelques succès à Madagascar, d'autant plus que le gouvernement français vient d'exonérer de tous droits, à leur entrée dans la métropole, les produits dont elle permet la fabrication.

La question serait plutôt de savoir si le sol de Madagascar est réellement propre à sa culture.

On en produit fort peu sur la côte occidentale, peu également dans l'Imerina, où elle est employée par les indigènes pour la fabrication d'un sucre grossier et d'un rhum de qualité inférieure, un peu plus dans le Betsileo où elle réussit mieux et où, quoique de petite taille, elle est très sucrée ; mais elle réussit admirablement sur toute la côte Est, dans les environs de Diego-Suarez, d'Antalahy, au Sud de la province de Vohemar, à l'Ouest de la baie d'Antongil, dans les plaines avoisinant le lac Alaotra, dans les environs de Tamatave, d'Andevoranto, de Vatomandry et de Mananjary. Il existe même une sucrerie et une distillerie près de Tamatave; une sucrerie également et une rhumerie près de Mananjary.

Dans tous ces endroits, une canne peut atteindre trois mètres de hauteur et la grosseur du poignet, et le même pied peut donner jusqu'à vingt pousses successives.

Seulement que l'on n'oublie pas la superproduction universelle de sucre, son bas prix et son difficile écoulement. Là est la grande difficulté et il vaudrait mieux tirer un autre parti de la canne.

La canne à sucre existait à Madagascar au temps de Flacourt.

Le *cacaoyer* se cultive aussi sur la côte Est où il a été importé de Maurice et de la Réunion. Presque toutes les plantations possèdent quelques-uns de ces arbres ; mais c'est depuis peu seulement qu'on en a entrepris la culture en grand. En 1883, il y avait de 5.000 à 6.000 cacaoyers disséminés un peu partout, surtout dans les environs de Tamatave. Tout fut abandonné à ce moment. Mais quand les planteurs revinrent, quelle ne fut pas leur surprise de voir que ces cacaoyers, plantés cependant sur de vieilles caféiries, c'est-à-dire sur des terres déjà épuisées, loin d'avoir péri, avaient au contraire, non seulement résisté, mais encore prospéré ! La preuve de leur vitalité était faite. La conséquence fut un rapide développement de cette culture.

On comptait déjà 150.000 pieds en 1888 ; plus de vingt plantations commençaient à rapporter en 1890, et la semence qui, avant la guerre, valait 2 fr. 50 le fruit, était descendue au-dessous de 0 fr. 50.

Le cacaoyer commence à produire à trois ans, mais n'est en plein rapport qu'au bout de cinq ans. Chaque pied donne alors à peu près trois cents graines. Les conditions et le prix de culture sont ceux du café.

Les endroits préférés du cacaoyer sembleraient être Sainte-Marie, les environs d'Antalahdy dans la province de Vohemar, les environs de Tamatave, d'Andevoranto, de Beforona, de Vatomandry, de Mahanoro et de Mananjary.

La *vanille* réussit également sur la côte orientale. Commencée un peu avant la guerre de 1883-1885, cette culture ne donna d'abord que de médiocres résultats, mais elle fut reprise ensuite sur de meilleures bases et se développa rapidement.

M. d'Anthoüard comptait déjà en 1890 une quarantaine de vanilleries disséminées le long de la côte, depuis Fénérife jusqu'à Mananjary, surtout entre Vatomandry, Mahanoro et Mahela. Aux environs de Vatomandry seulement, il y avait 184.000 pieds.

La vanille vient bien aussi dans les régions de Sambava et d'Antalahy, et la récolte de cette année a donné d'excellentes qualités à Mananjary. Elle commence à produire dès la troisième année, et, la quatrième, elle est en plein rapport. L'arpent donne alors environ 100 kilogrammes. Il faut à peu près 1250 fr. pour planter et entretenir un arpent jusqu'à la première récolte.

Mais ce sera là une culture forcément restreinte, car les débouchés sont loin d'en être illimités. C'est également une culture fort délicate, qui demande des travailleurs habiles et une surveillance constante, qui demande, en particulier, des hommes spéciaux pour la préparation des gousses. Aussi les nouveaux colons ne devraient-ils l'entreprendre, même sur une très petite étendue, qu'après plusieurs années de séjour, quand les plantations de café, de cacao, de girofle, seront déjà en plein rapport.

VI

DU CAFÉ

Que dire maintenant du café ? Tout le monde y compte beaucoup et combien de fortunes se sont déjà édifiées, en imagination, sur la culture du café à Madagascar !

Franchement, je crains qu'on ne soit trop optimiste et qu'on ne s'expose à plus d'une désillusion.

A un point de vue général, peut-être la culture du café n'est-elle pas appelée à l'état de prospérité rêvé par plusieurs. Sans doute, la consommation en est très grande en France et l'usage ne fera qu'en augmenter. Sans doute aussi, les cafés importés de nos colonies ont un grand avantage sur les cafés venus de l'étranger, puisqu'ils ne paient que 78 fr., au lieu de 156 fr., de droits d'entrée, par 100 kilogrammes. Enfin, la marge est grande pour nos cafés coloniaux puisqu'ils n'entrent que dans la proportion de 1/20e de la consommation totale.

Mais n'oublions pas, d'un autre côté, que l'Amérique centrale, et surtout le Brésil, nous inondent de leurs produits, qu'une culture plus intelligente améliore tous les jours et qu'un sol d'inépuisable fertilité produit en abondance et à si peu de frais. Cela est si vrai que, depuis quelques mois, les prix ont extraordinairement baissé, à ce point que la culture du café de Nouvelle-Calédonie, un café de luxe cependant, dans un pays où il réussit bien, devient à peine rémunératrice.

Qu'en sera-t-il pour Madagascar?

Quand on va de Tamatave à Tananarive, on est tout surpris et tout heureux de rencontrer auprès d'un grand nombre de villages, surtout dans la forêt, de splendides pieds de café, couverts, suivant la saison, de leurs petites fleurs blanches si jolies et si délicates, ou bien de nombreuses baies vertes rappelant à s'y méprendre, sauf la couleur, celles du houx de nos montagnes de France. Il y a aussi de ces pieds qui réussissent admirablement en Imerina, et je me rappelle, en particulier, avoir vu, à l'Est de la place de Mahamasina, à Tananarive, dans la cour de l'église, une allée de caféiers ployant littéralement sous leur poids de graines. M. Rigaud avait dans son jardin, l'ancien jardin de M. Laborde, un arbre qui donnait cinq kilog. de café par an.

Importé sur les hauts plateaux dans le courant du siècle dernier, le café est également cultivé, en petite quantité, par les indigènes; pour l'abriter des vents qui soufflent pendant la saison froide, ils l'ont placé souvent dans les fossés qui bordent leurs villages et il y vient fort bien.

« Dans la région avoisinant Tananarive (Voromahery), porte le rapport du général Duchesne, les fossés des villages, les lieux abrités autour des habitations sont les plus propices à la croissance du caféier. »

Mais il faut reconnaître que cet arbre se trouve ainsi placé dans des conditions exceptionnelles. En effet, grâce à sa situation, le terrain où poussent ces caféiers est fertilisé par les détritus de toutes sortes qui s'amassent à la surface. Ce ne sont donc là que des essais isolés, dont la situation, l'engraissement du terrain par l'amoncellement des détritus, tout naturel près des villages, ou d'autres causes, expliqueraient le succès. Il nous faut donc plutôt considérer les plantations proprement dites.

Je ne crois pas qu'elles soient possibles en Imerina, malgré les essais tentés à Ivato par M. Rigault : le climat ne leur convient guère et la préparation préalable du sol, qui est indispensable, grèverait l'exploitation de frais trop considérables.

Dans la région d'Antsirabe où le sol est meilleur, à environ 120 km. au Sud-Ouest de Tananarive, d'anciennes plantations de café, quelque peu abandonnées par les indigènes, ont été reprises sur les conseils de l'Administration. Les graines récoltées ont une apparence identique à celle des meilleurs cafés d'Arabie, et les petites quantités exportées jusqu'à ce jour ont été vendues sous le nom de cafés de Zanzibar ou d'Odeidah.

Les indigènes ont ainsi repiqué plus de 3.000 pieds. Peut-être peut-on espérer que cet essai réussira et encouragera les Malgaches à étendre leurs plantations.

Dans le Betsileo les conditions sont encore meilleures, surtout pour le climat. On y rencontre des caféiers superbes qui ont environ quinze ans ; mais il faut choisir dans cette province un endroit très abrité et pas trop élevé pour obtenir de bons produits.

Aucun essai sérieux n'a pu encore être tenté sur la côte Ouest.

Quant aux plantations de la côte Est, elles ont donné beaucoup de mécomptes. On avait choisi le café de Bourbon. Il promettait beaucoup dès l'abord, poussant rapidement et paraissant plein de vigueur. Mais au bout de trois ou quatre ans, il dépérissait peu à peu et ne donnait que de minimes résultats, ou bien il était atteint par l'*hemileïa vastatrix* importé de Ceylan et mourait rapidement.

Peut-être que la température est trop chaude et trop humide dans cette région, et le sol trop pauvre pour soutenir une végétation naturellement trop rapide ; en sorte qu'à Madagascar aussi bien qu'au Guatemala, il vaudrait mieux choisir une altitude plus élevée, celle comprise entre 500 et 1000, ou même 1200 mètres. Quoi qu'il en soit, les plantations de café de Bourbon qui, avant la guerre de 1883-85, semblaient devoir faire la fortune de la côte Est, ont presque entièrement péri, par suite des causes déjà énoncées, et par suite aussi de l'abandon forcé où elles furent laissées. On ne les a pas reprises.

Mais ayant constaté que de vieux pieds de café Liberia,

apportés dans le pays à titre de curiosité et d'essai, avaient résisté au milieu de la mortalité générale causée par l'hemileïa, quelques planteurs essayèrent d'en propager la culture.

« En général, affirme le rapport officiel du général Gallieni, la culture du Libéria promet beaucoup de succès sur la côte et dans certaines parties des régions moyennes; ses feuilles sont beaucoup plus grandes et plus résistantes que celles du *café arabica* ou *de Bourbon*, aussi succombe-t-il moins facilement aux atteintes de la maladie causée par l'*hemileia vastatrix*, redoutable parasite, sorte de champignon qui attaque les feuilles et les fait tomber. »

Son rendement est en outre bien supérieur. Ainsi, à Sainte-Marie, un hectare de café Libéria donne environ 900 kg. de café. La récolte en est également plus facile, en raison de la plus grande adhérence de ses fruits aux branches.

A Mananjary, une plantation, vieille de cinq ans, a donné, en 1896, une fort belle récolte. Dans la province de Fort-Dauphin, à côté des plantations de café Bourbon de bonne venue, il y en a d'autres de Libéria qui promettent beaucoup. Mais le Libéria est de qualité inférieure et par suite d'une vente moins rémunératrice et de plus en plus difficile.

Je crois donc qu'il serait imprudent de le multiplier outre mesure avant de savoir si les essais de greffes de Bourbon donneront les résultats que d'aucuns en attendent; ou si le jardin d'essai de la côte réussira à nous donner quelque espèce intermédiaire qui ait la résistance du Libéria et une valeur approchant de celle de l'Arabica.

En résumé tout le monde espère que la culture du café réussira à Madagascar. Souhaitons que tout le monde ait raison et que ce succès ne soit pas acheté par trop de mécomptes.

VII

DU CAOUTCHOUC DES LIANES

Je compterais beaucoup plus sur le *caoutchouc* dont je conseillerais volontiers la culture, avec prudence cependant et en connaissance de cause; car, si cette parole d'un colon de la première heure est vraie, que « le caoutchouc, voilà les véritables mines d'or de Madagascar », il n'en est pas moins vrai qu'on peut se ruiner dans l'exploitation irraisonnée et imprudente de cette mine d'un nouveau genre.

Il ne saurait donc être hors de propos de parler avec certains détails, d'abord des diverses espèces de caoutchouc existant dans l'île, et ensuite de celles qu'on pourrait utilement y introduire.

Les premières se présentent sous deux aspects différents, de *baies* et *d'arbustes*.

Il y a déjà un certain temps que les lianes sont exploitées, en particulier dans la forêt de la côte orientale et elles ont été l'origine de grands bénéfices.

« N'oublions pas la liane à caoutchouc, très commune dans les forêts de l'île, écrivait le P. Abinal (1) vers 1884. C'est une vraie richesse pour le pays. Malheureusement les Malgaches, au lieu de lui donner les soins qu'elle mérite, la coupent au pied pour en exprimer le suc et se privent ainsi des récoltes subséquentes. » Et un peu plus loin (2) il donne le prix de ce produit qui, « recueilli

---

(1) *Vingt ans à Madagascar*, p. 16.
(2) Id., p. 22.

par les indigènes en grosses pelotes, se vend au poids au prix de 150 à 200 fr. les 100 livres. » Enfin, dans un appendice d'une très grande valeur, où il s'efforce d'apprécier l'ensemble du commerce de Madagascar pour les cinq années 1876-1881, il estime à 1.125.000 fr. la moyenne annuelle de l'exportation du caoutchouc.

« Le caoutchouc se rencontre dans toutes les forêts de l'île, racontait de son côté le vicomte d'Anthouard, dans son rapport commercial de 1890 ; mais, dans la partie facilement exploitable, il commence à devenir rare et les prix ont singulièrement augmenté, surtout sur les marchés de la côte Est. A la côte Ouest où le commerce est moins actif et où les populations sont clairsemées, il est encore à bas prix et abondant. »

Voici du reste les chiffres qu'il donnait de l'exportation du caoutchouc pour les années 1886-1890.

1° pour Tamatave :

Années :	1886	1887	1890
Quantités :	175.070 l.	341.946 l.	336.746 l.
Valeur :	207.030 f.	1.004.341 f. 30.	1.011.339 f. 97

2° pour Vatomandry :

En 1890 : 11.442 fr. 20.

3° pour Mananjary :

Années :	1888	1889	1890
Quantités :	32.524 l.	93.701 l.	166.441 l.
Valeur :	43.805 f. 31	123.238 f. 65	167.154 f. 90

4° pour Vohemar :

Années :	1887	1888	1889	1890
Quantités :	1897 l.	4975 l.	2888 l.	424 l.

5° pour Mojanga :

Années :	1887	1888	1889	1890
Valeur :	317.466 f.	272.754 f.	150.430 f.	186.740 f.

Ce qui donnerait comme exportation totale, en 1890, en négligeant Vohemar :
 1.376.676 fr. 07
plus ou moins le chiffre des précédentes années, et aussi, vraisemblablement, celui des années suivantes, avec, cependant, une diminution sensible, qui semble s'accentuer d'année en année.

A partir de 1890, nous n'avons plus de données positives jusqu'en 1896, où le tableau du relevé des douanes nous donne comme chiffre global des exportations du caoutchouc :
 536.783 kg. 800.

Mais déjà le centre des affaires du caoutchouc s'est sensiblement déplacé et s'est transporté de la côte Est à la côte Ouest et au Sud, de Tamatave à Mananjary et à Mojanga et à Fort-Dauphin, les forêts de la côte Est s'épuisant très rapidement par suite de l'incurie des habitants.

« …A Fénérife, Foulpointe et Tamatave, porte le rapport officiel du général Gallieni (1) sur l'agriculture à Madagascar, l'exportation du caoutchouc a beaucoup diminué. A Mahanoro et à Mananjary, le commerce du caoutchouc est très faible.

« En 1896, Fort-Dauphin a exporté :
143 tonnes de caoutchouc sur Londres ;
 30   —   —   Hambourg ;
  3   —   —   Marseille.

« A Mojanga, le caoutchouc est une des principales exportations du commerce local et donne lieu à des affaires qui prennent chaque jour une importance croissante.

---

(1) *Journal Officiel* du 21 oct. 1897.

Il vient de Maromavo, de la baie de Mahajamba, de Manakia, et surtout de Maintirano et Morondava...

« La production totale de ces régions est d'environ 120 tonnes par an dont

60 pour Mojanga,

60 pour Morondava et Maintirano.

« Les deux tiers de la production totale sont expédiés sur Londres. Le dernier tiers représente les envois sur Marseille et Hambourg. »

Enfin, en 1896, Nosy-Ve a exporté :

60 tonnes de caoutchouc en Angleterre ;

39 — — Allemagne ;

21 — — France.

Partout, sauf à Fort-Dauphin et à Nosy-Ve, où on le retire en grande partie d'arbustes dont nous parlerons tout à l'heure, le caoutchouc exploité provient à peu près exclusivement des lianes, dont quelques-unes présentent cependant parfois la forme d'arbustes, en particulier vers l'Ouest.

La liane la plus répandue dans les forêts de l'Est est le « *vahy* » qui, par son abondance, peut donner lieu à une exploitation considérable. Elle atteint parfois une longueur de 40 mètres et s'enroule autour du tronc des arbres. Elle a à peine 2 cm. de diamètre et c'est la véritable liane à caouchouc. Le « *vahindompoitra* », une autre liane qui atteint de 5 à 6 cm. de diamètre, donne un caoutchouc de qualité inférieure que les indigènes mélangent à celui du vahy.

« Une autre liane, — peut-être est-ce la même que le vahy, — encore peu connue sur la côte Ouest, à Mojanga et aux environs, donne un joli caoutchouc d'un blanc rosé. Ses tiges brunes semblent vernies et les feuilles ont un vert foncé. La fleur violette est jolie ; les coques sont enveloppées d'une coque oblongue très légère qui s'ouvre à leur maturité ; les petites graines, brunes et plates, sont surmontées d'une houpette d'un duvet très léger et sont ainsi emportées par le vent et semées au loin.

« Une autre espèce a une feuille ressemblant, à s'y méprendre, à la feuille du hêtre. Elle donne aussi un bon caoutchouc.

« Toutes ces lianes vivent et prospèrent dans les terrains les plus dissemblables, aussi bien dans l'argile rouge que dans les bas-fonds plus frais ou dans les terrains légers des plateaux. Partout où une graine n'est pas foulée, on est sûr de rencontrer du caoutchouc (1). »

Tout cela montre combien peu jusqu'ici ont été étudiées les lianes à caoutchouc. On n'a fait aucune comparaison sérieuse entre elles, mais seulement des comparaisons de laboratoires, et encore très insuffisantes, entre leur latex.

Puis ce caoutchouc est ordinairement très mal préparé, ce qui lui enlève une grande partie de son prix et risque de nous égarer sur sa véritable valeur.

Jusqu'ici, en effet, sa récolte et sa préparation ont été abandonnées aux mains des indigènes ; l'Européen intervenait seulement pour l'acheter. Même parmi les indigènes, ce ne sont pas toujours les plus soigneux ou les plus honnêtes qui vont à la découverte du caoutchouc, ce sont, au contraire, les plus nomades et les plus aventuriers. Ils partent par bandes de cinq à six, portant une hache, une bouteille d'acide sulfurique ou des citrons, une provision de riz, des marmites et, depuis quelque temps, un fusil, ils s'enfoncent dans la forêt jusqu'à ce qu'ils aient découvert la précieuse liane. Ils campent alors en cet endroit et se mettent au travail, grimpant aux arbres et tranchant impitoyablement chaque branche qu'ils peuvent atteindre sans épargner même la

---

(1) Notes fournies par un colon de Mojanga.

racine. Ils les coupent en fragments de deux pieds de long qu'ils placent debout sur un auget en bambou, par où le suc s'écoule dans une marmite en fer de deux à quatre gallons de contenance. Quelques gouttes d'acide sulfurique, de jus de citron ou d'absinthe de commerce, ou simplement du sel marin, de l'extrait au tamarin, ou même de l'eau chaude, changent aussitôt ce suc en un caillot qui devient la boule du commerce, d'un diamètre variable, ayant à l'extérieur une couleur brune foncée et à l'intérieur une teinte jaune fauve.

Cette boule contient beaucoup d'impuretés qui sont le résultat inévitable de son mode d'exploitation ou qui lui sont ajoutées parfois intentionnellement, afin d'en augmenter le poids.

Le meilleur caoutchouc est celui préparé à l'acide sulfurique; le plus mauvais, celui préparé par les Sakalaves au citron et à l'extrait au tamarin. Le caoutchouc au sel, dit de Menabe, est un peu meilleur.

Jusqu'ici on n'a pu amener les indigènes à se servir régulièrement de l'acide sulfurique, même en le leur fournissant gratuitement, soit simplement à cause de la routine qui les empêche d'accepter de nouveaux procédés, soit à cause de quelques accidents survenus dans la manipulation, toujours dangereuse entre des mains inexpérimentées, de cet acide.

On n'a pu également les amener à ne pas couper et même à ne pas déraciner les lianes exploitées. C'est l'histoire de la poule aux œufs d'or; c'est leur capital qu'ils détruisent ainsi follement. Mais la prévoyance pour l'avenir est une des moindres qualités des populations des côtes, soit orientale, soit occidentale.

Une sévère réglementation s'impose. Mais avec des tribus nomades et pillardes comme les Sakalaves, avec le personnel restreint dont dispose l'administration des forêts, sera-t-il possible d'en assurer l'exécution? Vraisemblablement non.

Peut-être donc le plus sage serait-il d'accorder l'exploitation des lianes à caoutchouc, dans une région déterminée, à des concessionnaires français à qui l'on imposerait cette réglementation et qui, du reste, auraient tout intérêt à l'observer. Seulement, vu la rareté de plus en plus grande des lianes, leur éloignement des centres habités et la difficulté ou même le danger de leur exploitation, on pourrait avoir peine à trouver des concessionnaires.

VIII

DES ARBRES A CAOUTCHOUC

Personne n'avait pensé, d'abord, à Madagascar, à autre chose qu'aux lianes à caoutchouc, lorsque le bruit se répandit tout à coup, dans le courant de l'année 1891, qu'on avait découvert, vers l'Ouest de Fort-Dauphin, un arbre merveilleux qui devait être la source d'inépuisables fortunes pour cette partie jusqu'ici si déshéritée de l'île. C'est le 7 juin de cette année 1891 que le produit en fut acheté pour la première fois à Tsivory par M. Monin, employé de MM. Saint-Pern et Desjardins. Ce fut pour plusieurs l'occasion de grands bénéfices. On le payait 5 piastres les cent livres et on le revendait 28 piastres livrable à bord. Pour ne pas trahir le secret, on le vendit d'abord aux Indiens de Maintirano sous le nom de *caoutchouc de Kilwa*, nom qu'il a gardé longtemps sur les places d'Europe.

Bien des légendes se sont déjà formées sur cet arbre

à caoutchouc et il est de mon devoir de les détruire, d'autant plus que, trompé par les renseignements trop optimistes d'un homme qui avait cependant habité Fort-Dauphin pendant vingt ans et aurait dû, par suite, être parfaitement renseigné, j'ai contribué moi-même à leur donner crédit.

Et d'abord, il n'y a pas qu'un seul arbre à caoutchouc dans la région du Sud, il y en a trois.

Le premier, l'*Aviavindrano* ne paraît guère avoir été exploité qu'à titre d'essai et aucun renseignement précis n'a pu être recueilli sur son compte. On a seulement remarqué sur plusieurs sujets de nombreuses cicatrices provenant d'entailles multipliées qui coupaient l'écorce sans l'enlever. Inutile donc de nous y arrêter.

Le second, l'*Hazondrano*, vient dans les régions très arrosées par les pluies, à l'Est d'une ligne suivant les derniers contreforts occidentaux de l'arête faîtière pour aller couper le Mandrere vers son grand coude, par 23°40′, et de là se diriger un peu au Sud de l'embouchure de l'Omilahy. Il ne pousse que dans les ravins où se condensent les petits filets d'eau, et seulement à partir d'une altitude de 400 à 500 mètres. C'est très probablement une *Apocynacée*. Il n'a pas de fleurs proprement dites, mais sa feuille rappelle un peu celle du *Ficus*. C'est un arbre de sous-bois, de grandeur moyenne : tronc droit très élancé, écorce jaunâtre, rappelant l'aspect d'un jeune érable. Il peut atteindre une hauteur de 10 à 12 mètres et un mètre de tour. Il donne tout au plus 150 grammes de gomme et sa croissance est extrêmement lente, demandant vraisemblablement une vingtaine d'années.

L'indigène pratique le long du fût, au moyen d'une petite hachette, de nombreux blanchis ou miroirs, plus ou moins circulaires, de $0^m,05$ à $0^m,06$ de diamètre. Le latex, secrété par la partie active de l'écorce, afflue sur les

NEUVIÈME LEÇON

bords de la cicatrice et s'y coagule au bout d'une douzaine d'heures sous forme d'un petit bourrelet. Les bourrelets ou lamelles, de couleur blanche ou nacrée, sont recueillis et réunis en boules de $0^m,08$ de diamètre, en moyenne, donnant ainsi un caoutchouc pur, sec et semblable, comme aspect, à celui de l'*intisy* (1).

L'arbre, laissé sur pied, ne meurt pas et l'on peut recommencer l'opération tous les trois ans, en moyenne. Chaque sujet ne donne guère qu'une boule par récolte et la production est encore réduite par la rareté de l'essence. De plus, la main-d'œuvre nécessitée par la récolte étant considérable, l'*Hazondrono* a peu de chances d'être propagé ; ce n'est réellement qu'un médiocre producteur de gomme.

Une troisième essence qui constitue à proprement parler l'arbre à caoutchouc du Sud, est l'*intisy* des Antandroy que les Antanosy appellent *herekazo* (de *herotra*, caoutchouc, et *hazo*, arbre — arbre à caoutchouc). Il pousse précisément là où l'hazondrano ne pourrait venir, c'est-à-dire au Sud-Ouest de la ligne indiquée plus haut, au milieu des cactus, raquettes et autres plantes grasses et épineuses qui constituent la brousse si particulière de ces régions arides et désolées du Sud-Ouest de Madagascar. Il demande, en effet, un climat et un pays très secs ; aussi n'a-t-il rien donné dans le jardin de M. Marchal, à Nampoa, parce que ce jardin est arrosé et qu'il y pleut trop souvent.

On le trouvait jadis à l'Est du Mandrere, et c'est là que se portèrent naturellement les premières recherches. Aujourd'hui, il a complètement disparu de cette région où l'on ne voit plus que quelques troncs desséchés et quelques arbustes trop jeunes pour être exploités. Mais il se

---

(1) *Journal Officiel de Madagascar*, 13 juillet 1897 — Notes de M. Chapelle, garde général des forêts.

rencontre encore à l'Ouest de la même rivière, d'autant plus nombreux qu'on pénètre plus avant dans la région des Antandroy et des Mahafaly, parce que l'état troublé de ces contrées en a rendu trop difficile et trop dangereuse l'exploitation.

Il n'existe nulle part isolé des autres plantes ou en bosquets séparés. Mais il est au contraire très disséminé dans la brousse, formant à peine le dixième du peuplement dans les endroits où il est le plus abondant. C'est tout au plus si l'on compte une quinzaine de pieds à l'hectare, une dizaine en moyenne dans l'ensemble de la contrée. Selon toute vraisemblance, c'est une *euphorbiacée*. D'après M. Chapotte qui l'a étudié avec très grand soin, il ne dépasse pas 0^m60 de circonférence sur 3^m50 de hauteur maxima. Il se maintient droit dans sa jeunesse, mais contracte la forme légèrement pleureuse en vieillissant. Les ramifications, très grêles, passent, par gradations insensibles, de la tige aux plus menues branches, celles-ci cylindriques et d'un vert accentué. A défaut de feuilles véritables, il convient de mentionner cependant quelques stipules herbacées linéaires, allongées de 0^m05 à 0^m06, qui ont été remarquées aux nœuds, près des bourgeons latéraux. La ramification n'est ni nettement opposée, ni nettement alterne, mais assez irrégulièrement verticillée, chaque bourgeon terminal donnant naissance à trois pousses au plus.

Il semblerait résulter de l'examen de la section de certaines tiges que l'accroissement en diamètre est très lent (0^m005 par année). Le fruit, examiné en état imparfait de maturité, est une capsule ovoïde de la grosseur d'une cerise, atténuée à la base, étranglée vers le milieu suivant la cloison qui la divise en deux loges, à péricarpe lisse et mince. Chaque loge contient une graine à épisperme également mince et paraissant peu résistant.

« L'*intisy*, lorsqu'il est jeune, a l'écorce verdâtre, assez luisante ; elle tire sur le gris jaunâtre, avec l'âge. L'arbuste, avec sa ramification grêle, assez peu groupée, est d'autant moins apparent qu'il se trouve en sous-étage, dominé par les autres végétaux de la brousse. »

Il se reproduit de lui-même, par la chute de ses graines.

La récolte de la gomme de l'intisy a lieu par un procédé assez rudimentaire.

Les indigènes pratiquent, à la hache, des entailles transversales le long du tronc, jusqu'à hauteur d'homme, entailles généralement peu profondes, mais très multipliées et rapprochées entre elles de moins de 0^m05 à 0^m06, sur toutes les faces du végétal. Le latex s'amasse dans les petites poches ainsi formées entre l'écorce et le bois, et se coagule à l'air libre au bout d'une dizaine d'heures. On le recueille sous forme de lamelles blanchâtres qui sont réunies en boules de 0^m06 à 0^m08 de diamètre.

Souvent l'indigène, non content d'entailler le tronc, déchausse l'arbuste, tant pour recueillir le suc des racines que pour former une petite cuvette où la gomme, qui déborde des incisions supérieures, vient se rassembler. Le caoutchouc, arrivant ainsi en contact avec le sol, se mélange d'impuretés, terre, gravier, etc. Il arrive même parfois que ces débris sont introduits intentionnellement pour augmenter le volume et le poids de la boule. D'autres fois, l'arbuste est complètement déterré afin de retirer des racines une pulpe aqueuse, plutôt fade, qui sert à étancher la soif des indigènes dans une région où l'eau douce manque souvent.

L'intisy, même laissé sur pied, meurt infailliblement après l'opération, circonstance qui explique la très grande étendue de brousse épuisée en quelques années.

Il faut de 5 à 6 boules de caoutchouc par kilogramme, et les plus gros sujets, saignés à mort, donnent 3 boules.

En le saignant avec beaucoup de soin et en plusieurs fois, peut-être arriverait-on à le conserver au moins pour une ou même pour plusieurs récoltes. Mais il ne faudrait guère lui enlever plus de 100 grammes de gomme ou 300 gr. de latex.

Quant à le replanter, il ne faut pas y songer, vu son faible rapport et la lenteur de sa croissance.

Tout ce qu'il reste à faire, c'est donc de tirer le meilleur parti possible des arbres encore existants, de laisser croître, si l'on veut, les petits rejetons et de planter dans les endroits fertiles une espèce plus productive.

Le centre du commerce du caoutchouc du Sud est Fort-Dauphin où il est apporté soit par les agents des traitants, qui ont des succursales à Bevary, à Fenoarivo et à Tsilamaha, soit par des commerçants européens habitant non loin des lieux de production, par exemple à Andraombe, Manambraro et Mahonalo, qui l'achètent aux Antandroy, soit par les Antanosy de Fort-Dauphin qui partent en nombreuses bandes à la recherche de la précieuse gomme, à quatre ou cinq journées de distance, pour la revendre à leur tour au prix moyen de 2 fr. le kilog. payables en argent.

Les populations fixées à proximité des lieux de récolte se déplacent peu et ne vont guère que jusqu'aux premiers comptoirs de traite où elles échangent leur gomme contre diverses marchandises, notamment des toiles, des indiennes, des verroteries diverses, des clous dorés, de la faïence décorée, des marmites en fonte, des fers de bêches ou de sagaies, etc. Il est ainsi assez difficile d'évaluer le prix réel sur place, mais il est certain que les échanges laissent de plus grands bénéfices que les achats à prix d'argent.

En fait, ces derniers en laissent très peu, par suite de la concurrence acharnée des commerçants entre eux. Concurrence malheureuse qui n'a eu pour résultat que celui de provoquer la destruction progressive des ressources naturelles de la contrée, en même temps qu'elle faisait monter les prix et baisser la qualité de la marchandise, devenue de plus en plus impure et perdant chaque jour de sa réputation.

Du reste, Fort-Dauphin n'a jamais exporté les quantités énormes de caoutchouc que l'on croit. Les douanes hova n'ayant tenu aucun compte régulier des quantités exportées jusqu'à notre arrivée, nous sommes ainsi dépourvus de renseignements certains; mais d'après M. Marchal, un des plus anciens commerçants de Fort-Dauphin, on peut admettre comme très approchés les chiffres suivants :

Année 1891 . . .	15 tonnes	
— 1892 . . .	400	—
— 1893 . . .	400	—
— 1894 . . .	250	—
— 1895 . . .	200	—
Total . .	1265 tonnes.	

Pour 1896, les chiffres donnés par le service des douanes fixent l'exportation à 168 tonnes.

Nous ignorons ce qu'elle a été en 1897; mais vraisemblablement elle a encore continué à décroître.

IX

ARBRES A INTRODUIRE

D'après ce que nous avons dit, il est clair qu'aucun des arbres à caoutchouc actuels de Madagascar ne peut servir à une exploitation régulière. Ils donnent trop peu, sont trop difficiles à exploiter et mettent trop longtemps à croître.

Il faudra donc en importer d'autres.

Mais lesquels?

C'est toujours un problème délicat que d'acclimater dans un pays et sous un climat nouveau, des arbres originaires d'un pays étranger qui se trouve à des milliers de lieues de distance, dans des conditions de fertilité et de climat différentes. Le problème sera peut-être encore plus difficile pour les arbres à caoutchouc auxquels on ne demandera pas seulement de croître, mais aussi et surtout de donner en grande abondance une gomme d'excellente qualité.

Tout de suite les colons ont pensé au *Ceara*, qui croît rapidement, puisqu'au bout de huit à dix ans il est en plein rapport, donnant dans l'ensemble, plus ou moins suivant les arbres et suivant le pays, une moyenne annuelle d'au moins 1 kg. de caoutchouc. MM. Marchal et Boccard l'ont introduit dans leurs jardins de Nampoa et de Manantetely; d'autres colons en ont planté à Mananjary, à Mahanoro et en plusieurs autres endroits de la côte Est. Il pousse très bien et l'on serait tenté de croire, en le voyant, que c'est bien là le caoutchouc convenant à Madagascar.

Et cependant, il est bien à craindre que tous ces colons ne se trompent et ne courent au-devant d'un échec. Le *Ceara* ne donnera rien sur la côte orientale de Madagascar. Originaire des montagnes de la province de Ceara (Brésil), où il pleut très peu, où la saison des pluies est très courte, quelquefois même manque entièrement, le caoutchouc, de son vrai nom, le « *Manihot gladziowii* » — en somme, un manioc avec à peu près la même apparence et les mêmes grosses racines sur lesquelles il vit pendant la sécheresse — demande, pour donner de la gomme, en quantité suffisante, une saison sèche prolongée. Dans un climat humide, il vient très bien, mais tout en végétation. Dans son pays d'origine, dans les régions qui lui conviennent, il perd ses feuilles pendant la saison sèche et se repose alors quelques mois. Sur la côte orientale de Madagascar, ses feuilles repoussent aussitôt et épuisent ses forces.

Du reste, la même expérience a été tentée sur la côte occidentale d'Afrique où elle a été décisive. On a eu de beaux arbres et pas de caoutchouc.

Est-ce à dire qu'il faille renoncer au *Ceara* à Madagascar? Non, certes; il réussira, au contraire, vraisemblablement sur la côte occidentale où les deux saisons sont bien tranchées et où la saison sèche se prolonge très longtemps, par exemple aux environs de Saint-Augustin, où il ne pleut guère qu'une quarantaine de jours pendant l'année, et en général, sur toute cette côte, jusqu'à Diégo-Suarez. Du reste, on l'a déjà planté en plusieurs points aux environs de Mojanga.

« Le Manihot Gladziowii, note le colon dont j'ai parlé plus haut, a donné des résultats. Au bout de quatre mois, j'ai vu un sujet qui avait $1^m 80$. Il faut le défendre avec soin des fourmis qui sont très friandes de sa graine.

Aussitôt qu'il a poussé, il ne craint plus rien. C'est un des producteurs qui promettent le plus. »

Certains colons ont également songé au *para*, cet arbre magnifique, au latex si abondant et si riche, et que l'on peut à bon droit appeler le roi des caoutchoucs. Je ne crois pas non plus qu'ils réussissent, au moins à le cultiver en grand. Je ne parle pas de la difficulté particulière qui existe pour se procurer des graines de para en bon état de conservation, à cause du temps considérable qu'il faut pour les apporter du Brésil jusqu'à Madagascar.

C'est là, en somme, une difficulté que l'on peut vaincre avec des soins et de l'argent. Seulement le para demande, pour réussir, trois conditions qu'il sera difficile de trouver réunies à Madagascar :

Il lui faut de la chaleur, de l'humidité et un sol très riche.

Le climat de la côte orientale de Madagascar serait suffisamment chaud et il est certainement assez humide. Mais, sauf peut-être quelques vallons privilégiés, où l'humus s'est amoncelé plus abondant et plus riche, le sol de cette contrée, et en général le sol de tout Madagascar, n'est pas assez fertile pour le para. N'oublions pas, en effet, que cet arbre pousse dans le bassin si riche de l'Amazone, à l'ombrage de la grande forêt, dans un sol profond et d'une richesse inouïe.

On a songé également à l'*Hevea Brasiliensis* qui le cède à peine en valeur au para, mais, pour lui aussi, nous ferons à peu près les mêmes objections que pour le précédent.

A notre avis, il existe un autre arbre à caoutchouc qui réussirait vraisemblablement sur la côte orientale de Madagascar : le *castilloa elastica*, originaire de l'Amérique centrale et du Mexique. Il demande à peu près les mêmes conditions de climat que le para, mais il est moins exigeant pour la qualité du sol. C'est dire qu'il rencontrerait en cette partie de Madagascar tout ce qu'il lui faut pour prospérer. Ce serait donc faire œuvre essentiellement utile que d'en essayer l'introduction. Comme l'hevea et comme le para, c'est un arbre à grand rendement. Ce serait la fortune assurée, non seulement pour celui qui arriverait à l'acclimater, mais, ce qui est encore plus important, pour cette immense région de notre nouvelle colonie qui s'étend de Diégo-Suarez à Fort-Dauphin.

Ainsi donc, en résumé :

1° L'exploitation des lianes à caoutchouc promet encore des bénéfices sur la côte Ouest à ceux qui voudront s'y adonner sérieusement, et ce serait œuvre sage que d'accorder sur cette côte d'importantes concessions à ceux qui s'engageraient, tout en profitant des lianes, à empêcher leur destruction, et, au contraire, à assurer leur production.

2° L'arbre à caoutchouc du Sud — *intisy hazondrano* ou autres — ne peut servir de base à aucune exploitation. Il n'y a donc qu'à tirer parti de ceux qui existent encore, à les détruire le moins possible et à laisser croître les jeunes sujets qui se sont resemés d'eux-mêmes.

3° Il y a lieu d'essayer sur la côte Ouest l'introduction du *ceara* qui, vraisemblablement, y prospérera et y donnera de grands rendements.

4° Enfin, il serait indispensable que le jardin d'essai de Tamatave s'occupât immédiatement de chercher quelle espèce d'arbre à caoutchouc conviendrait à la côte Est, et d'essayer, en particulier, si le *castilloa* ne serait point cet arbre. On pourrait, en attendant, interdire, pour un temps, dans les forêts de la côte, l'exploitation des lianes y existant encore et peut-être y provoquer, au moins en certains endroits, l'ensemencement de nouvelles lianes pour remplacer celles que l'imprudence des indigènes a si follement gaspillées.

Car, et je veux le redire en finissant, selon toute vraisemblance, la culture du caoutchouc sera la grande fortune de l'île.

Telles sont les principales productions du sol de Madagascar. Comme on le voit, elles sont nombreuses, et quelques-unes de premier ordre. Il ne faudrait pas s'effrayer des doutes qui peuvent exister encore sur la réussite de plusieurs, ni du vague inévitable des données que nous possédons sur l'agriculture de Madagascar. La colonisation, une colonisation sérieuse et tranquille, avec les ressources qu'elle exige en hommes, en argent, en capacités, y existe à peine depuis un an et déjà elle fait concevoir les plus légitimes espérances.

X

DE L'ÉLEVAGE

Or, si à toutes ces exploitations, et à bien d'autres que je n'ai pas nommées, l'on ajoute le produit des forêts : bois de toute sorte et de toute valeur — au nombre de plus de quatre-vingts espèces différentes, dont certaines de premier ordre, — cire, gomme, copal, essences diverses, etc. ; si surtout l'on y joint l'élevage des animaux domestiques, dont le succès est certain, on comprendra que ce mot de M. Guinard, repris ensuite par M. Larrouy, « que l'avenir de Madagascar est dans son sol, » n'est nullement exagéré, mais qu'il exprime, au contraire, la simple vérité.

Je ne puis pas m'étendre longtemps sur cet élevage des animaux domestiques. Un mot suffira. Il est assuré et il comprend, ou au moins, il peut comprendre, tous nos animaux de France, outre un ou deux qui sont propres à Madagascar.

Il y a d'abord le *bœuf malgache*, différent du nôtre par la grosse bosse ou loupe graisseuse qu'il a entre les épaules, et assez semblable au zébu, si commun dans les parties méridionales de l'Asie. Il est très répandu, surtout en certains endroits où l'excellence et l'abondance des pâturages facilitent sa reproduction : au Nord, chez les Antankara, et dans les environs de Vohemar; sur la côte Est, entre Mahanoro et Mananjary, ainsi que du côté de Maintirano et de Morondava à l'Ouest; au Sud, vers Fort-Dauphin; dans le Centre, chez les Antsihanaka, dans toute l'Imerina et chez les Betsileo. On en consomme sur place, ou bien l'on en exporte à Maurice et à Bourbon près de 100.000 têtes par année.

Quelques animaux d'origine française, des vaches normandes et bretonnes avaient été introduites par M. Laborde et ce premier essai promettait beaucoup, s'il avait été continué, surtout par ses croisements avec la race indigène.

Le prix des bœufs s'est un peu élevé. Il était, dans le courant de 1897, de 30 à 40 fr. pour une génisse, 20 fr. pour un jeune taureau, 5 à 10 fr. pour un veau, 50 à 60 fr. pour un bœuf. Depuis il a encore considérablement monté et le *Journal officiel de Madagascar* du 3 février 1898, nous donne :

1° Bœufs : 75 fr. en juin, 150 fr. en nov. 1897.
2° Vaches : 25 fr.   »   48 fr.   »   »
3° Veaux : 10 fr.   »   30 fr.   »   »

Plus tard, quand la région centrale sera reliée aux côtes par des voies de pénétration, ou bien lorsque les vastes plaines de l'Ouest seront suffisamment connues et pacifiées, on pourra tenter, avec espoir de succès, de vastes entreprises d'élevage, soit pour fournir du bétail à l'exportation, soit pour alimenter les industries qui s'établiront sur le littoral. Le nombre des bestiaux est, en effet, loin d'avoir atteint son maximum à Madagascar, et de nombreux espaces encore inoccupés pourraient nourrir de nombreux troupeaux, surtout si l'on parvenait à y créer des prairies artificielles.

Le même M. Laborde avait essayé l'acclimatation du *mouton à laine*. Depuis, M. Rigaud a repris, à Ivato, la même tentative. Compromis une première fois par la guerre, ces essais étaient pleins de promesses. Mais, vînt-il à échouer, qu'il ne faudrait pas se lasser. Car je suis convaincu qu'il y a là pour Madagascar « la création d'une source de richesses immenses, encore inconnues dans l'île », aussitôt que l'on aura trouvé une race propre à son sol et à son climat. Les moutons actuels, en effet, petits, sans laine, à large queue, comme ceux que l'on rencontre en Afrique et en Asie, ne valent rien, même pour l'alimentation, leur viande étant sèche et peu agréable.

Nos diverses bêtes de somme, *chevaux*, *ânes*, *mulets*, s'acclimatent parfaitement à Madagascar et sont appelés, tout le monde le comprend, à y rendre les plus grands services.

Le cheval a été importé à Madagascar sous Radama I, et peut-être même avant, vers la fin du règne d'Andriananpoinimerina, c'est-à-dire de 1810 à 1820.

Suivant un texte malgache ancien, parmi les chevaux introduits dans l'île il y avait des chevaux « *des arabes* »; cette version est d'autant plus plausible que, sur quelques sujets du pays, on retrouve encore les traits du type arabe.

Zanzibar, Maurice et le Cap ont envoyé à différentes reprises quelques chevaux; l'Inde elle-même, par Bombay et Surate, a importé des poneys de Pegu.

Tous ces animaux se sont acclimatés et ont fait souche dans la région des hauts plateaux; c'est dire que ces régions leur sont favorables. Il n'en est pas de même des côtes où le climat trop chaud, trop humide, trop débilitant, sans parler de la mauvaise qualité des pâturages et de la présence de certains parasites sous-cutanés, rendent difficile l'acclimatation des chevaux. Jusqu'ici le cheval ne constituait qu'un objet de luxe sans débouché d'utilité pratique.

En Imerina, la seule province où l'on élève actuellement, c'est autour de Tananarive, à 40 kilom. à la ronde, que s'est disséminée la production chevaline. Un recensement des cercles de Tananarive, Ambatomanga et Babay, accusait, en mars dernier, 367 animaux, dont 134 chevaux, 155 juments, 37 poulains et 41 pouliches.

Un grand nombre de chevaux et de juments sont encore très jeunes; mais le succès obtenu jusqu'ici et l'acclimatation des chevaux d'origine barbe, des chevaux de race américaine venant de Maurice ou du Cap, de divers sujets croisés de nos chevaux français et des petits poneys dits de *Pégu* témoignent amplement de la vitalité de la race chevaline sur les hauts plateaux.

« La race barbe conviendrait particulièrement, porte

le rapport officiel ; il faudrait se limiter à des tailles de 1m,43 à 1m,48 maximum, de façon à pouvoir utiliser l'élément indigène et à ménager les transitions lors des croisements à faire intervenir. C'est ainsi qu'on arrivera à réaliser un type uniforme de cheval de service.

« A défaut des chevaux français, l'Australie, l'Amérique et le Cap peuvent fournir à l'élevage des sujets d'un tempérament éprouvé et dont les prix, achat et transport compris, sont inférieurs à ceux des chevaux français. »

Le prix moyen du cheval malgache de deux ans et demi à cinq ans est de 200 à 400 fr.

Le prix des chevaux des pays d'exportation varie de 400 à 800, 1000 fr. et au delà, transport compris.

Des chevaux de réforme (entiers d'Algérie), achetés surtout pour la reproduction, se vendent de 350 à 1000 fr.

Les débouchés sont encore limités. En dehors de Tananarive, Fianarantsoa et environs, les besoins des particuliers sont actuellement peu accusés. Ils grandiront avec l'extension de la Colonie, avec les facilités des communications routières qui pourront amener l'établissement de messageries et autres sociétés de transport, avec l'accroissement de la fortune privée.

Il sera donc important, si l'on veut réussir, de faire choix d'un emplacement qui, par sa proximité des grands centres, offre un écoulement aux produits, sans charges onéreuses ou déplacements peu faciles, tels les environs de Tananarive et de Fianarantsoa, et qui, en même temps, offre des pâturages convenables.

De ces considérations il ressort que les conditions de milieu, d'utilisation et de débouchés ne se prêteraient pas pour le moment à la production en grand, mais qu'il serait préférable qu'un nombre assez considérable de petits éleveurs le morcelât et se disséminât dans les endroits les plus propices.

Tout cela s'applique, à plus forte raison, à l'élevage de l'âne et à celui du mulet. L'âne africain et surtout l'âne égyptien réussiraient très bien ; leurs qualités de rusticité, d'endurance et de vitalité seraient très appréciées.
Enfin, disons en terminant que le porc réussit très bien à Madagascar, surtout dans l'intérieur et que toutes nos volailles de France y pullulent pour faire le bonheur de nos ménagères, si elles veulent bien aller s'y établir, et peut-être pour alimenter d'importantes industries.

DIXIÈME LEÇON

DES MINES, DE L'INDUSTRIE ET DU COMMERCE

Après avoir parlé, avec certains détails, dans les deux précédentes leçons, de l'agriculture à Madagascar, il nous reste à nous entretenir, Messieurs, des trois autres genres d'entreprises qui solliciteront l'initiative de nos émigrants : c'est-à-dire des mines, de l'industrie et du commerce.

Chacun de ces sujets réclamerait au moins une leçon complète. Je devrai les traiter ensemble dans un seul cours. C'est vous dire combien incomplet je devrai être, et combien sommaires seront les renseignements que je vous donnerai.

Entrons donc immédiatement en matière et parlons d'abord de ce sujet passionnant entre tous et qui, le premier, attirant l'attention de nos capitalistes, a déjà provoqué un certain nombre de voyages d'exploration, des centaines de demandes de prospection ou de concessions et la plantation de milliers de piquets : des mines.

I

LES MINES

Avant l'occupation de Madagascar par la France, toutes les mines appartenaient au gouvernement malgache, qui en disposait à sa guise. Des peines sévères avaient été édictées contre ceux qui se livreraient à la recherche et à l'exploitation des produits du sous-sol ; l'exploitation clandestine des métaux précieux et des pierres précieuses était même punie de mort (articles ix et x des lois du Royaume).

Pour cette raison, les richesses minières de l'île furent longtemps inconnues et il n'y eut guère que les commerçants indiens et arabes de la côte Ouest, ou quelques particuliers plus entreprenants que les autres, qui purent recueillir, des populations se livrant à la contrebande, un peu de poudre d'or en échange de leurs marchandises.

Le fer fut exploité, paraît-il, depuis le xvie siècle ; l'industrie de sa fabrication fut même portée à un très haut développement par Jean Laborde, dans son installation de Mantasoa, mais elle périclita considérablement par la suite, à cause de l'incurie et de l'inertie du gouvernement malgache, et aujourd'hui les Hova sont revenus à leurs procédés rudimentaires et primitifs de fabrication.

Vers 1861, le gouvernement malgache accordait à MM. Lambert et Laborde une charte qui leur garantissait l'exploitation exclusive de toutes les mines de l'île.

M. Lambert commença tout d'abord une installation pour l'exploitation du charbon de terre dont l'existence avait été reconnue dans la baie d'Ambavatobe; mais les indigènes détruisirent ses établissements avant même qu'il fût arrivé à un résultat quelconque.

Vers 1886, le gouvernement malgache, pressé par des besoins d'argent, songea à utiliser les richesses aurifères de l'île et passa des conventions avec quelques particuliers pour l'exploitation des métaux précieux. Le Boina, les régions d'Ankavandra et d'Analabe, le Betsileo, les régions de Betafo et du Mandridrano, furent successivement l'objet de contrats.

En même temps, le même gouvernement faisait reconnaître par ses ingénieurs et exploiter pour son compte certains gisements situés en Imerina, sur les confins de cette province, dans l'Ouest et dans le Nord-Ouest de l'île.

Il faisait également exploiter quelques gisements de cuivre, ainsi que le plomb nécessaire à la fabrication de ses munitions de guerre.

Néanmoins, les voyageurs qui parcoururent Madagascar purent difficilement obtenir des renseignements exacts et complets sur les produits du sous-sol, par suite de la défense faite aux indigènes de fournir des indications aux étrangers, par suite aussi de la méfiance instinctive des naturels, et de l'impossibilité dans laquelle on se trouvait d'exécuter des sondages. Malgré tout, quelques missions purent cependant être constituées et agréées. Leurs travaux, ajoutés à ceux des prospecteurs qui exploraient les régions concédées, permirent d'obtenir quelques données sur les districts de l'île qui renfermaient des gisements aurifères.

Dès le début de l'occupation française, des syndicats furent créés et des ingénieurs envoyés pour se rendre compte de la valeur des richesses minières de l'île.

L'Imerina, ses confins, le pays Betsileo, le pays des

Tanala, la région de Maroantsetra vers le Nord-Est et celle d'Ankavandra, à l'Ouest, furent visitées. Ces explorations, faites souvent dans des conditions très difficiles, permirent pourtant de constater l'existence des gisements sur lesquels on n'avait encore que de vagues renseignements ; mais les circonstances ne permirent pas toujours d'en faire une étude approfondie et méthodique.

Enfin, dernièrement, les efforts des explorateurs se tournèrent vers la partie Nord du Betsiriry où, en 1896, quelques-uns d'entre eux avaient déjà pu pénétrer, malgré l'hostilité des Sakalaves (1).

Pour nous rendre un compte suffisamment exact des richesses minières de l'île, il nous faudrait d'abord en étudier la constitution géologique. Mais cette étude, outre que les éléments nous font encore défaut pour l'avoir complète, nous entraînerait à de trop longs développements, même en la limitant aux grandes lignes. Disons seulement que le substratum de tous les dépôts détritiques de Madagascar est formé d'une roche essentiellement primitive, gneiss ou plutôt micaschiste, très fréquemment traversée par de fortes venues granitiques. Les autres roches, telles que diorites, basaltes, quartzites, etc..., ne sont qu'accidentelles et relativement peu fréquentes. Les micachistes constituent donc le fond du sol de Madagascar.

Cette roche est très variable dans sa composition et dans sa résistance à l'action érosive des eaux de pluie, et c'est précisément à ce dernier caractère qu'est due la nature capricieusement tourmentée du sol. Tandis que les parties les plus dures résistaient mieux à l'action des eaux, les autres étaient plus ou moins désagrégées, éro-

---

(1) Cf. *Journal officiel de Madagascar*, 15 janvier 1898, note de M. le capitaine Guyon, p. 1381.

dées et ravinées, d'où cette succession continuelle et fréquente de mamelons et de dépressions donnant au sol l'aspect d'une mer extrêmement agitée. Le micaschiste est à nu assez fréquemment dans le lit des torrents ou bien sur le sommet des plus hauts mamelons. Les produits de sa désagrégation ont donné naissance au *diluvium* qui le recouvre et qui constitue le sol meuble de Madagascar.

Ce diluvium est argileux et rempli de petits fragments de quartz qui le rendent perméable aux eaux de pluie. En particulier, il est le réceptacle de tout l'or alluvionnaire de Madagascar, qui se trouve ainsi réparti sur la plus grande partie de l'île.

A part en effet la zone côtière, formée essentiellement de dépôts marins et nettement bornée à l'Ouest par la falaise du Bongolave, on peut dire que tout Madagascar est un vaste champ aurifère. Pourtant, en de très rares places seulement, l'or est assez abondant pour donner lieu à une exploitation industrielle vraiment fructueuse. C'est que les phénomènes d'érosion n'ont pas encore accompli suffisamment leur œuvre de désagrégation et de lavage, œuvre qui se poursuit de nos jours et s'accomplit lentement, mais sûrement, chaque année, pendant la période des fortes pluies. Les graviers aurifères, dont l'épaisseur varie de quelques centimètres à un mètre, garnissent le fond des rivières, depuis les bords du courant principal jusque sur les flancs de la vallée où ils s'étalent en terrasses à une faible hauteur, ne dépassant pas le niveau des hautes eaux. La teneur de ces graviers aurifères est extrêmement variable et les meilleurs prospects que j'ai pu obtenir, raconte M. Huré, dont je cite ici les notes, n'ont jamais accusé beaucoup plus de *quatre* grammes à la tonne, dans les parties les plus riches.

Outre ces dépôts de rivières, il y a encore d'autres dépôts alluvionnaires situés dans des creeks secs à flanc de montagne et produits par des éboulements et par le lavage des eaux de pluie.

M. Huré paraît plutôt sceptique sur l'existence de filons à Madagascar ; au moins n'en a-t-il vu aucun dans toutes les régions de l'Ouest et du Sud-Ouest qu'il a prospectées.

M. le capitaine du génie Guyon, chef du service des mines, est d'un avis différent. « L'or existe à Madagascar, dit-il ; on a trouvé des alluvions modernes, quelques *alluvions* anciennes et des filons. » Mais il ajoute lui aussi, ce que M. Huré avait déjà dit, que « les gisements ont une teneur moyenne assez faible ».

Un autre ingénieur, M. Robert, signale une plus forte teneur dans les bassins de la Dabolava et de la Kiraromena, « teneur qui, dit-il, n'avait pas encore été observée à Madagascar. » Il a trouvé, dans une analyse faite par lui à Tananarive, 60 francs d'or à la tonne, ou 138 francs au mètre cube.

« En dehors des exploitations (1) de la compagnie Coloniale des mines d'or de Suberbieville et de la côte Ouest de Madagascar, qui se trouvent dans le Boina, l'or a été exploité en Imerina, près du mont Hiaranandriana ; sur le Kitsamby, au Sud du mont Ivatave ; sur le Saomby, affluent du Kisamby ; dans le Betsileo, à Itoalana et à Anasaha ; dans l'Antshanaka, à Antsevakely, sur les affluents du Bemarivo, et à Marovato, sur le Marijao ; mais, jusqu'ici, les alluvions seules ont été traitées.

« En général, la méthode employée est la batée ; quelques sluices ont été construits à Hiaranandriana et sur

---

(1) *Journal officiel de Madagascar* 15 janvier 1898, p. 1382.

le Kitsamby ; ces sluices, employés pour recueillir sans amalgmation l'or très fin des alluvions, n'ont pas donné jusqu'ici de bons résultats, très probablement par suite de leur faible longueur, causée par la difficulté de se procurer le bois nécessaire à leur construction. Les indigènes préfèrent de beaucoup la batée, qui leur permet de connaître et de percevoir journellement leur gain.

« L'or est acheté aux indigènes qui travaillent sur le terrain d'exploitation.

« Des compagnies commencent à exploiter les gisements d'Iloalana et d'Anasaha ; mais ni le mode d'exploitation ni les résultats ne sont encore parvenus au service des mines. »

Voilà à peu près, si je ne me trompe, ce que l'on peut dire de plus sûr à ce moment sur les richesses aurifères de Madagascar. Il se peut qu'elles soient très grandes, mais si « les mines d'or sont, suivant une parole souvent redite, le coffre-fort où l'on devra puiser, pour la mise en œuvre de l'île », la clef de ce coffre-fort n'est pas encore trouvée. Pour parler sans figure, il y a de l'or partout à Madagascar, peut-être sur les trois quarts de l'étendue de l'île, mais il semble qu'il n'y en ait beaucoup nulle part. Plusieurs gisements peuvent dès maintenant être exploités, mais aucun ne promet de grands rendements.

Je compterais davantage pour la richesse future de l'île sur ses mines de *fer*.

Le minerai de fer existe presque partout à Madagascar, surtout sous la forme d'*hématite* et de *carbonate de fer*. En certains endroits, il est très riche et peut donner, par exemple vers la baie d'Antongil, 30 0/0 de fer. Au sud du lac Itasy, la boussole, dont la déclinaison la plus forte dans le Sud de l'île est de 11°, allait jusqu'à 20° et 22°, me racontait dernièrement un ingénieur. Quelle masse de fer ne fallait-il pas pour l'affoler à ce point !

Ces minerais sont parfois très purs et, convenablement traités avec du charbon de bois, ils donneraient un fer égal au fer suédois, suivant la parole de ce même ingénieur bien placé pour les étudier et les apprécier.

Les indigènes exploitent le fer, dans l'Imerina et le Betsileo, par des moyens tout rudimentaires, dont le principe est analogue à celui de la méthode catalane. Mais une telle exploitation ne peut suffire aux besoins de la consommation locale, et, de plus, le fer ainsi produit est d'assez mauvaise qualité.

Grâce aux cours d'eau existant si abondamment dans le plateau central, il serait possible de faire autre chose ; il semble, du reste, qu'on y ait songé, car des exploitations de minerai de fer et des usines traitant ce métal sont en voie d'installation près de Mantasoa, à l'est de l'Imerina, et dans la vallée de Ranomainty, dans la province du Betsileo.

« Les mines de cuivre (1) d'Ambatofanghana (district d'Ambositra, province du Betsileo) ont été exploitées, il y a quelques années, par les soins de M. Guinard, pour le compte du gouvernement malgache, ainsi que celles de Vohinana.

« Le minerai est la *malachite* ; la teneur varie de 10 0/0 à 45 0/0. Le charbon de bois, nécessaire à la préparation du métal, se trouve à une journée de marche de la mine et doit être apporté à dos d'homme.

« Des gisements de cuivre ont été signalés dans la région de Bétafo, dans le nord de l'île, dans le Vonizongo. Le cuivre de cette dernière région serait presque pur. »

(1) *Journal officiel de Madagascar* du 15 janvier 1898, p. 1382.

Il doit y en avoir d'autres dans la traversée d'Inalatona à Miandrivara, depuis l'entrée du Bongolava, dans un vaste bassin renfermant des dépôts détritiques d'âge dévonien ou silurien.

Il doit y avoir également en cet endroit des minerais de *plomb* qui existent en tout cas à Ambatofanghana, sous la forme de *galène* non argentifère. Il ne semble donc pas y avoir d'*argent* à Madagascar. Au moins n'en a-t-on pas encore découvert.

De même aucun gisement d'*étain* n'a été signalé jusqu'à ce jour au service des mines.

Par contre, il y aurait, paraît-il, quelques gisements de minerai de *zinc* dans la région de Betafo.

Il semble qu'il y aurait du *mercure cinabre*, à l'ouest de l'île, dans le Bemarana, ce vaste plateau qui longe la côte et est formé de calcaires dévoniens à la base de schistes ardoisés, de gypses et de calcaires tertiaires.

Enfin, il doit y avoir du *kaolin* dans l'intérieur de l'île, parce qu'il résulte de la décomposition du granit. Et, de fait, M. Laborde en avait découvert à quelques kilomètres de Mantasoa.

« De superbes échantillons de *cristal de roche* ont été signalés au sud de la province de Betsileo. »

On a également trouvé des *pierres précieuses* dans le Boina, dans la région de Betafo, dans le pays des Bara, dans les environs du mont Vahiposa et dans le sable des rivières de l'intérieur de l'île. Ce sont des pierres de lune, du quartz améthyste, des agates, de la topaze d'Espagne, des grenats, des zircons, des saphirs, des rubis, des corindons, de l'aigue marine, de l'amazonide (prisme d'émeraude), des cornalines. Mais les échantillons trouvés sont très petits.

Il existe un *bassin houiller* sur la côte Nord-Ouest, à proximité de la baie d'Ambavatole. Longtemps on avait compté sur ce bassin, qu'un ingénieur français, M. Guillemin, reconnaissait, en 1863, pour le compte de la compagnie de Madagascar ou compagnie Lambert, comme ayant une surface effective d'au moins 400 km. qui, selon le même ingénieur « offrait des dépôts d'une grande étendue et d'une parfaite homogénéité... » et où « la houille présentait à peu près toutes les variétés : houille sèche, houille grasse, houille à gaz », et dont enfin un échantillon, analysé à l'école des Mines de Paris par M. Moissenet, donnait pour 100 parties :

Matières volatiles. . . .	15,80
Carbone fixe	70,87
Cendres.	13,33
	100,00

Cependant il faudra, jusqu'à nouvel ordre du moins, renoncer à ses espérances et s'en tenir à la conclusion du chef de service des Mines de Tananarive, que « la faible épaisseur des couches et le résultat de l'analyse des produits obtenus ont fait conclure à l'inexploitabilité du gîte. »

Quelques échantillons de lignite provenant de la région de Kamainandro, au Sud du Kitsamby et de la vallée du Mangoro, ont été également adressés au service des Mines ; mais des études plus approfondies sont nécessaires avant de pouvoir arriver à aucune conclusion. Il y a aussi, en beaucoup d'endroits, des dépôts d'une tourbe généralement de qualité inférieure, mais assez abondante, et vraisemblablement d'autres dépôts de lignite, peut-être des dépôts houillers.

Signalons enfin des sources *d'eaux thermales*, alcalines, sulfureuses ou autres, en particulier dans le massif de l'Ankaratra, à Antsirabe et ailleurs. Là aussi, des études seront à faire qui pourront fournir des renseignements d'un réel intérêt.

En attendant, ce que nous avons de mieux à faire, c'est de nous en tenir à la conclusion de la notice si souvent citée de M. le Capitaine Guyon.

« En résumé, dit-il, les explorateurs ont surtout recherché des gisements aurifères ; ils n'ont trouvé jusqu'ici que des terrains assez pauvres, mais en général faciles à travailler par des méthodes industrielles. »

« Il est à prévoir que l'exploitation de ces gisements prendra un grand essor, quand des voies de communication, reconnues ou créées, permettront d'amener, à peu de frais, le matériel nécessaire à ces exploitations, et quand les indigènes verront qu'ils ont un véritable avantage à abandonner leurs procédés primitifs. »

« Les autres industries minières se créeront au fur et à mesure des besoins et des facilités de communication ; mais, à part le fer qui est d'un emploi courant, le cuivre et le mercure dont la valeur est assez considérable, il est à prévoir qu'elles ne prendront pas encore une grande extension. »

II

DES ENTREPRISES INDUSTRIELLES

Il n'y a pas encore d'industrie proprement dite à Madagascar, ou, pour parler exactement, il n'y en a plus. Car on ne peut oublier, quand il s'agit d'entreprises industrielles, les merveilles accomplies en ce genre, de 1831 à 1857, par notre compatriote, Jean Laborde, dans ses usines de Mantasoa :

Fabrique d'armes de toutes sortes : canons, fusils, lances, sabres, poudres, fusées à la congrève, capsules, etc., etc.

Papeterie, particulièrement pour le papier écolier fabriqué avec du chiffon et la moelle de zozoro ;

Verrerie pour bouteilles et dames-jeannes ;

Fabrique de poteries, porcelaines et faïences, imitant les faïences anglaises ;

Ateliers de serrurerie, de cordonnerie, de menuiserie ; tanneries ;

Fabriques de savon : savon marbré en barres, comme celui de Marseille, et petites savonnettes ;

Fabrique de produits chimiques : acide sulfurique, bleu de Prusse, etc.;

Bougies, cigares, magnanerie et une foule d'autres industries moins importantes, installées dans plusieurs grandes usines, bâties sur un immense plateau creusé en partie à main d'homme et actionnées par de nombreuses turbines que faisaient mouvoir les eaux dérivées de l'Ikopa.

Mais de tout cela il ne reste guère aujourd'hui, avec des ruines et des souvenirs, que l'habitude chez certains ouvriers de fabriquer plus ou moins bien quelques objets de première nécessité.

Les ouvriers Hova obtiennent le fer et quelques lingots de cuivre en brûlant le minerai avec du charbon de bois.

Ils fabriquent, avec du fer blanc importé d'Europe, les divers ustensiles dont ils ont besoin. Ils fabriquent également divers objets en corne.

Ils tissent quelques lamba de soie, quelques tissus de rafia ou de chanvre, quelques objets de sparterie pour leur propre usage, et plus ordinairement, pour les vendre aux étrangers. De même, ils fabriquent quelques dentelles en fil de soie, des chapeaux en paille de riz. Ils cousent eux-mêmes leurs vêtements avec des tissus introduits du dehors et font leurs chaussures, quand ils en portent, avec du cuir préparé dans leur pays.

Ajoutez à cela la fabrique de mauvais cigares, la fabrication de briques et de tuiles pour leurs maisons, quelques bijoux en or, en argent ou en cuivre, quelques objets rudimentaires de menuiserie, et vous aurez un aperçu à peu près complet de l'industrie hova. Partout ailleurs, il n'y a même pas cela et quelquefois il n'y a rien du tout.

Donc, tout est à créer à Madagascar au point de vue industriel.

Que l'on ne s'imagine pas cependant que nos ouvriers de métier n'auront qu'à se présenter à Madagascar pour y faire fortune.

Rien n'est plus faux, au contraire, et rien ne serait plus funeste qu'une telle croyance.

Presque partout, en effet, nos ouvriers de France trouveront établis des ouvriers créoles de Maurice ou de Bourbon qui, sans doute, ne les valent pas, ni pour la formation, ni pour l'habileté professionnelle, ni pour la régularité au travail; mais qui, par contre, étant moins exigeants, et ayant moins de besoins, peuvent se contenter d'un salaire inférieur, tout en travaillant suffisamment bien, dès qu'ils veulent en prendre la peine.

En beaucoup d'endroits également, mais particulièrement en Imerina, ils rencontreront les ouvriers hova qui leur feront encore une plus grande concurrence ; car ils sont vigoureux, âpres au gain et contents de peu, car ils vivent dans leur propre pays, ce qui est toujours un grand avantage et que, surtout, ils travaillent remarquablement bien.

Les Hova, en effet, s'ils n'inventent pas, peuvent imiter, et, tout ce qu'ils voient faire, ils peuvent le reproduire.

Pour travailler la terre, leur seul instrument est une longue bêche à mains, appelée « angady, » qu'ils manœuvrent par la seule force des bras ; et, avec elle, ils peuvent, non seulement cultiver très bien leurs rizières, mais aussi y conduire l'eau de partout et faire toutes sortes de terrassements, même très difficiles, par exemple les très importants travaux de défense que, sous la conduite d'officiers anglais, ils exécutèrent, au cours de la dernière guerre, sur la route de Mojanga à Tananarive, à Marovoay, à Maevatanana, à Andriba, au col du Tsinainondry, autour de la capitale; par exemple, la digue de l'Ikopa, élevée autrefois par les soins du grand Andrianampoinimerina.

Il y a quelques années, le Père Taïx ayant à décorer le palais de l'ex-premier Ministre, commanda à Paris un aigle en cuivre repoussé. Il lui en fallait huit. Les sept autres furent faits sur place par des ouvriers malgaches. L'architecte de la Résidence de France, M. Jully, n'avait à sa disposition, avec deux ou trois soldats de l'infanterie de marine, que des ouvriers indigènes, capables de tout exécuter, taille et pose de pierres, sculptures, moulures, etc... Je me rappelle avoir vu, au palais de la Reine, de grands vases d'or et d'argent admirablement ciselés. Les lamba malgaches, et leurs dentelles en soie, tissées et fabriquées on ne sait trop par quel procédé tout rudimentaire, sont d'un travail achevé, quelquefois d'un dessin remarquable et teints des plus vives couleurs.

C'est que les Hova ont, avec la patience, les deux grandes qualités physiques qui font le bon ouvrier : grande sûreté de main et vue développée, à la fois très étendue et très distincte. Avec ses yeux, le Hova voit plus loin que l'Européen avec une jumelle, et il distingue les plus petits objets avec leurs reliefs les plus fins et les plus délicats.

Il y aura donc là pour nos ouvriers émigrants une réelle difficulté qui sera encore augmentée par l'école professionnelle, fondée l'année dernière à Tananarive par le général Gallieni, et qui comprend les dix ateliers suivants :

1°) Forge, serrurerie, ajustage, fonderie ;

2°) Ferblanterie, lampisterie, chaudronnerie, fontainerie ;

3°) Bijouterie, joaillerie, orfèvrerie, horlogerie ;

4°) Typographie, lithographie, gravure, cartonnage, brochage, reliure ;

5°) Porcelainerie, faïencerie, poterie, savonnerie et tous objets usuels ;

6°) Charpente, menuiserie, ébénisterie, tournage ;

7°) Vêtements, alimentation ;

8°) Charronnage, tonnellerie, carrosserie ;

9°) Tapisserie, décoration, peinture ;

10°) Maroquinerie, peausserie, sellerie.

Néanmoins, même si cette école réussit parfaitement, il restera quelque chose à faire pour un nombre restreint d'émigrants de métier, à condition qu'ils soient parfaitement choisis.

Nous croyons en effet que quelques ouvriers européens travailleurs, rangés, sobres, économes, pourvu qu'ils aient de quoi subsister pendant quelque temps, et qu'ils ne soient pas nombreux, trouveront du travail dans les principales villes, Tamatave, Tananarive, Fianarantsoa, Mojanga, comme barbiers, tailleurs, cordonniers, ajusteurs, menuisiers, ébénistes, lithographes, imprimeurs, charpentiers, etc...

Leur travail sera en effet meilleur et surtout plus régulier que celui des créoles, et, à plus forte raison, des indigènes.

Mais ce ne pourra être qu'un travail de luxe ou de direction, partant très cher et par suite nécessairement restreint.

Ce qui devra surtout solliciter l'attention de nos ingénieurs et de nos industriels, ce qui, en même temps, pourra procurer quelques emplois rémunérateurs à des ouvriers français, jeunes et intelligents, ce seront les grandes entreprises qui demandent à la fois d'abondants capitaux et de sérieuses connaissances techniques, et nous ne saurions assez les engager à s'en occuper rapidement.

Non pas qu'il faille trop se hâter, ni multiplier à Madagascar des usines qui, établies prématurément, ne pourraient y prospérer (car l'industrie suppose, pour réussir, et des richesses naturelles déjà régulièrement exploitées, et des débouchés assurés) ; mais peut-être, d'ores et déjà, y aurait-il quelque chose à faire.

Il n'est pas possible, en effet, que sur un plateau contenant près de 3.000.000 d'habitants, qui vite prendront nos goûts et nos besoins, et en particulier renfermant une colonie française de plusieurs milliers de personnes qui ira chaque jour en augmentant, certaines entreprises ne puissent se créer assez rapidement avec chance de succès.

En première ligne, je mettrais une papeterie pour alimenter une vaste administration et plusieurs imprimeries qui éditent, outre quatre ou cinq journaux hebdomadaires, de nombreux ouvrages d'éducation et de religion, et pour fournir aux besoins soit des particuliers, commerçants ou autres, soit de plus de 200.000 enfants fréquentant les écoles.

Pendant l'année, cependant si troublée, de 1896, on a importé pour 65.614 fr. de papier. Si l'on considère que le prix des transports ajoutait au moins un franc par kilog. à ce prix calculé pour la douane (le papier payait encore 10 0/0 ad valorem), on restera au-dessous de la vérité en portant à 100.000 fr. le prix de ce papier rendu dans l'intérieur. Or, je ne crois pas me tromper en doublant ces chiffres pour l'année plus tranquille 1897. Je ne crois pas me tromper non plus en affirmant que la facilité d'obtenir sur place un papier meilleur marché en ferait encore doubler la consommation. Ce serait donc un débouché assuré, même en réduisant les prix, d'au moins 300.000 francs.

On aurait également sur place une main-d'œuvre suffisamment abondante et suffisamment intelligente. On aurait toute la force motrice nécessaire dans les cours d'eau si nombreux de l'Imerina. On aurait enfin les matières premières soit dans les zozoro si abondants sur les petits lacs de ces plateaux et dont la moelle est éminemment propre à la confection du papier, soit dans la paille de riz, également très abondante en Imerina, et chez les Betsileo, soit encore dans les chiffons de coton que l'on pourrait recueillir en assez grande quantité, ou enfin, dans les essences tendres de la forêt, distante à peu près de 40 à 50 kilom. de Tananarive.

Ajoutons que des voitures pouvant arriver jusqu'à Tananarive, il serait possible d'y amener les diverses machines nécessaires à l'installation d'une papeterie.

Si donc il y a parmi vous, Messieurs, un ingénieur pouvant disposer de 400.000 à 500.000 francs, qu'il aille étudier cette entreprise et je suis convaincu qu'il en retirera de larges bénéfices, en même temps qu'il rendra de grands services à tout le monde en Imerina.

Je conseillerais également l'établissement d'une verrerie, soit pour les verres à vitres, soit pour les bouteilles, verres de table, et autres. De même, une fabrique de porcelaine, de faïence, de poterie fine; des hauts fourneaux et autres établissements métallurgiques pour la préparation et l'utilisation des minerais de fer; des savonneries et autres fabriques de produits chimiques: potasse, soude, acide sulfurique, etc., puis, au fur et à mesure de l'augmentation des récoltes, quelques fabriques de produits alimentaires, des distilleries, des fabriques de manioc, de conserves de viande de bœuf ou de volailles; et, plus tard, des usines de tissage pour le coton, pour la soie, pour le chanvre, en un mot les diverses entreprises qu'amènera naturellement le développement économique du pays.

Tout cela arrivera et pourra prospérer, à trois conditions cependant:

1° Qu'on ne se hâte pas outre mesure;

2° Qu'on n'entreprenne aucune industrie qu'après l'avoir fait soigneusement étudier par des hommes de métier;

3° Qu'on la fasse exploiter avec toutes les conditions voulues de talent et de capitaux.

III

DU COMMERCE

Je demanderais les mêmes précautions et la même préparation pour les entreprises commerciales. Si, en effet, le commerce est encore la voie la plus rapide de faire fortune, c'est aussi celle qui nous conduit le plus facilement à la faillite et à la ruine. Cela est vrai partout, mais cela l'est encore bien davantage à Madagascar qui est un pays pauvre et où nos négociants auront une rude concurrence à soutenir.

Pour le dire tout de suite, je crois que nous n'avons rien à faire là-bas dans le commerce de détail. Presque partout, en effet, nous trouverons établis des Indiens, des Arabes, des Chinois; — il y en a un jusqu'à Tananarive, — des créoles de la Réunion et de Maurice, et surtout des Hova. Ces gens-là nous sont tous supérieurs dans le petit trafic, de toutes les manières: ils vivent de peu, se contentent d'un petit bénéfice, ne se rebutent jamais, pénètrent partout, et les règles de l'honnêteté sont pour eux la plus petite des gênes.

Les Hova, en particulier, ont de rares aptitudes commerciales. Outre leur connaissance du pays, de ses mœurs, de ses coutumes, de sa langue, ils ont véritablement l'instinct du négoce; et je ne serais pas surpris si, d'ici peu de temps, on voyait à Tananarive un spectacle analogue à celui qui n'a lieu que trop souvent à Saïgon ou à Hanoï : des employés français tenant une maison de commerce sous la direction d'un marchand hova.

En attendant, je crois qu'il y a quelque chose à faire dans le grand commerce, surtout d'importation, pour des hommes sérieux, travailleurs, sachant leur métier et disposant de capitaux suffisants.

Les énormes stocks de marchandises, entassés dans les divers magasins des maisons étrangères, en vue des nouveaux tarifs douaniers annoncés trop longtemps à l'avance et que l'on a mis un temps trop long également à mettre en vigueur, finiront cependant par s'épuiser ; et il sera possible alors à nos négociants, grâce aux droits protecteurs de notre tarif général qui, à quelques exceptions près, s'applique à Madagascar, il devrait leur être possible, indépendamment de ces droits, de lutter contre leurs concurrents d'Angleterre, d'Amérique et d'Allemagne.

Il a été importé à Madagascar pendant l'année 1896 pour 12.787.678 francs de marchandises, dont

5.749.816 fr. par l'Angleterre.
3.280.699 fr. par la France.
2.486.761 fr. par l'Amérique.
687.859 fr. par l'Allemagne.

Nous ne venions donc qu'en second lieu, à une grande distance de l'Angleterre, et avec une assez faible avance sur l'Amérique. Ce sont surtout les tissus qui causent notre infériorité relative. Tandis, en effet, que l'Angleterre importe pour 3.776.802 fr. de tissus, et l'Amérique pour 2.150.473 fr., — à peu près le total de cette importation, — nous n'en importions, nous, que 551.628 fr.

Depuis le 1er janvier 1897, les tissus introduits à Madagascar, pendant les trois premiers mois, viennent surtout d'Angleterre ; il y a cependant lieu de remarquer que les importations américaines ont sensiblement diminué, tandis que les étoffes d'origine française deviennent moins rares sur les marchés.

Je ne saurais, du reste, donner un meilleur aperçu de la situation du commerce étranger à Madagascar qu'en citant le résumé suivant du rapport du Gouverneur général sur le commerce de la colonie :

« La mousseline, porte ce rapport, vient d'Angleterre et des Indes ; elle est vendue au détail par les Indiens et par quelques détaillants européens ; la flanelle est de provenance anglaise ou française ; la flanelle légère est employée comme lamba par les Indigènes. La soie, le satin et la satinette sont des produits presque exclusivement français. La soie est un article fort goûté par la haute classe de la société malgache ; les reflets soyeux de nos beaux produits de Lyon attirent les femmes. La satinette n'est guère employée que pour la confection des lamba.

« Les articles de quincaillerie sont anglais ou allemands. La coutellerie vient principalement du Shefield ; ces articles, solides et de bonne fabrication, sont vendus un bon marché exceptionnel. Les ciseaux, outils, d'origine allemande, sont de qualité inférieure. L'article de Paris, plus élégant que tous les autres produits similaires, est submergé par la pacotille de Hambourg et d'Angleterre. La mercerie, également anglaise, se trouve sur tous les marchés.

« La faïence, la verrerie et les lampes viennent en majeure partie d'Allemagne.

« Le sel arrive de France et d'Angleterre.

« Les importations à l'usage des Européens consistent surtout en liquides et en denrées.

« Les vins, sauf quelques-uns, Italiens, sont d'origine française. Ils arrivent de la côte en dames-jeannes d'une contenance de 17 à 18 litres qui se vendent chacune au prix moyen de 50 francs.

« Le rhum vient presque tout entier de Maurice.

« Les bons spiritueux sont rares ; beaucoup, malgré leurs marques françaises, sont fabriqués à Hambourg.

« La farine vient de Bombay et d'Australie par Maurice.

« Les conserves sont d'origines anglaise et française ; quant au pétrole, il est importé d'Amérique par des négociants de Tamatave.

« Les commerçants français à Tananarive sont au nombre de 25 ; les anglais de 15 ; on trouve en outre dix maisons indiennes, une suisse, deux américaines, deux allemandes et quelques débits grecs.

« Les maisons de commerce indiennes, installées à Tananarive, réalisent de sérieux bénéfices en vendant des tissus de Bombay, de la parfumerie de qualité inférieure et de la pacotille de tout genre. Un commerçant chinois vient de s'établir dans la Capitale ; dans tous les postes de la ligne d'étapes, on en rencontre au moins un. »

Le même rapport ne donne pas en argent le total des exportations pendant la même année 1896. Il indique seulement les principaux articles qui composent ce commerce, tantôt par leur poids, tantôt par leur nombre, tantôt par leur prix.

Parmi ces articles, on remarque :

Les bœufs vivants : 5770 à Maurice, 5346 à la Réunion et 721 à Natal ;

Le cacao : 1458 kilog. et 500 en France, 231 en Angleterre.

Le café : 1745 kilog. en France ;

La cire : 11,545 kilog. 550 en France contre 152,388 kilog. 500 en Angleterre et 5740 kilog. 500 en Allemagne.

Cornes de bétail brutes : 3695 en France contre 19,397 en Angleterre et 5,035 en Allemagne.

Crin végétal : 24.470 kg. en France contre 42.869 kg. 200 en Angleterre et 7665 en Allemagne.

Cuirs secs : 2040 pièces en France contre 3259 en Angleterre et 4041 en Allemagne.

Ebène : 3870 fr. 37 en France contre 95.650 fr. en Angleterre et 255 fr. 80 en Allemagne.

Gomme copal : 1374 kg. en France contre 6556 kilog. en Angleterre.

Peaux de mouton : 6.230 pièces en France contre 24.118 en Angleterre et 5.035 en Allemagne.

Peaux de bœufs : 3.720 pièces en France contre 26.667 en Angleterre et 9.352 en Allemagne.

Poudre d'or : 60.195 fr. en France contre 20.584 fr. en Angleterre.

Rafia : 625.955 kg. 500 en France contre 556.271 kg. 388 en Angleterre et 65.748 en Allemagne.

Caoutchouc : 49.875 kg. 900 en France contre 380.547 kg. en Angleterre et 105.931 kg. 900 en Allemagne.

Les statistiques officielles ne nous fournissent plus aucun renseignement à partir du mois d'avril 1897, c'est-à-dire pour les douze derniers mois. Il est donc impossible de donner sur cette période, qu'il serait cependant intéressant de connaître, aucun détail précis. Si toutefois nous nous en rapportons au témoignage de quelques négociants, ou à certains renseignements particuliers, il semble que de grands efforts sont faits, non sans succès, pour développer nos importations à Madagascar. Deux maisons importantes font exécuter, à Rouen et dans les Vosges, de grandes quantités de toile de coton qu'elles expédient ensuite à Madagascar où elles les vendent facilement.

Des comptoirs se fondent chaque jour plus nombreux, bien alimentés et soutenus par de puissantes maisons françaises.

Une de nos plus grandes maisons de Paris, le Louvre, s'est décidée à fonder deux succursales à Tamatave et à Tananarive.

Le service des transports assuré par trois grandes compagnies françaises : Les Chargeurs réunis, la Péninsulaire Havraise et les Messageries maritimes, va se développant chaque jour. La Péninsulaire Havraise a pris l'initiative, il y a quelques mois, de consacrer un de ses vaisseaux à faire le tour de l'île.

Sans doute, ce dernier service n'est pas suffisant. Il devrait être doublé, chaque paquebot allant en sens inverse, ou mieux, l'un desservant la côte occidentale du Nord au Sud jusqu'à Nossy-Vé et réciproquement, et l'autre, la côte orientale jusqu'à Fort-Dauphin.

Sans doute aussi, on aurait besoin de quelques voiliers, toujours meilleur marché que les vapeurs pour les marchandises lourdes et encombrantes. Mais cela viendra peu à peu, au fur et à mesure des besoins. Nul doute, en attendant, que de sérieux progrès n'aient été déjà réalisés ; nul doute que de plus grands ne le soient bientôt qui nous assurent, au bout de peu de temps, la prédominance commerciale à Madagascar, comme nous l'avons déjà en Algérie et en Tunisie, comme nous l'aurons bientôt en Indo-Chine.

Cependant, que nos négociants apprennent de plus en plus à aller au dehors, qu'ils envoient des représentants sérieux, travailleurs, consciencieux, instruits ; qu'ils cherchent de nouveaux débouchés et aillent solliciter le client au lieu de l'attendre ; qu'ils fassent soigneusement étudier les goûts et les besoins du peuple malgache et tâchent de les satisfaire ; qu'ils désapprennent enfin à compter trop exclusivement sur le gouvernement et sur les droits de douane ; qu'ils agissent au contraire comme si le gouvernement ne devait rien faire en leur faveur, et ce moment ardemment désiré de tous, où il n'y aura guère à Madagascar que des marchandises françaises, arrivera plus rapidement qu'on ne paraît l'espérer.

ONZIÈME LEÇON

L'ÉDUCATION ET LES MISSIONS

Voici, Messieurs, de toutes mes leçons la plus délicate et la plus difficile. Pour un moment, je voudrais n'avoir pas l'habit que j'ai l'honneur de porter, je voudrais cesser d'être le frère des Missionnaires catholiques de là-bas, pour devenir un simple voyageur, qui vous raconterait ce qu'il a vu et ce qu'il a étudié, contre l'affirmation duquel vous n'auriez aucune défiance d'aucune sorte.

Un instant, je me suis même demandé si je traiterais ce sujet, et, dans mon hésitation, je pris conseil de ceux qui m'ont fait l'honneur de me confier cette chaire. « Dois-je parler des Missions? demandai-je à M. Chailley-Bert et à un de ses collaborateurs. — Sans aucun doute, me répondirent-ils. On serait surpris de votre silence si vous n'en parliez pas, et vous seriez incomplet. »

Donc, j'en parlerai, et d'elles comme de tout le reste, avec indépendance et impartialité, n'ayant en vue qu'une seule chose : l'amour et la recherche de la vérité.

Messieurs, au commencement de ces leçons, il m'a été répété que l'un de vous, appartenant à la religion réformée, aurait dit, en lisant le programme de mes leçons, qu'il n'assisterait pas à la 10°. Je ne sais s'il a tenu parole. Je le regretterais vivement, car je puis lui affirmer qu'il n'y a dans mon cœur aucun sentiment d'hostilité contre personne et si, par hasard, un mot tombait de mes lèvres qui pût, malgré mon intention, heurter les sentiments de n'importe qui d'entre vous, par avance je le désavoue et lui en fais mes excuses.

Mais vous m'estimeriez moins, Messieurs, et moi-même je ne me le pardonnerais pas, si je n'avais pas le courage de vous dire ce que je crois la vérité.

Du reste, peut-être n'avons-nous pas besoin de toutes ces précautions. Il me semble, et j'espère ne pas me tromper, que nous commençons à nous connaître et à avoir confiance les uns dans les autres.

L'histoire des Missions et des Écoles à Madagascar — car ces deux sujets sont tellement unis qu'ils n'en forment qu'un seul — se divise naturellement en deux parties, que sépare notre prise de possession du pays, en octobre 1895.

Parlons successivement de ces deux parties.

I

LES ÉCOLES ET LES MISSIONS JUSQU'EN 1895

Je ne parlerai pas ici des anciennes Missions catholiques d'avant le xix° siècle ; je ne parlerai pas non plus des divers essais tentés chez les Sakalaves soit par les protestants, soit par les catholiques et qui ont toujours été infructueux. Il en a été de même chez les Bara, d'où les Missionnaires luthériens ont toujours été repoussés, et où les catholiques n'ont pu encore rien tenter ; de même aussi chez les tribus sauvages du Sud-Ouest, chez les Antanosy, les Antaimoro, les Betsimisaraka (Tamatave excepté), les Antankara, et les Antanala, au moins ceux d'Ikongo.

Nous ne parlerons donc ce soir que du plateau central proprement dit, principalement des Hova et des Betsileo.

Quatre Églises protestantes se sont successivement établies à Madagascar : les Indépendants, les Anglicans, les Quakers et les Luthériens de Norwège et d'Amérique.

1° *Les Indépendants.*

Les premiers en date sont les Indépendants anglais, secte particulière et assez puissante, parmi celles que l'on nomme les « *dissenters* » ou dissidents.

Rattachés par leur doctrine à la nombreuse famille des Méthodistes, ils rejettent comme eux toute hiérarchie et n'admettent guère que l'Écriture sainte, la Prédication, quelques hymnes, et, en fait de sacrements, le Baptême et la Cène. Ils se recrutent surtout dans les classes inférieures et leurs ministres ne reçoivent guère aucune formation spéciale ; mais ils sont fortement organisés, et constituent plutôt un parti politique qu'une secte religieuse.

Leur premier missionnaire à Madagascar fut le Rev. Jones, monté à Tananarive avec Hastie, l'ambassadeur de Sir Robert Farquhar, sous Radama Ier, en 1820. Il se fit accepter surtout comme imprimeur et comme instituteur de la jeunesse. Aidé de Griffith et de sa femme, ainsi que de plusieurs autres qui allèrent successivement les rejoindre, il réunissait deux mille enfants dans ses écoles en 1826, et quatre mille en 1830. Chassés de l'île en 1835 par Ravanalona Ier, et exilés pendant vingt-six ans, tandis qu'un certain nombre de leurs adeptes étaient massacrés dans leur église, au pied du palais, les Indépendants y rentrèrent avec Ellis en 1661, quand Radama II ouvrit de nouveau aux étrangers les portes de Madagascar.

Le nom d'Ellis est bien connu. On sait toute la part qu'il prit aux menées contre Radama et probablement à la mort de cet infortuné roi. En tout cas, il en profita largement. Rasoherina lui devait le trône, et les chefs de la conspiration, Rainivoninahitriniony, le premier Ministre d'alors, et son frère Rainilaiarivony, qui lui succéda bientôt et gouverna son pays pendant trente ans, leur influence et leur situation. C'était lui et son parti qui leur fournissaient l'argent. Il en profita pour combattre continuellement la Mission catholique, et pour faire changer peu à peu la législation malgache, dans un sens de plus en plus favorable à la domination anglaise et à la religion protestante. Il fut puissamment aidé dans cette œuvre par un homme d'une grande valeur, tout dévoué à son pays et qui favorisa, dans l'intérêt de sa nation, une religion qu'il ne partageait pas, le consul Packenham (1).

Du reste, on ne peut nier que ces hommes et leurs successeurs n'aient eu un grand esprit d'organisation. Humainement parlant, ils prirent les meilleurs moyens pour fonder et ensuite pour développer leur mission. Quatre choses surtout y contribuèrent : l'argent, l'édu-

---

(1) Packenham était anglican, et il mourut catholique à Tamatave pendant la guerre franco-malgache.

cation, la faveur des grands et du pouvoir, enfin ce que l'on pourrait appeler la *nationalisation* de leur Église.

1° Tout s'achète à Madagascar, et l'on peut tout obtenir avec de l'argent. Généreusement subventionnés par leurs amis d'Angleterre, probablement aussi par leur gouvernement (1), les Indépendants payèrent largement les services rendus et, très habilement, firent espérer des récompenses plus généreuses encore pour ceux qu'on leur rendrait. Ils allèrent plus loin, et par des avances d'argent, ou même par des subventions annuelles, toujours révocables, ils s'attachèrent complètement les personnages les plus influents, soit à la cour, soit dans les provinces. Dans le même but, dès qu'ils eurent des églises, ces églises pouvant posséder prêtèrent de l'argent aux membres de la réunion. C'était un double profit, d'abord un honnête revenu de leur argent — 24 0/0 au moins — et puis la main-mise pour toujours sur ces emprunteurs incapables de jamais rembourser l'argent qui leur était prêté.

2° Les Hova comprirent rapidement l'importance pratique de l'éducation, et dès le commencement manifestèrent un vif désir de s'instruire. Répondant à ce besoin, les Indépendants couvrirent le pays d'écoles plus ou moins florissantes, et s'efforcèrent par toutes sortes de moyens, en particulier par la loi scolaire de 1881 (2),

---

(1) Par exemple, de 1813 à 1825, le gouvernement de Londres envoya 1.549.099 fr. 80 à Sir Robert Farquhar pour sa propagande à Madagascar.

(2) Il y a eu trois lois principales sur les écoles: la 1re obligeait chaque centre de population à fournir le salaire de l'instituteur protestant; la 2e ordonnait, sous des peines très fortes, aux parents d'envoyer leurs enfants à l'école de leur choix dès l'âge de huit ans; la 3e enfin interdisait aux enfants, une fois inscrits, de changer d'école. Il suffisait donc dès lors de les faire inscrire dès le commencement chez

d'étouffer les écoles catholiques et de s'emparer de toute la jeunesse malgache. Ils y réussirent en grande partie, surtout pour les classes élevées. Les trois Églises anglaises (Indépendants, Quakers et Anglicans), comptaient, en 1892, près de cent mille enfants dans leurs écoles — exactement 92.316 (1) — et de ce nombre les trois quarts allaient chez les Indépendants.

3° Chez ces peuples encore primitifs, il faut d'abord gagner les classes dirigeantes, et surtout le pouvoir. Les autres suivront l'exemple et l'impulsion donnés d'en haut. C'est dans ce but qu'Ellis entra dans la conspiration contre Radama II, afin de peser ensuite de toute son influence sur ses successeurs, et que ses remplaçants ne se donnèrent point de repos qu'ils n'eussent fait supprimer le culte des idoles et déclarer leur religion « religion de la Reine » ou « religion d'État ». Ils obtinrent l'un et l'autre par une loi de 1869, que renforça une autre loi encore plus pressante de 1878. Dès lors le gouvernement tout entier et tous ses agents furent Indépendants, et par suite les agents de la religion des Indépendants (2).

4° Les Hova, dès la fin du siècle dernier, prétendirent

---

les Anglais : c'était l'affaire des influences locales, des agents anglais et des gouverneurs, qui n'épargnaient rien pour y réussir. — *Vingt ans à Madagascar*, p. 307.

(1) Cf. 98 rapport de L. M. S.

(2) Qu'on en juge par le tableau suivant : La Reine et le premier Ministre, en qui se concentrait effectivement toute l'autorité, étaient Indépendants : Indépendants aussi les 20 membres du cabinet et les 16 chefs des divers districts de l'Imerina. Des 14 membres des divers ministères, un seul était catholique. Un seul catholique aussi parmi les huit chefs de garde et de service au palais, un seul parmi les sept chefs des castes nobles ; et, fait presque incroyable, un seul parmi les 95 gouverneurs des principales villes et forteresses du Royaume. Tous les autres étaient protestants et ordinairement Indépendants. Et cela dans un pays placé au moins dans notre sphère d'influence ! — *Annuaire malgache*, 1892, p. 11-14. Cité par le Père Caussèque. Statistiques, p. 4.

devenir les maîtres de l'île entière, bien résolus à ne jamais se soumettre à aucune puissance étrangère. Dès le principe, les Anglais acceptèrent, au moins en apparence, ce point de vue, les encouragèrent, et les aidèrent à vaincre et à soumettre les autres peuples de l'île. C'était du même coup combattre l'action de la France et fortifier leur propre influence. Dans le même ordre d'idées, ils s'efforcèrent d'enlever à leur Église toute apparence d'Église étrangère, et d'en faire au contraire une institution malgache. Chaque missionnaire anglais, résidant de préférence à la Capitale ou dans un des principaux centres du pays, avait sous sa direction un vaste district dont il était censé administrer les églises. Mais il s'en occupait fort peu. Tout relevait en pratique d'un *mpitandrina* ou pasteur, qui présidait les réunions et des *mplory-teny* ou prêcheurs qui étaient les aides du mpitandrina, et ordinairement aussi les maîtres d'école. C'étaient eux qui forçaient les gens à venir à l'église, qui faisaient bâtir par leurs adhérents les temples, les écoles, leurs propres maisons, qui percevaient les cotisations forcées de leurs fidèles, qui exécutaient et plus souvent dépassaient les instructions ou les ordres du missionnaire (1).

Car s'ils relevaient nominalement de lui, pratiquement

(1) En 1830 il y avait 604 pasteurs et 4,134 prêcheurs. Évidemment ils n'ont ni grande valeur intellectuelle ni grande valeur morale. « La grande partie des pasteurs de campagne, peut-on lire dans un compte rendu officiel, *Ten years review of missionary work in Madagascar*, p. 134, n'a reçu aucune formation en rapport avec leur dignité. Plusieurs ne savent même pas lire. » Et des prêcheurs : « Le plus grand nombre est indigne de ce nom. La manière dont ils prêchent ne produit absolument aucun bien. Des enfants, des jeunes gens à peine capables de lire, montent en chaire... haranguent le peuple... Tous leurs efforts visent, non pas à lui faire du bien, mais à lui plaire et à l'amuser. Tel a été l'état général des prêcheurs jusqu'en 1880 ». Voir *Vingt ans à Madagascar*, p. 304. Tel il a continué d'être depuis. Quant à leur conduite privée et aux exemples qu'ils donnent, mieux vaut ne pas en parler. A eux, comme à tout le monde à Madagascar, s'applique la règle que : plus quelqu'un est élevé, plus il est vicieux et corrompu.

ils relevaient des Évangélistes. Émissaires à demi payés de l'Église du palais, sorte d'inspecteurs de la prière, surveillants-nés et dénonciateurs toujours écoutés de tous ceux qui les gênaient, pasteurs, prêcheurs, instituteurs, gouverneurs même ou missionnaires étrangers, ces Évangélistes — ils étaient 184 en 1880 — avaient pratiquement supplanté leurs maîtres.

C'est qu'en effet, si l'Église protestante s'était singulièrement étendue et fortifiée par l'appui du pouvoir, et par l'adjonction dans son gouvernement de tant d'éléments indigènes, elle y avait perdu en indépendance. Ce ne fut plus qu'une institution malgache, tout entière dans la main du premier Ministre. Les missionnaires anglais y avaient encore de l'influence, mais ce n'était guère qu'avec une influence indirecte, par l'argent qu'ils distribuaient, par leurs livres et leurs journaux, ou par la formation, dans leurs écoles de la Capitale, des hauts dignitaires de cette église. Même dans ces conditions, ils ne pouvaient aller à l'encontre des vues ou des désirs du gouvernement : « Aucune liberté n'est laissée au missionnaire, écrivait en 1877 le Rev. P. Street; la pression gouvernementale nous étouffe... Ce que l'on attend de nous, ce n'est pas Jésus-Christ selon le Nouveau-Testament, mais selon le premier Ministre. »

Et Sir Gore Jones, dans un rapport officiel sur sa visite à la reine de Madagascar, juillet 1881 : « Le premier Ministre est trop intelligent pour ne pas voir l'utilité de maintenir la Reine à la tête de l'Église, et rien d'un caractère religieux ne marche que sous sa surveillance. »

2° *Anglicans, Quakers et Luthériens.*

Les Indépendants furent d'abord les seuls missionnaires protestants à Madagascar. Mais bientôt ils durent partager leur monopole : 1° avec les Anglicans arrivés en 1864, mais qui cependant ne purent s'établir dans le centre qu'en 1872; 2° avec les Luthériens de Norvège venus en 1867, et plus tard avec les Quakers ou amis. Quatre sectes protestantes, fort distinctes de doctrine et de tendances, se disputaient donc le pays. Mais à l'exception des Anglicans plus élevés, plus gentlemen, plus dignes, et se rapprochant davantage des Catholiques, dont ils affectent d'imiter les cérémonies et voudraient être reconnus comme les frères, l'intérêt et leur haine commune de la France et de l'Église catholique eurent bien vite fait d'unir les trois autres, pour travailler de concert contre notre patrie et contre notre foi.

Tous purent séjourner à Tananarive et y établir le centre de leurs œuvres, mais ils se partagèrent le reste de la contrée; la riche province d'Ankaratra échut aux Norvégiens qui s'y établirent en maîtres. Et nulle part la pression officielle ou la persécution contre les Catholiques n'a été aussi acharnée.

Des pauvres habitants de ce pays, on aurait pu dire aussi ce que le Rev. Street écrivait des Betsileo : « qu'ils étaient conduits comme des bêtes à nos temples (1). »

Depuis peu, les Luthériens d'Amérique se sont établis surtout dans le Sud et y ont apporté exactement les mêmes procédés.

Ce n'est pas que je blâme les ministres protestants d'avoir combattu l'Église catholique et multiplié leurs efforts pour faire triompher leur doctrine. A leur point de vue, et c'est à ce point de vue qu'il faut se placer pour les juger impartialement, ils devaient le faire. Seulement, il

(1) Mercantile Record of Mauritius, 11, 12, 13 oct. 1877.

faut combattre alors à visage découvert, franchement et loyalement ; et, quand il s'agit d'une doctrine à répandre par la seule persuasion, la calomnie et la violence ne sont jamais de mise, et ce sera leur honte d'y avoir si souvent recouru.

Je comprends aussi qu'ils aient travaillé contre l'influence française au profit de leur propre pays. Mais cependant on est surpris, choqué même, de voir des missionnaires faire de cette œuvre temporelle le but principal de leur apostolat. De plus, on ne peut jamais excuser la conspiration et les attentats, par exemple la mort violente de Radama II, et Ellis aurait dû être exclu, pour de multiples raisons, du sein de la société des Missionnaires indépendants, comme le furent plus tard Parrett et leur imprimeur le quaker Kingdon. Enfin, depuis la convention franco-anglaise de 1891, la cause était jugée, et des missionnaires auraient dû donner l'exemple de la soumission aux traités.

Maintenant s'il faut juger l'ensemble des résultats des Missionnaires protestants, après avoir de nouveau mis à part les Anglicans, qui cependant ont trop acheté les conversions et n'ont souvent recueilli que les épaves des dissidents et des Catholiques, fondant ainsi une œuvre hybride et sans avenir, je n'hésiterai pas à reconnaître que les autres, les Indépendants et les Norwégiens surtout, ont fait beaucoup, et le mal, qui se trouve mélangé à presque toutes leurs œuvres, ne doit et ne peut faire oublier les résultats obtenus.

Ils ont fait supprimer la traite des Mozambiques et rendre la liberté aux esclaves de cette nation (1878) ; ils ont présidé à la refonte de la législation malgache, et beaucoup de leurs ordonnances sont bonnes, quoique en général elles ne conviennent pas à l'état actuel des Malgaches; ils ont donné une plus vive impulsion à l'éducation, surtout des hautes classes, trop souvent dans un but de prosélytisme à outrance, mais l'œuvre n'en reste pas moins. Ils ont travaillé beaucoup, et parfois d'une manière très intelligente, à faire connaître la langue malgache (grammaire et dictionnaire de Cousin, dictionnaire de Richardson, etc.); de même que la géographie, la géologie, l'histoire naturelle et les richesses de l'île (Rev. Baron, etc.); enfin ils ont fondé une école de médecine, une léproserie, trois hôpitaux admirablement organisés et qui rendent les plus grands services.

Il ne faudrait pas cependant s'en rapporter exclusivement à leurs statistiques officielles. Ainsi, d'après le 98e rapport de L. M. S. C. (1892), les Indépendants et les Quakers avaient alors 92,416 et les Luthériens de Norwège 37,487 enfants dans leurs écoles. Y en avait-il un quart ou un cinquième à les fréquenter fidèlement et partant à en profiter? J'ai vu de près plusieurs de ces écoles, en particulier dans les campagnes, et telle qui avait plus de 100 élèves inscrits, devait souvent donner vacances parce qu'il n'en venait aucun.

Le même rapport officiel donnait 310,313 adhérents ou disciples aux Indépendants et aux Norwégiens. Mais plus des neuf-dixièmes avaient simplement, une fois en passant, donné leur nom, et n'étaient même pas baptisés. Jamais ils n'allaient au temple, jamais ils ne priaient, jamais ils ne participaient à aucun sacrement, jamais ils n'assistaient à aucune instruction!

Au fond, il n'y avait pas grand'chose de changé, sauf pour l'extérieur, et les Hova avaient gardé la plupart des pratiques païennes et superstitieuses de leurs ancêtres : la même croyance au destin, le même culte rendu aux morts et les mêmes cérémonies aux funérailles ; les mêmes honneurs aux sampy et aux pierres sacrées ; la même foi aux ody ou amulettes, aux devins et à la divination ; la même exactitude à se faire circoncire. Tout cela ne s'observait plus officiellement et en public, mais s'observait très fidèlement en particulier.

En parlant ainsi, je m'écarte beaucoup, je le sais, de la plupart des voyageurs qui ont écrit sur Madagascar, et principalement de l'école anglaise qui a tout intérêt à faire ressortir l'importance de la loi de 1869. Mais je parle d'après les observations suivies et multiples de gens qui connaissent parfaitement les Malgaches et qui, ayant longtemps vécu dans le pays, ont pu voir bien des choses qu'un simple voyageur ne soupçonne même pas, et je suis certain de dire la vérité. En fait, la très grande majorité des Hova, se disant protestants, étaient restés païens. Je vais plus loin, et je n'hésite pas à affirmer qu'à la Cour même on avait gardé la plupart des pratiques des ancêtres.

En somme, l'œuvre protestante à Madagascar n'était ni solide ni durable. Ils s'étaient imposés par les hautes classes, mais ils ne s'étaient fait ni aimer ni accepter par le peuple ; ils s'étaient étendus beaucoup en surface, très peu en profondeur ; s'il y avait beaucoup de branches et de feuilles, il n'y avait ni fruits ni racines ; ou si l'on préfère, le monument tout en façade n'avait pas de fondations ; déjà il se lézardait, et inévitablement il devait tomber en ruine dès qu'on lui enlèverait le soutien de l'État.

3° *Mission catholique.*

L'avenir semblait donc devoir appartenir à la Mission catholique à Madagascar.

Ce n'est pas ici le lieu de raconter les origines de cette Mission. Mais on ne saura jamais tout ce que les Pères Jésuites de Toulouse ont souffert et tenté pour pénétrer dans la grande île, depuis 1844, époque à laquelle ils en acceptèrent la charge, jusqu'au commencement du règne de Radama Ier, en 1861.

En 1855, ces trois grands Français qui, en même temps, étaient trois grands chrétiens. MM. Laborde, Lambert et Delastelle, trouvaient moyen de faire monter le Père Finaz, déguisé en savant, à Tananarive, auprès de la sanglante Ranavalona I. Et là, devenu pianiste, lançant un aérostat, construisant un télégraphe, préparant une merveilleuse poudre de guerre, l'intrépide missionnaire restait seul, isolé de ses frères, sans secours et sans consolation, en danger, à tout instant, d'être découvert et inévitablement perdu.

Deux années plus tard, le Docteur, plus tard sénateur de la Réunion, Milhet-Fontarabie, appelé pour faire l'opération de la rhynoplastie au frère du favori et tout-puissant premier ministre de Ranavalona I, le cruel Rainijohary, lui amenait, en qualité d'aides-chirurgiens, deux de ses frères, les Pères Weber et Jouen ; et le premier parvenait à rester avec lui jusqu'à l'année 1857, lorsque tous les Européens furent chassés de l'Imerina.

On a admiré et avec raison l'intrépidité de nos officiers allant, au péril de leur vie, relever la future route du corps expéditionnaire de Mojanga à Tananarive, et plus tard, les divers chemins de pénétration de la côte Ouest au milieu des tribus Sakalaves révoltées ; les Pères Finaz et Weber étaient-ils moins braves et moins héroïques, eux dont un simple accident ou la plus petite imprudence eussent été la condamnation irrévocable ?

Ils durent partir enfin, mais au moins avaient-ils reconnu le pays, étudié le terrain, appris la langue, observé les mœurs et les coutumes, et cette expérience première devait leur être plus tard de la plus grande utilité. De même les indigènes avaient appris à les voir, à les entendre, à les apprécier, et ils n'auront aucune peine à retourner auprès d'eux quand le pays leur sera enfin définitivement ouvert par Radama II en 1861.

Le premier acte de Radama II fut en effet de faire tomber toutes les barrières qui jusqu'ici éloignaient les étrangers de Madagascar, de rapporter toutes les sauvages ordonnances de sa mère, et en particulier de donner pleine et entière liberté à tous les Missionnaires d'instruire et de convertir son peuple. Sous son règne, plus ou moins favorisée par lui, la Mission catholique se développa rapidement, et on pouvait concevoir les plus belles espérances pour son avenir, quand la mort de ce malheureux prince provoqua une violente réaction.

Nous avons déjà dit, au seuil de ces leçons, ce qu'elle eut à souffrir, à partir de ce moment, de l'éclipse de notre influence à Madagascar, et les services qu'elle rendit à cette influence, en particulier pour la conclusion du traité de 1868, puis pendant les années si pénibles qui suivirent la malheureuse guerre franco-allemande, dont le contre-coup fut hélas ! ressenti sur les rivages de l'Océan Indien ; pendant notre première expédition à Madagascar, de 1882-1885, où elle fut obligée d'abandonner tous les postes et de se retirer à l'ombre de notre drapeau ; pendant la dernière guerre où, de nouveau, elle fut exilée, parce que toujours et partout sa cause fut identifiée à la cause de la France, parce que toujours et partout elle fut en butte à la persécution et aux tracasseries du parti anglais, parce que toujours et partout, sans être abandonnée par lui, elle fut mollement soutenue et défendue par le gouvernement français.

Malgré tout, elle avait prospéré, et dans l'espace de vingt ans, de 1862 à 1882, fait de remarquables progrès :

80.000 adhérents disséminés dans ses deux centres principaux de Tananarive et de Fianarantsoa ;

20.000 élèves répartis dans une multitude d'écoles,

530 instituteurs ou institutrices,

Plus de 250 postes.

Une imprimerie pour ses livres et une petite Revue hebdomadaire « le Resaka » ou « Conversation », afin de faire connaître et défendre ses œuvres ;

C'étaient sûrement de beaux résultats.

L'exil des Pères de 1882 à 1885 arrêta cet essor ; mais les Catholiques restèrent fidèles.

Depuis, sous l'administration de Mgr Cazet, nommé précisément à cette époque Vicaire apostolique de Madagascar, on a relevé les anciennes ruines, repris les mêmes œuvres et donné à toutes une nouvelle impulsion.

Sans parler des dispensaires, des ateliers, des léproseries, des diverses écoles normales, un petit collège fut fondé à Ambohipo pour préparer des catéchistes et des interprètes, et donner aux enfants plus intelligents une éducation plus complète et plus soignée.

Un Observatoire, de tous points remarquable, fut établi à Ambohidempono, qui rendit les plus grands services sous l'habile direction du P. Colin.

En même temps, le P. Roblet poursuivait ses remarquables études topographiques qui lui ont valu de si flatteuses récompenses à l'Exposition universelle de 1889, à l'Exposition de Bordeaux et encore ces jours-ci à la Société de Géographie de Paris, qui a voulu lui décerner, en même temps qu'au P. Colin, un de ses meilleurs prix.

Enfin, auparavant, un autre membre de la Mission, un chercheur s'il en fut, le P. Callet, rendait à l'histoire un service inappréciable, en recueillant, de la bouche des anciens, le récit des temps passés, des usages et des traditions du pays, et en le consignant dans un ouvrage malgache en 3 vol., imprimé à la Mission, et presque aussitôt à peu près complètement détruit par ordre du premier Ministre, « parce qu'il aurait trop bien fait connaître Madagascar ».

La Mission catholique comprenait avant la guerre quatre centres principaux :

1° Tananarive et l'Imerina avec une trentaine de Pères, un collège, une léproserie, une école des frères des Écoles chrétiennes, et quatre pour les filles, sous la direction des sœurs de Saint-Joseph de Cluny.

2° Fianarantsoa, le second en importance, avec une dizaine de Pères, une école de frères, une école de sœurs, et une splendide église en pierres et briques qui rappelle la Cathédrale de Tananarive, une léproserie et un commencement d'hôpital. Fondé seulement en 1871, traversé de mille tracasseries et difficultés, le centre de Fianarantsoa était alors en pleine prospérité. Et en 1893, quand se fit l'inscription pour les écoles, les Catholiques seuls eurent plus d'enfants que toutes les sectes protestantes réunies.

3° Tamatave avec trois Pères, dont l'un s'occupait des divers postes de la côte, une école de garçons dirigée par les frères des Écoles chrétiennes, une école de filles sous la conduite des sœurs de Saint-Joseph de Cluny, et un hôpital en construction.

4° Fort-Dauphin fondé, depuis deux ans, par les Pères Chenay et Campenon, grâce à la généreuse initiative de M. Marchal, et qui promettait les plus concluants résultats, quand la guerre vint tout interrompre.

Voici du reste la statistique, à cette époque, du personnel et des œuvres de la Mission :

Missionnaires prêtres (dont un évêque)	51
— scholastiques (dont un Malgache)	4
Frères coadjuteurs, pour les ateliers, l'imprimerie, etc.	18
Frères des écoles chrétiennes à Tananarive, Fianarantsoa et Tamatave.	16
Sœurs de Saint-Joseph de Cluny, aux mêmes endroits	27
Personnel européen.	116
Instituteurs et institutrices indigènes, plus de	700
Écoles normales.	9
Collège.	1
Élèves.	26.736
Églises.	83
Chapelles.	277
Postes et stations.	443
Catholiques ou adhérents.	136.175
Imprimerie	1
Observatoire.	1
Léproseries	2

Dans le courant de l'année dernière, il y a eu :

Baptêmes d'adultes.	1.197
Baptêmes d'enfants	2.887

Toutefois, il ne faut rien exagérer. Même parmi les Catholiques, il y avait bien des misères, et tous n'avaient pas renoncé entièrement à leurs pratiques superstitieuses. Il y avait des tièdes parmi eux, des négligents, des indifférents, de grands pécheurs et aussi des apostats.

Cela tenait à bien des causes, souvent locales, au manque de caractère, au milieu, aux mauvaises influences, etc.

Mais il y avait aussi de beaux exemples de vertu et beaucoup de bien accompli.

La famille se fondait respectable et respectée, les enfants grandissaient meilleurs et plus instruits ; les sacrements étaient fréquentés et les offices suivis ; un idéal de vert était donné auquel plusieurs s'efforçaient de parvenir, et chez certains, la foi produisait des fruits admirables de pureté, de dévouement, de sainteté. C'est que, outre la grâce divine qu'il ne faut jamais oublier quand il s'agit d'évangélisation et qui ne peut être avec les apôtres d'une religion fausse, en ne considérant les choses qu'humainement, il y a une grande différence entre les Missionnaires catholiques et les Missionnaires protestants.

Sans doute, la vie de ces derniers, les prenant dans l'ensemble, et négligeant tel ou tel exemple qui n'est qu'une exception, est moralement pure et peut servir de modèle à ces pauvres Malgaches ; ils ne manquent pas de tenue ordinairement et sont strictement honnêtes dans leurs affaires ; parmi eux, certains sont dévoués à leur œuvre et y consacrent leur énergie et leurs talents ; ils sont bienfaisants aussi et aiment ordinairement à rendre service. Mais ils sont largement payés ; on leur assure une situation honorable et bien supérieure à celle qu'ils auraient occupée dans leur pays ; il leur faut de grandes et belles demeures, de larges jardins, une maison nombreuse, en un mot, tout le confort européen ; ils sont tous mariés, ne se privent d'aucune des joies de la famille ; ils reviennent souvent, comme des employés ou des commerçants, passer quelque temps dans leur pays et « semblent ne songer à autre chose qu'à rentrer chez eux » (1).

(1) Amiral sir Gore Jones.

Le Missionnaire catholique au contraire, « en règle générale, ne revient plus dans sa patrie (1) ». Sa famille à lui, ce sont ses convertis et les enfants de son école ; par amour pour eux, il se prive de bien des commodités de la vie, ne recevant que le nécessaire pour vivre ; logé à peu près comme l'un d'eux, toujours avec eux, au courant de tous leurs besoins, de leurs joies et de leurs peines ; sans cesse à leur service, se donnant, se dépensant sans mesure, ne demandant jamais rien, ne pressurant pas les pauvres et n'imposant pas de corvée ; donnant au contraire tout ce qu'il a et tout ce qu'il peut obtenir ; on voit clairement qu'il n'est là ni par intérêt, ni par plaisir, mais uniquement pour faire du bien. Et cela, alors même qu'ils ne le comprennent pas, frappe les indigènes et donne au Missionnaire une grande autorité.

II

LES ÉCOLES ET LES MISSIONS DEPUIS LA CONQUÊTE

Tel était l'état des diverses Missions de Madagascar avant la dernière guerre. D'un côté l'Église protestante, divisée en quatre branches qui ne s'accordaient qu'en un seul point : leur haine contre l'influence française, qu'elles n'avaient cessé de combattre depuis leur fondation, ordinairement avec succès. De l'autre, la Mission catholique qui, en dépit de toutes les difficultés et de toutes les tra-

---

(1) Amiral sir Gore Jones.

casseries, n'avait cessé de croître, identifiée toujours avec l'influence française.

A un autre point de vue, les Églises protestantes, mais principalement la plus puissante d'entre elles, celle des Indépendants, s'étaient constamment appuyées sur le pouvoir — la religion des Indépendants était devenue religion d'État, — avaient été propagées par lui et, par lui, avaient été imposées au peuple ; d'où cette conséquence qu'elles n'étaient point aimées, ni acceptées volontiers, mais plutôt subies.

La Mission catholique, au contraire, s'était adressée au peuple, n'avait jamais usé de la corvée, n'avait jamais servi aux grands pour opprimer les travailleurs et les esclaves. Aussi était-elle favorablement accueillie, appréciée, estimée, aimée, même par ceux qui ne l'acceptaient pas.

Ces considérations, jointes à nos traditions, dictaient à la France la conduite à tenir vis-à-vis des Missions à Madagascar.

Évidemment, il ne fallait point persécuter, il ne fallait point proscrire. Cela n'est plus dans nos mœurs, et, quand il s'agit d'une doctrine religieuse, on ne doit recourir qu'à la persuasion. Une religion ne s'impose pas, elle s'enseigne. On ne proscrit pas une Église déjà établie, si elle est inoffensive ; on la maintient dans les limites du droit et on en montre les errements.

Donc il ne fallait point, d'aucune manière, persécuter même les Missionnaires anglais, même les Indépendants à Madagascar ; là-dessus tout le monde était d'accord.

Il fallait donc laisser liberté complète aux Protestants, à la condition toutefois qu'ils acceptassent loyalement le nouvel ordre de choses établi et invitassent leurs adhérents à s'y soumettre. Si certains parmi eux — et le fait arriva plus d'une fois — avaient travaillé à nous combattre, à nous susciter des difficultés, avaient parlé publiquement contre notre domination, on aurait pris contre eux les mesures commandées par les circonstances. Ces mesures étant dictées, non par des motifs religieux, mais par des motifs politiques, personne n'eût pu se plaindre.

Jusqu'ici, les Indépendants avaient été reconnus Église d'État et en avaient eu tous les privilèges. Évidemment cette situation devait cesser : les dignitaires qui constituaient l'État malgache, tant qu'on garderait cet état, pourraient continuer à être protestants individuellement ; mais il était inadmissible qu'un gouvernement soumis à la France et dépendant d'elle fût un gouvernement officiellement protestant.

Une telle décision, avec les conséquences qu'elle comporte, eût eu les plus funestes conséquences pour l'Église des Indépendants qui, nous l'avons dit, ne s'était fortifiée et ne vivait que par le concours de l'État dont elle était un des principaux rouages.

Quant à l'Église catholique, était-ce trop exiger que de demander pour elle une liberté complète, mêlée d'un peu de bienveillance ?

Depuis trente-cinq ans, elle luttait pour soutenir et défendre l'influence française. Cette influence venait de triompher définitivement. Qui aurait pu se plaindre qu'elle en profitât pour se développer dans la justice, dans la liberté, sous les yeux de l'administration française ?

Si l'on avait fait cela, fermement, sans faiblesse, mais aussi sans violence, par ce seul fait que les Protestants avaient perdu l'appui toujours si effectif de l'Angleterre, en même temps que l'appui du gouvernement Hova, par ce seul fait, que la grande majorité de nos officiers, de nos employés, de nos colons, était catholique, la Mission catholique se serait rapidement développée et les missions protestantes, je ne puis avoir aucun doute à cet égard, auraient rapidement diminué, se seraient affaiblies, auraient disparu d'elles-mêmes dans un espace de temps relativement court. J'ai causé de cette question avec la plupart des hommes au courant des choses de Madagascar : ils partageaient tous l'avis que je viens de vous exprimer. Le regretté M. Ranchot, en particulier, ne demandait que vingt ans pour voir disparaître les Protestants de Madagascar.

Ainsi nous aurions eu, sans à-coups, sans violences, sans persécution, toute une colonie entièrement catholique.

Vous penserez avec moi, Messieurs, que l'ordre public, que l'œuvre de la pacification, que les progrès de notre influence, que la fidélité des Malgaches vis-à-vis de nous, que tout ce qui constitue, en un mot, nos intérêts à Madagascar, n'eût pu qu'y gagner.

C'est du reste cette ligne de conduite qu'appliquèrent, aussitôt après leur arrivée à Tananarive, le général Duchesne et M. Ranchot : le premier parce qu'il avait l'esprit trop droit et le cœur trop français, le second parce qu'il connaissait trop bien Madagascar qu'il habitait depuis dix ans, pour ne pas voir la vérité.

Mais voici que d'aventure, nous nous trouvons alors avoir à la tête des affaires en France, un chimiste aux affaires étrangères, un ingénieur hydrographe aux Colonies. Quelles que fussent leurs qualités personnelles, ni l'un ni l'autre ne savaient un mot de leur métier et tous les deux, par leurs relations de famille, étaient inféodés au parti protestant. Ce ne sera pas les calomnier non plus de dire que, par leur tournure d'esprit, ils appartiennent à cette génération d'avant le second Empire qui réglait tout d'après des théories et tenait très peu compte des faits.

Des hommes de gouvernement n'eussent rien négligé pour garder à Madagascar les administrateurs qui connaissaient le pays, et peut-être eût-il été sage d'en laisser l'administration au Ministère des Affaires étrangères, au moins pendant la période de transition.

Voulant faire du nouveau, le ministère de M. Bourgeois :

1° Modifia, et certes non pour le mieux, le traité du 1er octobre 1895 ;

2° Fit passer immédiatement Madagascar sous la direction du Ministère des Colonies ;

3° Envoya dans notre nouvelle colonie tout un personnel nouveau, qui était assez curieusement recruté, mais qui, espérait-on, devait nous rattacher le parti protestant.

Ce ne fut qu'un cri parmi tous ceux qui connaissaient la situation de Madagascar quand on sut que M. Laroche était protestant. On pouvait tout envoyer à Madagascar, sauf un protestant.

Je n'oserais pas dire que ce fut là la raison pour laquelle il fut choisi ; l'histoire de sa nomination est peut-être plus simple. Il ne pouvait rester à Toulouse. Il lui fallait une compensation. Le poste de Résident général français à Tananarive était vacant, on le lui donna.

Le résultat n'en fut pas moins déplorable.

Sans doute, même un protestant eût pu discerner et défendre les vrais intérêts de la France à Madagascar ; nous avions vu de cela en 1881 un exemple frappant dans M. Meyer, partisan plus convaincu, quoique protestant, et défenseur plus résolu de la Mission catholique qu'aucun de nos autres consuls.

Mais M. Laroche était un protestant converti et il avait toute l'ardeur des néophytes. Aussi choisit-il pour composer son personnel une notable proportion de protestants. Et, une fois à Tananarive, ne négligea-t-il rien pour promouvoir les intérêts de ses coreligionnaires, au point de devenir leur jouet en même temps que celui de la cour d'Imerina.

Je ne vous rappellerai pas les faits qui se passèrent alors : son éloignement affecté de la Mission catholique, ses relations intimes avec des protestants anglais, comme par exemple Baron, qui était son professeur de malgache, avec les nobles Hova, avec Rajoelina, l'ennemi acharné de la France et que son père, l'ancien premier Ministre, avait dû condamner à mort ; avec les parents de la Reine et avec la Reine elle-même, dont il semblait être devenu le très humble serviteur.

Les choses en arrivèrent à ce point que sa situation devint intolérable. Je ne sais pas s'il avait un seul partisan dans tout Madagascar, parmi les colons et parmi les officiers. Il avait fait l'unanimité contre lui, et c'est tout juste s'il put trouver quelques convives pour le 14 juillet — un ouvrier ébéniste — pour représenter la colonie française.

En même temps, par sa faute, par son aveuglement, par son incurie, la révolte inspirée de haut et soutenue par ceux-là même en qui il avait placé sa confiance, gagnait toute l'Imerina. La route de Tamatave était coupée et des coups de fusil étaient tirés à deux kilomètres de la Capitale.

Un peu plus, et nous perdions Madagascar.

C'est alors que l'opinion publique en France parla plus haut que les dépêches et les affirmations officielles. La presse tout entière réclama le rappel de M. Laroche, et le ministre des colonies, M. André Lebon, un coreligionnaire cependant, dut le remplacer. Il eut la main heureuse dans le choix de son successeur ; mais, avant de poursuivre ce récit, je vous demande de préciser un fait.

On a accusé, — et cette accusation est venue de très haut — la Mission catholique d'avoir inspiré la campagne de presse faite en France contre M. Laroche et son esprit de prosélytisme. Je donne à cette accusation le plus formel démenti. S'il y avait eu campagne de presse inspirée par la Mission, n'étais-je pas placé on ne peut mieux pour le savoir ? Or, je vous affirme que dans cette circonstance la Mission catholique ne s'est nullement départie de sa très grande, certains diraient de sa *trop grande*, réserve. Mais quand chaque courrier apporte les nouvelles les plus navrantes, quand les fautes se multiplient et que des centaines d'officiers ou de colons écrivent à leurs familles et à leurs amis, quand on heurte les sentiments de toute une population et qu'on compromet les intérêts du commerce et de l'industrie, quand un crime va se commettre qui nous fera perdre des résultats si chèrement acquis, c'est-à-dire la possession même de l'île de Madagascar, les journaux parlent tout seuls et vous n'avez pas besoin d'un inspirateur pour expliquer l'unanimité de leurs réclamations.

Tout change avec le général Gallieni.
Avec son expérience des choses coloniales, avec son incontestable intelligence, avec sa droiture d'esprit et

son indépendance absolue — le général Gallieni ne paraît avoir aucune conviction religieuse — il a vite fait d'apprécier la situation inquiétante de notre récente conquête et les mesures se succèdent coup sur coup contre les fauteurs de désordre, contre les instigateurs de la révolte, contre la Reine elle-même. Il est le maître et il veut être reconnu comme tel ; il veut la pacification, il veut l'ordre, il veut la mise en valeur du pays.

Sur la question religieuse, sa politique est très claire : liberté pour tous, mais à condition de ne point combattre les intérêts de la France, de ne point lui créer de difficultés, d'accepter son autorité et d'obéir à ses lois.

La Mission catholique fut heureuse de ce changement, et aussitôt ses œuvres, ses écoles en particulier, se multiplièrent avec une rapidité qui justifie pleinement le tableau que je vous faisais plus haut de la situation réciproque des diverses Missions à Madagascar avant la conquête.

Ainsi au 31 décembre 1896, au lieu de 26.736 élèves qu'elle avait avant la guerre, elle en comptait 65.103, dont 33.151 en Imerina (parmi lesquels 3.424 dans la seule ville de Tananarive) ; 31.000 chez les Betsileo et 552 à Tamatave.

Pendant l'année 1897, ce mouvement vers la religion catholique ne fit que s'accentuer. Vous pourrez en juger par les chiffres suivants qui montrent bien, à la date du 12 septembre de cette année, l'état actuel de la Mission pour les trois centres de l'Imerina, du Betsileo et de Tamatave.

	en 1897	avant la guerre
Postes.	1.113	
Églises construites.	109	83
— en construction	110	

	En 1897	avant la guerre
Chapelles construites	258	277
— en construction	170	
Catholiques	71.494	136.157
Catéchumènes	258.956	
Maîtres d'école	1.446	700
Maîtresses d'école	793	
Élèves externes garçons	78.159	
— filles	68.424	
Élèves pensionnaires garçons	632	
— — filles	375	
Total	147.590	26.736
Léproseries (190 malades)	2	
Écoles normales (180 ménages)	4	

Ces statistiques sont plus éloquentes que toutes les affirmations. La Mission catholique faisait de tels progrès à Madagascar que les Missions adverses se crurent perdues. Il fallait donc aviser au plus tôt à cette situation et parer au danger, en sauvant au moins les épaves de l'œuvre accomplie par l'Angleterre protestante à Madagascar.

Messieurs, il existe en France un parti que je n'appellerai pas le *parti protestant* — un de mes amis, protestant lui-même, m'a prié de ne point l'appeler ainsi, car il s'en faut que ce parti soit suivi par l'ensemble des protestants — mais, si vous le voulez, le *parti sectaire protestant*, pour qui l'intérêt de la France ne vient qu'en second lieu. Il est fortement organisé, et vous avez pu voir se trahir son action dans plus d'un événement contemporain. Il a à sa tête des hommes politiques bien connus, d'anciens et probablement de futurs ministres, des sénateurs et des députés, des universitaires en grand nombre, des pasteurs et des écrivains, des dames du monde très répandues ayant un salon et en faisant un centre influent de propagande.

Sans le vouloir, et peut-être sans le savoir — mon Dieu, que nous faisons de choses dans notre vie sans le savoir! — ses affinités le portent vers l'Angleterre et vers l'Allemagne. Il se faufile partout, il veut arriver à tout; il prétend à diriger la politique française, il lui faut les meilleures places dans l'administration, dans l'enseignement, aux affaires étrangères, dans les consulats, dans l'administration coloniale. Il parle toujours de liberté et ne l'accorde point aux autres, il hait tout ce qui est catholique, il ne comprend pas ce qui est français, il est étroit et sectaire, je le définirai d'un mot : il est *huguenot*.

C'est ce parti qui entreprit de sauver les Missions protestantes de Madagascar.

Pour y arriver il décida premièrement d'envoyer à Madagascar une Mission qui préparerait le remplacement des missionnaires anglais par des missionnaires français.

En faisant cela, il était dans son droit.

Le 3 avril 1874, la *Politique coloniale* publiait un article très remarqué dans lequel l'auteur, très au courant de la question malgache et très peu bienveillant pour la Mission catholique, s'élevait vivement contre le projet mis plusieurs fois en avant en haut lieu d'envoyer à Madagascar des missionnaires protestants français, qui « ne feraient rien si ce n'est apporter encore plus de confusion, de trouble et de faiblesses dans une situation déjà trop embrouillée ». Et je sais, pour l'avoir appris de l'un d'eux, que nos Résidents, consultés plusieurs fois à ce sujet par l'administration des affaires étrangères, s'y étaient constamment opposés. Je me rappelle en particulier la manière navrée dont M. Ranchot me parlait de cette mesure, qui venait d'être prise, avant son départ pour Bangkok.

Il avait raison, au point de vue de l'influence française. Mais en envoyant cette Mission, en acceptant la charge des missions protestantes à Madagascar, les protestants français étaient dans leur droit, et il n'y a rien à dire.

J'irai même plus loin, et je n'hésiterai pas à reconnaître que bien des inconvénients, redoutés par les agents de notre ancien Protectorat, ne se seraient pas produits, si nos protestants avaient complètement remplacé les missionnaires anglais qui auraient ainsi quitté Madagascar. Mais cela, ils ne l'ont pas fait, et peut-être ne pouvaient-ils pas le faire.

En fait, le plus grand nombre des missionnaires anglais sont restés aussi puissants et aussi indépendants qu'auparavant; en fait, je crois que c'est l'or anglais qui, en grande partie du moins, alimente les Missions protestantes de Madagascar; en fait, nos protestants français ont seulement pris la direction, officielle en quelque sorte, de quelques écoles, pour couvrir leur coreligionnaires et leur servir de paravent. J'aime à croire que leur intention est de faire davantage, j'aime à croire qu'ils feront davantage et que par suite ils se substitueront aux missionnaires anglais. Jusqu'ici cela n'est pas fait.

Mais enfin puisque nous reconnaissons — et je le reconnais sans hésitation — que même les missionnaires anglais avaient le droit de rester à Madagascar, pourvu qu'ils se soumissent à notre autorité, on ne peut blâmer nos protestants français de collaborer avec eux. Et s'il y avait là, pour nos compatriotes, une situation délicate, après tout, cela est leur affaire et non la nôtre.

Mais là où je les blâme ouvertement, c'est dans la campagne de haine et de calomnies qu'ils entreprirent contre la Mission catholique, visant par dessus sa tête le brave soldat que l'on n'osait pas attaquer en face.

Un rapport fut publié par leurs délégués, plein des insinuations les plus perfides, rempli des attaques les plus injustifiées contre leurs adversaires de là-bas. Ces adversaires étaient des Jésuites et l'on pouvait tout se permettre contre eux parce que, pensait-on, — peut-être on se trompait — tout serait cru, parce que également — et là on avait raison — ils négligeraient de se défendre.

Ce rapport fut répandu partout, en particulier, fut envoyé à toutes les rédactions de journaux et à tous les membres du parlement. Il citait des faits, il donnait des noms, il mélangeait à un fond de vérité des circonstances fausses qui en dénaturaient le sens, mais que, à distance, il serait impossible de discerner. En même temps, des hommes politiques, que leurs opinions religieuses auraient dû rendre suspects, intervenaient vivement auprès du ministère des colonies, et M. Lebon, qui lui-même était protestant, croyait devoir envoyer au général Gallieni les ordres les plus formels en faveur d'une neutralité absolue.

Une telle campagne de calomnies relevait des tribunaux, et les Jésuites eurent le tort de ne pas y recourir. Une circonstance cependant milite en leur faveur, celle de la distance. Les pamphlets n'avaient pas été vendus à Madagascar, d'où impossibilité de poursuivre sur place. A Paris, il eût fallu des procurations, et quand ces procurations arrivèrent, les délais légaux de poursuite étaient passés.

Entre autres choses, les protestants reprochaient deux choses à la Mission catholique : 1º de les persécuter ; 2º de faire croire partout que catholique et français c'était la même chose.

Messieurs, je vous prie de me croire : la Mission catholique a souvent été persécutée à Madagascar, elle n'a jamais persécuté, et c'est ici surtout que, pour ma part, j'aurais vivement désiré qu'un arrêt de la justice vînt là laver de cette infamante accusation.

Quant au second reproche, les Jésuites ne sont pas auteurs de cette conviction, jusqu'ici universellement reçue à Madagascar, que les intérêts de la France s'identifient là-bas avec ceux de la Mission catholique, et ceux de l'Angleterre avec les intérêts des Missions protestantes.

Habilement, on détournait le sens de cette parole et on nous faisait dire que les protestants étaient de mauvais Français, et alors la réponse était facile. Oui, mais elle ne portait pas. Nous n'avons jamais dit, et je n'ai pas dit ce soir, Messieurs, que les protestants ne fussent pas de bons Français.

Nous avons dit que l'influence française s'est identifiée jusqu'ici avec l'influence de la Mission catholique à Madagascar, et l'influence anglaise avec celle des Missions protestantes. Que voulez-vous ? cela c'est de l'histoire et toutes les réclamations ne changeront rien à l'histoire. On pourrait même généraliser l'affirmation et l'appliquer à bien d'autres pays qu'à Madagascar : à la Chine, à la Syrie, à la Nouvelle-Calédonie, etc., etc. Mais ne sortons pas de Madagascar : là, le fait est absolument vrai. Peut-être cessera-t-il de l'être. Mais cela n'est pas encore arrivé.

Cependant, on ne comprenait rien de cette effervescence à Madagascar, et l'administration militaire avait d'autant moins de peine à suivre les prescriptions du ministre qu'elle les avait toujours observées. En France même, la vérité se fit peu à peu. L'animosité s'apaisa et l'on en vint à une plus saine appréciation de la situation.

Il serait pourtant faux de croire que la Mission catholique en a fini avec les épreuves à Madagascar et que l'avenir s'annonce brillant et serein pour elle. A ce moment-ci, on laïcise par ordre supérieur; on fonde des écoles laïques, non pas précisément là où il n'y a pas d'école, mais au contraire là où il y a une école catholique florissante, et souvent rien n'est négligé pour obliger les Malgaches à déserter l'école catholique au profit de l'école rivale.

Depuis longtemps je vois venir l'orage ; ce que l'on veut c'est l'exclusion des Jésuites de Madagascar, afin que, dans la période de désorganisation relative qui suivrait leur départ, on puisse faire accepter plus facilement le protestantisme.

Ce serait une iniquité et une ingratitude de plus ; nous n'en sommes plus à les compter ; mais si cela arrive, nous demanderons à Dieu de pouvoir redire cette parole d'un religieux Mariste, le curé de Nouméa, menacé lui aussi de voir séculariser sa Mission : « Si l'on nous chasse de Nouvelle-Calédonie, la terre est grande, nous irons ailleurs, nous irons aux Nouvelles-Hébrides, nous contribuerons à les donner à la France et puis il se rencontrera peut-être encore un ministre français pour nous en chasser; nous crierons quand même : vive la France ! »

DOUZIÈME LEÇON

DE L'ADMINISTRATION

I

CONSIDÉRATIONS GÉNÉRALES

Messieurs,

Nous avons commis bien des fautes depuis deux ans et demi que nous sommes à Madagascar et je crains que de ces fautes plusieurs ne soient irréparables.

Quand l'expédition de Madagascar fut votée non sans résistance par le Parlement, ce fut à la condition expresse, garantie par les déclarations du gouvernement et acceptée formellement par l'une et l'autre Chambre, qu'il ne pouvait s'agir que d'un protectorat, réel et effectif, mais d'un protectorat à établir à Madagascar. Et le général Duchesne partit avec un projet de traité admirablement étudié qui devait sanctionner ces vues en les faisant accepter par le gouvernement hova.

Que nous sommes loin aujourd'hui du protectorat !

Et cependant il n'y a pas de doute ; le gouvernement d'alors était dans le vrai.

Ce traité du 1er octobre 1895 avait été préparé à la suite d'études longues et consciencieuses faites sur place pendant dix ans par nos Résidents généraux, et en particulier par l'un de leurs plus sages et plus écoutés collaborateurs, le regretté M. Ranchot.

Peut-être eût-il été prudent de réfléchir longtemps, avant de rejeter une solution ainsi étudiée et d'en improviser une de toutes pièces, qui avait surtout le défaut de s'appliquer mal au pays que l'on venait de conquérir.

Il ne faut pas l'oublier, en effet ; nous nous trouvions en face d'un gouvernement régulier qui avait ses défauts, en particulier une vénalité effrénée, mais qui avait aussi ses lois et ses usages particuliers et qui était obéi, et complètement obéi, par les 7/8 de la population de Madagascar. En veut-on un exemple ? Après le départ de l'escorte du résident de Tananarive, on pressait le gouverneur de Fort-Dauphin d'expulser les Français. Il résista pendant plus de quinze jours, « parce que, parole très remarquable, il n'avait point reçu d'ordres de la capitale. »

Une fois la campagne finie, le commandant Serpette fut envoyé sur le *Gabès* pour faire reconnaître notre autorité sur la côte Ouest. Tout le monde savait alors le résultat de la guerre, la prise de Tananarive et la conclusion de la paix. Or, le gouverneur de Morondava refusa obstinément d'entrer en relations avec le commandant et de l'aider à faire reconnaître le nouvel état de choses jusqu'à ce qu'il eût été directement averti par son propre gouvernement.

Tout conseillait donc de se servir de ces cadres déjà existants, comme intermédiaires entre le peuple conquis et son vainqueur. Tout nous commandait de ne point briser cet organisme très fragile et très délicat, surtout au sortir de la redoutable crise qu'il venait de traverser, mais au contraire de le fortifier et de l'améliorer.

Et cela d'autant plus que, seuls à peu près parmi les peuplades de Madagascar, les Hova ont l'instinct du gouvernement et savent administrer. Toutes les autres peuplades de l'île ou bien ne sont que des bandes sans cohésion et sans autorité d'aucune sorte, comme les Sakalaves de l'Ouest, ou bien avaient depuis longtemps perdu leur autonomie et toute habitude du pouvoir. D'où impossibilité, en quelque sorte radicale, de trouver dès la première heure, chez les uns et chez les autres, des administrateurs indigènes, pour nous aider dans le gouvernement du pays.

Les Hova, au contraire, nous avons déjà eu occasion de le remarquer, sont d'admirables administrateurs ; ils en ont l'habileté, la finesse, le calme imperturbable, l'instinct de l'autorité, l'esprit de hiérarchie et de subordination. De plus, ils en avaient l'habitude ; et c'est merveille de penser qu'avec si peu de monde, quelques vieux soldats à peine, un gouverneur hova pouvait garder et administrer d'immenses provinces à peine conquises.

Pourquoi ne pas se servir de tels hommes pour administrer Madagascar, avec quelques exceptions peut-être, et au moins pour quelque temps ?

L'instrument existait ; il n'était pas mauvais et, en tout cas, il eût été facile de le débarrasser de ses imperfections. Pourquoi le briser ?

Une autre chose était entendue qu'une fois Madagascar conquise, sa possession ne coûterait rien à la métropole, sauf peut-être les frais d'entretien de son corps d'occupation. Et c'est cette doctrine si sage dont M. Ranchot avait voulu assurer l'exécution, en l'inscrivant dans le texte même du traité qui, par l'article 6, portait que « l'ensemble des services publics à Madagascar et le service de la dette seraient assurés par les revenus de l'île. » Cela était parfait et M. Ranchot, en insérant cette clause formelle dans le traité, connaissait bien les tendances de notre administration coloniale, toujours portée à faire appel aux subsides de la métropole.

Mais pour cela, il fallait une administration peu nombreuse, peu coûteuse, un gouvernement de *père de famille*, une politique « *bourgeoise* » ou de « *pot-au-feu* », suivant l'expression de M. Ranchot parlant à M. Bourgeois, et partant le protectorat qui aurait demandé un nombre restreint de Français et se serait servi des indigènes.

Ce fut donc une faute que de ne point garder le protectorat.

C'en fut une autre de remplacer par des hommes nouveaux, et parfois mal choisis, les administrateurs d'élite qui, pendant dix ans, avaient si bien travaillé à Tananarive, qui, en tout cas, connaissaient le pays.

« A des situations nouvelles il faut des hommes nouveaux. » — Oui, mais à une condition ; c'est que la situation soit vraiment nouvelle et que ces hommes nouveaux sachent l'*abc* de leur métier. Puis tout n'était pas nouveau à Madagascar. Le pays était le même, les hommes étaient les mêmes, on voulait garder — au moins l'affirmait-on — les mêmes lois, la même Reine, les mêmes usages. Enfin, cette situation nouvelle, c'étaient les anciens administrateurs qui l'avaient préparée, qui nous y avaient conduits, qui, par suite, étaient naturellement désignés pour en tirer parti.

Rien donc n'excusait l'éloignement de M. Ranchot, du vicomte d'Anthoüard, de M. Larrouy et de plusieurs autres. Rien n'excusait le choix d'hommes aussi inexpérimentés que M. Laroche et quelques-uns de ses collaborateurs. Un commerçant qui administrerait ainsi ses comptoirs, une société de crédit qui traiterait ainsi ses agences, serait rapidement en liquidation.

Franchement, pour envoyer ainsi à une situation nouvelle des hommes nouveaux tels que ceux qui y furent envoyés, il fallait des ministres également nouveaux.

En réalité, c'est l'homme qui avait voulu et préparé le protectorat, qui s'était engagé devant les Chambres à ne pas aller plus loin que le protectorat, c'est M. Hanotaux qui, plus tard, fit voter l'annexion et déclarer Madagascar colonie française. Mais, ne l'oublions pas, M. Hanotaux ne fit que tirer la conclusion logique des errements de ses devanciers, comme, plus tard, le général Gallieni ne fit que tirer la conclusion logique des événements en abolissant la royauté en Imerina.

La première et la plus grande faute, ce fut le contrat unilatéral que M. Laroche fit signer à la reine le 18 janvier 1896. En vain, en effet, prétendait-il, en vain M. Berthelot affirmait-il à la tribune, qu'on voulait garder l'administration malgache, par le fait de ce traité, où le nom de protectorat ne se trouvait pas, et qui n'était en somme qu'une abdication de la reine Ranavalona, le prestige déjà si affaibli du gouvernement hova était gravement atteint, les provinces allaient se soulevant et fatalement nous marchions vers l'administration directe.

M. Laroche voulut réagir en comblant d'honneurs le gouvernement hova ; il compromit notre autorité et amena la révolte.

Vous savez le reste. L'Imerina mise à feu et à sang, nos soldats assiégés à Tananarive, le rappel du légendaire

Résident et son remplacement par le général Gallieni.

Ainsi, non seulement Madagascar était une colonie française, mais c'était une colonie soumise au régime militaire. Et cela, au lieu de ce protectorat rêvé par M. Ranchot qui

1°) nous aurait rendus maîtres de Madagascar en nous autorisant à y entretenir les troupes nécessaires, et en nous garantissant l'inspiration et le contrôle de l'administration du pays ; qui

2°) nous en aurait rendus exclusivement maîtres en nous faisant les intermédiaires obligés entre le gouvernement de Madagascar et les puissances étrangères ; qui

3°) ne nous aurait rien coûté, une fois payées les dépenses de l'expédition et celles de l'entretien des troupes.

Une autre et dernière faute commise par M. Laroche, juste la veille de son départ, fut le décret abolissant d'un trait de plume, sans aucune mesure transitoire, l'esclavage à Madagascar.

L'histoire de cette suppression mérite d'être rappelée, car elle marque bien l'incohérence qui, chez nous, préside aux mesures les plus graves.

Dès que Madagascar devenait colonie française, l'esclavage devait en disparaître. Là il n'y avait point de doute et tout le monde était d'accord. Bien plus, cette mesure s'imposait dans le plus bref délai possible et déjà, au lendemain de la conquête, sous l'administration du protectorat, on avait préparé des mesures transitoires qui nous eussent rapidement conduit à ce résultat, tout en respectant les droits acquis et les intérêts engagés.

Avec le rachat facultatif, facilité et encouragé par tous les moyens ; avec la suppression de la vente des esclaves, et surtout avec un décret déclarant libres les enfants nés de parents esclaves, rapidement il n'y aurait plus eu un seul esclave à Madagascar sans que personne eût souffert d'un changement aussi radical.

Mais voilà que, à la séance de la Chambre où l'on déclara Madagascar colonie française, certains députés demandent la suppression immédiate de l'esclavage dans la colonie comme incompatible avec notre droit public, et cela sans aucune transition ni mesure préparatoire. En vain, le ministre des colonies, M. André Lebon, déclare-t-il qu'il ne saurait appliquer un tel décret, en vain le rapporteur, M. le Myre de Vilers, veut-il montrer les dangers d'une telle décision, en vain d'autres orateurs, dont le président du conseil, M. Méline, font-ils remarquer que la question de principe étant résolue par le fait même du vote de la loi d'annexion, le mieux serait de s'en remettre au Résident général pour les moyens pratiques d'appliquer ce principe; la Chambre ne veut rien entendre et elle demande, par un ordre du jour motivé, l'abolition immédiate de l'esclavage.

A ce moment, la révolte était partout en Imerina et l'on envoyait le général Gallieni remplacer l'incapable Laroche. A quels motifs obéit ce dernier? Il serait difficile de le dire. Toujours est-il que, deux ou trois jours avant de remettre ses pouvoirs au Général, il fit publier au *Journal officiel* et répandre dans le pays un décret abolissant d'un trait de plume l'esclavage dans toute l'étendue de l'île.

Il paraît que le Général était furieux, et cependant, l'année dernière, lorsque la société anti-esclavagiste institua des médailles d'honneur en faveur des personnes ayant le plus travaillé à la suppression de l'esclavage, elle donna la première à la comtesse d'Eu, et la seconde, par-dessus la tête de M. Laroche qui la méritait, au général Gallieni qui ne la méritait pas, exemple remarquable de la justice distributive telle que les hommes savent parfois l'appliquer !

En fait, la suppression de l'esclavage à Madagascar y a partiellement augmenté le désordre, accru le malaise des premières classes de la société, rendu plus difficile le recrutement de la main-d'œuvre. Cependant elle n'a pas produit jusqu'ici les inconvénients que l'on redoutait et tout s'est mieux passé qu'on ne pouvait le croire. Seulement, tout n'est pas fini encore et ces inconvénients, surtout pour le recrutement des travailleurs, pourront se faire sentir de plus en plus, à mesure que les entreprises agricoles ou industrielles nécessiteront un plus grand nombre de bras.

II

ADMINISTRATION INTÉRIEURE

Quoi qu'il en soit, Madagascar est aujourd'hui une colonie française soumise au régime militaire. Son gouverneur général est un soldat et, par surcroît, un soldat de valeur. Et on a bien fait d'envoyer un soldat ; bien plus, on aurait dû l'y envoyer immédiatement après la conquête et on devrait l'y laisser encore un certain nombre d'années. La substitution hâtive de l'administration civile à l'administration militaire fut, en effet, avec le choix malheureux de M. Laroche et la ligne de politique maladroite qu'on lui indiqua, une des trois causes principales de la révolte de 1896.

Quoi que l'on pense, en effet, des avantages respectifs de l'administration civile et de l'administration militaire — et il n'y a pas de doute que l'état normal d'un pays ne soit d'être gouverné par une administration civile — il n'en est pas moins vrai qu'il est de la plus vulgaire sagesse de laisser un soldat à la tête d'un pays nouvellement conquis. Et cela pour plusieurs raisons :

1° Parce qu'il a plus d'autorité, plus de prestige et en impose davantage ;

2° Parce que avec lui on aura moins la velléité de secouer le joug et qu'il lui sera plus facile de réprimer toute velléité de révolte ;

3° Parce que dans un pays à peine soumis, il faut une main plus ferme et parfois plus rude afin d'amener la pacification complète de ce pays ;

4° Parce que, avec un soldat à la tête, il y a plus d'obéissance, de discipline, moins de froissements et également plus de rapidité dans l'administration de la justice ;

Parce que enfin, dans l'état actuel de nos mœurs, au milieu de cette suspicion qui s'attaque à tout le monde et paralyse toutes les bonnes volontés, un soldat aura plus d'indépendance pour prendre des initiatives heureuses, entreprendre des travaux d'utilité publique, passer des marchés, etc. Grâce à Dieu, notre armée est encore au-dessus de ces soupçons. Notre administration civile, et je me garderais bien de dire que c'est par sa faute, ne l'est pas. Cela est malheureux, mais cela est encore ainsi.

Or, c'est surtout dans une colonie qui commence qu'il

faut de l'initiative et de la décision, qu'il faut savoir prendre des responsabilités.

Du reste, nos officiers ne sont pas uniquement les sabreurs que l'on a voulu dire; ils savent faire autre chose que conquérir des territoires et cueillir des galons, ils savent aussi organiser et parfois très bien ces territoires, y tracer des routes, y développer le commerce, y faire régner l'ordre et la tranquillité, y rendre la justice, s'y faire apprécier et aimer; en un mot ils savent, au moins certains d'entre eux, et le général Gallieni est de ceux-là, parfaitement administrer.

Ses pouvoirs sont très étendus. Ce sont les pouvoirs du Résident général tels qu'ils ont été définis par le décret du 11 décembre 1895, modifiés en matière militaire par l'art. v du décret du 11 juillet 1896. Il concentre donc en ses mains tous les pouvoirs civils et tous les pouvoirs militaires, relevant exclusivement du Ministère des colonies. Sa correspondance même, en tant que chef militaire, doit passer par ce département avant d'aller au Ministère de la guerre ou à celui de la marine. Il reçoit une direction générale du ministre des colonies, mais il jouit d'une initiative complète, soit pour proposer des mesures, soit pour prendre lui-même ces mesures dans le cas de nécessité, à la condition d'en référer au ministre si ce sont des mesures d'ordre général. Il ne peut prévoir de sa propre autorité que les peines de simple police. Pour les autres, il peut les prévoir, mais à condition qu'elles soient approuvées par le ministre dans les six mois. Il a le droit de nomination de tout le personnel, sauf des employés supérieurs et de l'administrateur qui sont nommés par décret.

Tout cela lui permet de faire beaucoup et, en réalité, il a fait énormément.

Il accomplit là-bas une grande œuvre de pacification d'abord, mais surtout d'organisation et, si on lui permet de l'achever, son empreinte restera ineffaçable dans l'histoire de Madagascar.

Parcourons donc rapidement les points les plus saillants de cette organisation.

III

DIVISIONS ADMINISTRATIVES

Il y a deux sortes de territoires dans l'administration actuelle à Madagascar : des *territoires civils* et des *territoires militaires*. Les seconds comprennent l'Imerina, à laquelle on a rattaché certaines provinces voisines, sous la forme de cercles militaires annexes, et quelques autres provinces de la côte.

L'Imerina se divise en quatre territoires militaires.

Le premier, celui d'Ambatondrazaka, comprend les pays qui s'étendent au nord et à l'est de l'Imerina, c'est-à-dire le pays des Sihanaka et celui des Bezanozano.

Le second territoire militaire comprend la partie la plus riche de l'Imerina, celle du Sud, et se divise en quatre cercles : les cercles de Siafahy, d'Arivonimamo, de Miaranarivo et de Betafo.

Le troisième territoire comprend Tananarive et sa banlieue, c'est-à-dire toutes les anciennes capitales : Alasora, Fenoarivo, Ilafy et Ambohimanga, que l'on a ainsi sagement décapitées et rattachées à Tananarive.

Le quatrième est constitué par la partie Nord-Ouest de l'Imerina et comprend les cercles d'Ankazobe, d'Anzozorobe et de Madevatanana.

On a également constitué en territoires militaires toute la région du Sud comprise entre Fort-Dauphin et Fianarantsoa.

De même Maintirano et Morondava sur la côte Ouest dans le pays troublé des Sakalaves. Il est vraisemblable que la même mesure sera prise pour Tullear.

Le territoire militaire est administré par un officier supérieur, ordinairement un colonel ou un lieutenant-colonel. Il se divise en *cercles* à la tête desquels se trouve un chef de bataillon.

Les cercles se subdivisent à leur tour en *secteurs* qui sont sous les ordres d'officiers subalternes.

Outre ces officiers et ces divisions administratives, il y a des postes militaires analogues à nos garnisons de France qui n'ont rien à voir avec l'administration.

Un secteur correspond exactement, en limites, à un ou plusieurs sous-gouvernements indigènes. Cela était nécessaire afin d'obtenir la collaboration des deux autorités, militaires et indigènes.

Car on a tenu à conserver les autorités indigènes qui, bien entendu, doivent être et sont, en réalité, soumises aux autorités militaires.

Dans ce nouvel ordre d'idées, l'unité administrative inférieure est le village sous les ordres d'un « *Mpiadidy* » ou maire. L'ensemble des habitants du village constitue le *fokon'olona*, ou assemblée des gens du village, à laquelle on a laissé certains pouvoirs administratifs.

Plusieurs villages forment un *district* sous les ordres d'un *chef de district*.

Plusieurs districts réunis forment un *sous-gouvernement* qui, comme nous l'avons dit, correspond à un secteur militaire, en tout cas, se trouve tout entier dans un seul secteur. Il est administré par un sous-gouverneur placé à côté du chef de secteur et recevant de lui ses ordres.

Enfin plusieurs sous-gouvernements constituent un gouvernement avec, à sa tête, un gouverneur qui a beaucoup d'honneurs, mais presque aucun pouvoir. Et cela, par la force même des choses. Les ordres, en effet, descendant du Gouverneur général aux commandants de territoires, de ceux-ci aux commandants de cercles et enfin aux commandants de secteurs, sont transmis aux sous-gouverneurs et passent ainsi par dessus la tête des gouverneurs. Il y a là une lacune, mais très difficile à combler. Si, en effet, on transmettait les ordres aux gouverneurs indigènes, qui eux-mêmes les feraient parvenir aux sous-gouverneurs, ce serait alors les commandants de secteurs qui deviendraient sans pouvoirs et seraient incapables de contrôler les autorités indigènes.

Quant aux chefs de postes militaires, il arriva parfois au commencement qu'ils apprirent indirectement et même par des indigènes les ordres de l'autorité supérieure. Il y avait là encore une lacune que l'on a fait disparaître en leur faisant remettre une copie des ordres transmis aux sous-gouverneurs indigènes.

La province des Betsileo et tous les points de la côte qui ne sont point soumis au régime militaire, Farafangano, Mananjary, Andevoranto, Tamatave, Fénérife, Sainte-Marie, Maroantsetra, Vohemar, Diego-Suarez, Nosy-Be, Analalava, Mojanga, Tullear, sont régis par une administration civile.

Chaque province coïncide autant que possible avec une peuplade distincte. A sa tête se trouve un administrateur français, dont le recrutement a été réglé par un décret du mois d'août 1896.

Les administrateurs peuvent être :

1° Des administrateurs-adjoints de 1re ou de seconde 2e classe ;

2° Des administrateurs de 1re, 2e ou 3e classe ;

3° Des administrateurs en chef de 1re ou de 2e classe.

L'administrateur d'une province a sous ses ordres des administrateurs de grade inférieur ou des adjoints aux affaires civiles (grade qui correspond aux anciens chanceliers de résidence), qui sont chargés de l'administration d'un district.

A côté de cet administrateur, se trouvent en général des chefs indigènes chargés de transmettre ses ordres aux populations.

La physionomie de l'administration civile, c'est son petit nombre d'agents français. Ce système est plus économique et se rapproche davantage de l'administration du protectorat. Mais comme les chefs indigènes sont ordinairement de mauvais administrateurs qui ont tous les défauts des anciens gouverneurs hova sans en avoir les qualités, ce régime a aussi ses inconvénients. On ne peut les suivre d'assez près, ni contrôler suffisamment leur administration.

Trois villes sont en outre dotées d'une administration municipale avec leurs services spéciaux : Tananarive, Tamatave et Mojanga.

Dans la plupart des territoires civils, il n'y a pas de troupes proprement dites. On les remplace alors par des *milices indigènes*.

Ces milices constituent principalement une force de

police qui, à l'occasion, pourrait servir pour de légères expéditions. Les cadres en sont constitués par des inspecteurs et gardes principaux choisis, les premiers parmi les anciens officiers, et les seconds parmi les anciens sous-officiers de notre armée, et suffisamment bien rémunérés.

Trois choses nuisent partiellement à la réputation ou à la valeur de cette milice, moins considérée dans l'ensemble que les troupes indigènes proprement dites :

1° Elle n'est pas en contact avec nos troupes blanches dont par suite elle ne subit pas l'entraînement.

2° Les cadres ne sont pas assez nombreux, de moitié moins nombreux que les cadres des bataillons indigènes. On a visé à l'économie, mais il y a de graves inconvénients à cela, l'instruction des hommes ne pouvant être assez soignée et certains postes détachés devant être commandés par un indigène.

3° Certains gardes ou même certains inspecteurs ne sont pas assez rigoureusement choisis parmi nos anciens gradés les plus irréprochables. Cela — nous retrouvons partout la même raison dans toutes les branches de l'administration — grâce aux pressantes recommandations d'un député, d'un sénateur ou d'un journaliste.

IV

FINANCES

Au moment de la dernière guerre, le gouvernement malgache avait un passif, constitué par l'emprunt de 15.000.000 fr. qu'il avait contracté au Comptoir d'escompte, pour payer l'indemnité à lui imposée après la guerre de 1882-1885. Une légère partie de cet emprunt avait déjà été amortie, mais, par contre, certaines annuités n'étaient pas complètement payées.

Le taux de cet emprunt était de 6 0/0. Il a été converti en 2 1/2 0/0 amortissable en 60 ans ; mais en même temps le montant de la dette était porté à 30.000.000, dont 17.650.000 seulement étaient mis à la disposition du Gouvernement, laissant ainsi une soulte en argent disponible et destinée en principe à des travaux publics.

Quant au budget régulier des recettes et dépenses, « la situation dans laquelle se trouve le Gouverneur général pour l'établir, pour citer les paroles du rapporteur du budget des colonies, M. Riotteau, est une situation d'attente. Ce budget présente encore des lacunes. Mais au fur et à mesure que s'accomplira l'organisation administrative, résultat de la pacification de l'île, les recettes se fixeront. On peut déjà espérer que les budgets prochains posséderont assez d'élasticité pour permettre d'entreprendre les œuvres nécessaires au développement méthodique de la civilisation que nous voulons introduire dans notre nouvelle colonie. »

Pour le moment, le Gouverneur général a pensé qu'il convenait de créer un budget général de l'île, et un budget régional pour chacune des quatorze circonscriptions régionales de Madagascar.

Le budget général est alimenté par les recettes des douanes, la subvention de la métropole, les recettes des postes et télégraphes, les frais de justice, les droits de consommation à l'entrée, etc.

Il fait face aux dépenses du gouvernement (Résidence, secrétariat général, etc.), du contrôle, des travaux publics, des mines, de l'enseignement, des forêts et de l'agriculture.

Les budgets régionaux ont comme recettes les droits

s'appliquant à l'ensemble de la population : patentes, taxe de séjour sur les étrangers, taxes locales de navigation, impôts indigènes établis suivant les usages locaux, produits du domaine de l'État (concessions domaniales, redevances minières, forestières, droits accessoires).

Ils pourvoient aux dépenses de la milice, de la police et des prisons, du service local, des travaux publics, mines, ports et rades, domaines et cadastres ; enfin, aux frais de l'administration indigène.

Les budgets municipaux ont pour recettes les taxes municipales, telles que les droits de place sur les marchés, taxe d'abatage, voirie, éclairage, balayage, etc., produits des concessions urbaines, plus une part dans les impôts régionaux.

Leurs dépenses sont celles de voirie urbaine, entretien des marchés, etc., police et prisons municipales. »

Les impôts indigènes varient de province à province, établis cependant d'après une législation type faite pour l'Imerina, mais modifiée suivant les circonstances. En principe ils se ramènent à ces deux impôts des sociétés qui commencent : la *taille* et la *corvée* qui, dans ce cas particulier, s'appellent : l'*impôt personnel* et la *prestation*.

Le premier est plutôt un impôt personnel mobilier comprenant :

1° Un impôt de 3 fr. 50 par homme au-dessus de 16 ans ;

2° Un impôt de 2 fr. par maison, réduit à 1 fr. si la maison n'a pas d'étages.

3° Un impôt de 0 fr. 25 par are de rizières.

Prestation. — Chaque homme de 16 à 60 ans doit 30 jours de prestations, au lieu de 50 jours fixés dans le principe, avec facilité de se libérer en argent, au prix de 0 fr. 50 par journée, sauf le cas où le Gouverneur général réquisitionnerait les hommes pour des travaux urgents d'utilité ou de nécessité publique.

L'ensemble des recettes assurées pour 1897 était, indépendamment de la subvention métropolitaine (2.000.000), de 7.243.500 fr., dont 4.500.000 pour le budget général et 2.743.500 pour les budgets régionaux de l'Imerina (1.800.000), de Diego-Suarez (233.500), de Nosy-Bé (160.000), de Sainte-Marie (50.000) et de Fianarantsoa (500.000). Les autres budgets n'étaient pas comptés en recettes par suite de la situation troublée du pays.

L'ensemble des dépenses était de 7.565.552 fr. 67, dont 4.046.152 fr. 67 pour les budgets régionaux et 3.519.000 pour le budget général.

Voici maintenant les prévisions pour l'année 1898 :

1° *Recettes* :

Subvention de la métropole.	2.000.000 fr.
Recettes des douanes	2.200.000
Domaines, mines, postes, télégraphes.	500.000
Impôts indigènes.	4.200.000
Impôts sur les Européens	400.000
Produits divers	200.000
Total des recettes.	9.500.000

2° *Dépenses prévues*

Administration générale.	1.200.000 fr.
Régie financière (douanes, postes et télégraphes, trésor).	1.800.000
Justice	400.000

Milices	1.800.000
Service des travaux publics (mines, bâtiments civils, etc.).	1.050.000
Annuités de l'emprunt converti. . .	900.000
Transports.	500.000
Dépenses diverses	1.850.000
Total des dépenses prévues. .	9.500.000

Il est à remarquer que la Commission des finances n'a accordé pour 1898 qu'une subvention métropolitaine de 1.800.000 fr. au lieu de 2.000.000 prévus au projet. Mais si l'on considère, d'un côté, que, « de l'avis même du Gouverneur général, nous disposons actuellement d'un nombre suffisant d'agents dans tous les services et qu'il serait superflu d'en envoyer d'autres (1) », et que, d'un autre côté, les impôts rentrent facilement, même dans certaines des provinces dont on n'avait point fait état pour l'exercice 1897, comme par exemple Farafangana, Mananjary, Andevoranto, Tamatave, Vohemar, Mojanga, la situation se présente satisfaisante.

A côté du budget civil, la France consacre des sommes beaucoup plus importantes à l'entretien de son corps d'occupation. Ces sommes forment un chapitre du budget général de la métropole. Elles s'élèvent à une vingtaine de millions pour l'entretien du personnel, celui du matériel et le service des transports. En particulier, les transports militaires de la côte à Tananarive coûtent près de 2.500.000 fr.

---

(1) Rapport sur le budget des colonies.

La direction du Trésor comprend :
1° Le service du Trésor ;
2° Celui des postes et télégraphes ;
3° Le service des douanes.

Le service du Trésor fonctionne au moyen d'agents métropolitains empruntés au cadre des trésoreries d'Afrique, avec des auxiliaires locaux (commis aux écritures et comptables), soit européens, soit indigènes.

Le réseau postal a pris un très grand développement et aujourd'hui la régularité des courriers est assurée entre tous les chefs-lieux où se trouvent les administrateurs français. La ligne annexe des Messageries Maritimes dessert la côte occidentale de Nosy-Be à Nosy-Ve. Bientôt elle ira de la baie du Courrier, en face de Diégo-Suarez, d'où la poste lui sera apportée par un courrier, jusqu'à Tullear. Sur l'autre côte, le service de la poste est fait par divers bateaux.

Une ligne télégraphique traverse l'île de l'Est à l'Ouest, depuis Tamatave jusqu'à Mojanga. La ligne de Tamatave à Tananarive a été établie par les soins de M. le Myre de Vilers. Il a fallu la refaire complètement après la dernière guerre. Quelques mois ont suffi, en 1897, pour établir les 600 kilom. de fil qui constituent la ligne de Tananarive à Mojanga. Très prochainement, on établira la ligne de Tamatave à Fianarantsoa.

Notons enfin, un peu à titre de curiosité, le réseau téléphonique qui unit les divers services de Tananarive. Il rend des services et épargne des fatigues, mais on doit l'interrompre pendant une partie de l'hivernage et mettre les fils en terre, à cause des fréquents orages qui en rendent l'emploi dangereux.

Les cadres de l'administration des douanes sont empruntés à l'administration métropolitaine, surtout pour la surveillance et la perception. On leur a adjoint quelques matelots et auxiliaires indigènes pour les travaux matériels. Ce service a reçu un très grand développement et il rend d'importants services. On en aura la preuve dans ce seul fait que les douanes qui, sous le gouvernement malgache, ne rapportèrent jamais plus de 623.000 fr. au Comptoir d'Escompte, donnent maintenant, avec un commerce sensiblement égal, plus de 2.000.000.

Le travail ne manque pas à nos douaniers. On s'en rendra facilement compte si l'on se rappelle qu'ils ont à garder 4000 kilomètres de côtes. Ils n'ont encore pour ce service que quelques légères embarcations pontées, achetées aux navires de passage, mais en petit nombre et seulement dans les grands ports. Deux bateaux à vapeur ont été prévus par le budget de 1898 pour la surveillance des deux côtes.

Depuis le commencement de l'année 1897, le tarif général des douanes a été substitué à l'ancien tarif de 10 0/0 ad valorem. Toutefois il y a des exemptions et des réductions nombreuses qu'autorisait la loi du 11 janvier 1892. Les produits français sont exempts de tout droit de douane, mais ils sont soumis, de même que les produits étrangers, à un droit de consommation de 3 0/0 en moyenne, droit qui devrait être perçu à l'intérieur.

L'application du tarif général des douanes est incontestablement avantageuse pour nos commerçants. L'est-elle autant pour Madagascar? Il est permis d'en douter et la colonie gagnerait sûrement à voir diminuer les droits sur certains produits, en particulier sur les toiles de coton écru. Si l'on a exagéré dans un sens, c'est dans celui de la protection.

Notons en finissant que la remarquable organisation du service financier est l'œuvre de M. Humbert, inspecteur des finances, détaché dans ce but à Madagascar. Elle lui fait grand honneur.

V

DE L'INSTRUCTION PUBLIQUE

Nous en avons parlé dans la précédente leçon. Nous n'y reviendrons ici qu'en passant pour faire les trois remarques suivantes :

1°) L'enseignement primaire est déjà très développé, étant assuré par les écoles des diverses Missions, protestantes et catholiques, qui ne coûtent rien à l'administration tout en inspirant pleine confiance aux indigènes, et par une vingtaine d'écoles officielles qui en inspirent une bien plus faible, tout en coûtant très cher.

2°) L'enseignement professionnel se développe rapidement sous l'impulsion du Général. Déjà on a décidé la création d'écoles professionnelles à Tananarive, à Ankazobe, à Tamatave, à Fort-Dauphin et ailleurs. Encore un peu et Madagascar pourra nous servir d'exemple sous ce rapport.

3°) L'enseignement primaire supérieur et l'enseignement secondaire sont assurés, le premier par l'école Le Myre de Vilers, et le second par le collège d'Amparibe, établi par les PP. Jésuites pour les fils de nos officiers, de nos administrateurs et de nos colons, en même temps que pour quelques enfants de familles malgaches plus intelligents ou plus ambitieux. C'est sûrement assez pour le moment, car autant il peut être utile de pousser les

Malgaches vers l'enseignement primaire et l'enseignement professionnel qui leur apprendront à travailler, autant il serait dangereux de trop les pousser à une instruction libérale qui les déclasserait et leur apprendrait ce qu'ils n'aiment déjà que trop, la recherche des seuls emplois administratifs.

VI

JUSTICE

Les Malgaches sont très processifs.

Avant la guerre, ils étaient jugés par des juges indigènes, d'après une loi nationale incomplète et réformée sous l'inspiration des Indépendants anglais. Deux traits marquaient cette justice malgache :

1° Certaines peines étaient excessives pour des fautes très légères tandis que d'autres délits étaient très peu punis ou même ne l'étaient pas du tout. Dans les procès d'intérêt, la partie perdante payait un quart de la somme contestée et la partie gagnante un vingtième.

2° La corruption la plus effrénée viciait complètement la justice malgache. Il était admis que les juges recevaient de l'argent des parties pour juger en leur faveur. C'était du reste le seul qu'ils reçussent. Cela était tellement passé dans leurs mœurs que, malgré tous les avis contraires, Ramaniraka, assesseur au tribunal indigène de Tananarive, vient de se faire condamner à deux ans de prison comme prévaricateur, et il ne sera pas le dernier.

Depuis la conquête, on a établi des tribunaux français

à Tamatave, à Mojanga et à Tananarive, avec une Cour d'appel dans cette dernière ville. En dehors de ces centres de juridiction, les administrateurs font office de juges de paix à compétence étendue.

Les Européens ressortissent évidemment de ces seuls tribunaux et ils sont jugés uniformément par la loi française. Dans le ressort de ces tribunaux et de ces justices de paix, les indigènes sont libres de se placer sous le bénéfice de la loi française. Il y a à cela des inconvénients, car les peines édictées par notre loi et qui supposent une civilisation plus avancée, sont évidemment trop faibles pour certains délits, par exemple le vol et l'ivrognerie. Actuellement, une commission a été nommée qui s'occupe de refondre les anciennes lois malgaches afin de les approprier aux nécessités actuelles et de les rendre plus conformes aux exigences de notre droit public. De ces travaux sortira rapidement, on peut l'espérer, un code malgache meilleur que celui de 1881 et qui mettra fin à une situation fausse.

Les indigènes sont jugés par les tribunaux mixtes, composés de deux assesseurs indigènes et d'un juge français, et établis partout où il y a un tribunal français.

En outre, en Imerina et dans les autres territoires militaires fonctionne une justice militaire plus sommaire, plus expéditive que la justice civile, pour juger même les causes civiles entre indigènes.

Dans les autres provinces, la justice est rendue entre indigènes, par des juges de leur race, sous la haute autorité de l'administrateur.

VII

TRAVAUX PUBLICS, DOMAINES, MINES, FORÊTS, COMMERCE

La direction des travaux publics est confiée au service du génie. Les principaux de ces travaux sont : la construction de routes, celle du chemin de fer, le percement des pangalana de la côte Est, dont nous avons déjà parlé ; puis l'organisation de la défense du port de Diego-Suarez, l'immersion d'un cable sous-marin autour de l'île, l'amélioration du port de Mojanga et, avant tous les autres, la construction de maisons salubres pour les fonctionnaires de la région côtière.

Ces différents travaux sont à l'étude et celle-ci est poussée aussi activement que possible par les officiers du génie.

Le service des domaines a deux rôles principaux :
1º Le service des domaines proprement dit et l'accord des diverses concessions ;
2º La conservation de la propriété foncière.

La vente, la location et la concession à titre gratuit des terres du domaine sont réglées par un décret du 2 novembre 1896, dont les principales dispositions sont les suivantes :
1º Les ventes sont faites au prix de 5 fr. l'hectare pour la région Est et les hauts plateaux, et de 2 fr. l'hectare pour les régions de l'Ouest et du Nord. Il n'y a pas de limite maxima pour les ventes (art. II) ;

2° Les concessions gratuites sont réservées aux Français et ne peuvent dépasser cent hectares (art. III);

3° Aucune terre domaniale ne sera vendue ou accordée gratuitement à titre définitif avant d'avoir été immatriculée (art. IV); l'immatriculation sera aux frais de l'acquéreur;

4° Si la concession n'a pas été mise en valeur, et l'immatriculation demandée au bout de trois ans, la concession pourra être annulée et faire retour au domaine (art. VI);

5° Les terres du domaine peuvent être louées par baux de quinze ans au maximum, au prix minimum : de 0 fr. 25 par hectare et par an, payable à l'avance, dans la région de l'Ouest et du Nord, et de 0 fr. 50 par hectare et par an, payable à l'avance, sur la côte Est et dans le Haut-Pays. Pendant la durée de son bail, le locataire d'une terre aura le droit de préemption pour l'acquérir au prix indiqué par l'art. II.

Quant au locataire qui aura laissé s'écouler six mois sans payer le prix annuel payable à l'avance de son bail, il verra son bail annulé et le domaine reprendra possession de sa terre (art. VIII).

La conservation de la propriété est régie par l'acte Torrens tel qu'il a été appliqué en Tunisie et qui consiste essentiellement à donner à tout possesseur de terre un titre ferme de propriété contre lequel, par exception à notre code civil, ne peuvent prévaloir aucun privilège ou hypothèque occulte. Toute hypothèque doit être enregistrée à la conservation du domaine.

Un titre de propriété coûte au moins 100 fr. Malgré ce prix relativement élevé, ces titres ont été très appréciés par les indigènes. Ainsi, tandis qu'à Tunis, pendant dix ans, on n'avait pas délivré 100 réquisitions d'immatriculation, plus de 1.500 ont déjà été demandées par les malgaches et 800 ont été accordées, surtout pour la petite propriété.

C'est à M. Bourde que revient l'honneur d'avoir donné cette idée d'étendre l'acte Torrens à Madagascar.

A côté du service de la conservation du domaine et pour l'aider, a été installé un service de géomètres pour les opérations préliminaires de l'immatriculation, un plan devant être annexé à tous les titres de propriété. On y aperçoit l'ébauche d'un futur cadastre.

En particulier, la ville de Tananarive sera complètement cadastrée dans l'espace de deux ans et sans aucune dépense, l'opération se faisant au jour le jour, de la manière la plus simple du monde. Sur le conseil de M. Humbert, le chef du service topographique, M. Bourdier, a reporté, sur le mur de son cabinet, tous les plans qu'il a délivrés et les a raccordés au fur et à mesure, remplaçant chaque fois une feuille blanche par le plan de la parcelle vendue. Quand tous les titres de propriété auront été délivrés, il aura le plan parcellaire de toute la ville.

Le corps des géomètres s'occupe d'un autre service très important. Il étudie et délimite, dans les terrains vacants, les diverses concessions qui seront accordées aux futurs émigrants, en sorte que ceux-ci trouveront en arrivant les études faites, pourront choisir leur concession et s'y fixer immédiatement. Ce travail préliminaire est même très avancé si l'on s'en rapporte aux dernières correspondances de Madagascar.

Les géomètres ont été recrutés dans le service topographique de Tunisie. Ils sont une quinzaine en tout, et leur service fonctionne admirablement. Ils sont rémunérés par les particuliers, l'état leur garantissant seulement un minimum de traitement qui est toujours dépassé.

MINES

La loi minière est très compliquée(1). Nous ne pouvons donc prétendre en donner ici même une analyse. Nous nous bornerons aux remarques suivantes.

Les terrains miniers exploités sont de deux sortes :
1° Les lots ;
2° Les concessions.

Les lots sont des portions de terre que les inventeurs marquent eux-mêmes au moyen de signaux constituant un droit de priorité. Une redevance proportionnelle à la richesse du lot est due au Gouvernement. De plus, afin de faire les recherches préalables, il a fallu obtenir un permis de prospection coûtant 26 fr. par homme.

Certains groupes de lots peuvent être transformés sur la demande de la société minière en concessions, et la redevance est alors fixée d'après un système très compliqué.

Le commerce de l'or exige une patente de 1.800 fr. et toute irrégularité ou contravention entraîne des peines extrêmement sévères pouvant s'élever jusqu'à 25.000 fr. d'amende.

FORÊTS

L'exploitation des forêts est régie par un arrêté local du Gouvernement (3 juillet 1897) fixant :
1° les conditions du permis provisoire d'exploitation ;
2° les conditions du titre définitif de concession ;
3° les formalités diverses à remplir ;

---

(1) Cf. 1° Un règlement paru à l'*Officiel* du 27 juillet 1896, p. 4331 ;
2° Un arrêté résidentiel du 20 sept. 1896, *Journal officiel de Madagascar* 9 oct. 1896.
3° Un décret du 20 juillet 1897 paru à l'*Officiel* du 27 juil. p. 4300.

4° la redevance superficielle à payer. Cette redevance est très faible.

L'exploitation comprend, outre les arbres, les produits accessoires, gomme, caoutchouc, matières textiles et tinctoriales, etc.

Les produits forestiers ne paient aucun droit à l'intérieur, mais ils sont soumis à un droit de sortie. On a voulu ainsi favoriser dans le pays l'emploi des bois indigènes.

COMMERCE

Il existe à Tananarive un bureau colonial chargé des relations entre les colons et l'Administration. Le soin en est confié à un officier dont tout le monde s'accorde à faire le plus grand éloge pour son exquise urbanité et son inépuisable complaisance.

LIVRET INDIVIDUEL

Une autre création du Général est celle du livret individuel de travail, établi en partie pour faciliter aux colons l'emploi de la main-d'œuvre indigène. Sur ce livret individuel on écrit l'engagement, sa durée, son salaire. Tout le monde doit y gagner, même l'indigène qui ne pourra ainsi être l'objet d'aucune injustice. De plus, sur ce livret on met un timbre pour constater le paiement de l'impôt que l'on ne pourra pas réclamer une seconde fois. C'est la base d'un futur état-civil qui sera constitué le jour où l'on obtiendra des Malgaches de ne point changer de nom.

L'usage du livret a si bien pris que tout le monde veut l'avoir : tsy manana karatra, — il n'a pas de carte — est un terme de mépris appliqué aux rôdeurs et synonyme de chien.

Les ferblantiers fabriquent des étuis pour ces cartes et, détail bien malgache, il se fait un trafic clandestin de cartes à l'usage de ceux qui n'en ont pas.

Telles sont les principales créations du général Gallieni. Elles portent toutes l'empreinte de son esprit à la fois observateur, pratique et organisateur.

Comme je le disais en commençant, le Général a commencé à Madagascar une grande œuvre ; il la poursuit avec une infatigable activité et une rare intelligence. Evidemment tout n'est pas parfait dans ses réglementations, où plus d'un décret a été pris pour réformer ou même annuler un décret précédent. Qui pourrait s'en étonner quand on se rappelle que nous sommes dans un pays nouveau, jusqu'ici complètement inconnu, peuplé de races différentes dont quelques-unes sont très difficiles à gouverner, avec leurs mœurs et leurs usages propres? Mais, au moins, on travaille et l'on travaille ferme ; on étudie et on observe ; on cherche à bien faire et à prendre les mesures les plus propres à assurer la tranquillité du pays et la mise en œuvre de sa richesse. On s'occupe des indigènes avec une véritable sollicitude ; on s'efforce également d'être utile aux colons et de répondre, même par avance, à tous leurs désirs. Certes, l'administration à Madagascar n'est pas parfaite ; elle est trop jeune pour cela ; elle tâtonne encore ; elle hésite parfois, elle peut se tromper ici et là. Mais telle qu'elle est, on ne peut lui dénier de la bonne volonté, de l'autorité, du zèle, de la complaisance. En moins de dix-huit mois, beaucoup et de très bonne besogne a été faite ; l'honneur en revient surtout au brave soldat qui a vaillamment accepté la tâche de pacifier et d'organiser Madagascar. Qu'on lui donne le temps d'achever son œuvre.

Le général Gallieni rentrera peut-être en France pour un repos bien mérité. Il faut, son congé expiré, qu'il y retourne ; et notez bien, je vous prie, qu'il ne s'agit point ici de l'homme que je ne connais pas, si ce n'est par ses œuvres, mais de l'intérêt et de l'avenir de notre colonie.

On a eu tort une première fois de remplacer hâtivement les anciens administrateurs de Madagascar par des hommes nouveaux et inexpérimentés. Qu'on ne recommence point la même faute.

Si l'on donne encore quelques années, trois, quatre ou cinq, je ne sais combien, au général Gallieni, Madagascar sera bientôt une de nos colonies les mieux outillées, les mieux organisées, les mieux administrées.

Je ne crois pas que jamais elle nous offre un développement économique aussi rapide que celui de la Tunisie, ni une pareille prospérité, mais il y a une grande différence entre, par exemple, l'administration de la Tunisie et celle de telle ou telle de nos vieilles colonies.

Il faut que Madagascar se rapproche le plus possible du premier modèle et ne ressemble en rien aux autres ; et pour cela, il y faut de la constance, de l'esprit de suite, une même main ferme et adroite, une même intelligence, qui poursuive son œuvre jusqu'à l'achèvement, et c'est pour cela que nous demandons le maintien au pouvoir du général Gallieni.

TABLE ALPHABÉTIQUE

Abinal (Père), 121, 146, 153, 173, 189, 222, 317.
Afrique, 207, 208, 211, 214, 215, 220, 222, 225, 226.
Algérie, 271, 272, 338, 364.
Allemagne, 320, 360, 363, 394.
Aloatra (lac), 180, 306.
Alvarez Cabral, 10.
Ambatondrazaha, 298, 306, 409.
Ambanatole, 350.
Ambohidempono, 381.
Ambohimandry, 300.
Ambohimanga, 409.
Ambohipo, 381.
Ambositra, 101, 176, 250, 348.
Amérique, 208, 210, 281, 291, 302, 313, 333, 338, 360, 378.
Amparibe, 420.
Analabana, 411.
Anasaka, 346, 347.
Andevoranto, 239, 240, 261, 281, 300, 310, 311, 411, 417.
Andriana, 147, 150, 166, 193, 196.
Andrianampoinimerina, 23, 125, 157, 181, 183, 225, 354.
Andriamasinavalona, 149.
Andriba, 354.
Androy, 280.
Angleterre, 215, 320, 274, 320, 360, 361, 362, 363, 371, 372, 394, 397.
Anglicans, 369, 378, 386, 387.
Ankaratra, 265, 286, 295, 351.
Ankazobe, 409, 420.

Antaifasy, 192, 263, 264.
Antaimoro, 171, 192, 193, 194, 195, 205, 262, 263, 264, 300, 369.
Antaisaka, 192.
Antanala, 263, 369.
Antandroy, 198.
Antankara, 258, 335, 369.
Antankarana, 203, 204, 206.
Antanosy, 192, 196, 197, 263, 264, 325, 328, 369.
Anthoüard (vicomte d'), 312, 318, 402.
Antongil, 70, 95, 117, 188, 203, 258, 281, 310, 347.
Antsihanaka, 180, 181, 182, 205, 263, 282, 306, 308, 335.
Antsirabe, 287, 293, 302, 314, 351.
Arabes, 193, 202, 213, 225, 226, 227.
Arabie, 208, 314, 337, 359.
Arivonimamo, 88, 92, 96, 100, 103, 409.
Arnaud, 245.
Asie, 208, 210, 211, 335, 336.
Australie, 210, 270, 302, 338, 362.

Baly, 63.
Bara 185, 186, 187, 205, 258, 349, 369.
Baron, 377, 390.
Beausse, 17.
Bemarana, 349.

Bemarivo, 346.
Bergale, 211.
Benyowski, 13, 20, 21, 26.
Berthelot, 403.
Besson, 172, 173, 174, 178, 185.
Betsiboka, 53, 76, 77, 118, 231, 232, 237, 239, 245, 247, 251.
Betsileo, 66, 68, 71, 75, 83, 118, 120, 122, 135, 136, 151, 154, 162, 171 à 179, 205, 232, 233, 250, 262, 263, 266, 286, 287, 294, 295, 298, 306, 307, 308, 310, 315, 335, 343, 348, 349, 358, 369, 375, 392, 411.
Betsiriry, 344.
Betsimisaraka, 117, 118, 138, 180, 182, 187 à 192, 195, 196, 206, 218, 258, 259, 269.
Betafo, 348, 349, 409.
Boccard, 330.
Boina, 204, 239, 308, 346.
Bombay, 362.
Bompard, 45, 134.
Bongolava, 349.
Bonnard, 183.
Bonnemaison, 306.
Bony de Saint-Vincent, 22.
Bourbon (Réunion), 92, 93, 94, 106, 138, 197, 202, 205, 208, 212, 226, 279, 284, 295, 305, 308, 310, 311, 315, 316, 335, 353, 359, 362, 379.
Bourde, 425.
Bourdier, 425.
Bourgeois, 389, 402.
Brésil, 288, 291, 313, 330.
Bretesche (de la), 17.

Caen (Gal de), 22.
Callet (Père), 382.
Cameroun, 277.
Camoëns, 11.
Campenon (Père), 382.
Catholiques, 369 à 398.
Caussèque (Père), 372.
Cazet (Mgr), 381.
Ceylan, 209, 212, 218, 315.
Chagos, 212.
Chailley-Bert, 4, 230, 267, 269, 367.
Champmargou (de), 17.

Chapotte, 326.
Chargeurs-Réunis, 364.
Chenay, 382.
Chinois, 241, 359, 397.
Clarendon, 35, 36.
Colbert, 2, 15, 18, 46.
Colin (Père), 59, 60, 64, 191, 381.
Comores (les Iles), 207, 211, 218.
Comptoir d'escompte, 419.
Coriolis (de), 255.
Cossigny, 13, 19.
Cousin, 377.

Dabolava, 346.
Davidson, 188.
Deans-Cowan, 184.
Delastelle, 33, 379.
Dénieau (Père), 200.
Desbassins de Richemont, 30.
Desfossés, 32.
Diego-Diaz, 10.
Diego-Lopez de Siqueyra, 11.
Diego Suarez, 55, 67, 86, 87, 88, 91, 93, 95, 96, 97, 99, 133, 194, 205, 218, 221, 232, 252, 271, 272, 279, 310, 331, 333, 411, 416, 418, 423.
Duchesne (Général), 46, 388, 399.
Dumas, 20.
Duportal, 250.
Duprat, 305.
Dupré, 40, 41.
Dybowski, 302.

Ecoles, 367, 368, 369, 370, 371, 383.
Edrisi, 9, 10.
Eglises, 383.
Egypte, 310.
Ellis, 25, 29, 36, 38, 39, 40, 370, 372, 376.
Evangélistes, 374.

Farafangana, 411, 417.
Faraony, 250, 251.
Farquhar, 24, 28, 30, 369, 371.
Fénérife, 78, 282, 283, 294, 306, 319, 411.
Fenoarivo, 409.
Férand, 193, 194.

TABLE ALPHABÉTIQUE

Fianarantsoa, 87, 88, 92, 95, 96, 100, 103, 120, 172, 173, 232, 237, 247, 248, 249, 250, 251, 252, 264, 296, 338, 381, 382, 410, 416, 418.
Finances, 413.
Finaz (Père), 34, 37, 379.
Flacourt, 10, 13, 14, 17, 18, 19, 46, 64, 73, 136, 138, 156, 165, 166, 168, 197, 225, 226, 311.
Fleuriot de l'Angle, 31.
Fort-Dauphin, 61, 65, 66, 67, 72, 73, 84, 86, 89, 91, 96, 97, 99, 117, 192, 196, 197, 252, 280, 301, 305, 316, 319, 320, 322, 324, 328, 329, 333, 335, 364, 382, 400, 410, 420.
Foucard, 71.
Foulpointe, 283, 319.
Frères des écoles chrétiennes, 382, 383.
Freycinet (de), 36.

Galiber, 44.
Gallieni (général), 2, 46, 63, 172, 199, 234, 275, 280, 281, 284, 285, 286, 293, 294, 316, 319, 355, 391, 392, 396, 404, 405, 408, 428, 429.
Garnier, 42, 43.
Germinet, 221, 222.
Goudard, 249.
Gore Jones (Amiral Sir), 374, 384, 385.
Gourbeyre, 2, 30.
Grandidier, 9, 62, 64, 65, 69, 74, 85, 90, 122, 135, 144, 196, 213, 216, 217, 220, 221, 225, 277, 278.
Griffith, 370.
Grosclaude, 246.
Guatemala, 315.
Gueugnier, 80.
Guillemin, 350.
Guinard, 71, 101, 246, 275, 335, 348.
Guyon, 344, 346, 351.

Haldingham (R. de), 10.
Hambourg, 319, 361, 362.
Hamy, 221, 222.

Hanoï, 360.
Hanotaux, 403.
Hastie, 25, 369.
Haye (de la), 17.
Hell (amiral de), 31.
Helville, 54.
Hiaranandriana, 346.
Hollandais, 263.
Hova, de 117 à 184, 183, 189, 192, 202, 204, 205, 214, 215, 223, 224, 233, 260, 261, 263, 294, 305, 306, 308, 342, 353, 354, 355, 359, 369, 371, 377, 378, 388, 390, 401.
Humbert, 420, 425.
Huré, 345, 346.
Huxley, 210.

Ikongo, 369.
Ikopa, 75, 77, 78, 118, 125, 232, 245, 247, 251, 252, 352, 354.
Ilafy, 409.
Imerina, 68, 71, 75, 77, 83, 92, 93, 106, 117, 119 à 124, 133 à 135, 148, 172, 173, 177, 183, 239, 243, 245, 250, 252, 256, 262, 264, 265, 287, 294, 295, 299, 307, 308, 310, 313, 314, 335, 337, 343, 346, 348, 357, 358, 379, 382, 390, 392, 403, 409, 416, 422.
Inde, Indiens, 208, 212, 222 à 225, 305, 308, 323, 337, 359.
Indépendants, 369 à 378.
Indo-Chine, 267, 309, 364.
Iribe, 71, 246, 303.
Italie, Italiens, 362.
Itasy (lac), 119, 120, 347.
Itoalana, 346, 347.
Ivatave, 346.
Ivato, 314, 336.
Ivondrono, 247.

Jaillet, 107, 113.
Java, 267, 299.
Jésuites (PP.), 378 à 398, 420.
Jones (Rev.), 369, 374.
Jouen (Père), 63, 379.
Juifs, 161, 164, 213, 226.
Jully, 190, 354.

Kamainandro, 350.
Kelly, 32.
Kestell-Kornich, 183
Kington, 4.
Kiraromena, 346.
Kitsamby, 246, 347, 350.
Knight, 137.

Laborde (Ed.), 263.
Laborde (Jean), 2, 33, 36, 37, 38, 39, 41, 42, 43, 46, 158, 235, 293, 296, 303, 314, 336, 342, 349, 352, 379.
Lacaze (Dr), 99, 108.
Lafitte de Courteil, 30.
Lagougine, 4.
Lambert, 35, 37, 38, 39, 40, 41, 42, 46, 342, 350, 379.
Laroche, 135, 256, 389, 390, 391, 403 à 407.
Larrouy, 45, 46, 335, 402.
Lebon, 391, 396, 405.
Lebrun, 38.
Lefebvre, 237.
Le Myre de Vilers, 45, 46, 138, 141, 405, 418, 420.
Lesage, 28.
Lescalier, 22.
Le Timbre, 54.
Libéria (café), 315, 316.
Lloyd, 64.
Londres, 319.
Louis XIII, 9, 149.
Louis XIV, 9, 10, 12.
Louis XV, 9, 12.
Louis XVI, 9, 12.
Louis-Philippe, 9, 12.
Louisier, 300.
Louvre, 304.
Luthériens, 369 à 378.
Lyauté, 236, 237.
Lyon, 361.

Maevatanana, 354, 409.
Mahafaly, 198.
Mahanarana, 281, 282.
Mahanoro, 284, 311, 312, 319, 328, 330, 335.
Mahela, 284.
Mahé de la Bourdonnais, 13, 20.
Mahomet, 193, 194, 225, 226.

Maintirano, 323, 335, 416.
Malaisie, 208, 212, 217, 218, 223.
Maldives, 212.
Malgaches, 162, 164, 166, 174, 181, 194, 207, 214, 222, 227, 261, 298, 300, 315, 355.
Mananara, 71, 72.
Mananjary, 264, 281, 283, 284, 298, 299, 305, 310, 311, 312, 316, 318, 319, 330, 335, 414, 417.
Mandrere, 324, 325.
Mangoro, 71, 72, 286, 350.
Mantasoa, 348, 351.
Mantes, 257.
Marchal, 90, 325, 329, 330, 382.
Marco-Polo, 8, 10.
Marmier (colonel), 249, 250.
Maroantsetra, 281, 282, 344, 411.
Marovoay, 76, 137, 354.
Marseille, 319, 320, 352.
Mascareignes, 93, 207.
Maudave (de), 13, 20.
Maurice, 93, 106, 138, 202, 205, 208, 212, 226, 279, 305, 307, 310, 311, 335, 337, 353, 359 362.
Meilleraye (Duc de la), 11, 14.
Méline, 405.
Messageries Maritimes, 364, 418.
Méthodistes, 369.
Mexique, 301, 333.
Meyer, 390.
Miaranarivo, 409.
Milbet-Fontarabie, 379.
Miot, 44.
Mission Catholique, 43, 153, 172, 178, 181, 183, 187, 192, 200, 203, 204, 293, 294, 296, 367-370, 378-398, 420.
Moissenet, 350.
Mojanga, 53, 71, 76, 77, 78, 86, 87, 88, 91, 92, 96, 99, 118, 120, 232, 237, 239, 247, 248, 251, 264, 280, 318, 319, 320, 331, 354, 379, 411, 412, 417, 418, 422, 423.
Mondevergue (de), 17.
Monin, 323.
Morondova, 400, 410.
Mozambique, 70, 71, 74, 83, 84,

98, 120, 122, 150, 173, 186, 218, 226, 251, 376.
Muntz, 287.

Nampoa, 325, 330.
Napoléon Ier, 12.
Napoléon III, 41, 43.
Natal, 362.
Normands, 215.
Norvège, 369, 376, 377.
Nosy-Bé, 53, 88, 204, 205, 297, 411, 416, 418.
Nosy-Komba, 54.
Nosy-Vé, 53, 62, 86, 87, 88, 89, 90, 95, 96, 99, 320, 364, 418.
Nouméa, 398.
Nouvelle-Calédonie, 270, 313, 397, 398.
Nouvelles-Hébrides, 398.
Nouvelle-Zélande, 210.

Observatoire, 381.
Océanie, 217.
Océan Indien, 380.
Odeidah, 315.
Orléans (Henri d'), 277, 278.

Packenham, 25, 40, 41, 42, 43, 370.
Pangalana, 80, 239, 240, 248.
Parrett, 376.
Pasandava, 54, 200, 203.
Pégu, 337.
Péninsulaire havraise, 364.
Pennequin, 44.
Philippines, 221.
Pierre (amiral), 44.
Polynésie, 216, 224.
Pothuau (amiral), 43.
Praslin (Duc de), 20.
Prévost, 246, 247.
Pronis, 13, 14, 18, 60, 197.
Protestants, 369 à 378, 386, 393, 394.

Quakers, 369 à 378.
Quatrefages (de), 216.

Rabefanery, 196.
Radama Ier, 23, 26, 27, 28, 38, 124, 125, 147, 185, 205, 337, 369, 379.
Radama II, 34, 39, 40, 43, 125, 305, 370, 372, 376, 380.
Rainijoary, 28, 38, 379.
Rainilaiarivony, 42, 125, 370.
Rainingony, 151.
Rainivoninahitriniony, 40, 42, 43, 370.
Rakoto, 29, 34, 37, 38, 39.
Rakoty, 63.
Ralambo, 170.
Ramaniraka, 421.
Ranavalona Ier, 27, 32, 33, 37, 39, 43, 125, 167, 370, 379, 403.
Ranavalona II, 125, 185.
Ranavalona III, 125.
Ranchot, 46, 71, 116, 388, 394, 402, 404.
Rasoherina, 28, 124, 125, 167.
René (le roi), 26.
Resaka, 381.
Richardson, 377.
Richelieu, 2, 12, 18, 46, 149.
Rigault, 12, 314, 336.
Robert, 346.
Roblet (Père), 64, 381.
Roland, 71.
Roques (colonel), 237, 239, 240, 241, 244, 248, 249, 251, 253, 255, 257.
Rouen, 363.
Roux, 22.
Ruy Pereira, 10.

Saïgon, 359.
Sainte-Marie, 57, 84, 85, 180, 190, 299, 311, 316, 411, 416.
Saint-André, 84.
Saint-Augustin, 61, 62, 65, 66, 72, 79, 331.
Saint-Hilaire, 212.
Saint-Pern et Desjardins, 323.
Saint-Vincent, 74, 79.
Sakalaves, 68, 74, 117, 124, 136, 199, 200 à 204, 206, 226.
Sarcey, 137.
Serpette (commandant), 400.
Serrano, 11.
Seychelles, 207, 208, 212.

Siafahy, 409.
Sibre (Rev.), 142.
Sihanaka, 409.
Simon (commandant), 76.
Soarez, 10.
Sœurs de Saint-Joseph de Cluny, 382.
Sonde (îles de la), 218, 222, 224.
Statistique des œuvres de la Mission, 383, 392, 393.
Street (Rev.), 374, 375.
Suberbie, 74.
Suberbieville, 77, 99, 346.
Sully, 274.
Sumatra, 298.

Taix (Père), 354.
Tamatave, 58, 70, 74, 80, 86, 88, 91, 92, 95, 96, 99, 133, 148, 164, 187, 194, 232, 233, 236, 237, 239, 241, 247-257, 261, 281, 283, 284, 305, 306, 310, 311, 313, 318, 319, 362, 364, 390, 392, 411, 412, 417, 418, 420, 422.
Tanala, 184, 205, 286, 344.
Tananarive, 67, 71, 77, 78, 80, 86, 87, 88, 92, 100, 103, 121, 123, 126, 128, 141, 147, 153, 157, 158, 164, 171, 173, 187, 191, 232, 233, 236, 237, 239, 241-243, 245, 247-251, 254, 256, 257, 261, 262, 286-288, 295, 296, 298, 299, 300, 303, 306, 313, 314, 337, 338, 346, 354, 355, 358, 359, 362, 364, 379, 381, 382, 389, 392, 400, 402, 403, 409, 412, 417, 418, 420, 421, 422, 425, 427.
Torrens (acte), 424, 425.
Trimofoloalina, 149, 150.
Tristan d'Acunha, 10.
Tsimiharo, 203.
Tsinainoudry, 354.
Tsiomeho, 203.
Tullear, 61, 62, 298, 410, 411, 418.
Tunisie, 271, 364, 424, 425, 429.

Union Coloniale, 4, 230, 244, 257.

Vaissière (P. de la), 224.
Van Diemen, 210.
Vasco de Gama, 10.
Vatomandry, 263, 265, 283, 284, 300, 310, 311, 318.
Villette (Dr), 108.
Vohemar, 31, 56, 57, 97, 98, 279, 281, 297, 299, 310, 311, 318, 411, 417.
Vohinana, 348.
Vohitra, 245, 246, 247, 248, 249, 251, 252, 253.
Vonizongo, 348.
Vorimo, 263.

Wallace, 209, 212.
Weber (Père), 379.
Wolf, 277.

Zanzibar, 218, 299, 315, 377.

www.ingramcontent.com/pod-product-compliance
Lightning Source LLC
Chambersburg PA
CBHW071107230426
43666CB00009B/1859